AS SANÇÕES NO DIREITO TRIBUTÁRIO

CIP – BRASIL.CATALOGAÇÃO-NA-FONTE
SINDICATO NACIONAL DOS EDITORES DE LIVROS, RJ.

P134a

    Padilha, Maria Ângela Lopes Paulino.
    As sanções no direito tributário / Maria Ângela Lopes Paulino Padilha. – São Paulo : Noeses, 2015.

    Inclui bibliografia.
    418 p.
    ISBN: 978-85-8310-039-3

    1. Direito tributário. 2. Sanção. 3. Direito positivo. 4. Norma jurídica. 5. Norma primária sancionatória. 6. Sanção - direito tributário. 7. Sanções tributárias - classificação e espécies. I. Título.

CDU - 336.2

MARIA ÂNGELA LOPES PAULINO PADILHA
Doutoranda e Mestre pela PUC/SP.
Especialista em Direito Tributário pelo IBET/SP.
Professora dos Cursos de Direito Tributário do IBET,
da COGEAE-PUC/SP e do IBDT. Advogada.

AS SANÇÕES NO DIREITO TRIBUTÁRIO

Prefácio de Robson Maia Lins

2015

editora e livraria
NOESES

Copyright © 2015 By Editora Noeses
Fundador e Editor-chefe: Paulo de Barros Carvalho
Gerente de Produção Editorial: Rosangela Santos
Arte e Diagramação: Renato Castro
Designer de Capa: Aliá3 - Marcos Duarte
Revisão: Vanessa Faullame Andrade

TODOS OS DIREITOS RESERVADOS. Proibida a reprodução total ou parcial, por qualquer meio ou processo, especialmente por sistemas gráficos, microfílmicos, fotográficos, reprográficos, fonográficos, videográficos. Vedada a memorização e/ou a recuperação total ou parcial, bem como a inclusão de qualquer parte desta obra em qualquer sistema de processamento de dados. Essas proibições aplicam-se também às características gráficas da obra e à sua editoração. A violação dos direitos autorais é punível como crime (art. 184 e parágrafos, do Código Penal), com pena de prisão e multa, conjuntamente com busca e apreensão e indenizações diversas (arts. 101 a 110 da Lei 9.610, de 19.02.1998, Lei dos Direitos Autorais).

2015

Editora Noeses Ltda.
Tel/fax: 55 11 3666 6055
www.editoranoeses.com.br

Aos meus pais, **Marcos e Beatriz,** *exemplos de vida, pelo incentivo sempre presente.*

AGRADECIMENTOS

Aos meus pais, **Marcos Martins Paulino** e **Beatriz Lopes Paulino**, minha eterna gratidão por simplesmente tudo. Sem vocês nada disso seria possível.

Ao meu amor, **Frederico Alvarez de Toledo Padilha** pelo companheirismo e apoio incondicionais.

A alguém especial, **Luiz Augusto Lopes Paulino**, meu irmão, amigo e também estudioso do Direito, que me acompanha desde os primeiros passos nessa trajetória acadêmica.

A **Paulo de Barros Carvalho**, admirável Professor e exemplo de excelência acadêmica, por todas as oportunidades ao longo desses anos.

A **Robson Maia Lins**, autoridade no tema deste trabalho e cujos valiosos ensinamentos influenciaram diretamente as reflexões aqui desenvolvidas.

A **Paulo Ayres Barreto** pelas ideias levantadas durante a minha banca examinadora do Mestrado.

Às queridas **Maria Leonor Leite Vieira** e **Sandra Cristina Denardi**, pelas lições no esmero da profissão e na ternura da convivência.

À **Mariana Arita Soares de Almeida**, exemplo de seriedade e dedicação nos momentos em que delas mais precisamos.

MARIA ÂNGELA LOPES PAULINO PADILHA

A **Aurora Tomazini de Carvalho**, **Camila Campos Vergueiro Catunda**, **Carolina Rocha Malheiros**, **Fabiana Del Padre Tomé**, **Fernando Gomes Favacho**, **Guilherme Oliveira**, **Lucas Galvão de Brito**, **Luisa Cristina Miranda Carneiro**, **Marcos Oliveira**, **Priscila de Souza**, **Thais De Laurentiis** e **Viviane Camara Strachicini** pelas preciosas colocações, reforçando e testando as minhas, cada um de sua maneira, mas que, sem dúvida, contribuíram para evitar muitos desacertos nas conclusões aqui empreendidas.

Aos meus colegas e amigos do **Barros Carvalho Advogados Associados** pela prazerosa convivência cotidiana no exercício da advocacia.

E, por fim, agradeço a **Editora Noeses** que viabilizou a publicação deste livro.

LISTA DE ABREVIATURAS

ADCT – Ato das Disposições Constitucionais Transitórias
ADI – Ação Direita de Inconstitucionalidade
AI – Agravo de Instrumento
AIIM – Auto de Infração e Imposição de Multa
ARg – Agravo Regimental
CADE – Conselho Administrativo de Defesa Econômica
CADIN – Cadastro Informativo
CDA – Certidão de Dívida Ativa
CF – Constituição Federal
CND – Certidão Negativa de Débito
CNPJ – Cadastro Nacional de Pessoas Jurídicas
CPD – Certidão Positiva de Débito
CPD-EN – Certidão Positiva de Débito com Efeito de Negativa
CSLL – Contribuição Social sobre o Lucro Líquido
CTN – Código Tributário Nacional
DAU – Dívida Ativa da União
DI – Declaração de Importação

ICMS – Imposto sobre operações relativas à circulação de mercadorias e sobre prestações de serviços de transporte interestadual e intermunicipal e de comunicação

IN – Instrução Normativa

IR – Imposto sobre a Renda

IRRF – Imposto de Renda Retido na Fonte

LEF – Lei de Execuções Fiscais

Min. – Ministro

MP – Medida Provisória

PER/DCOMP – Pedido eletrônico de Restituição, Ressarcimento ou Reembolso e Declaração de Compensação

RE – Recurso Extraordinário

Rel. – Relator

REsp – Recurso Especial

RFB – Receita Federal do Brasil

RICMS – Regulamento do Imposto sobre operações relativas à circulação de mercadorias e sobre prestações de serviços de transporte interestadual e intermunicipal e de comunicação

RMIMM – Regra-matriz de incidência da multa de mora

RMIMO – Regra-matriz de incidência da multa de ofício

RMIT – Regra-matriz de incidência tributária

RMM – Regra-matriz da mora

RMMNP – Regra-matriz da multa pelo não-pagamento

RMSI – Regra-matriz da sanção instrumental

SPC – Serviço de Proteção ao Crédito

SS. – Seguintes

TJ – Tribunal de Justiça
TRF – Tribunal Regional Federal
STF – Supremo Tribunal Federal
STJ – Superior Tribunal de Justiça

SUMÁRIO

AGRADECIMENTOS .... **VII**

LISTA DE ABREVIATURAS .... **IX**

PREFÁCIO .... **XXI**

INTRODUÇÃO .... **XXVII**

CAPÍTULO 1 - A LINGUAGEM DO DIREITO POSITIVO: NOÇÕES FUNDAMENTAIS 01

1.1. A linguagem como condição para o conhecimento: a concepção do movimento filosófico denominado "giro-linguístico".. 01

    1.1.1. O conhecimento jurídico 02

1.2. Direito positivo: definição do conceito 04

    1.2.1. Sanção, coação e coerção: a sanção coercitiva como elemento distintivo do sistema jurídico em relação a outros sistemas normativos 05

1.3. A hermenêutica jurídica e a teoria dos valores 08

    1.3.1. A interpretação dos textos jurídicos 11

        1.3.1.1. O percurso gerador de sentido dos textos jurídicos 13

1.4. O fenômeno da incidência das normas jurídicas: do "dever-ser" não se transita livremente ao "ser" 15

CAPÍTULO 2 - A NORMA PRIMÁRIA SANCIONATÓRIA 21

2.1. A abstração lógica como instrumento eficiente para o estudo do direito positivo 21

2.2. A norma jurídica em sentido amplo e em sentido estrito 23

2.3. Norma jurídica completa: norma primária e norma secundária 26

    2.3.1. A resposta à pergunta: "Existe norma jurídica sem sanção?" 31

2.4. A norma primária tributária e a norma primária sancionatória 33

2.5. A estrutura lógica da norma primária sancionatória e seus conteúdos de significação 39

    2.5.1. O fato jurídico "infração tributária" como núcleo do antecedente normativo 40

    2.5.2. A "sanção" como consequente normativo 42

2.6. Síntese meramente didática das normas jurídicas 44

CAPÍTULO - 3 A SANÇÃO NO DIREITO TRIBUTÁRIO 45

3.1. Noções do termo *sanção* 45

3.2. A sanção na Teoria Geral do Direito 50

    3.2.1. A sanção em Cesare Bonesana (Marquês de Beccaria).. 51

    3.2.2. A sanção em Hans Kelsen 53

    3.3.3. A sanção em Norberto Bobbio 56

    3.3.4. A sanção em Lourival Vilanova 58

3.3. A sanção no Direito Tributário 60

    3.3.1. A natureza jurídica da sanção tributária 61

    3.3.2. Distinção entre sanção e tributo 66

3.3.3. Análise da sanção tributária no plano sintático-semântico 71

3.3.4. A sanção em nível geral e abstrato 72

3.3.5. A teleologia das sanções tributárias: análise no plano pragmático 74

3.4. A graduação das sanções no Direito Tributário e a responsabilidade por infrações prevista no art. 136 do CTN 76

    3.4.1. Fundamentos em favor da teoria da responsabilidade por infrações objetiva, estatuída como regra geral no art. 136 do CTN 80

    3.4.2. A objetividade na constatação da infração e temperamentos na cominação da sanção 83

CAPÍTULO 4 - OS PRINCÍPIOS CONSTITUCIONAIS E AS SANÇÕES NO DIREITO TRIBUTÁRIO 87

4.1. O sistema do direito positivo e as normas jurídicas que demarcam princípios 88

    4.1.1. Princípio: enfoque sintático 89

    4.1.2. Princípio: amplitude semântica do vocábulo – norma jurídica de alta carga axiológica, como valor e como limite objetivo 91

4.2. Os sobreprincípios no sistema constitucional brasileiro .. 94

4.3. Aplicação: entre regras e princípios 95

4.4. Os princípios constitucionais: limitações ao poder sancionador tributário 97

4.5. A permeabilidade de princípios gerais da repressão pelo direito tributário sancionador 99

4.6. O sobreprincípio da segurança jurídica 101

4.6.1. A observância dos princípios da legalidade e da tipicidade no desenho da norma primária sancionatória e na constituição do fato jurídico infracional 103

    4.6.1.1. As medidas provisórias e os atos regulamentares como instrumentos normativos inaptos para a tipificação de infrações e imposição de penalidades 109

4.6.2. O princípio da irretroatividade 112

    4.6.2.1. A retroatividade benéfica: exceção ao postulado da irretroatividade – Art. 106 do CTN 115

4.7. Os sobreprincípios da isonomia (igualdade) e da justiça ... 117

    4.7.1. A individualização das "penas" e a equidade para a efetiva garantia do tratamento justo e isonômico na imposição das sanções tributárias .. 121

    4.7.2. O princípio da capacidade contributiva 129

4.8. O princípio do devido processo legal 130

    4.8.1. A ampla defesa e o contraditório: a projeção adjetiva do devido processo legal 132

    4.8.2. O princípio da proporcionalidade: a projeção substantiva do devido processo legal 136

4.9. O princípio da vedação ao confisco enunciado no art. 150, IV, da CF e as multas tributárias 146

    4.9.1. A multa tributária confiscatória (des)proporcional: necessário sopesamento do dado concreto 151

4.10. Os princípios da presunção de inocência e do *in dubio pro reo* 155

CAPÍTULO 5 - CLASSIFICAÇÃO E ESPÉCIES DAS SANÇÕES TRIBUTÁRIAS...... 159

5.1. Classificações, em espécies, das sanções tributárias empreendidas pela doutrina 159

5.2. Classificações jurídicas: considerações necessárias 160

5.3. A classificação da sanção tributária em espécies segundo o caráter pecuniário: nossa proposta classificatória.......... 162

5.4. As sanções tributárias não pecuniárias 164

    5.4.1. As sanções restritivas de direitos e o exercício do *poder de polícia* pela Administração 165

    5.4.2. A inconstitucionalidade das "sanções políticas" como instrumento para compelir o sujeito passivo ao pagamento do tributo 168

        5.4.2.1. A caracterização das "sanções políticas": uma construção jurisprudencial... 169

        5.4.2.2. O Supremo Tribunal Federal e o caso "American Virginia": inovação no contorno semântico das sanções políticas.. 175

        5.4.2.3. Algumas hipóteses de sanções políticas.. 181

    5.4.3. Perdimento de bens.......... 191

        5.4.3.1. A aplicação da sanção de perdimento de bens ajustada à garantia do devido processo legal.......... 195

        5.4.3.2. Exame da sanção de perdimento de bens no plano legislativo e jurisprudencial 201

        5.4.3.3. Algumas hipóteses de aplicação da sanção de perdimento de bens.......... 207

    5.4.4. Apreensão de bens.......... 214

5.4.5. A recusa de expedição de Certidão Negativa de Débito: limites e efeitos 221

    5.4.5.1. A apresentação de CND como condição ao exercício de atos jurídicos 227

5.4.6. Regime especial de controle e fiscalização 247

5.5. As sanções tributárias pecuniárias 258

    5.5.1. Breve distinção entre natureza indenizatória (ou reparadora) e sancionatória (ou punitiva ou repressiva) das prestações pecuniárias 261

    5.5.2. A função repressiva da multa no Direito Tributário: a dicotomia equivocada entre multa de mora e multa punitiva 264

    5.5.3. Multa de mora *versus* multa de ofício 267

        5.5.3.1. Síntese analítica das regras-matrizes de incidência da multa de mora (RMIMM) e da incidência da multa de ofício (RMIMO) 276

    5.5.4. Multa isolada 278

    5.5.5. Multa qualificada e multa agravada 281

    5.5.6. A função da base de cálculo no consequente das normas primárias que prescrevem sanções pecuniárias 283

        5.5.6.1. A dimensão econômica do fato jurídico tributário a título de base de cálculo da sanção pecuniária 285

    5.5.7. A graduação das sanções pecuniárias formais ... 290

    5.5.8. Casos concretos na imposição de multas no Direito Tributário 299

        5.5.8.1. As multas isoladas decorrentes de compensação não homologada e ressarcimento indevido 299

5.5.8.2. A aplicação concomitante da multa isolada por falta de recolhimento das estimativas mensais com a multa de ofício, exigida pela ausência de pagamento do IRPJ e da CSLL apurados no final do ano-calendário..306

5.5.8.3. A multa isolada aplicada por descumprimento de deveres instrumentais: matéria com repercussão geral reconhecida pelo Supremo Tribunal Federal...............320

5.5.9. Juros de mora e correção monetária.....................323

5.5.9.1. O não pagamento da multa de ofício como hipótese de incidência dos juros de mora e a impossibilidade de anatocismo na cobrança de dívidas tributárias..331

CONCLUSÕES..335

REFERÊNCIAS BIBLIOGRÁFICAS...............................363

PREFÁCIO

A temática na qual estão envoltas as infrações e as sanções tributárias, posta ao lado das questões atinentes ao tratamento dispensado aos tributos em geral, tem sido objeto de poucos estudos nos domínios da dogmática tributária brasileira, o que revela-nos duas premissas igualmente falsas: ou o tema das sanções tributárias receberia o mesmo tratamento doutrinário e jurisprudencial conferido às obrigações tributárias em geral – até porque a sanção tributária tem a mesma estrutura normativa –, e, portanto, todas as proposições científicas produzidas sobre o tributo serviriam para explicar as sanções tributárias; ou, inversamente, as sanções tributárias seriam espécies de sanções penais ou administrativas, e, portanto, bastaria ao intérprete do Direito Tributário importar definições de conceitos produzidas nas searas do Direito Penal ou do Direito Administrativo.

Essa intertextualidade, necessária ao atilado estudo de qualquer temática jurídica, dada a inafastabilidade de sua análise sistêmica, requer cuidado redobrado nas "importações semânticas" de conteúdos que cada setor do conhecimento produz na sua pragmática própria. Esse cuidado foi decisivo para a excelente tessitura que o presente trabalho ostenta, alicerçado em premissas de teoria geral do Direito, Direito Constitucional e Direito Tributário, para então ingressar na temática específica das sanções tributárias.

O trabalho que o leitor tem em mãos, produzido pela Professora Maria Ângela Lopes Paulino Padilha como requisito parcial para conclusão do Mestrado em Direito Tributário na PUC/SP, põe às claras as variáveis que estão por traz das diversas correntes doutrinárias experimentadas pelo tema, e, mais que isso, explica as consequências que essas abordagens tiveram para subnutrir os estudos das infrações e sanções no Direito Tributário brasileiro.

Nessa toada, cabe bem observar as asserções que o trabalho produz sobre o conteúdo semântico da culpabilidade em matéria de sanções tributárias. Com efeito, dispõe o art. 136 do CTN, que, a menos que a legislação disponha em sentido contrário, a aplicação das normas sancionatórias independe da intenção do agente, da existência ou extensão dano causado ao Erário.

Sob esse argumento, parte expressiva da doutrina brasileira sustentou que a responsabilidade por infração tributária seria objetiva, prescindindo, assim, de demonstração de culpabilidade do agente infrator. Com isso, o dolo – genérico ou específico – e a culpa, em sentido estrito, nas suas três modalidades (negligência, imprudência ou imperícia), foram institutos quase banidos dos estudos do Direito Tributário sancionatório, apesar de – e esse detalhe importante foi solenemente ignorado por boa parte dos estudos nacionais –, a legislação a que se refere o art. 136 do CTN, sempre dispor em sentido contrário, prevendo o dolo ou mesmo a culpa como elemento nuclear das multas qualificadas, nos termos dos arts. 71, 72 e 73 da Lei nº 4.502/64.

Como dito, o trabalho é preciso não só por apresentar discurso claro, resultado de longas reflexões, mas também por firmar suas posições em uma teoria de base, perpassando pelos temas que são-lhes correlatos, desenhando todo o percurso de seu raciocínio, garantindo assim que o leitor possa refazê-lo em seus mais tênues detalhes. É assim que desenvolve os três primeiros Capítulos da obra.

Já a definição e aplicação dos princípios constitucionais tributários na conformação das normas tributárias sancionatórias, em sentido estrito, ganham análises esmeradas no Capítulo 4; valendo destacar a ênfase conferida à legalidade, tipicidade, ampla defesa e contraditório (devido processo legal na dimensão adjetiva), e proporcionalidade (devido processo legal na dimensão substantiva) em matéria de sanções tributárias.

Ainda sobre o alcance dos princípios constitucionais tributários e as respectivas forças normativas que eles possam exercer na construção das regra-matrizes das sanções tributárias, a compreensão do texto ante às questões envolvendo as multas tributárias reside em saber os limites das alíquotas e das bases de cálculo juridicamente possíveis das multas. Ao derredor dessas duas variáveis que compõem o critério quantitativo giram os estudos do Direito Tributário sancionatório, abrindo espaço para cogitações acerca da incidência dos princípios da capacidade contributiva e da vedação ao confisco.

Mesmo aqueles que afastam a incidência desses dois princípios constitucionais tributários, ao argumento de que eles têm densidade normativa apenas sobre a composição das regras-matrizes dos tributos, não deixam de fazer associações com o princípio da razoabilidade ou proporcionalidade em sentido amplo, tidos como vetores de todo o ordenamento jurídico brasileiro.

Outro ponto que o trabalho, orgulhosamente por mim prefaciado, dá alentado passo em direção às proposições tradicionais da doutrina pátria, é o que fixa indelevelmente novas diretrizes para o melhor equacionamento da velha polêmica sobre a "natureza jurídica das multas tributárias", que insiste em fazer a distinção entre multas punitivas e multas indenizatórias.

Neste ponto, a Autora preleciona que multas tributárias são sempre punitivas, porque, na estrutura sintática, o antecedente da regra-matriz estabelece critérios que, uma vez positivados em normas individuais e concretas, constituem fatos jurídicos ilícitos.

Com o isolamento epistemológico apenas do lugar sintático do antecedente normativo, não há grandes problemas interpretativos, visto que a natureza ilícita sobressai com pouco esforço. A complexidade da análise avoluma-se quando deslocamos nossa atenção para o consequente da norma sancionatória, precisamente para a base de cálculo, onde verificamos nível mais elevado de dificuldade, quer em razão da relação que ela exerce (a base de cálculo) com o fato jurídico ilícito – alojado no antecedente – confirmando-o, infirmando-o ou afirmando-o, quer em razão da análise de sua função mensuradora, isto é, na capacidade que a base de cálculo deve ostentar para medir adequadamente as proporções do fato jurídico ilícito.

Mas não é só: e quando o fato jurídico ilícito representar o descumprimento de um dever instrumental? Neste aspecto pontual também a abordagem do presente trabalho é excelente.

Numa sessão memorável, tive a honra de integrar a banca examinadora que arguiu a então candidata ao título de mestre pela Pontifícia Universidade Católica de São Paulo, Maria Ângela Lopes Paulino Padilha, onde, juntamente com o seu orientador, o Professor Titular e Emérito Paulo de Barros Carvalho, e o Professor da USP, Paulo Ayres Barreto, um arsenal de questões foram-lhe formuladas. Sem surpresas, a candidata respondeu todas as indagações, utilizando como instrumental teórico as premissas epistemológicas com as quais trabalha o Constructivismo Lógico-Semântico, tal qual havia exposto no trabalho escrito.

O tema hoje fervilha a jurisprudência administrativa e judicial brasileiras, com questões importantes sobre todos os critérios constituintes das regras-matrizes das diversas multas tributárias vigentes em nosso ordenamento jurídico. O livro da Professora Maria Ângela, destrinchando os meandros dessas regras-matrizes sancionatórias, estabelece balizas seguras para qualquer estudioso do Direito Tributário sancionatório, examinados os critérios material (o ilícito tributário), espacial (determinação geográfica de ocorrência do ilícito) e temporal (notas que indicam circunstância de tempo de sua ocorrência), bem como os critérios do consequente, o quantitativo (com a determinação da base de cálculo e alíquota que mensurem o débito tributário sancionatório) e o pessoal (delimitando as pessoas envolvidas na relação sancionatória).

Este livro – não receio em afirmar – será um sucesso, porque a Autora marca a sua trajetória jurídica pelo zelo no que fala e escreve. Por isso, parabenizo o orientador da Autora, Professor Paulo de Barros Carvalho, pelas lições que alicerçam a escola do Construtivismo Lógico-Semântico, vivamente aplicadas neste trabalho.

À Pontifícia Universidade Católica de São Paulo (PUC/SP), instituição em que a Professora Maria Ângela cursou a graduação e o mestrado; ao Instituto Brasileiro de Estudos Tributários (IBET), que tem em seu quadro essa jovem e talentosa pensadora do Direito Tributário brasileiro, e, finalmente, à Editora Noeses, que garante a ampla divulgação desses escritos, com sua mais nova publicação.

Robson Maia Lins
Doutor e Mestre. Professor da PUC/SP,
nos Cursos de Graduação.

INTRODUÇÃO

O direito positivo, na qualidade de objeto cultural, serve como controlador da conduta humana, motivando e alterando o comportamento dos indivíduos, com a finalidade de conferir segurança e justiça nas relações firmadas no convívio em sociedade.

O Direito volta-se para a realidade social, selecionando os fatos relevantes para participarem da construção jurídico-positiva, isto é, para comporem os fatos jurídicos, juridicizando os comportamentos humanos.

Ao dizer que a linguagem do direito positivo interfere nas condutas intersubjetivas, motivando-as e alterando-as, partimos da premissa de que tal intervenção não implica uma alteração efetiva e material no "ser da conduta", uma vez que do dever-ser não se transita livremente para o mundo do ser. O "intervir na conduta", realizado pela norma jurídica, representa uma forte motivação para que as condutas sociais sejam modificadas.[1]

Não se pode perder de vista que a linguagem social está em constante mutação, aprimorando-se e diversificando-se.

---

1. CARVALHO, Paulo de Barros. *Direito tributário*: fundamentos jurídicos da incidência. 8. ed. São Paulo: Saraiva, 2010, p. 30.

Essa gradual complexidade das relações sociais afeta diretamente a linguagem do direito positivo, enquanto segmento linguístico que atua na região material das condutas intersubjetivas. As mudanças no comportamento dos indivíduos, o desenvolvimento tecnológico, o aumento populacional – realidades do mundo moderno, dentre outras –, e a consequente diversidade e complexidade das relações sociais demandam a atualização da linguagem do direito positivo: novos fatos sociais exigem novos fatos jurídicos.

Ao mesmo tempo, ampliando-se a regulação das condutas, criando-se novos direitos e deveres correlatos, ampliam-se as sanções prescritas, a fim de conferir efetividade ao cumprimento das mensagens jurídicas.

No interior da linguagem jurídica, a sanção consubstancia o melhor instrumento para que o Direito cumpra seu papel regulador da sociedade, na medida em que serve como expediente efetivo para que o destinatário da mensagem jurídica paute sua conduta dentro dos limites da licitude. O Direito encontra na sanção a ferramenta fundamental para o sucesso desta intervenção.

Especialmente no âmbito do Direito Tributário, cujas normas jurídicas prescrevem deveres que visam, em última análise, à constrição do patrimônio dos contribuintes em favor dos cofres públicos, a função sancionatória torna-se indispensável.

Contudo, a interpretação e aplicação das sanções tributárias pelas autoridades competentes, no âmbito de suas funções estatais – legislativa, executiva e jurisdicional –, encontram-se delimitadas pelo próprio ordenamento jurídico.

Isso porque a sanção prescrita pelo direito positivo é organizada e institucionalizada,[2] distinguindo-se das demais sanções normativas, marcadas pela inconstância e incerteza

---

2. BOBBIO, Norberto. *Teoria geral do direito*. 3. ed. Tradução de Denise Agostinetti. São Paulo: Martins Fontes, 2010.

(*v.g.* sanção social e sanção moral).

É em decorrência dessa institucionalização que a imposição de sanções jurídicas deve observar os preceitos firmados pelo sistema do direito posto, pois somente à lei cabe discriminar critérios para tipificar em termos jurídicos o ilícito e a intensidade punitiva.

Na esfera do Direito Tributário, a forma como o ordenamento jurídico dispõe sobre a atribuição de consequências jurídicas àquele sujeito que descumpriu uma prestação vem merecendo atenção desafiadora dos estudos doutrinários e da jurisprudência, sobretudo no que tange à imposição de sanções em razão da inobservância do preceituado nas normas que estipulam deveres instrumentais.

Dentre outros fatores, a relevância do estudo das sanções tributárias sobrevém da multiplicidade de sanções previstas na legislação. A ampliação da aplicabilidade de sanções por parte do Fisco decorre de questões inerentes à atualidade, tais como a necessidade premente de buscar o incremento das receitas públicas mediante a arrecadação de tributos em favor do Erário, o avanço tecnológico no controle e na fiscalização sobre os contribuintes, bem como a tendência, observada nos últimos anos, à "privatização" do procedimento fiscal, na medida em que a experiência jurídica revela uma participação crescente dos administrados (particulares) na declaração de fatos e na quantificação dos tributos, mediante a instituição de inúmeros e complexos deveres instrumentais.

O estudo também vem merecendo atenção diante dos abusos na quantificação das multas, muitas vezes extremamente superiores ao valor do próprio tributo, e na imposição de outras medidas punitivas por parte do Estado, o qual tende a justificar suas ações, ainda que arbitrárias, na justiça social e na prevalência do interesse público.

É preciso ter em mente que os interesses punitivos não se confundem com os interesses arrecadatórios do Estado, sob pena de desvirtuar o sistema repressivo de seus propósitos.

Acena-se, ainda, a dificuldade de fixar parâmetros e limites distintos à imposição das sanções, agravando-se a problemática em razão da existência de posicionamentos dissonantes acerca da sua aplicabilidade nos domínios dos órgãos administrativos e na esfera do Poder Judiciário.

Nesse contexto, o desdobramento do tema "sanções tributárias" leva-nos a questões controversas e polêmicas, tais como: os seus limites qualitativos e quantitativos, as regras jurídicas principiológicas que influenciam na sua interpretação e aplicação, as suas espécies e a atuação dos julgadores na esfera administrativa e judicial, pois, a todo instante, sob uma versão crítica, colacionam-se precedentes jurisprudenciais, almejando um estudo mais fecundo sobre o tema ora proposto.

Dada a extensão científica que o tema sugere, realiza-se um corte metodológico, restringindo o propósito cognoscente, fundamentalmente, aos princípios constitucionais aplicáveis no campo das penalidades fiscais e às espécies de sanções tributárias previstas na legislação decorrentes do descumprimento da obrigação tributária e dos deveres instrumentais.

Com o escopo de conferir êxito a esse objetivo, faz-se necessária, em um primeiro momento, a análise da estrutura lógica da norma primária sancionatória e dos seus conteúdos de significação, especialmente no que diz respeito ao termo *sanção*, para, ao depois, deter-se, com maior afinco, aos enunciados principiológicos enquanto limitações ao poder sancionador-tributário, influindo no campo pragmático.

Em seguida, empreender-se-á os estudos nas espécies de sanções tributárias, prescritas no consequente normativo.

No alcance desse desiderato, adota-se o método analítico-hermenêutico, modelo de aproximação difundido pelo paradigma filosófico denominado *Constructivismo lógico-semântico*.

De acordo com a filosofia constructivista, as Ciências não são meramente representativas de uma realidade pré-existente, tampouco o cientista extrai o sentido, conteúdo e alcance dos textos jurídicos.[3]

No processo interpretativo, o cientista não se restringe a simplesmente descrever o "direito positivo", mas constrói, sob um racionalismo descritivo *crítico-explicativo*,[4] suas significações e sentidos, atribuindo valores aos enunciados prescritivos, aos textos jurídicos.

Referida metodologia, sustentada firmemente no exame dos planos semióticos da sintaxe e da semântica, elege instrumentos aptos a permitir ao estudioso do Direito um conhecimento da linguagem jurídico-prescritiva com bases sólidas e consistentes, deixando a Ciência do Direito de ser um mero conjunto de proposições descritivas acerca dos enunciados prescritivos, em que são ignorados seus fundamentos explicativos e justificativos.

Dentre as ferramentas básicas empregadas pelo *Constructivismo* para a construção do discurso jurídico-científico, inclusive neste trabalho aplicadas, figuram a Filosofia da Linguagem concebida no movimento denominado "giro-linguístico", a Teoria dos Valores, a Lógica e a Semiótica que, utilizadas conjuntamente, permitem não só um exame analítico do discurso jurídico, decompondo-o e esquematizando-o formalmente, com o intuito de analisar as suas unidades normativas e os vínculos existentes entre si, mas também propiciam um exame hermenêutico do objeto, atento ao aspecto axiológico das prescrições jurídicas na regulação dos comportamentos humanos.

Necessário, desde este início, realçar a dificuldade de

---

3. Nesse sentido, esclarece Eugenio Moya Cantero: "(...) el científico, cuando conoce, no descubre o representa las formas del mundo real, sino que lãs construye con los conceptos que lê permiten entenderla" – Trecho sobre o "constructivismo" (DIAS, Eduardo Rocha; SIQUEIRA Natercia Sampaio. Dicionário Espasa. *Filosofia*. In: Muñoz, Jacobo (Coord.). Madrid: Espasa, 2003, p. 107).

4. CARVALHO, Paulo de Barros. *Breves considerações sobre a função descritiva da ciência do direito tributário*. Disponível em: <www.conjur.com.br>. Acesso em: 01 out. 2013.

empreender a presente proposta científica, especialmente em decorrência da discreta oferta doutrinária contraposta à forte demanda observada na práxis tributária, combinadas, ainda, com o reduzido tratamento dado às sanções pelo Código Tributário Nacional..

A partir de reflexões acerca dos limites e das formas de manifestação da potestade punitivo-tributária, buscaram-se subsídios e elementos para a construção de soluções adequadas à interpretação e à aplicação das sanções no Direito Tributário.

Admite-se, desde já, que o raciocínio, a argumentação e as conclusões expostas sofreram mudanças durante toda a elaboração deste trabalho, inclusive até o momento de sua finalização, e muito provável permanecerão neste rumo dadas as vicissitudes da racionalidade, até porque toda investigação dogmática que se preze tende a primar pela consistência e rigorismo na sua maior plenitude e, por isso, o cientista deve estar sempre aberto a rever posições em prol da perene e produtiva discussão doutrinária, sendo inconcebíveis respostas definitivas na Ciência Jurídica.

CAPÍTULO 1 - A LINGUAGEM DO DIREITO POSITIVO: NOÇÕES FUNDAMENTAIS

1.1. A linguagem como condição para o conhecimento: a concepção do movimento filosófico denominado "giro-linguístico"

O conhecimento é "redutor de dificuldades,"[5] na medida em que visa a tornar o objeto cognoscente menos complexo.

A concepção filosófica do conhecimento compreende dois momentos: o da "Filosofia da Consciência" e o da "Filosofia da Linguagem".

De acordo com a primeira, o conhecimento consiste na relação estabelecida entre o ser humano e o objeto, enquanto a linguagem consubstancia um mero instrumento de representação da realidade conhecida pelo sujeito cognoscente. Assim, o ato de conhecer parte da relação estabelecida entre o sujeito e o objeto, os quais conectam-se por meio da linguagem.

Em meados do século XX, surge a "Filosofia da Linguagem", inaugurada pela obra de Ludwig Wittgenstein – *Tractatus logico-philosophicus* – e aclamada pelos neopositivitas-lógicos, na qual a linguagem passa a ser condição para

---

5. CARVALHO, Paulo de Barros. *Direito tributário, linguagem e método*. São Paulo: Noeses, 2008. p. 7.

que haja conhecimento e não apenas um instrumento de comunicação de um conhecimento já consolidado.

A essa mudança de concepção do conhecimento denominou-se "giro-linguístico".

De acordo com este novo paradigma, o conhecimento não consiste apenas na simples apreensão mental das coisas, mas na construção intelectual da realidade por meio da linguagem.

O conhecimento passa a ser um processo de interpretação linguística ou, melhor dizendo, o processo de compreensão das coisas torna-se, essencialmente, um processo interpretativo. Neste sentido, o mundo que conhecemos é o mundo linguístico, nunca a coisa "em si", uma vez que a realidade é criada pela linguagem.[6]

À luz da nova Filosofia do Conhecimento, a verdade não mais caracteriza-se, tal como pretendia afirmar a "Filosofia da Consciência", pela correspondência entre o enunciado e o objeto-em-si, ao qual refere-se.

A verdade passa a ser um consenso acerca de um determinado objeto, já que os objetos são criados linguisticamente. Daí porque não existem verdades absolutas acerca de um objeto, variando seu conteúdo semântico segundo as condições culturais, de tempo e de lugar (sistema de referência).

1.1.1. O conhecimento jurídico

Como dito, conhecer é um procedimento que visa a tornar o objeto da experiência menos complexo.

---

6. "Só temos o mundo e as coisas na linguagem; nunca 'em si'. Assim, não há uma correspondência entre a linguagem e o objeto, pois este é criado por ela. A linguagem, nesta concepção, passa a ser o pressuposto por excelência do conhecimento. (...) O conhecimento deixa de ser a reprodução mental do real e passa a ser a sua constituição para o sujeito cognoscente". (CARVALHO, Aurora Tomazini de. *Curso de teoria geral do direito*. O Constructivismo lógico-semântico. São Paulo: Noeses, 2009. p. 13).

É, portanto, o resultado de um processo reducionista, mediante o qual as coisas pertencentes ao "mundo da vida" são submetidas à nossa intuição sensível (olfato, visão, audição, tato e paladar) e recolhidas pela linguagem, ingressando, aí, no plano da realidade.

Todo processo cognoscitivo está atrelado a um sistema de referência que, por sua vez, compreende as condições que informam o conhecimento sobre um dado experimental.

Sob essa perspectiva, o mesmo dado físico (evento), o mesmo objeto, pode ser interpretado de diversas formas, conforme o sistema de referência do ser cognoscente, constituindo realidades distintas, condizentes com as condições referenciais.

O conhecimento jurídico tem como objeto a linguagem do direito positivo, ou melhor, as normas jurídicas construídas a partir dos enunciados prescritivos (suporte físico).

Com base nas premissas fundadas pela "Filosofia da Linguagem", o cientista do direito ou jurista, quando formula proposições descritivas acerca do direito positivo (objeto), não apenas reproduz o objeto, vale dizer, os textos de lei, mas os interpreta, atribuindo significações aos enunciados prescritivos, criando, com isso, a linguagem da Ciência do Direito.

Daí a acurada observação de Gabriel Ivo ter perfeita oportunidade:

> Todo conhecimento do Direito implica uma permanente construção hermenêutica. Mesmo que seja o conhecimento vulgar, técnico ou científico. Esse caráter conceptual do Direito decorre da situação de sua existência mediante uma linguagem. O que os juristas, em sentido largo, dizem do Direito não consiste em mera repetição da linguagem prescritiva. Determina, isso sim, o significado do que é que o Direito diz. Ao determinar o que o Direito diz, os juristas terminam dizendo o que o Direito é.[7]

---

7. IVO, Gabriel. *Norma jurídica*: Produção e controle. São Paulo: Noeses, 2006. Introdução, p. XXVIII.

1.2. Direito positivo: definição do conceito

Primeiramente, mister faz-se traçar uma distinção: o conceito do termo *Direito* não se confunde com a sua definição.

Conceito é a ideia/juízo que o intérprete tem acerca do objeto, enquanto que a definição é a delimitação explicativa do conceito formulado. É corriqueiro, um sujeito, ciente do conceito, fazer uso do termo *Direito* no seu cotidiano, porém, sem saber, definir por meio de outras palavras as características do termo utilizado no discurso.

Em um discurso científico, marcado pelo rigor sintático e semântico, é fundamental definir o conceito do termo, identificando a sua forma de uso dentro do discurso e afastando vícios de ambiguidade e vaguidade do termo.

Será adotada uma concepção positivista do Direito, sendo definido como *o conjunto de normas jurídicas válidas em um dado país que visam a disciplinar as relações intersubjetivas*.

Para o estudo ora proposto, convém enunciar a definição dada pelo jurisconsulto Lourival Vilanova,[8] segundo o qual:

> define-se o Direito como um sistema de normas diretivas de conduta humana, cuja inobservância é sancionada e, ainda, dotadas essas normas de uma organização no emprego da coação (...)".

Trata-se, portanto, de um sistema nomoempírico prescritivo, cuja forma linguística traduz-se em um plexo de proposições destinadas a regular a conduta das pessoas no convívio social.

A Ciência do Direito também caracteriza-se como sistema jurídico, mas de caráter nomoempírico declarativo/teórico, pois propõe-se a estudar a linguagem do direito positivo, descrevendo suas normas jurídicas, transmitindo conhecimentos e informações sobre como elas regulam as condutas humanas.

---

8. VILANOVA, Lourival. *Causalidade e relação no direito*. 4. ed. São Paulo: Revista dos Tribunais, 2000, p. 38-39.

1.2.1. Sanção, coação e coerção: a sanção coercitiva como elemento distintivo do sistema jurídico em relação a outros sistemas normativos

Todo sistema normativo tem como elemento característico a *coação*, caracterizada, genericamente, como ato de constrangimento de ordem física (material) ou psicológica exercida contra um indivíduo ou um grupo de indivíduos, de modo que incuta-lhe fundado temor de dano e fazendo-o cumprir a conduta prescrita na norma. Sem coação não há falar-se em normatividade.

Todas as regras, sejam morais, religiosas, éticas ou jurídicas, existem para serem cumpridas, de tal sorte que precisam de uma garantia para que não se transformem em meras expectativas.

A força coativa de um sistema normativo, a fim de garantir o preceituado pela regra, efetiva-se mediante a adoção de *sanções*. Estas, por sua vez, caracterizam-se como as consequências decorrentes da prática de condutas indesejáveis.

A forma ou modo como a coação é exercida no âmbito do sistema do direito positivo é que o diferencia dos demais sistemas de normas, pois a coação no Direito compreende uma força institucionalizada, fruto da organização do poder estatal. Isso porque somente o ordenamento jurídico estabelece providências sancionatórias coercitivas em decorrência do descumprimento de deveres pré-estabelecidos, com a rigorosa observância do devido processo legal.

A *coerção*[9] é ínsita à natureza do direito positivo e consiste na "possibilidade lógica da interferência da força no

---

9. "COERÇÃO. S.f. (Lat. *coercitio*) Dir. Polít. Poder de que dispõe o Estado, pelos mecanismos de persuasão e de constrangimento, para obrigar os jurisdicionados ao cumprimento das leis ou à obediência das normas. Cognatos: *coercibilidade* (s.f.), qualidade ou caráter de coerção, *coercitivo* ou *coercivo* (adj.), que pode exercer coerção". (DIAS, Eduardo Rocha; SIQUEIRA, Natercia Sampaio. Dicionário Jurídico. Academia Brasileira de Letras Jurídicas. Planejado, organizado e redigido por J. M. Othon Sidou – Presidente da ABLJ. 4. ed. Rio de Janeiro: Forense Universitária, 1996).

cumprimento de uma regra de Direito",[10] ou melhor, na aplicação de sanções por parte do Estado.

Com efeito, as normas jurídicas não ficam à mercê da mera adesão espontânea dos indivíduos; pelo contrário, o próprio Direito garante o seu cumprimento por meio da sanção predeterminadamente organizada, institucionalizada.[11]

Acerca da presença da coação estatal ou coercitividade para fazer valer o cumprimento das normas no Direito Tributário, observa Robson Maia Lins:

> O fato jurídico moratório, quer no cumprimento da prestação estabelecida na RMIT, quer em relação aos deveres instrumentais, não autoriza por si só a coação em relação ao sujeito passivo do tributo. É preciso que o Judiciário, no exercício de sua função típica, realize os atos de coação, expropriando os bens do devedor para realizar o pagamento do tributo devido.[12]

A adoção de medidas sancionatórias coercitivas torna eficaz a regulação, pelo Direito, da região material das condutas intersubjetivas, permitindo o convívio dos seres humanos em sociedade.

Para todo direito previsto no sistema do direito positivo, há uma ação que o garante. Essa ação é o emprego da sanção pelo Estado-juiz, mediante a privação coercitiva de bens daquele que causou o ato ilícito, como a vida (pena de morte), a propriedade (execução forçada de um bem) e a liberdade

---

10. REALE, Miguel. *Lições preliminares de direito*. 3. ed. São Paulo: Saraiva, 1976. p. 69.

11. Por oportuno, citamos Lourival Vilanova: "Em rigor, todas as normas sociais acompanham-se de sanções ante seu descumprimento. O que destaca a sanção jurídica é a sua previsibilidade típica e a possibilidade do uso da coação organizada (através do órgão jurisdicional) para fazer valer as obrigações principais e as obrigações secundárias". (VILANOVA, Lourival. *Causalidade e relação no direito*... cit., p. 175-176).

12. LINS, Robson Maia. *A mora no direito tributário*. 2008. Tese (Doutorado em Direito) – Faculdade de Direito, Pontifícia Universidade Católica de São Paulo – PUC/SP, São Paulo, 2008. p. 184.

(pena privativa de liberdade ou imposição de um fazer ou não fazer).

Norberto Bobbio esclarece que a presença da sanção coercitiva como elemento inerente ao sistema jurídico não significa afirmar que não existe norma jurídica sem sanção.

Segundo o jurista italiano, ao afirmar que a sanção coercitiva é o que diferencia o sistema do direito positivo dos demais sistemas de normas, leva-se em conta a integralidade do sistema jurídico:

> (...) quando falamos de uma sanção organizada como elemento constitutivo do Direito, referimos não às normas singulares, mas ao ordenamento normativo considerado no seu todo, razão pela qual dizer que a sanção organizada distingue o ordenamento jurídico de qualquer outro tipo de ordenamento, não implica que todas as normas desse sistema sejam sancionadas, mas apenas que a maior parte o seja.[13]

Em seguida, esclarece o autor italiano que o critério de juridicidade da norma, averiguando se é ou não jurídica, é a sua relação de pertinencialidade com o ordenamento jurídico, ou seja, a validade, no sentido de verificar se foi introduzida nele por órgão competente mediante procedimento específico previsto em lei.[14]

---

13. BOBBIO, Norberto. Op. cit., p. 159.

14. No mesmo sentido, esclarece Aurora Tomazini de Carvalho acerca dos pressupostos que atribuem o caráter de juridicidade à norma: "Antes de ser uma estrutura hipotético-condicional, a norma é uma significação, construída com base no suporte físico produzido pelo legislador (veiculada por documentos jurídicos, como: a Constituição Federal, leis, decretos, portarias, resoluções, atos administrativos, sentenças etc.). Esta condição é que lhe atribui o qualificativo de jurídica. Se o intérprete toma como base outro suporte físico (ex.: a doutrina jurídica, matérias de jornais, a bíblia etc.) pode até construir normas, no entanto, não jurídicas" (CARVALHO, Aurora Tomazini de. *Curso de teoria geral do direito*. O Constructivismo lógico-semântico. São Paulo: Noeses, 2009. p. 270-271).
Ainda, confira-se: "Quanto à constatada presença de normas supostamente destituídas de sanção, não se pode jamais aquiescer da negação de seu atributo de juridicidade, mas reconhecê-lo, sem perder de vista que a sanção, como elemento constitutivo do direito, não se prende, necessariamente, às normas isoladamente consideradas, mas insertas na tessitura do ordenamento jurídico como um todo."

Adiantamos, neste momento, nosso entendimento no sentido de que não podemos asseverar, com foros absolutos, que toda norma jurídica é dotada de sanção coercitiva.

Consoante veremos no próximo capítulo, voltado para o estudo da norma jurídica, a melhor resposta à pergunta "existe norma sem sanção (coercitiva)?" é: "Depende do que se entende por norma jurídica".

1.3. A hermenêutica jurídica e a teoria dos valores

Valor constitui uma relação de não indiferença estabelecida entre o sujeito cognoscente e o objeto a ser conhecido, ao qual aquele atribui qualidades positivas ou negativas.

Ao elucidar sobre a definição do conceito "valor", o insigne Professor Paulo de Barros Carvalho faz de forma esclarecedora:

> Podemos dizer que é a não-indiferença de alguma coisa relativamente a um sujeito ou a uma consciência motivada. É uma relação entre o sujeito dotado de uma necessidade qualquer e um objeto ou algo que possua qualidade ou possibilidade real de satisfazê-lo. Valor é um vínculo que se institui entre o agente do conhecimento e o objeto, tal que o sujeito, movido por uma necessidade, não se comporta com indiferença, atribuindo-lhe qualidades positivas ou negativas.[15]

O autor esclarece que os valores surgem a partir do momento em que o sujeito o relaciona a um determinado objeto, mas isso não implica afirmar, de forma imperiosa, que os valores não possam ser vistos como ser-em-si.

Afirma que os valores, isoladamente considerados, assumem o papel de objetos metafísicos – a igualdade em si, a

---

(SILVA, Paulo Roberto Coimbra. *Direito tributário sancionador*. São Paulo: Quartier Latin, 2007. p. 55).

15. CARVALHO, Paulo de Barros. *Direito tributário*: Linguagem e método... cit., p. 175.

segurança jurídica em si etc. –, na medida em que os valores não são, mas valem.

O modo específico do valor de ser, ou seja, sua ontologia, seria, no entendimento do jurista, o valer. Deste modo, os valores "não são", o que existe é um ato valorativo, achando-se o valor quando relacionado a um objeto. O belo não tem sentido se algum objeto não receber essa qualificação por um sujeito.

Esse entendimento reflete o defendido pela teoria dualista do subjetivismo axiológico, elucidada por Fabiana Del Padre Tomé:

> (...) as coisas não são por si valiosas e todo valor se origina de uma valoração prévia, consistente em uma concessão de dignidade e hierarquia que o sujeito faz às coisas segundo o prazer ou desprazer que lhes causam.[16]

O direito positivo, enquanto objeto cultural, fruto da criação humana, é portador de valores, de modo que as suas unidades normativas regulam condutas implementando os valores que a sociedade quer ver realizados.

As normas jurídicas servem, essencialmente, para impor valores. Com efeito, as proposições jurídicas, de cunho prescritivo, têm como objetivo orientar as condutas intersubjetivas com fito nitidamente axiológico.

A axiologia é ínsita à dimensão do direito positivo, seja na construção dos textos jurídicos (elaboração de leis pelo Poder Legislativo), seja na interpretação dos enunciados jurídicos, seja na aplicação do Direito, constatando-se a presença de valores nos planos sintático, semântico e pragmático. Expliquemos melhor:

A linguagem do direito positivo tem como objeto a linguagem social. O legislador, ao construir as normas gerais e

---

16. TOMÉ, Fabiana Del Padre. *A prova no direito tributário*. São Paulo: Noeses, 2008. p. 249.

abstratas, irá escolher fatos que julga relevantes para compor os antecedentes dessas normas.

Esse ato de escolha reflete um ato de preferência do legislador que, ao eleger determinados fatos sociais como juridicamente relevantes, descartando os demais, emite um juízo de valor.

No plano sintático, os valores estão presentes na própria configuração lógico-formal dos enunciados prescritivos.

Os modais deônticos reguladores de conduta entre sujeitos também objetivam a implementação de valores: o "obrigatório" e o "permitido" refletem valores positivos, pois demonstram que a sociedade aprova a conduta prescrita para um melhor convívio social, enquanto que o modal *proibido* traz um valor negativo, visto que os seus membros reprovam o comportamento regulado.

No plano semântico, temos a interpretação do direito positivo. Os sentidos dos textos jurídicos são determinados pelo próprio intérprete que, circunscrito a determinado sistema de referência, interpreta o suporte físico, influindo nessa doação de sentidos suas próprias ideologias e valores.

O produto da interpretação é caracterizado pela subjetividade daquele que trilha a trajetória hermenêutica, marcada por atos valorativos. Interpretar é atribuir valores aos textos jurídicos, adjudicando-lhes significações que são, por fim, as normas jurídicas.

Contudo, a atribuição de sentidos não é arbitrária, porquanto a interpretação é balizada na moldura de cada língua que reflete o contexto. Este define-se como as circunstâncias histórico-político-sociais em que está inserido o intérprete. Trata-se do sistema de referência, funcionando como delimitador das possíveis significações a serem adjudicadas ao suporte físico.

Acerca dos limites da interpretação quando afeta à linguagem do direito positivo, são valiosas as observações de Robson Maia Lins:

> Quando passamos à linguagem prescritiva do direito positivo, aí os agentes competentes que realizam a incidência, em função do sistema jurídico a ser organizado de forma hierárquica, têm menor nível de liberdade na doação de significado.[17]

No plano pragmático, investiga-se como os indivíduos executam os valores na utilização da linguagem jurídica.

É nele que irá ser examinado como o Judiciário aplica os textos positivados no exercício jurisdicional e como sucedem a criação e a aplicação das normas jurídicas nas outras esferas do Poder Público e no âmbito privado (contratos).

Na atividade de aplicação do Direito, o aplicador deve interpretar a linguagem dos fatos, atribuindo sentido aos documentos anexos aos autos processuais, para, em seguida, apreciar todo o conjunto probatório, valorando-os e elegendo quais provas são essenciais para constituir o fato jurídico.

A norma jurídica (norma individual e concreta), que inova o sistema, é resultado de uma decisão tomada pelo aplicador, mediante a valoração das provas constantes nos autos e dos enunciados prescritivos.

Pois bem. Não há que falar em norma e ordenamento jurídicos sem valor, que encontra-se presente em todos os planos de investigação e interpretação do direito positivo, daí a importância do estudo da teoria dos valores para o Direito e as normas jurídicas.

1.3.1. A interpretação dos textos jurídicos

Interpretar significa atribuir sentido aos termos, aos enunciados, aos signos de forma geral, ou seja, ao suporte

---

17. LINS, Robson Maia. Op. cit., p. 156.

físico sobre o qual o ser cognoscente pretende investigar, conforme o contexto linguístico em que está inserido.

Já, interpretar o Direito implica construir o conteúdo, o sentido e o alcance da mensagem legislada, isto é, construir as normas jurídicas, cuja construção é delimitada pela própria linguagem jurídico-prescritiva.

Desse modo, não existe sentido explícito ou implícito em determinado suporte físico, na medida em que o exegeta não extrai ou descobre seu sentido, mas constrói significações acerca do suporte físico (texto, vocábulos, palavras, termos), conforme o sistema de referência.

Na seara do direito positivo, a interpretação dos textos jurídicos, vale dizer, a atribuição de sentidos a esses suportes físicos e a compreensão plena do produto interpretado somente são possíveis se observado um limite mínimo de enunciados prescritivos integrados em uma unidade normativa, denominado "unidade irredutível de manifestação do deôntico."[18]

Nessa senda, a mensagem advinda dos comandos jurídicos somente será percebida pelo exegeta, em seu sentido completo, se verificado um *quantum* mínimo de enunciados jurídicos.

Vale a lembrança de que a interpretação dos textos jurídicos para ser completa há de valer-se das seguintes técnicas interpretativas: a sintaxe, a semântica e a pragmática. Somente com uma proposta cognoscitiva que percorra esses três planos semióticos ter-se-á uma interpretação marcada pelo rigor intelectual. Tem-se aqui o critério sistemático da interpretação, o método interpretativo por excelência.

---

18. VILANOVA, Lourival. *Lógica Jurídica*. São Paulo: Bushatsky, 1976, p. 99.

1.3.1.1. O percurso gerador de sentido dos textos jurídicos

O modelo de construção de sentido (ou trajetória da interpretação ou percurso gerador de sentido) dos textos jurídicos, proposto por Paulo de Barros Carvalho,[19] abrange 4 (quatro) subsistemas interpretativos, cuja descrição, ainda que breve, faz-se imprescindível para os propósitos do presente estudo:

1. <u>O conjunto dos enunciados, tomados no plano da expressão (S1)</u>: A partir do contato com a literalidade textual (base empírica do conhecimento do direito posto, exteriorizada em documentos concretos: emendas, lei complementar, resoluções, decretos etc.), o exegeta inicia o processo de interpretação, propriamente dito, passando a construir os conteúdos significativos que os vários enunciados ou frases prescritivas suscitam. Assim, é no plano de expressão que manifesta-se, graficamente, a mensagem expedida pelo autor. Referido plano constitui o sistema morfológico e gramatical do direito posto.

2. <u>O conjunto dos conteúdos de significação dos enunciados prescritivos (S2)</u>: Aqui, ultrapassa-se o nível físico da literalidade textual (suporte físico das significações) para, enfim, ingressar no universo dos conteúdos significativos (plano de conteúdo), por meio da ordenação dos enunciados prescritivos na forma estrutural de normas jurídicas. Em um primeiro momento, os enunciados hão de ser compreendidos isoladamente, para depois serem confrontados com outros enunciados, de superior ou de mesmo *status*, buscando o exegeta sua integração na totalidade do conjunto. Neste subsistema interpretativo, busca-se o sentido de uma oração prescritiva, cuja sentença é considerada na sua individualidade e sem qualquer forma específica de agrupamento lógico. Os enunciados, neste subsistema, não encerram uma unidade completa

---

19. CARVALHO, Paulo de Barros. *Direito tributário*: Linguagem e método... cit., p. 180-181.

de significação deôntico-jurídica, refletindo comandos jurídicos em geral.

3. <u>O domínio articulado de significações normativas (S3)</u>: Neste subsistema, busca o exegeta a contextualização dos conteúdos obtidos no subprocesso anterior, a fim de produzir unidades completas de sentido para as mensagens deônticas. Exemplo: a alíquota do imposto é de 3%. Deste enunciado constrói-se uma significação isoladamente. É preciso, porém, procurar outros enunciados do direito posto para entender a comunicação deôntica em sua plenitude significativa. Pergunta-se, por exemplo, 3% do quê? Neste sentido, não basta o *quantum* de significação obtido com o isolamento de determinado enunciado para expressar a orientação definitiva da conduta, necessitando, para tanto, de *esforço de contextualização*. Neste subsistema, outorga-se à unidade normativa uma estrutura mínima e irredutível de significação deôntica, ou melhor, as significações enunciativas são estruturadas em uma forma lógica determinada pelo fator implicacional (estrutura condicional): significações enunciativas que realizam o antecedente da norma jurídica e outras que realizam o consequente, prescrevendo condutas intersubjetivas. Enfim, constroem-se normas jurídicas na estrutura D(H→C).

4. <u>A forma superior do sistema normativo (S4)</u>: Neste subsistema, tem-se a organização das unidades construídas no nível S3 numa estrutura escalonada, com vínculos de coordenação e subordinação. Servem-se aqui de fundamental importância as regras de estrutura, cujo papel é estabelecer como regras devem ser postas, modificadas ou extintas, no interior de certo sistema.

Em síntese: (S1) Tem-se o suporte físico, desprovido de qualquer sentido. O intérprete entra em contato com a literalidade textual. É o plano da manifestação gráfica do enunciado. (S2) Formulação das significações acerca deste suporte físico. Têm-se os enunciados prescritivos, isoladamente considerados e, portanto, desprovidos de significação deôntico-jurídica completa. (S3) Formulação das normas jurídicas. As significações produzidas no plano anterior (enunciados prescritivos) são contextualizados, surgindo as normas jurídicas, estas, sim, expressões completas de significação deôntico-jurídica. (S4) Composição do sistema jurídico-normativo: as normas jurídicas são articuladas em relações de coordenação e subordinação.

1.4. O fenômeno da incidência das normas jurídicas: do "dever-ser" não se transita livremente ao "ser"

A tradicional técnica da incidência jurídica do ilustre jurista Pontes de Miranda toma como embasamento científico a visão mecanicista do mundo, concebida pela Física Clássica.

A visão determinista do universo concebia um mundo como um sistema mecânico suscetível de ser descrito apenas objetivamente, sem menção alguma ao observador do mundo.

O observador é externo, está fora do sistema. Se ele está fora, é impotente, só registra, não interfere. E, se registra de forma imprecisa é culpa do cientista, pois as leis naturais são imutáveis, não falham.

Dentre os efeitos do método "Mecanicista" da Física Clássica, como paradigma de investigação científica na Idade Moderna, tem-se o determinismo forte, segundo o qual, se conhecida a causa, sabe-se predizer o efeito e, da mesma forma, se for esse o efeito, conhece-se a causa.

De acordo com Pontes de Miranda, a regra jurídica a incidir na região material das condutas intersubjetivas foi a criação técnica do homem "que mais de perto copiou a *mecânica* das leis físicas."[20]

---

20. PONTES DE MIRANDA, Francisco Cavalcante. *Tratado de direito privado*. Parte Geral. Tomo I. Introdução. Pessoas físicas e jurídicas. 3. ed. Rio de Janeiro:

Adotando essa concepção mecanicista de mundo, Pontes de Miranda entende que a incidência das regras jurídicas é sempre perfeita, por isso o fenômeno da incidência não é afetado pelo observador, tampouco pelos destinatários da norma.

Afirma que "a incidência das regras jurídicas independe de que alguém, ainda os interessados, conheçam a regra jurídica."[21]

Assegura também que, se a incidência da norma não causar os efeitos pretendidos, esse desvio da causalidade jurídica decorre do ato de aplicação da norma, acrescentando que, ainda que a norma não se aplique e que nenhum interessado tenha conhecimento da incidência, a norma incidiu automática e infalivelmente.

Explica Pontes de Miranda:

> Pode ter havido erro no reconhecimento e na apreciação dos fatos e ter invocado a regra jurídica que incidiria no suporte fáctico A que se viu, em vez de se procurar a regra jurídica B, que incidiu. O erro é de fato *error facto*. O erro na invocação da lei ou na interpretação dela é *error iuris*.[22]

Assim, mergulhado no paradigma mecanicista da Ciência, o jusfilósofo afirma que a incidência não é interpretável: a mera correspondência da descrição hipotética com o suporte fáctico (evento) enseja, automática e infalivelmente, a incidência (eficácia legal).

Quando diverge a subsunção do fato à norma, o problema não é da incidência, mas do aplicador. Nessa concepção, é o juiz quem erra, já que a incidência não comporta desvios e irregularidades.

Borsoi, 1970. p. 09 (Grifo do autor).

21. PONTES DE MIRANDA, Francisco Cavalcante. *Incidência e aplicação da lei*. Conferência pronunciada em solenidade da Ordem dos Advogados – Seção de Pernambuco, Recife, 30 set. 1955, p. 53.

22. Idem, p. 54.

Para Pontes de Miranda, é na aplicação do Direito que interpretam-se os textos jurídicos diante dos suportes fácticos, e é nela que há esses desvios.

A incidência, em seu turno, é perfeita, uma vez que, verificado o suporte fáctico, é produzida sempre a consequência jurídica prevista pelo Direito e, com isso, o conhecimento jurídico seria exato e previsível, tal como o universo mecanicista.

De forma distinta, baseado na filosofia da linguagem, advinda com o movimento do "giro-linguístico", Paulo de Barros Carvalho defende que ambos – incidência e aplicação –dão-se na mesma oportunidade, uma vez que a ocorrência, no plano fáctico, do evento descrito na hipótese normativa em nada significa para o Direito.

A subsunção do fato à norma, ou seja, a incidência da norma, propagando efeitos jurídicos, tão somente dá-se quando o evento for constituído em fato jurídico mediante linguagem competente.

O fenômeno da incidência ocorre no momento da aplicação do direito, na medida em que, somente com a produção da norma individual e concreta, subsume-se o evento à norma, instaurando-se, logicamente, o vínculo relacional localizado no consequente da norma.

Antes da constituição do fato jurídico pela linguagem jurídica, não há que falar em incidência jurídica, tampouco em relação jurídica.

Na linha do pensamento do Professor Paulo de Barros Carvalho, não é a norma que incide, mas a norma é incidida pelo aplicador, ou seja, aplica-se o Direito para que haja a incidência da norma, produzindo efeitos jurídicos.

Nessa senda, é de extrema valia o seu magistério:

> A aplicação das normas jurídicas se consubstancia no trabalho de relatar, mediante o emprego de linguagem competente, os eventos do mundo real-social (descritos nos antecedentes das normas gerais e abstratas), bem como as relações jurídicas

(prescritas no consequente das mesmas regras). Isso significa equiparar, em tudo e por tudo, aplicação e incidência, de tal modo que aplicar uma norma é fazê-la incidir na situação por ela juridicizada.[23]

É preciso ressalvar que a colaboração do aplicador no fenômeno da incidência jurídica, constituindo o fato jurídico e prescrevendo as relações jurídicas decorrentes, não significa *deixar ao arbítrio de alguém a incidência das regras jurídicas*,[24] tal como assevera Pontes de Miranda.

O sistema jurídico brasileiro adota o critério da persuasão racional, segundo o qual, ao juiz, na atividade jurisdicional, é vedado decidir apenas com base nas suas impressões pessoais, pois deve ater-se ao conjunto probatório inserido nos autos e ao preceituado nas regras jurídicas.

No processo de positivação do Direito, o juiz, quando julga, implica, em rigor, o Estado sentenciando em prol do interesse público, sujeitando-se a função de julgar aos limites fixados pelo próprio ordenamento.

Nessa senda, vale a menção das palavras de Lourival Vilanova:

> Decidir não segundo um critério pessoal seu, mas segundo medidas objetivas, que não as pode desfazer, importa para o julgador em dessubjetivar-se, também, incorporando-se como membro da comunidade e órgão dela. O juiz, nesse aspecto, impessoaliza-se ao meramente cumprir o direito, como qualquer cidadão, e impessoaliza-se como órgão julgador da comunidade, pois, julgando, é a comunidade por meio dele, juiz, que ajuíza e sentencia.[25]

---

23. CARVALHO, Paulo de Barros. *Curso de direito tributário*. 23. ed. São Paulo: Saraiva, 2011, p. 122.

24. PONTES DE MIRANDA, Francisco Cavalcante. *Tratado de direito privado...* cit., p. 12.

25. VILANOVA, Lourival. A teoria do direito em Pontes de Miranda e o poder de julgar e a norma. In: _____. *Escritos jurídicos e filosóficos*. São Paulo: Axis Mundi/IBET, 2003. p. 357-358.

AS SANÇÕES NO DIREITO TRIBUTÁRIO

Ao entendermos que a incidência da norma somente ocorre pelo ato de aplicação do Direito, subsumindo-se o evento ao fato descrito hipoteticamente na norma, queremos asseverar, em termos práticos, que a simples edição ou publicação da lei geral e abstrata, bem como a mera ocorrência do evento descrito no antecedente da norma geral e abstrata, no plano da facticidade social, não produzem efeitos jurídicos.

A previsão geral e abstrata é insuficiente para cogitar-se o Direito, interferindo e regulando, deonticamente, condutas intersubjetivas, sendo imprescindível o processo de positivação, mediante o qual as normas gerais e abstratas ganham concretude com a produção das individuais e concretas, constituindo em fato jurídico o evento previsto no antecedente da regra-matriz de incidência e, por decorrência lógica, instituindo o liame relacional, atrelando dois sujeitos em torno do objeto prestacional.

Nesse sentido, é o parecer de Maria Rita Ferragut:[26]

> Os enunciados conotativos das normas gerais e abstratas, de elevada carga de indeterminação, necessitam de enunciados denotativos das normas individuais e concretas para alcançarem a conduta humana.

Por fim, cumpre relembrar que a mensagem deôntica, fruto da incidência normativa, não atinge, diretamente, as condutas intersubjetivas, uma vez que do mundo do "dever-ser" não se transita livremente ao mundo do "ser", na medida em que entre esses dois universos reside o livre-arbítrio do sujeito, a quem caberá efetivamente decidir se acatará a orientação prescritiva.

Por intermédio do processo de positivação das normas jurídicas, seguindo o caminho da generalidade e abstração ao

---

26. FERRAGUT, Maria Rita. Crédito tributário, lançamento e espécies de lançamento. In: SANTI, Eurico Marcos Diniz de. (Coord.). *Curso de especialização em direito tributário*. Homenagem a Paulo de Barros Carvalho. Rio de Janeiro: Forense, 2009.

da individualidade e concreção, pretende-se incentivar, cada vez mais, as consciências dos indivíduos para que pautem sua conduta dentro dos limites da licitude.

CAPÍTULO 2 - A NORMA PRIMÁRIA SANCIONATÓRIA

No capítulo anterior, definimos direito positivo como o *conjunto de normas jurídicas válidas em um dado país que visam a disciplinar as relações intersubjetivas*.

Nesse momento, justifica-se a importância de delimitar o que é norma jurídica, primeiro definindo-a enquanto unidade do ordenamento jurídico para, então, aproximarmo-nos de nosso objeto: a norma jurídica que prescreve sanções no Direito Tributário.

2.1. A abstração lógica como instrumento eficiente para o estudo do direito positivo

A Lógica consubstancia um excelente instrumento de análise sintática de qualquer linguagem e assim também será no estudo analítico da linguagem do direito positivo.[27]

---

27. "(...) la lógica busca formular y sistematizar las relaciones admisibles entre las proposiciones, y se preocupa por establecer métodos para decidir si una proposición se deprende o no de otras a través de un razonamiento válido." (ECHAVE, Delia Tereza; URQUIJO, María Eugenia; GUIBOURG, Ricardo. *Lógica, proposición y norma*. Buenos Aires: Astrea, 1991. p. 26).

Aplica-se a Lógica para que possamos conhecer a estrutura do sistema jurídico, a forma de seus signos e as relações que estabelecem-se entre as normas jurídicas.

A abstração lógica consiste no processo de formalização, por meio do qual as palavras (referência à experiência) são substituídas por símbolos, convencionalmente estabelecidos.

Esses símbolos não se referem a um objeto específico, mas apontam um objeto-em-geral. Ao estruturarmos uma proposição na sua forma lógica, renunciamos a qualquer conteúdo significativo dos vocábulos. Isso porque as estruturas lógicas oferecem um aspecto meramente sintático da linguagem que, por sua vez, encontra-se desprendida de seu plano semântico.

Nesse sentido, esclarece o Professor Paulo de Barros Carvalho:

> Trata-se de despojarmos a linguagem natural, técnica, científica ou qualquer outra, de seus teores estritos de significação, substituindo-os por símbolos que expressem os objetos em geral, os predicados em geral, além das partículas que cumprem funções meramente sintáticas e operatórias.[28]

Formalizar é, portanto, extrair a forma lógica existente na linguagem-objeto, desvinculando-a dos conceitos especificados e das significações a que as palavras referem-se.

O isolamento temático da forma lógica da norma jurídica tem a função precípua de permitir um estudo sintático-analítico acerca das unidades normativas e as relações que estabelecem entre si dentro do ordenamento jurídico.

Proceder ao estudo das propriedades formais das normas jurídicas configura ferramenta eficiente para a compreensão da realidade jurídica, porém não suficiente, porquanto, no processo jurídico-cognoscente, torna-se imprescindível o estudo complementar da interpretação (semântica) e da aplicação do

---

28. CARVALHO, Paulo de Barros. *Direito tributário*: Linguagem e método... cit., p. 73.

Direito (pragmática), caso contrário ter-se-ia apenas uma categoria algorítmica, imprestável para a Ciência do Direito.[29]

2.2. A norma jurídica em sentido amplo e em sentido estrito

Norma jurídica, na qualidade de expressão linguística, sofre do vício da polissemia. A variação de sentido funda-se, especialmente, por designarmos como norma jurídica as unidades do sistema do direito positivo, quando este subdivide-se em 04 subsistemas interpretativos: S1, S2, S3 e S4, já apresentados.

Assim, norma jurídica pode designar *enunciado prescritivo*,[30] se tomada no plano da expressão (S1); *proposição jurídica*,[31] quando concebida no plano das significações construídas, de forma isolada, a partir dos enunciados (S2); e, com base no plano das significações deonticamente estruturadas (S3), que mantêm relações de subordinação e coordenação entre si (S4), as unidades denotam as *normas jurídicas em sentido estrito*,[32] consistentes no juízo hipotético-condicional formulado pelo exegeta a partir da valoração dos enunciados prescritivos.

---

29. "O reducionismo da norma ao fato (sociologia), da norma positiva à norma ideal (jusnaturalismo), dos valores e normas às estruturas lógicas (logicismo) é sempre um desconhecimento da experiência integral do Direito." (VILANOVA, Lourival. *Estruturas lógicas e o sistema do direito positivo*. 3. ed. São Paulo: Noeses, 2005, p. 24).

30. *Enunciado prescritivo:* é o dado material/físico do Direito (palavras, vocábulos, frases), produto da enunciação. Trata-se do conjunto de fonemas ou de grafemas que, obedecendo a regras gramaticais de determinado idioma, tornam possível a comunicação da mensagem isolada.

31. *Proposição prescritiva:* são os conteúdos significativos construídos isoladamente a partir dos enunciados prescritivos (oração). Aurora Tomazini de Carvalho classifica as proposições prescritivas, segundo o critério da posição que cada uma ocupará na composição da estrutura normativa, em: "(i) nucleares do fato; (ii) espaciais; (iii) temporais; (iv) de sujeitos: (iv.a) ativo e (iv.b) passivo; e (v) nucleares da conduta prescrita." (CARVALHO, Aurora Tomazini de. Op. cit., p. 332).

32. Tanto a proposição quanto a norma jurídica em sentido estrito consubstanciam significações. Porém, a primeira é incompleta, do ponto de vista deôntico, enquanto que a segunda prescreve conduta de forma completa. Em relação à norma jurídica em sentido estrito, capta-se o sentido do texto positivado, inserido em um contexto jurídico.

Assim, podemos definir norma jurídica em duas acepções:

- Norma jurídica em sentido amplo: compreende tanto os enunciados prescritivos (frases enquanto suporte físico ou textos de lei) quanto às significações construídas, isoladamente, a partir dos enunciados (proposições), como também aquelas significações deonticamente estruturadas de forma completa (norma em sentido estrito).

- Norma jurídica em sentido estrito: consistem nas significações de sentido deôntico completo, estruturadas na forma lógica hipotético-condicional D(H□C) – "Se o antecedente, então deve-ser o consequente". No antecedente (hipótese), tem-se a proposição de natureza descritiva, pois descreve o evento de possível ocorrência, e, no consequente, localiza-se a proposição de natureza prescritiva, prescrevendo a relação jurídica entre dois sujeitos (S', S"), modalizada como obrigatória, permitida ou proibida, que irá instaurar-se quando o evento descrito no suposto normativo for constituído, mediante linguagem competente, em fato.

"O sistema compreende tudo isso, suporte físico, significação e estruturação, numa trialidade existencial indecomponível".[33]

Considerando o percurso gerador de sentido dos textos jurídicos, verificamos que os enunciados e as proposições (normas jurídicas em sentido amplo) ocupam os planos S1 e S2, enquanto que as normas jurídicas em sentido estrito denotam as unidades dos planos S3 e S4.

A norma jurídica (em sentido estrito), portanto, é valorativa, resultado de um processo interpretativo e, sendo produzida na mente do intérprete, reflete as suas subjetividades culturais aliadas ao contexto circundante.

---

33. CARVALHO, Aurora Tomazini de. Op. cit., p. 266.

Daí porque um mesmo texto de lei origina significações prescritivas diversas, conforme as preferências axiológicas do hermeneuta.

Na estrutura da unidade jurídico-normativa em sentido estrito, percebe-se que há dois nexos relacionais na norma jurídica, sempre de caráter deôntico: (i) o <u>vínculo interproposicional,</u> operado pelo functor deôntico neutro e denominado functor-do-functor (D), interligando as proposições antecedente e consequente da norma jurídica. Este dever-ser internormativo expressa a vontade do legislador de vincular determinado evento a determinada relação jurídica, em conformidade com os anseios axiológicos da sociedade; e (ii) o <u>vínculo intraproposicional</u>, no qual o operador deôntico, modalizado nas formas obrigatório, permitido e proibido (O, P e V), conecta dois sujeitos de direito em torno de uma prestação.

Em linguagem totalmente formalizada, temos: D (H → R(S', S'')), em que "D" é o functor-do-functor (deve ser o vínculo implicacional entre hipótese e tese); "H" é a hipótese; "→", o conectivo lógico implicacional; "R(S', S'')", a tese (consequente).

Na tese, "R" é variável relacional, tripartindo-se nos modais obrigatório (O), permitido (P) e proibido (V); e S' e S'', os termos-sujeitos desta relação, que tornam-se significativos a partir dos conteúdos do direito positivo.

O legislador pode combinar uma só hipótese para uma só consequência, ou várias hipóteses para uma só consequência, ou várias hipóteses para várias consequências, ou uma só hipótese para várias consequências.

Simbolizando, temos as seguintes estruturas possíveis: a) H implica C (relação unívoca); b) H'H''H''' implica C (relação pluriunívoca); c) H'H''H''' implica C'C''C''' (relação pluriplurívoca); d) H implica C'C''C''' (relação uniplurívoca).

As normas jurídicas nada afirmam ou informam acerca da realidade, sendo que permanecem válidas no sistema, ainda que o fato descrito na hipótese normativa não se confirme no plano da realidade social.[34]

O descritor da norma não constitui proposição empírica, relatando fato que efetivamente verificou-se. Trata-se apenas de uma proposição tipificadora de um conjunto de fatos que, se constituídos juridicamente por meio de linguagem competente, implicarão consequências jurídicas.

2.3. Norma jurídica completa: norma primária e norma secundária

Até o momento, analisamos a estrutura da norma jurídica como uma entidade singular, em seu sentido estrito. Contudo, essa estrutura lógica mais simplista da norma jurídica nada mais é do que fruto de uma cisão metodológica, necessária para reduzir as complexidades da linguagem-objeto: o sistema da linguagem do direito positivo.

A norma jurídica em seu sentido estrito constitui o instrumento básico de funcionalidade do Direito e reflete apenas uma parte da norma jurídica completa, outro produto de corte simplificado e abstrato sobre o objeto empírico.

Na concepção inaugural kelseniana, a norma jurídica, em sua completude, assume caráter dúplice, desmembrando-se em "norma primária" e "norma secundária."[35]

---

34. Para tanto, servimo-nos dos ensinamentos do Professor Lourival Vilanova: "(...) a hipótese, que é proposição descritiva de situação objetiva possível, é construção valorativamente tecida, com dados-de-fato, incidente na realidade e não coincidente com a realidade. Falta-lhe, pois, *status* semântico de enunciado veritativo." (VILANOVA, Lourival. *Estruturas lógicas e o sistema do direito positivo...* cit., p. 86).

35. Na linha do pensamento do jurista argentino Carlos Cossio, que também concebeu a norma jurídica como a conjunção disjuntiva de juízos hipotéticos, tem-se a *endonorma*, prescritora da conduta desejada (prestação), e a *perinorma*, estatuidora da sanção decorrente da transgressão à conduta estipulada naquela. (COSSIO, Carlos. *La teoría egológica del derecho y el concepto jurídico de libertad.* 2. ed. Buenos Aires: Abeledo Perrot, 1964).

Ambas as normas componentes da norma jurídica completa apresentam a mesma estrutura formal: (D (H→C)), variando apenas em sua composição semântica.

Convém ressaltar que, segundo a formulação inaugural do jusfilósofo, arraigada na crença de que bastariam disposições sancionatórias para a efetiva regulação das condutas pelo Direito, a norma primária prevê a sanção como forma de coação, enquanto a secundária dispõe sobre a conduta a ser cumprida.

Segundo ele, a prescrição, na norma primária, de uma sanção em virtude do descumprimento de um comportamento desejado estará, infalivelmente, criando o dever de cumprir a aludida conduta:[36]

> O ser-devida da sanção inclui em si o ser-proibida da conduta que é o seu pressuposto específico e o ser-prescrita da conduta oposta. (...) A conduta prescrita não é a conduta devida; devida é a sanção. O ser-prescrita uma conduta significa que o contrário desta conduta é pressuposto do ser devida da sanção. A execução da sanção é prescrita, é conteúdo de um dever jurídico, se a sua omissão é tomada como pressuposto de uma sanção.[37]

A distinção entre a norma primária e a norma secundária acima descrita é concebida de forma distinta neste trabalho, adequando-se ao entendimento postumamente conhecido de Hans Kelsen, de acordo com o qual a norma primária é a da conduta, e a secundária, a norma sancionadora pela inobservância da conduta prescrita pela primeira.[38]

---

36. Acerca da concepção inicial kelseniana, sublinha Paulo de Barros Carvalho: "Extrai-se da norma primária, por um processo lógico, a correspondente norma secundária, configurando-se esta última expediente técnico para expor o Direito; enquanto aquel'outra, qual seja a norma descritora de providência sancionadora da ordem jurídica, concentraria a essência da forma coativa do ordenamento jurídico" (CARVALHO, Paulo de Barros. *Curso de direito tributário...* cit. 22. ed., p. 579-580).

37. KELSEN, Hans. *Teoria Pura do Direito*. 6. ed. Coimbra: Arménio Amado, 1984, p. 66.

38. Na obra *Teoria Geral das Normas* (KELSEN, Hans. *Teoria geral das normas*. Tradução de José Fiorentino Duarte. Porto Alegre: Sergio Antonio Fabris, 1986, p.

Não obstante a inversão sintático-semântica na distinção entre a norma primária e a norma secundária procedida, inicialmente, pelo jusfilósofo, remanesce o critério distintivo: em uma tem-se uma relação de cunho material e, em outra, uma relação de cunho processual (jurisdicional), visto que o Estado, na figura do juiz, participa da relação jurídica, senão vejamos:

- Norma primária: é a norma que descreve um fato de possível ocorrência, a qual implica a prescrição de uma conduta, relacionando sujeitos. É a norma que estatui direitos e deveres materiais correlatos.

- Norma secundária: logicamente conectada à primária, prescreve uma sanção mediante a atuação coercitiva do Estado-juiz quando, verificado o fato descrito na hipótese da norma primária, a conduta prescrita é descumprida. Essa norma estabelece relação de cunho processual-sancionatório.

Essa bimembridade é o modo de ser por excelência da norma jurídica, pois, em conformidade com o já asseverado no "Capítulo 1" (item 1.2.1.), o ordenamento jurídico tem como elemento constitutivo a coercitividade (coação estatal), assegurada pela intervenção do Estado-juiz, distinguindo-se dos demais sistemas normativos (morais, religiosos etc.). Enfim, dado o descumprimento de uma prescrição jurídica, deve ser a aplicação de sanção pelo Poder Judiciário.

Podemos representar a norma jurídica completa a partir da seguinte fórmula lógica:

---

181), Kelsen altera seu posicionamento: "Se se admite que a distinção de uma norma que prescreve uma conduta determinada e de uma norma que prescreve uma sanção para o fato de violação da primeira seja essencial para o Direito, então precisa-se qualificar a primeira como norma primária e a segunda, como norma secundária – e não o contrário, como foi por mim anteriormente formulado. A norma primária pode, pois, aparecer inteiramente independente da norma secundária."

AS SANÇÕES NO DIREITO TRIBUTÁRIO

$D \{(H \to R(S', S'')) \lor (-R(S', S'') \to R'(S', S'''))\}$

Desmembrando essa estrutura formal, temos:

NORMA PRIMÁRIA   **NORMA SECUNDÁRIA**

$$Np \begin{cases} H \to F \\ \downarrow \;\; Ds_n \\ C \to S'\,R\,S'' \\ \quad \to \leftarrow \\ \quad Ds_m \{O \\ \qquad\quad P \\ \qquad\quad V \end{cases} \;\; v \;\; Ns \begin{cases} H' \to -C \\ \downarrow \;\; Ds_n \\ C' \to S'\,R\,S''' \\ \quad \to \leftarrow \\ \quad Ds_m \{O \\ \qquad\quad P \\ \qquad\quad V \end{cases}$$

Legenda:

Np: norma primária

H: hipótese descritora de um fato

C: consequente prescritor de deveres e direitos correlatos

Ds_n: dever-ser neutro (internormativo)

$\to$: conectivo implicacional

F: referência a um fato

S': sujeito ativo titular do direito subjetivo

R: conjuntor relacional

S'': sujeito passivo titular do dever jurídico

Ds_m: dever-ser modalizado (intranormativo)

O, P e V: modais *obrigatório*, *permitido* e *proibido*, respectivamente

v: disjuntor includente

Ns: norma secundária

-C: descumprimento da conduta

S''': Estado-juiz

Embora não consubstancie objeto de nossa investigação a análise da norma secundária e suas implicações, é de extrema valia o magistério de Eurico Marcos Diniz de Santi, que, em sua obra *Lançamento Tributário*, denunciando a falta de univocidade do termo, conclui que a norma secundária assume duas categorias: "uma caracterizada pela sanção como direito processual de ação do sujeito ativo ao órgão jurisdicional (...); outra pela sanção como resultado do processo judicial, a sentença condenatória, pressuposto da coação."

É preciso ter em mente que o nexo existente entre as normas primária e secundária é de natureza lógica, sem implicar qualquer cronologia ou causalidade. Trata-se, como bem assinala Lourival Vilanova, de relação de antecedente lógico para consequente lógico, formando-se o enunciado normativo completo. Sendo ambas postas como válidas, a positivação dessas normas não assume qualquer sequência temporal, tampouco reflete relação de causa e efeito, em que a primária funciona como motivo de existência da secundária. Além desta observação de ordem lógica, verificou o autor, no plano da facticidade, que só se aplica a secundária, se não aplicada a primária: ou se cumpre uma ou se cumpre outra, nunca ambas.

A partir destes critérios, um de ordem lógica (ambas as regras são simultaneamente válidas) e outro de ordem extralógica (o cumprimento de uma das regras exclui o cumprimento da outra), o conectivo empregado para vincular as duas normas, segundo o jusfilósofo, é o disjuntor includente. O emprego deste sincategorema justifica-se na medida em que ambas as normas são, simultaneamente, válidas no sistema, ainda que só uma venha a ser cumprida no caso concreto: uma, ou outra, ou ambas.

Ao empreender a distinção entre norma primária e norma secundária, elucida Lourival Vilanova:

(...) norma primária, a que estatui direitos e deveres (sentido amplo) e norma secundária, a que vem em consequência da inobservância da conduta devida, justamente para sancionar o seu inadimplemento (impô-la coativamente ou dar-lhe conduta substitutiva reparadora).

Em síntese, a norma primária tipifica, no antecedente, uma classe de fatos de possível ocorrência e, no consequente, prescreve deveres e direitos correlatos, enquanto que a proposição-hipótese da norma secundária descreve o descumprimento da conduta prescrita na norma primária e a proposição-tese estabelece a relação jurídica em que figura o Estado-juiz para exercer a coercitividade, ou seja, na consequência prescreve-se o "direito processual de ação do sujeito ativo ao órgão jurisdicional."

2.3.1. A resposta à pergunta: "Existe norma jurídica sem sanção?"

Ao distinguirmos o ordenamento jurídico dos demais sistemas normativos em razão da existência da sanção coercitiva, apressamos em repudiar a afirmação absoluta de que "toda norma jurídica é dotada de sanção", pois ratificar a afirmativa exige primeiro definir os sentidos atribuídos à expressão *norma jurídica* e ao termo *sanção*.

Sanção, para solucionar o questionamento, deve ser compreendida como aquela de natureza processual, decorrente do poder coercitivo e prevista na norma secundária, qual seja: sanção como relação jurídica que autoriza o sujeito ativo a exercer seu direito subjetivo de acionar o Poder Judiciário com o escopo de garantir a efetivação dos direitos e deveres prescritos na norma primária.

A norma jurídica, por sua vez, varia sintática e semanticamente, ora figurando como o próprio suporte físico, como mero enunciado, ora como simples proposição ou, ainda, como juízo hipotético condicional com sentido deôntico completo.

Disto, afere-se que não podemos tomar, com foros absolutos, a assertiva de que toda norma jurídica é dotada de sanção processual, parecendo mais adequado afirmar que não existe norma jurídica em sentido estrito sem sanção.

Com efeito, a um enunciado prescritivo não corresponde uma norma processual sancionadora (norma secundária), porque esta somente associa-se com outras normas jurídicas prescritoras de deveres e direitos correlatos.

> Se considerarmos a expressão 'norma jurídica' em sentido amplo (enunciados prescritivos e suas significações ainda não deonticamente estruturadas) a resposta é sim, existe norma jurídica sem sanção, pois nem todos os enunciados prescrevem condutas a serem sancionadas. Alguns deles apenas estabelecem informações para a composição dos critérios normativos, como, por exemplo, em que momento se dará a ocorrência do fato (...).

Assim, se concebermos a norma jurídica em seu sentido estrito, com estrutura deôntica completa, estatuindo deveres e direitos correlatos, a resposta à indagação seria negativa, uma vez que não há direito previsto em norma primária que não seja assegurado pelo exercício da coercitividade, fazendo cumprir, efetivamente, o dever estipulado materialmente.

Superada a indagação, podemos confirmar que, cuidando de normas jurídicas em seu sentido amplo e estrito, não é a sanção processual que faz uma norma ser jurídica.

O caráter de juridicidade da norma, considerada nos planos S1 (planos dos enunciados), S2 (plano das proposições), S3 (plano das normas jurídicas em sentido estrito) e S4 (plano da sistematização das normas jurídicas), decorre de sua relação de pertinencialidade com o ordenamento jurídico, *i.e.*, se a norma é válida, se foi introduzida no sistema por órgão reputado competente, mediante procedimento legal específico.

2.4. A norma primária tributária e a norma primária sancionatória

Fixamos que a classificação entre norma primária e norma secundária, preconizada pela Teoria Pura do Direito, deriva da existência ou não, no prescritor normativo, da sanção judicial, vale dizer, da possibilidade do uso da coação pelo Estado-juiz, a fim de assegurar o cumprimento efetivo de prestações estipuladas em outras normas.

Se presente a coação estatal (coercitividade), temos a norma secundária; caso contrário, norma primária. Aquela, norma de direito substantivo (material); esta, norma de direito adjetivo (processual).

Sendo as normas primárias caracterizadas como as regras que estatuem direitos e deveres materiais, consubstancia tarefa extremamente difícil classificá-las.

A dificuldade em ordená-las em classes, subclasses e, com isso, fazendo cortes metodológicos, advém da possibilidade do intérprete, com base nos enunciados prescritivos, construir diversas proposições jurídicas, a partir das quais ele poderá estruturar as mais variadas normas jurídicas, entre as quais também poderá estabelecer diferentes vínculos de subordinação e coordenação.

Outrossim, a linguagem do direito positivo está sujeita a constantes mutações com a evolução histórica e com o desenvolvimento da tecnologia: novas relações sociais dão lugar a novas relações jurídicas.

Na medida em que a sociedade desenvolve-se, sobrevém a necessidade da elaboração de novas leis que visem a disciplinar as reações sociais supervenientes, introduzindo no ordenamento novos enunciados prescritivos, com base nos quais serão construídas mais normas jurídicas, estatuindo direitos e deveres correlatos.

Essa complexidade adstrita à construção das normas primárias torna difícil a operação lógica de classificar e sua submissão às regras que presidem o processo de divisão, expondo-a ao insucesso.

Em eventual processo classificatório das normas primárias, qual a diferença específica a ser agregada ao conceito divisível, no caso à norma primária, possibilitando que as espécies conservem todos os atributos do gênero?

Acrescenta-se, também, a dificuldade em atribuir nome ao gênero, cuja significação-base não prejudique assimilar as espécies por ele abrangidas.

A título ilustrativo, mencionemos aqui a classificação empregada por Aurora Tomazini de Carvalho, que, adotando como critério as relações de coordenação que se instauram entre as normas primárias, divide-as em normas *dispositivas* e *derivadas*, e estas, em normas derivadas *não punitivas* e *punitivas*.

A relação de coordenação derivada, segundo a autora, instaura-se quando o legislador toma como pressuposto de uma norma o cumprimento ou o descumprimento de uma conduta prescrita em outra norma, citando, como exemplos de normas que derivam da norma dispositiva prescritora da obrigação de pagar tributo: (i) as normas que estatuem desconto de 5% ao contribuinte que quitar a exação tributária até determinada data e (ii) as normas que cominam multas pelo pagamento do tributo em atraso (multa de mora) ou pelo seu não pagamento (multa de ofício).

As primeiras, (i), caracterizam-se como normas derivadas não punitivas que "têm como hipótese a realização de uma conduta prescrita em outra norma (que lhe é precedente) e como consequência a instauração de um benefício (direito subjetivo) ao sujeito passivo".

Já as segundas consubstanciam normas derivadas punitivas que "têm como hipótese o descumprimento de conduta prescrita por outra norma (que lhe é precedente) e como consequência, a prescrição de um castigo (dever jurídico) para o sujeito passivo."

Nesta classificação, segundo as premissas adotadas neste trabalho, não conseguimos visualizar em qual gênero estaria incluída a norma que prevê a correção monetária.

Não se trata de *norma derivada não punitiva*, pois a correção monetária pressupõe o descumprimento da RMIT, tampouco referida prestação instaura um benefício ao sujeito passivo. Igualmente, não se caracteriza como *norma derivada punitiva*, uma vez que a atualização do valor real da moeda, em virtude do processo inflacionário, não reflete um castigo, com finalidade de repreender ilicitudes, conforme será demonstrado quando tratarmos das espécies de sanção no Direito Tributário.

Também não adotaremos a terminologia classificatória de Eurico Marcos Diniz de Santi, que divide as normas primárias em *norma primária dispositiva* e *norma primária sancionadora*, especificando que esta, carente de eficácia coercitiva, "tem como pressuposto o não cumprimento de deveres ou obrigações."

Quando falamos em sanção material, ou seja, sanção no plano das normas primárias, remetemo-nos à ideia-base de punição, sendo que há outras normas que, embora descrevam um dever descumprido no antecedente, não prescrevem uma prestação sancionatória no consequente (por exemplo: norma indenizatória, norma remuneratória e norma de correção monetária).

Daí porque o emprego da expressão *norma primária sancionatória*, abrangendo todas as normas primárias que descrevem no seu antecedente um descumprimento de dever, não se revelaria o mais adequado.

Pelas razões acima delineadas, não iremos submeter ao ato de classificar a norma jurídica primária, muito embora outros doutrinadores façam, apenas adentrando ao campo investigativo das categorias das normas primárias que interessam ao objeto científico ora proposto, a norma primária tributária e a norma primária sancionatória.

A norma primária tributária, em sua acepção mais ampla, compreende tanto a norma instituidora do tributo, como também a norma prescritora de deveres instrumentais (usualmente, também, denominados de obrigações acessórias).

Em seu sentido estrito, consubstancia a norma padrão de incidência tributária. Em ambas as acepções, a norma primária tributária, em seu antecedente, descreve um fato lícito de possível ocorrência e, no consequente, prescreve condutas, modalizadas pelo deôntico *obrigatório* (O).

Neste momento, importante frisar, com austeridade, a distinção entre os deveres estipulados nas normas primárias tributárias, uma vez que serão mencionados no decorrer deste trabalho.

Deveres instrumentais, consoante os arts. 113, § 2º, e 115 do CTN, têm como objeto as prestações, positivas ou negativas, previstas em prol do interesse da arrecadação e da fiscalização do tributo e que não configuram a obrigação principal, consistentes em promover a inscrição no cadastro fiscal na forma e prazo determinados, antecipar valores, preencher declarações, realizar a contabilidade-fiscal, emitir notas fiscais, escriturar livros, apresentar as informações quando exigidas pela fiscalização; enfim, documentar a ocorrência do fato previsto na hipótese da regra-matriz de incidência tributária e colaborar com a Administração Fazendária, nos moldes exigidos em lei.

A **obrigação tributária principal**, por sua vez, consiste na obrigação de pagar o tributo, com a ocorrência do evento tributário na forma estipulada no critério temporal da RMIT, extinguindo a relação jurídico-tributária entre sujeito passivo e sujeito ativo, nos moldes do art. 156, I, do CTN.

A conduta, prescrita na RMIT – o pagamento do tributo –, somente existirá quando todos os seus elementos pressupostos (aspectos material, temporal e espacial) estejam relatados em linguagem competente; antes disso, inexiste a obrigação tributária principal.

Assim, a norma primária tributária ora assume a função de instituir tributos, ora tem a função de instituir providências instrumentais relacionadas à arrecadação e fiscalização de tributos.

A norma primária sancionatória, por sua vez, corresponde às normas prescritoras de sanções materiais aplicadas *ex officio* pelo sujeito ativo ou positivadas pelo próprio sujeito passivo, em decorrência do descumprimento ao preceituado na regra-matriz de incidência tributária e/ou nas regras prescritoras de deveres instrumentais.

Dependendo da norma primária sancionatória e da etapa do processo de positivação, a aplicação da sanção é feita ou pelo sujeito ativo, titular do direito violado e credor do tributo e das formalidades que documentam o valor devido e o respectivo pagamento, ou pelo sujeito passivo, titular do dever jurídico de recolher tributos e efetuar as formalidades legais.

Verifica-se, nesta situação, uma relação diádica entre sujeito ativo e sujeito passivo em torno da prestação sancionatória material, a qual pode assumir natureza pecuniária ou não pecuniária, conforme veremos no estudo das espécies de sanções tributárias.

Não podemos desprezar o predicado de que a norma primária sancionatória, de cunho material, não se confunde com a norma secundária processual, em cujo consequente estabelece-se a sanção a ser aplicada, coercitivamente, pelo Estado-juiz em face do infrator.

Eis aqui a sanção como relação jurídica estabelecida entre o *sujeito ativo*, titular do direito subjetivo de requerer, interpondo a ação judicial competente, a aplicação de penalidade em virtude de direito violado, e o *Estado-jurisdição*, a quem incumbe promover a providência processual-punitiva, configurando esta objeto do dever a ser cumprido pelo sujeito *passivo*, autor do ilícito.

Tem-se aqui a norma processual com vocação para a trialidade (relação triádica no consequente): autor (sujeito ativo) – réu (sujeito passivo) – juiz.

Embora em ambas as normas – na norma primária sancionatória e na norma secundária – o fato jurídico ao qual imputa-se uma consequência também seja a não realização de um dever jurídico, a conduta omissiva, na secundária, resulta não só da transgressão à obrigação tributária e aos deveres instrumentais, mas também da inobservância da consequência material prescrita na norma primária sancionatória, provocando a relação jurídico-processual.

Deveras, tal como a RMIT, a norma primária que comina sanções materiais também reclama a existência da norma secundária, mediante o exercício da coação estatal, para assegurar o seu cumprimento.

Conquanto não se tenha como proposta cognoscitiva tratar de todas as espécies de normas jurídicas que subsumem-se ao gênero *norma primária* no Direito Tributário, faz-se indispensável mencionar, brevemente, acerca de algumas outras normas que, tal como a norma primária sancionatória, descrevem no seu antecedente um dever descumprido, no caso, a infração tributária.

Reiterando o afirmado no item 2.2, o legislador pode combinar a uma só hipótese várias consequências jurídicas, manifestando-se o caráter relacional uniplurívoco.

É o que ocorre com o fato jurídico "infração tributária", do qual pode suceder mais de uma relação jurídica, a saber: (i) a relação jurídico-sancionatória, prescritora das sanções materiais, objeto do presente intento investigativo; (ii) a relação jurídico-remuneratória, instituidora dos juros e (iii) a relação jurídico-atualizadora do valor real da moeda, que regula a correção monetária.

Relativamente às duas últimas, explorar-se-á, com mais vagar, no capítulo sobre as espécies de sanções no Direito Tributário.

Nele, tentaremos demonstrar que os juros e a correção monetária não assumem natureza sancionatória, já adiantando que, a partir do exame, na composição da relação jurídica, dos deveres, dos direitos e do objeto prestacional, será possível identificar a natureza da regulação das condutas.

2.5. A estrutura lógica da norma primária sancionatória e seus conteúdos de significação

As normas primárias sancionatórias apresentam a mesma estrutura lógica da regra-matriz de incidência, vale dizer, um antecedente (proposição-hipótese), descritor de uma classe de fatos, e um consequente (proposição-tese), prescritor de um vínculo jurídico entre dois sujeitos de direito.

Conquanto, sintaticamente, as normas sancionatórias sejam idênticas às normas de incidência tributária, ambas distinguem-se no plano semântico.

A regra-matriz de incidência constitui a regra de comportamento por excelência do Direito Tributário na medida em que dispõe sobre a fenomenologia da incidência tributária.

No seu antecedente, descreve-se um evento lícito que, quando constituído em fato, irá instaurar, imediata e decisivamente, o vínculo jurídico entre os sujeitos ativo e passivo, tendo como objeto prestacional o pagamento de valor pecuniário a título de tributo.

Por sua vez, no antecedente das sancionatórias, descreve-se uma classe de fatos ilícitos, assim qualificados em razão de descumprimento da conduta prescrita no consequente de norma primária tributária.

Essa conduta transgressora do mandamento prescrito, localizada no suposto normativo, é denominada de "infração tributária", ao passo que, no consequente, prescreve-se uma relação sancionatória, cujo objeto prestacional caracteriza-se como uma penalidade.

2.5.1. O fato jurídico "infração tributária" como núcleo do antecedente normativo

A conduta transgressora do mandamento prescrito na norma primária tributária, vale dizer, o ilícito tributário, situado no antecedente da norma primária sancionatória, qualifica-se como "infração tributária".

"Infração tributária", núcleo da materialidade da proposição-hipótese, pode ser definida como a ação ou omissão que configure uma violação aos deveres jurídicos prescritos nas leis tributárias, mormente o descumprimento de obrigação tributária principal (não recolhimento do tributo) ou a não prestação de deveres instrumentais, *i.e.*, das providências formais destinadas a auxiliar na arrecadação e na fiscalização da Administração Fazendária.

Tal como na hipótese da regra-matriz de incidência tributária, no suposto da norma primária sancionatória, constatamos o seu critério material – uma conduta transgressora do dever jurídico; o critério espacial – o local onde reputa-se ocorrida essa conduta contrária ao consequente da norma primária tributária e o critério temporal – o momento em que considera-se praticada a conduta infringente.

Frise-se que o comportamento violador, ora objeto de estudo, não são os crimes fiscais, situação em que será aplicada a legislação penal específica, mas os ilícitos previstos nas leis tributárias e, por isso, sujeitos ao regime jurídico concernente ao Direito Tributário, conforme veremos, com mais afinco, no próximo capítulo.

Ruy Barbosa Nogueira, além de classificar as infrações tributárias em substanciais (desatendimento à obrigação tributária principal) e formais (descumprimento de deveres instrumentais), realiza uma segunda classificação segundo o "grau de responsabilidade do agente," dividindo-as em infrações tributárias subjetivas e objetivas.

Em linhas gerais, a configuração da infração objetiva independe da culpa ou do dolo, sendo imputada quando comprovada a presença de três requisitos: a) conduta; b) resultado e c) nexo de causalidade entre conduta e resultado.

Enquanto que, na infração subjetiva, o elemento volitivo consiste em critério classificatório, de modo que configurar-se-á, subjetivamente, a infração quando verificados os seguintes pressupostos: a) conduta; b) resultado; c) nexo de causalidade entre conduta e resultado; e d) dolo (intenção de praticar o fato contrário a lei e de produzir o resultado) ou culpa (negligência, imprudência ou imperícia).

Referida classificação acarreta efeitos práticos na aplicação das penalidades e na produção de provas.

Com efeito, a multa será muito mais gravosa nas infrações que encerram intenção dolosa. No mais, nos fatos ilícitos objetivos, cabe ao infrator infirmar, por meio das provas admitidas em Direito, a materialidade da infração, ao passo que, nos fatos ilícitos subjetivos, o ônus da prova é daquele que acusa, ou seja, compete ao Fisco comprovar a presença do dolo ou da culpa.

Assim, quando presente o elemento subjetivo na descrição do fato ilícito, ao Fisco incumbe não só demonstrar a materialidade da infração como também a intenção do autor ao praticar o ilícito.

Daí porque são inadmissíveis, no campo das infrações subjetivas, as presunções dos atos administrativos relativamente ao aspecto subjetivo da conduta, uma vez que a mera violação à obrigação tributária, quando não recolhido o tributo em favor dos cofres públicos, não consubstancia critério suficiente para a caracterização do ilícito tributário.

O elemento volitivo, integrante do fato típico, deverá ser comprovado.

2.5.2. A "sanção" como consequente normativo

Implicada ao antecedente da norma primária sancionatória encontra-se a proposição-consequente, na qual a relação deôntica prescrita vincula, abstratamente: o sujeito ativo, como titular do direito violado e detentor da capacidade ativa de exigir as penalidades, e o sujeito passivo, titular do dever jurídico de adimplir a citada prestação (critério pessoal).

O critério quantitativo é composto pela base de cálculo da sanção pecuniária e a percentagem (alíquota) sobre ela aplicada ou a quantia fixa (variáveis de acordo com a gravidade da infração), ou, ainda, nas sanções não pecuniárias, pelas delimitações do dever jurídico (de fazer ou de não fazer).

Robson Maia Lins, por razões metodológicas, inclui um aspecto temporal no consequente, relativamente ao tempo prescrito para que haja o cumprimento, pelo sujeito passivo, da prestação sancionatória.

De igual sorte, também propõe a inserção desta conotação indicativa do tempo do adimplemento da obrigação nos consequentes das regras-matrizes tributárias e das regras de deveres instrumentais.

Justifica seu posicionamento nos termos seguintes:

> (...) somente após o descumprimento da obrigação pelo devedor é que haverá mora no Direito Tributário.
>
> (...) sem a inserção de um critério temporal na regra-matriz de incidência tributária e nas regras-matrizes que instituem deveres instrumentais, não haveria como sustentar a necessária

conexão entre as normas primária, dispositiva e sancionatória, com as normas secundárias (processuais).

Esse posicionamento tem uma implicação imediata: o prazo de pagamento dos tributos é matéria de reserva exclusiva de lei.

Mais adiante acresce:

> (...) não é possível a incidência da norma primária sancionatória, nem da secundária (ou processual) sem a fixação do tempo de pagamento. Assim, por opção metodológica e pela funcionalidade da incidência das normas sancionatórias, inserimos no consequente das Regras-Matrizes de incidência, além dos critérios quantitativos e subjetivos, o critério temporal.

Por fim, o autor também justifica a importância desse critério temporal no consequente em função da fixação da mora naquelas situações de suspensão da exigibilidade do crédito tributário.

Agora, uma distinção deve ser feita: a relação jurídica sancionatória ora assume viés pecuniário, tendo como objeto prestacional as multas fiscais, ora veicula mero dever jurídico, sem conteúdo pecuniário, hipótese em que a prestação é um fazer ou não fazer, incluindo-se nesta rubrica, além da prática de atos impostos ao agente infrator (*v.g.* regime especial de controle e fiscalização), eventuais proibições/restrições impostas pela Administração Fazendária (*v.g.* indeferimento de expedição de Certidão Negativa de Débito).

Convém lembrar que a norma sancionatória não apresenta tipologia aberta, caso contrário, a restrição da propriedade e da liberdade, mediante a aplicação de sanções, não encontraria limites, o que é impensável em um Estado Democrático de Direito.

Daí porque vige, na elaboração, interpretação e aplicação das normas sancionatórias, o princípio da tipicidade fechada, impondo a descrição objetiva e clara do fato ilícito, na proposição-antecedente, bem assim a indicação precisa dos sujeitos a comporem o liame jurídico e da penalidade aplicável, nos critérios do consequente.

2.6. Síntese meramente didática das normas jurídicas

Para fins exclusivamente didáticos, propusemos abaixo um esquema sintético das normas jurídicas traçadas até o momento, conforme nossos interesses e necessidades investigativas, frisando que não é nossa pretensão esgotar as possíveis normas jurídicas e suas classificações, a serem construídas pelo intérprete a partir dos textos constantes da legislação tributária:

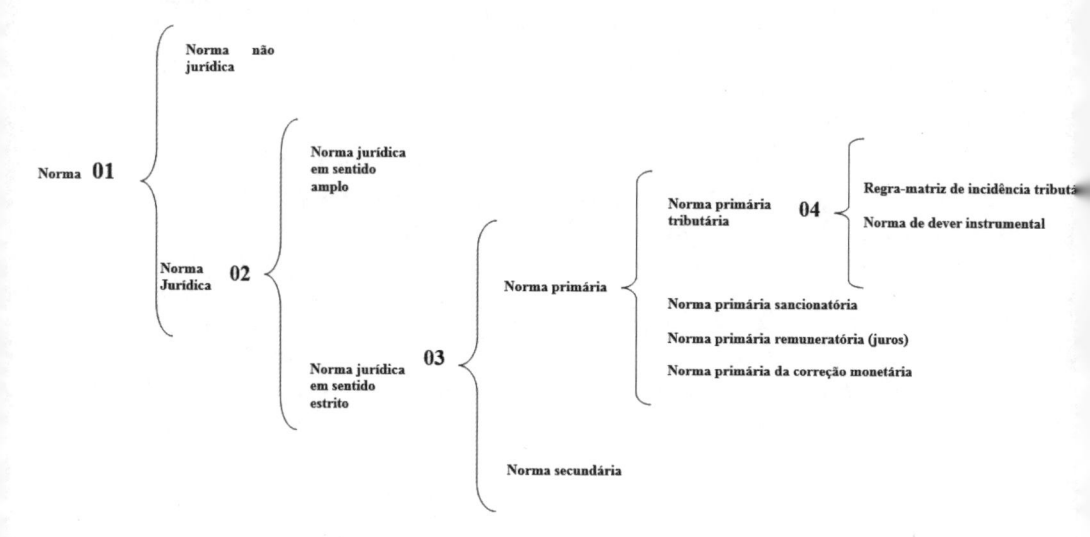

Norma 01
- Norma não jurídica
- Norma Jurídica 02
  - Norma jurídica em sentido amplo
  - Norma jurídica em sentido estrito 03
    - Norma primária
      - Norma primária tributária 04
        - Regra-matriz de incidência tributá[ria]
        - Norma de dever instrumental
      - Norma primária sancionatória
      - Norma primária remuneratória (juros)
      - Norma primária da correção monetária
    - Norma secundária

Legenda:

01: critério classificatório "relação de pertinencialidade ao sistema do direito positivo (validade)"

02: critério classificatório "sentido deôntico completo"

03: critério classificatório "presença do Estado-juiz na relação jurídica"

04: critério classificatório: "função da norma primária tributária"

CAPÍTULO 3 - A SANÇÃO NO DIREITO TRIBUTÁRIO

3.1. Noções do termo *sanção*

No campo semiótico da Semântica, estuda-se o significado das palavras, envolvendo o modo como os signos (nomes) são atribuídos aos objetos designados e suas modificações no decorrer do tempo.

Ensina Eurico Marcos Diniz de Santi:

> As coisas não mudam de nome; nós é que mudamos o modo de nomear as coisas. Portanto, não existem nomes verdadeiros das coisas. Apenas existem nomes aceitos, nomes rejeitados e nomes menos aceitos que outros. A possibilidade de inventar nomes para as coisas chama-se liberdade de estipulação.[39]

"Sanção" é um nome, uma palavra, uma convenção, ou melhor, uma significação assinalada convencionalmente. Carente de univocidade, o termo *sanção* experimenta mutações semânticas na área jurídica.

Sanção, acima de tudo, é um instituto jurídico, pois criada pelo direito positivo com atributos e finalidades próprias,

---

39. SANTI, Eurico Marcos Diniz de. Análise crítica das definições e classificações jurídicas como instrumento para compreensão do direito. In: SUNDFELD, Carlos Ari; VIEIRA, Oscar Vilhena (Coords.). *Direito global*. São Paulo: Max Limonad, 1999. p. 289-304.

dela irradiando um conjunto de normas jurídicas formado para reger uma determinada esfera da experiência jurídica.

A sanção, qualificada como instituto jurídico, reúne um complexo orgânico de regras que visam a disciplinar várias relações jurídicas em virtude de uma comunhão de fins.

Em sua acepção mais conhecida e empregada, elucida Hector Villegas que a

> sanção é a reação do Direito ante a não realização dos comportamentos devidos, ante a falta de acatamento de que o Direito crê desejável numa sociedade determinada, num momento dado. Essa é a sanção.[40]

Abarcada por essa extensão conotativa, sanção pode denotar tanto a norma primária sancionatória quanto as penalidades materiais aplicadas em decorrência do descumprimento das condutas prescritas nessas normas jurídicas, como também a providência coercitiva fruto do exercício do poder jurisdicional do Estado, prescrita no consequente na norma secundária.

Ainda, pode denotar, conforme leciona Tácio Lacerda Gama em profícuo estudo sobre a competência tributária, *nulidade* ou *invalidade* pelo exercício ilícito da competência:

> (...) a conduta de criar normas jurídicas pode ser considerada lícita ou ilícita, conforme seja compatível ou não com a norma de competência primária. É fácil, então, relacionar a idéia de nulidade das normas jurídicas, ou invalidade, à idéia de sanção pelo exercício irregular da competência. (...)
>
> A sanção pelo exercício ilícito da competência é a nulidade da norma. A consequência da nulidade é, conforme o caso, a suspensão da vigência (nas decisões que prescrevem efeitos

---

40. VILLEGAS, Hector. Curso de Especialização em Direito Tributário (Aulas e Debates). In: ATALIBA, Geraldo; CARVALHO, Paulo de Barros (Coords.). *VI Curso de Especialização em Direito Tributário* – Notas taquigráficas das aulas e debates. v. II. São Paulo, Pontifícia Universidade Católica de São Paulo. São Paulo: Resenha Tributária, 1978, p. 717.

gerais) ou a eficácia (nas decisões individuais) da norma criada ilicitamente. (...). A reação do sistema à prática desses ilícitos tem natureza sancionatória, voltada a coibir a criação de normas feita em descompasso com a respectiva norma de competência e suspender os efeitos da norma ilicitamente criada.[41]

Sanção pode significar, também, o ato administrativo pelo qual o chefe do Poder Executivo subscreve e confirma uma lei, encerrando o processo legislativo.

Há, também, a denominada "sanção premial", aplicável quando, em face de uma exigência jurídica, o obrigado a cumpre nos termos da lei ou realiza um *plus* na conduta, uma prestação a maior, ultrapassando o ordinariamente estabelecido para todos.

Exemplificando, o prêmio seria a previsão de desconto no valor do tributo quando pago antes do vencimento.

Tal como as sanções punitivas, a sanção premial, propiciando vantagens, serve de estímulo e incentivo às condutas desejáveis, também influindo na consciência dos administrados para que adiram espontaneamente aos comandos jurídicos.

Nessa esteira, justifica Geraldo Ataliba que aceitar a sanção como reação da ordem jurídica,

> não quer dizer que toda sanção seja uma punição, toda sanção seja um castigo, toda sanção seja aflitiva, toda sanção seja desagradável. A sanção pode ser um prêmio![42]

---

41. GAMA, Tácio Lacerda. *Competência tributária:* fundamentos para uma teoria da nulidade. São Paulo: Noeses, 2009. p. 103, 341.

42. ATALIBA, Geraldo. Curso de Especialização em Direito Tributário (Aulas e Debates). In: ATALIBA, Geraldo; CARVALHO, Paulo de Barros (Coords.). *VI Curso de Especialização em Direito Tributário* – Notas taquigráficas das aulas e debates. v. II. São Paulo, Pontifícia Universidade Católica de São Paulo. São Paulo: Resenha Tributária, 1978, p. 747.

Porém, o uso da palavra *sanção* para designar um estímulo que o Direito oferece àqueles que cumprem a conduta desejável ou a façam de forma extraordinária não se mostra adequado, revelando mais conveniente o emprego simplesmente do termo *prêmio*.

Isso porque, apesar de assemelharem-se no aspecto teleológico,[43] em uma comparação entre a sanção punitiva e a sanção premial, destacam-se distinções relevantes, a saber: a sanção punitiva pressupõe um ilícito e implica um dever ao infrator, sujeito à medida coercitiva; o prêmio, por seu turno, tem como pressuposto um fato juridicamente irrepreensível que concretiza os valores insertos nos mandamentos jurídicos, figurando como um direito subjetivo daquele que atendeu à prescrição normativa.

De todo modo, vale o registro de que a expressão *sanção premial* é comumente empregada pela doutrina.

Por fim, conforme leciona Maria Rita Ferragut,[44] o Código Tributário Nacional, em determinadas hipóteses, institui a responsabilidade tributária como sanção.

A autora cita as hipóteses previstas nos arts. 134 e 135 do referido diploma que estatui a responsabilidade tributária de terceiros, distintos da pessoa do contribuinte, em razão da prática de atos ilícitos.

Ilustrando, no art. 135 do CTN, a lei complementar atribui a responsabilidade pessoal pelos créditos correspondentes a obrigações tributárias resultantes de atos praticados com excessos de poderes ou infração de lei, contrato social ou estatutos.

---

43. Nos dizeres de Hans Kelsen: "Visto de um ângulo sócio-psicológico, o prêmio e a pena são estabelecidos a fim de transformar o desejo do prêmio e o receio da pena em motivo da conduta socialmente desejada." (KELSEN, Hans. *Teoria pura do direito...* cit., p. 28).

44. FERRAGUT, Maria Rita. *Responsabilidade tributária e o código civil de 2002*. 2. ed. São Paulo: Noeses, 2009. p. 51-53.

AS SANÇÕES NO DIREITO TRIBUTÁRIO

Outro exemplo em que a obrigação pelo adimplemento do tributo é atribuída a terceiro diante do descumprimento de um dever, descreve Paulo de Barros Carvalho, com fulcro no disposto no art. 134, VI, do CTN:

> Tanto é assim que, a título exemplificativo, não haveria outra justificativa que não a sancionatória à hipótese de responsabilidade do tabelião quanto ao registro e arrecadação do ITBI na transferência de bens imóveis. A sua falta seria tida por infringência de seu dever jurídico de "providenciar a cobrança do imposto, no ato de passar a escritura.[45]

Vê-se que *sanção*, como toda palavra, padece do problema da ambiguidade, compreendida em mais de uma classe semântica.

Em verdade, essas classes podem compreender fenômenos jurídicos distintos ou aspectos semânticos possíveis de um mesmo fenômeno jurídico, sendo que a escolha de uma em detrimento de outra varia em função do intérprete e o contexto linguístico em que o termo *sanção* é utilizado, ou melhor, conforme a etapa da sequência prescritiva (direito positivo) ou descritiva (Ciência do Direito).

Após esta breve explicitação sobre o caráter plurissignificativo do vocábulo e com a intenção de aproximarmos-nos do objeto de nossos estudos, foquemos, agora, a palavra *sanção* sob uma vertente semântica que mais aproxima-se ao propósito cognoscitivo – enquanto resposta a uma conduta indesejável –, ingressando na gnosiologia jurídica, para, em seguida, abordarmos a sanção material no interior do contexto jurídico-tributário, primando por uma análise semântico-sintática mais rigorosa.

---

45. CARVALHO, Paulo de Barros. *Curso de direito tributário...* cit. 22. ed. p. 622.
Importante salientar que aceitar a responsabilidade tributária como sanção não fere o art. 3º do CTN, pois, nestas hipóteses, não se exige ou aumenta tributo em decorrência de um ilícito. Este apenas irá determinar o sujeito responsável, pessoalmente, pela exação tributária. Com efeito, o pressuposto fáctico da incidência tributária continua sendo aquele descrito na RMIT, enquanto o ilícito irá afetar o critério pessoal situado no consequente normativo.

3.2. A sanção na Teoria Geral do Direito

Para um melhor estudo da "sanção" buscamos guarida na Teoria Geral do Direito, cuja linguagem científica consiste no conhecimento generalizado da ordem posta, tendo como campo de estudo qualquer ramo jurídico e finalizando

> desvelar o elemento comum de todo o ordenamento jurídico, seus critérios de caráter permanente, independentemente do tempo e do lugar em que se colocam.[46]

Na ânsia de atingir tal desiderato, referido discurso científico vale-se do processo metodológico da generalização, por meio do qual fazem-se incursões da linguagem-objeto, no caso a linguagem do direito positivo, para chegar às categorias gerais dos institutos que a ela pertencem.

Em outros termos, faz-se um corte metodológico de caráter geral, em que o cientista aparta da linguagem jurídica conceitos comuns a todos os subdomínios do Direito, os denominados conceitos fundamentais,[47] que, por sua vez, atribuem uniformidade à linguagem-objeto. A teoria geral do direito objetiva atribuir à "sanção" uma definição segundo o que a categoria representa dentro do sistema jurídico.

A gnosiologia deve ser sempre o ponto de partida para aquele que pretende realizar um estudo científico específico.

Partindo dela, o estudioso passa a interpretar os textos de lei para definir a sanção ou qualquer outro conceito jurídico.

Nesse sentido, faz-se mister citar alguns teóricos gerais que dedicaram-se ao tema, passando-se agora ao exame das teorias pertinentes à sanção construídas pelos mestres Cesare Beccaria, Hans Kelsen, Norberto Bobbio e Lourival Vilanova.

---

46. HARET, Florence. *Teoria e prática das presunções no direito tributário*. São Paulo: Noeses, 2010, p. 21.

47. VILANOVA, Lourival. *Causalidade e relação no direito...* cit., p. 28.

3.2.1. A sanção em Cesare Bonesana (Marquês de Beccaria)

Cesare Bonesana, conhecido por Marquês de Beccaria, trouxe as influências do pensamento iluminista francês à imposição das normas sancionatórias.

Diante da punição algoz e da ausência de justiça nos julgamentos, realidades contingentes do século XVIII, Beccaria defendeu os direitos dos cidadãos, identificando-lhes salvaguardas diante do poder repressivo do Estado.

O filósofo italiano partiu do princípio do contrato social para justificar suas ideias. Por intervenção do pacto, o indivíduo abre mão da liberdade plena para dar lugar à liberdade política, garantida pelo consenso dos membros que confiam a um soberano a criação e a execução das leis.

Neste contexto, condena a atrocidade das punições e a severidade nos julgamentos, denunciando suas injustiças, uma vez que a pena de morte, a tortura e o confisco, por exemplo, não se encontram entre as partes de liberdade cedidas por meio da vontade geral.[48]

Reconhecer o papel fundamental da sanção na manutenção da ordem social, segundo Beccaria, não significa aceitar sua aplicação irrestrita, sem quaisquer limitações.

Pelo contrário, "tanto mais justas são as penas quanto mais sagrada e inviolável é a segurança e maior a liberdade que o soberano garante aos seus súditos."[49]

---

48. Acerca da atrocidade das penas, esclarece Beccaria ser "contrária não só as virtudes benéficas geradas por uma razão esclarecida, que prefere comandar homens felizes a um rebanho de escravos em meio aos quais circulasse perenemente uma crueldade temerosa, mas seria contrária também à justiça e à natureza do próprio contrato social". (BECCARIA, Cesare Bonesana. *Dos delitos e das penas*. 3. ed. Tradução de Lucia Guidicini e Alessandro Berti Contessa. São Paulo: Martins Fontes, 2005, p. 45).

49. Idem, p. 42.

Como consequência, sustenta que somente "as leis podem decretar as penas e os delitos,"[50] e ao juiz, ao interpretá-las, cabe julgar com imparcialidade, desvinculado de interesses particulares, sob pena de dar lugar à tirania e à violência das paixões.[51]

Denunciando a obscuridade das leis, propõe seu registro em papel escrito, dando-lhes publicidade em favor de todos os membros da coletividade, pois

> sem a escrita, uma sociedade jamais terá uma forma fixa de governo, onde a força seja um efeito do todo e não das partes e onde as leis, inalteráveis senão pela vontade geral, não se corrompam passando pela profusão dos interesses privados[52].

A observância do princípio da reserva legal na tipificação de crimes e na cominação de sanções com a nítida separação funcional entre os poderes do Estado constitui garantia eficaz da manutenção da justiça, mas não suficiente, porquanto as leis devem ser claras e precisas.

Mas não é só.

Cesare Bonesana Beccaria defende, ainda, a necessidade dos julgamentos públicos e a presunção da inocência do réu, cuja culpa pela autoria do delito somente poderá ser comprovada por meios legítimos, delatando os atos de tortura, realizados durante a instrução do processo, como falsos critérios da verdade.[53]

---

50. Idem, p. 44.

51. Confira-se: "Os juízes (...) receberam as leis dos nossos antepassados (...) como efeito de um juramento tácito ou expresso que as vontades reunidas dos súditos vivos fizeram ao soberano, como vínculos necessários para frear e reger a agitação intestina dos interesses particulares. Essa é a autoridade física e real das leis." (Idem, p. 46).

52. Idem, p. 49.

53. "O resultado, pois, da tortura é questão de temperamento e de cálculo, que varia em cada homem de acordo com seu vigor e sua sensibilidade; de forma tal que com esse método um matemático resolveria esse problema mais facilmente do que o faria um juiz: dada a força dos músculos e a sensibilidade das fibras de um inocente,

Por fim, dentre as grandes contribuições de Cesare Bonesana Beccaria para a evolução da Ciência do Direito, merecem também destaque a proporcionalidade na graduação das penas conforme a gravidade do delito praticado e a igualdade entre os jurisdicionados na aplicação das sanções, independentemente do estrato social.

3.2.2. A sanção em Hans Kelsen

Em sua obra *Teoria Pura do Direito*, o jusfilósofo Hans Kelsen propõe uma teoria da interpretação do Direito, cujo princípio metodológico fundamental é

> garantir um conhecimento apenas dirigido ao Direito e excluir deste conhecimento tudo quanto não pertença ao seu objeto, tudo quanto não se possa, rigorosamente, determinar como Direito.[54]

Assim, desvinculou o Direito da Psicologia, da religião, da Ética, da Sociologia, da ideologia política e de qualquer aspecto psíquico-emocional.

A própria linguagem do Direito recolhe da realidade social os fatos que interessam à regulação das condutas intersubjetivas e à manutenção da ordem posta. Um fato somente é relevante juridicamente, se a norma assim o prescrever.

Ainda que os membros de determinada sociedade dirijam suas condutas de forma igual, repetidamente por um grande período de tempo, esse costume apenas exprime uma vontade coletiva e, para se tornar jurídico, tem que ser assumido por uma norma como fato do qual defluem efeitos jurídicos.

> O que transforma este fato num ato jurídico (lícito ou ilícito) não é a sua facticidade, o seu ser natural, (...) a sua particular

---

estabelecer o grau de dor que o fará confessar a culpa de um delito." (BECCARIA, Cesare Bonesana. Op. cit., p. 73).

54. KELSEN, Hans. *Teoria pura do direito...* cit., p. 01.

significação jurídica, recebe-a o fato em questão por intermédio de uma norma que a ele se refere com o seu conteúdo (...)."[55]

Kelsen, assim, fez a fundamental distinção entre o plano do "ser" e o plano do "dever-ser".

> A distinção entre ser e dever-ser não pode ser mais aprofundada. É um dado imediato de nossa consciência. Ninguém pode negar que o enunciado: tal coisa é – ou seja, o enunciado do qual descrevemos um ser fático – se distingue essencialmente do enunciado: algo deve ser – com o qual descrevemos uma norma – e que da circunstância de algo ser não se segue que algo deva ser, assim como da circunstância de que algo deve ser se não segue que algo seja.[56]

Na concepção kelseniana, a ordem jurídica difere-se das demais ordens sociais pelo ato de coação que deve ser efetivado quando verificada, não a conduta prescrita, mas a conduta proibida, contrária ao Direito.

"Precisamente para este caso é que é estatuído o ato coativo, que funciona como uma sanção."[57]

O critério decisivo que confere peculiaridade à ordem do direito positivo é a aplicação do ato coativo mesmo que contra a vontade da pessoa atingida pela sanção.

Na ordem jurídica tem-se o uso autorizado da força, privando-se coercitivamente os bens do indivíduo. A ordem jurídica, situada no plano do dever-ser, é que, "taxativamente, determina as condições sob as quais a coação física deverá ser aplicada e os indivíduos que a devem aplicar."[58]

Nesse sentido, cabe somente à lei prever, exaustivamente, os pressupostos fácticos ilícitos das sanções, bem como o

---

55. Idem, p. 04.
56. Idem, p. 06.
57. Idem, p. 38.
58. Idem, p. 40.

órgão competente para aplicá-las, resultando em "um monopólio da coação por parte da comunidade jurídica"⁵⁹ e, com isso, garantindo a segurança coletiva.

> O direito é uma ordem de coerção e, como ordem de coerção, é – conforme seu grau de evolução – uma ordem de segurança, quer dizer, uma ordem de paz.⁶⁰

Não existe ilicitude fora do Direito.

Diferentemente dos fenômenos ocorridos no plano físico, o fenômeno jurídico dá-se por meio da imputação lógico-normativa, ou seja, por força da incidência da norma jurídica, nasce do fato concreto, determinado no tempo e espaço, o fato relacional, representado pelo nascimento de uma relação jurídica.

Nesse passo, a aplicação da sanção jurídica pela prática de uma conduta ilícita decorre do nexo lógico de implicação existente entre proposição antecedente e proposição consequente da norma jurídica.

Em consonância com o elucidado no capítulo anterior, quando tratamos de norma processual, para Kelsen a conduta prescrita não é a conduta devida; devida é a sanção.

O jusfilósofo enalteceu a sanção ao epicentro da complexidade jurídica, alicerçado na justificativa de que um comportamento humano qualifica-se como ilícito se tomado como pressuposto de uma sanção.

Daí porque, inicialmente, delimitou, no contexto da bimembridade normativa, a norma sancionadora como norma primária e a norma de conduta como norma secundária, para, somente ao depois, em publicação póstuma intitulada *Teoria Geral das Normas*, reconhecer a primária como prescritora da conduta e a secundária como a norma sancionadora.

---

59. Idem, loc. cit.
60. Idem, p. 41.

3.3.3. A sanção em Norberto Bobbio

Norberto Bobbio procurou, a partir de uma definição genérica do vocábulo *sanção*, elencar critérios para distinguir a sanção jurídica das sanções moral e social.

De acordo com o jurista, a violação está na natureza de toda prescrição, de todo sistema normativo, figurando a sanção como a resposta a essa violação, cuja "finalidade é prevenir a violação, ou caso a violação tenha se verificado, eliminar suas consequências nocivas."[61]

São também suas palavras:

> A sanção pode ser definida, a partir desse ponto de vista, como o expediente com que se busca, em um sistema normativo, salvaguardar a lei da erosão de ações contrárias. (...) Violação de norma e sanção como resposta à violação estão implicadas em todo sistema normativo.[62]

Ao tratar da sanção jurídica em cotejo com a sanção moral, afirma que distingue-se por aquela ser *externa*, isto é, por ser uma resposta de grupo, ao passo que a sanção moral é *puramente interior* e *reflexiva*, na medida em que a consequência desagradável da violação de uma norma moral é infligida pelo próprio agente, exteriorizada como um sentimento de culpa, remorso ou arrependimento.

E, por ser uma sanção interior, restrita ao campo da consciência, ressalva Norberto Bobbio que a sanção moral é dotada de pouca eficácia, porquanto só mostra sua funcionalidade àqueles capazes de experimentar satisfações e insatisfações íntimas, que são, precisamente, os indivíduos que observam as normas.

A sanção social, mesmo que externa, por advir em forma de costumes da coletividade e ser esta quem responde à

---

61. BOBBIO, Norberto. Op. cit., p. 147.
62. Idem, p. 145-146.

violação de suas normas com comportamentos diversos que constituem as sanções (*v.g.* reprovação, banimento, isolamento, expulsão), ao contrário da sanção jurídica, não é *institucionalizada*, ou seja, não é regulada por normas predeterminadas, cuja aplicação é atribuída a membros do grupo expressamente designados para tal fim.

Assevera Norberto Bobbio que, apesar de eficazes, é em razão dessa ausência de institucionalização que as sanções sociais provocam desproporcionalidade entre violação e resposta. Dado que as reações sejam inorgânicas e sem mediação, a resposta social para o mesmo tipo de violação varia em conformidade com o humor e a opinião do grupo, desprovida de graduação adequada à gravidade da violação, sendo que esvair-se dela é mais fácil do que de uma sanção regulada e confiada a aparatos estáveis do grupo.

Daí porque concluiu o jurista italiano, relativamente aos defeitos da sanção social, "pela *incerteza* de seu êxito, pela *inconstância* de sua aplicação e pela *falta de medida* na relação entre violação e resposta.[63]"

A institucionalização da sanção vem justamente assegurar a certeza, a proporcionalidade e a imparcialidade da resposta, tendo em vista as limitações presentes na sanção institucionalizada, muito bem elucidadas por Norberto Bobbio:

> Quando se fala em sanção institucionalizada, entendem-se três coisas, ainda que nem sempre elas se encontrem juntas ao mesmo tempo, a saber: 1) para toda violação de uma regra primária, é estabelecida a respectiva sanção; 2) é estabelecida, mesmo que dentro de certos limites, a medida da sanção; 3) são estabelecidas as pessoas encarregadas de obter a execução.[64]

Assim, de acordo com o autor italiano, são sanções jurídicas aquelas cuja execução é externa, pois aplicada por um órgão competente, e institucionalizada, haja vista que está

---

63. Idem, p. 151. (grifos do autor).
64. BOBBIO, Norberto. Op. cit., p. 153.

previamente regulada a penalidade a que está sujeito o indivíduo que violar determinada regra.⁶⁵

3.3.4. A sanção em Lourival Vilanova

Cumpre também trazer à baila, novamente, os ensinamentos do jurisconsulto Lourival Vilanova.

Ao empreendermos a distinção entre norma primária e norma secundária, acabamos por adiantar algumas conclusões do autor, o que não impede de, neste momento, frisá-las, acrescentando-lhes outras suas, pertinentes ao tema ora tratado.

Com suporte em Hans Kelsen, Lourival Vilanova distinguiu a norma primária, como aquela que estatui direitos e deveres correlatos, da norma secundária, a que prescreve a sanção mediante o exercício da coação estatal (coerção). Situada no consequente da secundária, temos a sanção processual enquanto relação jurídica estabelecida entre o Estado, o sujeito ativo (titular do direito violado) e o sujeito passivo (titular do dever jurídico descumprido).

Condizente com o entendimento adotado neste trabalho e explicitado no capítulo anterior, o autor não nega a presença da sanção na norma primária, porém, esta assume natureza distinta, de caráter material.

Na relação jurídico-material (de direito privado ou de direito público) estão a pretensão e a correspectiva prestação, incluídas no objeto prestacional as sanções exigidas pelo credor diante do inadimplemento da obrigação pelo devedor.

---

65. No mesmo sentido, trazemos as lições precisas de Miguel Reale: "Todas as regras possuem, em suma, sua forma de sanção. (...). O que caracteriza a sanção jurídica é a sua predeterminação e organização. Matar alguém é um ato que fere tanto um mandamento ético-religioso como um dispositivo penal. A diferença está em que, no plano jurídico, a sociedade se organiza contra o homicida, através do aparelhamento policial e do Poder Judiciário." (REALE, Miguel. *Lições preliminares de direito...* cit., p. 74).

AS SANÇÕES NO DIREITO TRIBUTÁRIO

A ação sancionatória, nesta hipótese, é expressão da pretensão material e efetiva-se no plano pré-processual, carente de eficácia coercitiva e que não se confunde com a ação enquanto exercício do direito à prestação de tutela jurisdicional. Portanto, enquanto a sanção material reside na norma primária, a sanção processual situa-se na norma secundária, conforme sintetiza Lourival Vilanova:

> Temos, assim, as sanções inclusas na estrutura das normas primárias de direito material. Essas sanções situam-se nas relações como consequências decorrentes de certos pressupostos obrigacionais (obrigações de fazer, de omitir, de dar – genericamente, prestações do sujeito passivo). Seu cumprimento verifica-se dentro do poder de exigir a prestação correlata ao direito subjetivo material. Ante o não cumprimento voluntário das obrigações principais e dessa classe de sanções, somente pela via processual é possível exigir coercitivamente. (...) Assim sendo, temos sanções integrantes da relação jurídica substantiva (de direito privado ou de direito público); sanções integrantes da relação jurídica processual (sempre de direito público).[66]

São exemplos da consequência sancionatória de cunho material: as sanções administrativas aplicadas no âmbito do direito público e a imposição de penalidade decorrente do descumprimento de cláusulas contratuais no direito privado (*v.g.* o pagamento de multa pelo descumprimento de obrigação locatícia).

Melhor ilustrando a segunda hipótese, incluem-se, no próprio negócio jurídico privado, as normas sancionadoras caso não satisfeitas as obrigações. E se, ainda assim, o devedor não atender às obrigações sancionatórias, o credor poderá exercer o seu direito subjetivo de ação, prescrito na norma secundária.

Igualmente, as sanções administrativas tributárias aplicadas pelo sujeito ativo diante do inadimplemento, por parte do sujeito passivo, da obrigação tributária e/ou dos deveres

---

66. VILANOVA, Lourival. *Causalidade e relação no direito...* cit., p. 198.

instrumentais, objeto de estudo, enquadram-se na categoria das sanções materiais, prescritas no consequente da norma primária sancionatória.

Sobre elas trataremos no item seguinte.

3.3. A sanção no Direito Tributário

Inicialmente, convém reconhecer a unidade do sistema jurídico positivo. Nele, suas unidades normativas relacionam-se entre si em uma estrutura hierarquizada, segundo relações de subordinação e coordenação, reunidas por um vetor comum, a Constituição da República, que, por sua vez, atribui o caráter unitário ao conjunto das normas jurídicas.

A divisão do sistema do direito positivo em ramos autônomos é realizada para fins meramente didáticos, resultante de um processo de especialização do Direito para disciplinar relações semelhantes e conexas entre si, diante da multiplicidade heterogênea do campo material das condutas intersubjetivas.

Assim, realizam-se cortes metodológicos de caráter específico, rompendo as teorias especializadas do Direito.

Por oportuno, é a conclusão de Alfredo Augusto Becker:

> Pela simples razão de não poder existir regra jurídica independente da totalidade do sistema jurídico, a autonomia (no sentido de independência relativa) de qualquer ramo do direito positivo é sempre e unicamente didática para, investigando-se os efeitos jurídicos resultantes da incidência de determinado número de regras jurídicas, descobrir a concatenação lógica que as reúne num grupo orgânico e que une este grupo à totalidade do sistema jurídico.[67]

---

67. BECKER, Alfredo Augusto. *Teoria geral do direito tributário*. 5. ed. São Paulo: Noeses, 2010, p. 34 (Grifos do autor).

3.3.1. A natureza jurídica da sanção tributária

Sem perdermos de vista a unidade do sistema do direito positivo, nada impede que seja feita uma distinção dogmática entre o ilícito e seus efeitos, ou melhor, entre os tipos de sanção jurídica, até porque é imensa a complexidade das relações tuteladas pelas normas jurídicas.

O Direito Penal, enquanto ramo autônomo que primeiramente formou-se, não monopoliza a ideia de "ilicitude" e "sanção", de tal sorte que há normas sancionatórias incluídas em classes pertencentes a outros ramos jurídicos.

Bernardo Ribeiro de Moraes, em sua obra *Compêndio de Direito Tributário*, destacou os diversos critérios utilizados pela doutrina para distinguir as diferentes modalidades de ilícitos (civil, penal, administrativo, financeiro, tributário etc.).

Colacionamo-los, a seguir, de forma sintética:

a) o critério da natureza da norma jurídica violada;

b) o critério do bem jurídico tutelado (se o ato lesionasse o interesse privado, o ilícito seria civil; se ofendesse o direito do Estado receber o tributo, o ilícito seria tributário etc.);

c) o critério do tipo da sanção estabelecida pelo ordenamento jurídico (se reparadora, seria ilícito civil; se pena de detenção, seria ilícito penal etc.);

d) o critério do motivo de ordem subjetiva (se dolo, o ilícito seria penal; se culpa, civil etc.);

e) o critério do processo jurisdicional que impõe a sanção (se a sanção é aplicada pela autoridade judicial, isto é, pelo Poder Judiciário, o ilícito seria penal; se aplicada pela Administração Pública, o ilícito seria administrativo etc.).[68]

A fragilidade da maioria dos critérios apresentados evidencia-se diante do insucesso resultante de sua aplicação.

Vejamos com exemplos: o Erário constitui bem jurídico tutelado pelo Direito Administrativo e também pelo Direito Tributário; multa punitiva é aplicável tanto para ilícitos tributários quanto para os crimes e ilícitos civis; ilícitos que exigem o elemento dolo na conduta encontram previsão na legislação tributária e não só na penal; alguns exemplos de sanções tipicamente administrativas, previstas na Lei de Improbidade Administrativa (Lei nº 8.429/92),[69] sujeitam-se ao princípio da reserva jurisdicional, tal como ocorre com as sanções penais.

A nosso ver, a natureza da norma jurídica, identificada pelo bem jurídico por ela tutelada, tipificando o ilícito e cominando a respectiva sanção, compreende o critério mais seguro no intento de definir a natureza dos institutos jurídicos.[70]

Nesse sentido, a sanção será penal, se for consequência de ilícito tipificado na lei penal, como crime ou contravenção, visando a preservar direitos vitais de toda uma sociedade.

---

68. MORAES, Bernardo Ribeiro de. Op. cit., p. 536.

69. BRASIL. Lei nº 8.429, de 2 de junho de 1992. Dispõe sobre as sanções aplicáveis aos agentes públicos nos casos de enriquecimento ilícito no exercício de mandato, cargo, emprego ou função na administração pública direta, indireta ou fundacional e dá outras providências. Disponível em: < http://www.planalto.gov.br/ccivil_03/leis/l8429.htm>. Acesso em: 29 mar. 2015.

70. Acautelando-se em afirmar no sentido de que referido critério não pode ser eleito como exclusivo e suficiente fator distintivo, Ives Gandra da Silva Martins, porém, concorda com a sua importância: "Assim sendo, a rotulagem legal, conforme o país, é o único elemento realmente distintivo para diferenciar a infração tributária do Delito Tributário, muito embora a ocorrência deste sempre decorra da existência daquela." Mais adiante conclui: "Isto posto, o Direito Tributário brasileiro vincula-se à corrente de que delitos tributários só se distinguem das infrações tributárias na medida em que a lei assim os diferencie. (...) Dessa forma, a diferença entre a infração e o delito, como já mostrei atrás, reside fundamentalmente em dizer a lei que uma violação é apenas infração e outra, delito" (MARTINS, Ives Gandra da Silva. *Da sanção tributária*. 2. ed. São Paulo: Saraiva, 1998, p. 14, 28).

Da mesma forma, a sanção será administrativa para os ilícitos tipificados na lei administrativa que disciplina as atividades da Administração, a sua relação com os administrados e as atividades exercidas por eles se consideradas relevantes para o interesse público.

Por fim, a sanção jurídica será tributária para os ilícitos tipificados na lei tributária ou fiscal, reguladora da instituição, arrecadação e fiscalização dos tributos, disciplinando a relação jurídica entre sujeito passivo – titular do dever jurídico de recolher o tributo e cumprir os deveres instrumentais – e sujeito ativo – titular do direito subjetivo de exigir referidos deveres tributários.[71]

E, a tendência do rol de tipos de sanções jurídicas é ampliar-se na mesma proporção em que reconhece-se, didaticamente, a autonomia de novos ramos do direito positivo (*v.g.* comercial, trabalhista, ambiental etc.).

No Direito brasileiro, não prospera reconhecer as sanções tributárias como sendo de natureza penal, uma vez que desprovidas de características próprias do regime jurídico-penal, tais como a incomunicabilidade da pena, a reserva jurisdicional, a ausência da responsabilidade objetiva e a competência legislativa privativa da União para tipificar crimes.[72]

---

71. Acompanham esse entendimento, incluindo a sanção no ramo didaticamente autônomo do Direito Tributário, Paulo Roberto Coimbra e Ives Gandra da Silva Martins.

72. Geraldo Ataliba fundamenta sua crítica à equiparação entre infração fiscal e delito penal: "Por exemplo, não nos é intolerável que, tratando-se de penas fiscais pecuniárias, se estenda a responsabilidade a terceiros não autores das infrações. Como o caso dos representados, que respondem pelas infrações cometidas pelos representantes, ou os mandantes pelas infrações cometidas pelos mandatários. (...). Parece-nos bem que prevaleça o objetivo sobre o subjetivo, que infrações tributárias sejam julgadas por tribunais administrativos, com funções jurisdicionais, mas não dependentes do Poder Judiciário, coisas que não seriam toleráveis no Direito Penal comum". (ATALIBA, Geraldo. Elementos de direito tributário: notas taquigráficas.
_____. (Coord.). III *Curso de Especialização em Direito Tributário* – Notas taquigráficas das aulas e debates. São Paulo, Pontifícia Universidade Católica de São Paulo. São Paulo: Revista dos Tribunais, 1978, p. 273).

Ademais, conforme os ensinamentos de Geraldo Ataliba, ao adotarmos como critério distintivo o bem jurídico tutelado pela norma, temos que a violação de uma norma penal ataca direta e imediatamente os direitos individuais e sociais das pessoas, ao passo que a violação à norma tributária afronta, direta e imediatamente, os interesses da Administração, na qualidade de sujeito ativo da relação jurídico-tributária.

Nesta última hipótese,

> se está perturbando a ação que desenvolve o Estado, mas não se está violando disposições que atinjam fundamentalmente direitos individuais e sociais.[73]

O crime tributário (delito) é praticado contra a sociedade como um todo que tem o direito imediato a uma administração incólume na sua estrutura e em seus bens (interesse público primário), enquanto que a infração tributária é praticada contra o direito subjetivo da Administração receber os tributos e controlar, mediante o cumprimento das formalidades, o cumprimento das obrigações tributárias, a fim de que o Estado tenha recursos suficientes para exercer sua atividade (interesse público secundário).

Igualmente, as sanções tributárias merecem autonomia didática relativamente àquelas de cunho administrativo por se sujeitarem a um regime jurídico próprio, derivativo do *ius tributandi* do Estado, com regras e princípios específicos positivados na legislação tributária, *v.g.* o instituto da denúncia espontânea previsto no Código Tributário Nacional.[74]

---

73. Idem, p. 279.

74. Nesse ponto, discordamos de Gerado Ataliba, para quem "o Direito Penal Tributário encontra-se no campo do Direito Penal Administrativo" (ATALIBA, Geraldo. Elementos de direito tributário: notas taquigráficas. _____. (Coord.). III *Curso de Especialização em Direito Tributário* – Notas taquigráficas das aulas e debates. São Paulo, Pontifícia Universidade Católica de São Paulo. São Paulo: Revista dos Tribunais, 1978, p. 277).

AS SANÇÕES NO DIREITO TRIBUTÁRIO

No Direito Tributário, a disciplina normativa atua nas relações entre Administração, enquanto credora de tributos, e administrado, enquanto devedor tributário.

A importância de delimitar a natureza das sanções jurídicas não reside na mera exposição de ordem intelectual, porquanto a determinação da respectiva natureza definirá a competência legislativa e aquela para a sua aplicação, bem assim as regras e princípios aplicáveis à espécie.

Frise-se que aceitar a distinção da natureza jurídica dos ilícitos e suas sanções, em função da natureza jurídica da norma violada resultante do bem jurídico por ela zelado, não implica negar a existência de uma Teoria Geral do Direito Sancionatório, construída especialmente a partir dos dispositivos constitucionais, voltada a disciplinar o poder repressivo geral do Estado e cujos princípios gerais são comuns a todos os fatos lesivos, aplicando-os quando manifestada a potestade repressiva do Estado (*v.g.* legalidade, tipicidade, irretroatividade da lei, presunção de inocência, *in dubio pro reo*, proporcionalidade, *non bis in idem*, devido processo legal, ampla defesa e contraditório) e adequando-os à natureza da relação intersubjetiva regulada.

Da mesma forma, vislumbrando que as diretrizes principiológicas de todas as normas jurídicas estão na Constituição Federal, entende Ives Gandra da Silva Martins que, pouco a pouco, vem solidificando-se

> uma comunhão de princípios do Direito Penal, do Administrativo e do Tributário e demais 'ramos' didáticos do direito público. (...) percebendo sua filiação comum ao Direito Constitucional.[75]

---

75. MARTINS, Ives Gandra da Silva. *Da sanção tributária*...cit., p. XX).

3.3.2. Distinção entre sanção e tributo

No intento de distinguir a sanção tributária da figura do tributo, cumpre-nos tecer, brevemente, algumas considerações sobre a incongruência lógico-semântica contida no art. 113[76] do CTN, que acaba por incluir a penalidade pecuniária como objeto prestacional da obrigação tributária principal.

Flagrando referida incongruência, Hector Villegas manifesta seu inconformismo:

> Então, como, me pergunto eu, a obrigação tributária, a que decorre do fato gerador, pode ter indistintamente por objeto o pagamento do tributo ou de penalidade tributária? Como pode ser? Então, quer dizer que o pagamento de uma penalidade tributária é uma obrigação tributária principal? Porém, como? Não havíamos dito que justamente um dos requisitos do tributo é não ser sanção por ato ilícito? Acaso a penalidade tributária não é sanção por ato ilícito? Então, são diferenças ou não são diferentes?[77]

A despeito dos esforços na produção de uma linguagem satisfatória, as falhas contidas na nomenclatura utilizada pelo legislador são corriqueiras e merecem ser toleradas diante da composição heterogênea do Poder Legislativo, cujos membros possuem formações técnicas e acadêmicas das mais diversas, cabendo ao cientista do Direito flagrá-las e corrigi-las, imprimindo solidez e rigor na construção do discurso científico.

---

76. "Art. 113 A obrigação tributária é principal ou acessória. § 1º. A obrigação principal surge com a ocorrência do fato gerador, tem por objeto o pagamento de tributo ou penalidade pecuniária e extingue-se juntamente com o crédito dela decorrente. § 2º. A obrigação acessória decorre da legislação tributária e tem por objeto as prestações, positivas ou negativas, nela previstas no interesse da arrecadação ou da fiscalização dos tributos. § 3º. A obrigação acessória, pelo simples fato de sua inobservância, converte-se em obrigação principal relativamente à penalidade pecuniária."

77. VILLEGAS, Hector. Curso de Especialização em Direito Tributário (Aulas e Debates). In: ATALIBA, Geraldo; CARVALHO, Paulo de Barros (Coords.). *VI Curso de Especialização em Direito Tributário* – Notas taquigráficas das aulas e debates. v. II. São Paulo, Pontifícia Universidade Católica de São Paulo. São Paulo: Resenha Tributária, 1978, p. 757.

O legislador complementar, no § 1º do art. 113 do CTN, fraqueja no rigor da sintaxe e da semântica ao enunciar que a obrigação tributária principal tem por objeto "penalidade pecuniária", repetindo o mesmo erro no § 3º, ao converter as penalidades pecuniárias decorrentes do não cumprimento de deveres instrumentais em obrigação tributária.

O tributo não pode refletir sanção decorrente de ato ilícito,[78] de tal sorte que o objeto prestacional da obrigação tributária não compreende pagamento de penalidades pecuniárias, sob pena de afronta ao art. 3º do CTN.[79]

Robson Maia Lins, ao tratar da distinção entre tributo e sanção, aduz:

> enquanto o tributo é instituído pelo Poder Público com a finalidade, em tese, de fazer frente às despesas públicas, as sanções tributárias têm por objeto reprimir a conduta ilícita do sujeito passivo (função repressiva), além de, preventivamente, induzir os administrados a não praticarem determinadas condutas que, a juízo do legislador infraconstitucional – mas desde que dentro da moldura constitucional – sejam negativas para a convivência em sociedade.[80]

Tratam-se de realidades jurídicas díspares que assemelham-se pelo simples fato de ambas – tributo e multa – finalizarem o cumprimento de uma prestação pecuniária por parte do sujeito passivo em face do sujeito ativo, figurando como receitas públicas, e por submeterem-se a um regime formal

---

78. Voltado ao plano da eficácia social, Ives Gandra da Silva Martins, ao tratar das normas jurídicas de forte resistência pelos membros da sociedade, elucida seu ponto de vista divergente: "O tributo é uma penalidade. Espontaneamente, muitos poucos dariam sua contribuição ao Estado. (...), verifica-se que o exame da realidade, sobre o qual flutua a política de imposição, leva-me a entender seja o tributo uma penalidade, na opinião do sujeito passivo da relação, variando entre os que vêem nele um mal necessário e os que nele sentem um mal desmedido." (MARTINS, Ives Gandra da Silva. *Da sanção tributária*...cit., p. 50, 54).

79. "Art. 3º Tributo é toda prestação pecuniária compulsória, em moeda ou cujo valor nela se possa exprimir, que não constitua sanção de ato ilícito, instituída em lei e cobrada mediante atividade administrativa plenamente vinculada."

80. LINS, Robson Maia. *A mora no direito tributário*... cit., p. 99.

de constituição (lançamento e Auto de Infração, respectivamente),[81] à discussão em processo administrativo e à inscrição em Dívida Ativa.

Não obstante semelhanças de caráter pecuniário e procedimental, o pagamento de tributo e aqueloutro de sanção pecuniária, sob a ótica do Direito Tributário, compreendem relações jurídicas distintas, situadas no consequente de normas jurídicas diversas: a primeira, relação jurídica tributária (oriunda de fato lícito), situada na norma primária de incidência tributária e dimensionada de acordo com a grandeza econômica do evento; e a segunda, relação jurídica sancionatória (oriunda de fato ilícito), situada na norma primária sancionatória e dimensionada segundo a gravidade da infração.

O tributo é devido pelo sujeito passivo na qualidade de contribuinte, ao passo que as penalidades são exigidas dele como sujeito infrator.

Por oportuno, trazemos à baila as lições de Fernando Gomes Favacho, que, ao realizar aprofundado estudo sobre a definição do conceito de tributo, delimitou o sentido da expressão *que não constitua sanção de ato ilícito*, estatuída no art. 3º do CTN:

> Em suma: não ser sanção de ato ilícito significa que (1) o ilícito não pode ser fato jurídico de uma obrigação tributária e (2) o montante devido não pode ser dimensionado em razão da

---

81. "Na práxis fazendária e por razões de conveniência administrativa, o Auto de Infração serve de suporte documental para também trazer os enunciados prescritivos do ato administrativo de lançamento, veiculando norma individual e concreta da incidência tributária. Assim, em uma mesma linguagem, junto com a exigência das penalidades, exige-se também o valor devido a título de tributo. É o que preceitua Eurico Marcos Diniz de Santi: o 'Auto de Infração' pode veicular em um só documento: (i) o ato-norma administrativo de lançamento, (ii) o ato-norma administrativo de imposição da multa pelo não-pagamento, (iii) o ato-norma administrativo de imposição da multa de mora e (iv) o ato-norma administrativo de imposição de multa instrumental." (SANTI, Eurico Marcos Diniz de. Lançamento tributário... cit., p. 41).

ilicitude como, por exemplo, a definição de uma alíquota maior para o Imposto de Renda relativamente advinda do jogo do bicho.[82]

Segundo Fernando Favacho, as exações, por ele denominadas de "tributos sancionatórios", manifestam-se quando há "alteração na norma padrão de incidência graças a uma *sanção de ato ilícito*".

Cita a progressividade do IPTU como sanção a ser imposta pelo contribuinte que não promoveu o aproveitamento racional e adequado do bem imóvel na forma preconizada na legislação municipal,[83] violando a função social da propriedade:

> Há uma mesma hipótese: "ser proprietário de imóvel" para duas consequências: a primeira, de cunho administrativo, "deve respeitar a política urbana do município", e outra tributária, "deve pagar o IPTU". Focamo-nos na primeira. Há uma norma primária sancionadora, cuja hipótese é o descumprimento da primária dispositiva: "se não respeitada a política urbana do Município" e a conseqüência é 'deve haver acréscimo na alíquota do IPTU'".[84]

O autor acaba por justificar a legitimidade das alíquotas progressivas do imposto municipal, uma vez que autorizadas pela Constituição Federal, no art. 182, § 4º, combinado com o art. 5º, XXIII (princípio da função social da propriedade). Nas demais hipóteses, em que o constituinte não excetuou da regra do art. 3º, a jurisprudência tem condenado o uso de tributo com a finalidade de prevenir e reprimir ilegalidade (*v.g.* adicional de alíquota de Imposto de Importação para coibir

---

82. FAVACHO, Fernando Gomes. *Definição do Conceito de Tributo*. São Paulo: Quartier Latin, 2011, p. 132.

83. *Vide* art. 13 da Lei nº 13.430/2002 que institui o Plano Diretor Estratégico e o Sistema de Planejamento e Gestão do Desenvolvimento Urbano do Município de São Paulo (SÃO PAULO. Prefeitura Municipal. *Lei Municipal nº 13.430*, de 13 de setembro de 2002. Acesso em: 05 abr. 2015).

84. FAVACHO, Fernando Gomes. *Definição do conceito de tributo*. São Paulo: Quartier Latin, 2011, p. 138.

prática de dumping;[85] acréscimo no valor do IPTU por falta de inscrição imobiliária[86] ou por construção irregular no imóvel[87]).

Afirmar que tributo não constitui sanção de ato ilícito não se confunde com aquelas situações em que a norma tributária incide sobre a obtenção de renda resultante de atividades ilícitas, alcançando produto oriundo de crimes e contravenções (art. 118 do CTN). A hipótese de incidência do IR permanece auferir renda, ainda que esta seja derivada de tráfico de armas ou de entorpecentes.

---

85. "MINISTÉRIO DA FAZENDA. COIBIÇÃO DE DUMPING. SANÇÃO POR ATO ILÍCITO. I - Baixando portaria com a intenção de punir a prática de dumping – isto é a comercialização de produtos estrangeiros no mercado nacional com preços inferiores aos produtos produzidos no país – a Administração, na verdade, ficou vinculada à finalidade do que dispôs. II - O tributo não é penalidade, não podendo ter por origem um ato ilícito praticado pelo contribuinte. Na hipótese, o imposto é adicional. Além da alíquota normal foi cobrado uma outra alíquota. Infringência ao art. 3º do CTN (...)" (BRASIL. Tribunal Regional Federal 1ª Região. *Apelação Cível nº 1997.01.00.047986-9/MG*. Relator: Juiz Tourinho Neto. Julgamento: 14 abr. 1998. Órgão Julgador: Terceira Turma. Publicação: DJ 08 maio 1998, p. 111).

86. "Recurso extraordinário. IPTU. Acréscimo no valor do IPTU, a título de sanção por falta de inscrição imobiliária. Sanção por ilícito administrativo. Multa administrativa e multa tributária. Não pode ser exigida multa administrativa, por falta de inscrição imobiliária, a título de tributo. CTN, art. 3º. Inaplicável, na espécie, o art. 113, par. 3º, do CTN. Recurso conhecido e provido." (RE 112910, Relator(a): Min. Néri da Silveira, Primeira Turma, julgado em 11/10/1988, DJ 28-02-1992).

87. ACRÉSCIMO DE 200% AO IMPOSTO IMOBILIÁRIO SOBRE IMÓVEIS ONDE HAJA CONSTRUÇÕES IRREGULARES. ACRÉSCIMO QUE CONFIGURA SANÇÃO A ILÍCITO ADMINISTRATIVO. (...) não é permitido, em nosso sistema tributário, que se utilize de um tributo com a finalidade extrafiscal de se penalizar a ilicitude. Tributo não é multa, nem pode ser usado como se o fosse. Se o município quer agravar a punição de quem constrói irregularmente, cometendo ilícito administrativo, que crie ou agrave multas com essa finalidade. O que não pode - por ser contrário ao artigo 3º do CTN, e, consequentemente, por não se incluir no poder de tributar que a constituição federal lhe confere - é criar adicional de tributo para fazer as vezes de sanção pecuniária de ato ilícito. (...). (RE 94001, Relator(a): Min. Moreira Alves, Tribunal Pleno, julgado em 11/03/1982, DJ 11-06-1982).

3.3.3. Análise da sanção tributária no plano sintático-semântico

Em atenção ao objeto delimitado na presente proposta científica e com base nos conhecimentos sobre a estrutura da norma primária sancionatória e seus conteúdos significativos, volvemos nossa atenção à análise da sanção tributária no plano sintático-semântico, fazendo-o de forma sucinta e, com isso, evitando repetições desnecessárias.

Na esfera do Direito Tributário, a sanção assume diversas vertentes semânticas segundo a etapa do processo de positivação da norma primária sancionatória. Tratando-se da *norma geral e abstrata*, sanção pode significar o consequente da norma, como também a própria norma que tem como hipótese a tipificação de um fato ilícito.

Na norma individual e concreta, sanção pode denotar: (i) a norma individual e concreta produzida pelo agente competente, prescrevendo, em seu consequente, a aplicação de uma penalidade em face do sujeito passivo que deixou de recolher o tributo ou de cumprir deveres instrumentais em favor do sujeito ativo; (ii) o liame jurídico que instala-se entre o sujeito ativo e o sujeito passivo; ou, ainda, (iii) a própria penalidade aplicada *in concreto* ao sujeito infrator, *i.e.*, o pagamento de uma importância pecuniária (multas) ou um dever de fazer ou não fazer.

Com bases nas assertivas expostas, adotaremos uma acepção ampla de sanção tributária, compreendida como norma jurídica, relação jurídica e objeto prestacional da relação jurídica.

Em sentido estrito, a sanção tributária consiste na relação jurídica situada na proposição-tese da norma primária sancionatória, vinculando sujeito ativo e sujeito passivo em torno da prestação (penalidade).

Nesse sentido, é a definição de Robson Maia Lins:

> *sanção*, tomada na sua acepção base, (...) é relação jurídica intranormativa, cujo lugar sintático que ocupa é o consequente das normas primárias sancionatórias.[88]

3.3.4. A sanção em nível geral e abstrato

A competência para legislar sobre normas gerais em matéria de sanções tributárias é do legislador complementar, com fundamento de validade no art. 146 da CF, *in verbis*:

> Art. 146. Cabe à lei complementar:
>
> (...)
>
> III – estabelecer normas gerais em matéria de legislação tributária, especialmente sobre:
>
> (...)
>
> b) obrigação, lançamento, crédito, prescrição e decadência tributários; (...).

Os termos utilizados no dispositivo em comento, quais sejam, *obrigação*, *lançamento* e *crédito*, assumem conteúdo semântico amplo também empregado no campo das sanções tributárias.

Ora, as prestações sancionatórias decorrentes do descumprimento da RMIT e dos deveres instrumentais nada mais são do que "obrigações" em matéria de legislação tributária; no âmbito das infrações tributárias, o Auto de Infração e a imposição de multa revelam-se os instrumentos, por excelência, para constituir relações sancionatórias, tal como o papel do "lançamento" na constituição dos fatos jurídicos tributários;[89]

---

88. LINS, Robson Maia. *A mora no direito tributário...* cit., p. 176.

89. "Nos escaninhos do Direito Tributário, se o tributo, no nível individual e concreto, é constituído pelo lançamento tributário (art. 142 do CTN) ou por ato do

bem como "crédito", em seu sentido amplo, além de significar o direito subjetivo de o sujeito ativo exigir os tributos e as formalidades, qualifica-se também como o direito subjetivo de que é titular esse mesmo sujeito ativo de exigir as penalidades cabíveis.

Destarte, a lei complementar deverá prescrever, ao menos em termos de normas gerais, o *minimum* semântico dos contornos da norma primária sancionatória, notadamente quanto à infração tributária e seus efeitos, incluídas aqui as sanções tributárias; tudo com o escopo de prestigiar os fins colimados pelo legislador constitucional, limitando o poder dos sujeitos competentes para criar e aplicar as normas sancionatórias.[90]

Em que pese diminuto na disciplina da matéria atinente à potestade punitivo-tributária, o Código Tributário Nacional cumpre o papel de norma geral, regulando o assunto ao tratar, por exemplo, da legalidade na definição das infrações e na

---

sujeito passivo (art. 150 do CTN), a mora, quer em relação ao descumprimento de dever instrumental, quanto de multa, ou mesmo de descumprimento de dever instrumental tem por instrumento introdutor o Auto de Infração e imposição de multa". (LINS, Robson Maia. *A mora no direito tributário*... cit., p. 98).

90. No tocante à teoria das normas gerais de Direito Tributário, julgamos mais adequada a corrente doutrinária dicotômica para a interpretação do art. 146 da CF. Baseada em uma interpretação literal, a corrente tricotômica defende a tese de que cabe à lei complementar três funções distintas: dispor sobre conflitos de competência entre as pessoas políticas em matéria tributária (inciso I), regular as limitações constitucionais ao poder de tributar (inciso II) e estabelecer normas gerais em matéria de legislação tributária (inciso III). Já a corrente dicotômica, sustentada na interpretação sistemática do texto constitucional, defende a tese de que cabe à lei complementar introduzir normas gerais de Direito Tributário, destinadas a dispor sobre conflitos de competência entre as unidades tributantes e regular as limitações constitucionais ao poder de tributar. Caso contrário, uma interpretação literal do dispositivo constitucional supra implicaria aceitar que praticamente toda a matéria da legislação tributária é de disciplina da lei complementar, pois, sem conteúdo definido a ser atribuído a essas normas gerais, o legislador complementar estaria autorizado a produzir, indiscriminadamente, regras jurídico-tributárias que concernissem ao campo de competência dos Estados, Distrito Federal e Municípios, violando o primado constitucional da Federação e da autonomia dos Municípios. São defensores da corrente dicotômica os doutrinadores Paulo de Barros Carvalho e Roque Antonio Carrazza.

cominação de sanções (art. 97, inciso V); da retroatividade benigna (art. 106); da interpretação da legislação tributária (art. 112); da responsabilidade por infrações tributárias (arts. 136 ao 138) e da anistia (arts. 180 a 182).

3.3.5. A teleologia das sanções tributárias: análise no plano pragmático

Na qualidade de resposta institucionalizada à violação das normas jurídicas mediante a prática de ilícitos, a doutrina identifica finalidades plúrimas nas sanções jurídicas, sobressaindo, dentre elas, a preventiva, a reparadora e a punitiva (repressiva).

Na *função preventiva*, a sanção objetiva intimidar, conscientemente, os destinatários das mensagens jurídicas a comportarem-se em consonância com a ordem posta, sob a ameaça de sujeitarem-se aos transtornos e às inconveniências de sua aplicação.

Trata-se de uma atuação da penalidade *in abstracto*, decorrente da previsão em lei da consequência sancionatória. Todavia, a eficácia da finalidade preventiva da sanção, dissuadindo os predispostos, também está intimamente relacionada com o conhecimento e a certeza de que será aplicada se cometido o ilícito, como bem alertou Beccaria: "Um dos maiores freios aos delitos não é a crueldade das penas, mas sua infalibilidade."[91]

O verdadeiro temor das sanções advém de sua institucionalização combinada com a convicção inexorável de punição pelo órgão competente. Independentemente do rigor, da intensidade e do excesso sancionatórios, se há a esperança da impunidade, resta enfraquecida a finalidade preventiva.[92]

---

91. BECCARIA, Cesare Bonesana. Op. cit., p. 91.

92. Muito próxima da finalidade preventiva da sanção jurídica é a denominada, pela doutrina, de *função didática*. Porém, neste caso, a sanção age no plano concreto, funcionando como uma "lição" ou "aprendizado" ao perpetrante quando aplicada,

AS SANÇÕES NO DIREITO TRIBUTÁRIO

Atuando repressivamente, tem-se a sanção jurídica aplicada *in concretu*, conferindo uma punição, um castigo, àquele indivíduo que infringiu a ordem estabelecida.

A *sanção punitiva* não se confunde com eventual reparação de dano, e, ainda que combinada com a reparação, ela tem como finalidade reprimir a afronta e o desprezo à lei. Por decorrência lógica, a intensidade da sanção repressiva deve ser proporcional à gravidade do ilícito por ela punido, como medida de justiça, e não valorada em função do dano causado.

A par das atuações preventiva e repressiva, há doutrinadores[93] que defendem um *papel reparador* exercido pela sanção jurídica, impingindo ao agente infrator o dever de reparar o dano causado à vítima, decorrente de sua conduta lesiva. As sanções de cunho reparador destinam-se ao patrimônio do lesado, com o escopo de recompô-lo. Daí porque a configuração do dano ou lesão decorrente da prática do ato ilícito faz-se necessária para a imposição da sanção reparadora.

Acerca dos pressupostos fácticos da *sanção reparadora*, esclarece Paulo Roberto Coimbra Silva:

> Se de um lado a incidência de uma sanção ressarcitória pode prescindir da precedência de uma ilicitude, do outro, ainda que se verifique a prática de um ato ilícito, a menos que se comprove a existência de uma lesão e se demonstre o nexo de causalidade entre ambos, não surgirá o dever jurídico reparatório.[94]

---

educando-o e corrigindo-o, para que não venha, futuramente, a cometer outra ilicitude e passe a cumprir espontaneamente as condutas prescritas no ordenamento.

93. Atribuem finalidade reparadora às sanções, por exemplo: Angela Maria da Motta Pacheco (PACHECO, Angela Maria da Motta. Op. cit., p. 240) e Bernardo Ribeiro de Moraes (MORAES, Bernardo Ribeiro de. Op. cit., p. 571).

94. SILVA, Paulo Roberto Coimbra. *Direito tributário sancionador...* cit., p. 66.

Com as devidas escusas de estilo, já adiantamos nosso entendimento pela ausência de finalidade reparadora buscada pelas sanções jurídicas.

Conforme será demarcado quando tratarmos das multas no Direito Tributário, as sanções cumprem papel de punir, de repreender o ilícito, sendo que eventual ressarcimento por lesões patrimoniais ocasionadas será realizado pelas indenizações.

Deveras, é a norma indenizatória que recompõe o patrimônio danificado, cuja aplicação depende da demonstração de efetivo dano causado à vítima. A norma que finaliza uma reposição de prejuízos causados, objetivando atingir o *status quo ante* ou situação similar àquela que verificaria-se caso o dever jurídico houvesse sido cumprido dentro do prazo estipulado e na forma prevista em lei, assume natureza indenizatória, distinta da função sancionatória.

Desta feita, no plano teleológico das normas tributárias, podemos afirmar que as sanções destinam-se à prevenção de ilicitudes futuras, exercendo influência tanto sobre a sociedade como um todo (prevenção geral) quanto sobre o próprio contribuinte (prevenção individual) e propiciando o cumprimento da prestação pelo sujeito passivo, consistente em pagar tributo ou realizar deveres jurídicos formais.

Além dessa finalidade condizente ao desestímulo da prática de condutas reprováveis pelo ordenamento jurídico, as sanções tributárias desempenham função punitiva, voltadas a reprimir a conduta infringente praticada, sendo esta a finalidade por excelência das penalidades.

3.4. A graduação das sanções no Direito Tributário e a responsabilidade por infrações prevista no art. 136 do CTN

Na disciplina do Código Tributário Nacional, como regra geral, para a responsabilização por infrações tributárias é irrelevante a intencionalidade do agente ou responsável na prática da conduta ilícita, bem como os efeitos danosos dela decorrentes, consoante preconiza o seu art. 136:

> Art. 136. Salvo disposição de lei em contrário, a responsabilidade por infrações da legislação tributária independe da intenção do agente ou do responsável e da efetividade, natureza e extensão dos efeitos do ato.

A hermenêutica do art. 136 do CTN traz a necessidade de esclarecer qual a amplitude semântica atribuída ao termo "intenção", cuja definição poderá implicar conclusões díspares: de um lado, pela responsabilidade objetiva que independe do elemento volitivo, de outro, pela responsabilidade por infrações tributárias subjetivas que exigem a comprovação do dolo ou da culpa (vide item 2.5.1).

Parte da doutrina entende que a expressão "independe da intenção do agente ou do responsável" está a significar que a imputação da responsabilidade por infrações tributárias independe da vontade consciente de praticar a conduta (dolo), porém não afasta a culpa, de tal sorte que, não comprovado que o responsável ou agente realizou atos *negligentes*, *imprudentes* ou *imperitos* a influir no descumprimento da obrigação tributária, a infração restaria descaracterizada e, por conseguinte, não haveria que falar em responsabilidade.

Acompanham este entendimento os saudosos Ruy Barbosa Nogueira[95] e Fábio Fanucchi,[96] como também Luciano

---

95. "(...) o que o art. 136, em combinação com o item III do art. 112, deixa claro é que para a matéria de autoria, imputabilidade ou punibilidade, somente é exigida a intenção ou dolo para os casos de infrações fiscais mais graves e para os quais o texto de lei tenha exigido esse requisito. Para os demais, isto é, não dolosas, é necessário e suficiente um dos três graus de culpa. De tudo isso decorre o princípio fundamental e universal, segundo o qual, se não houver dolo nem culpa, não existe infração da legislação tributária." (NOGUEIRA, Rui Barbosa. *Curso de direito tributário*. 14. ed. São Paulo: Saraiva, 1995. p. 106-107).

96. "A impressão que eu tenho com o art. 136 do CTN, é de que ele consagra a possibilidade de infrações tributárias por culpa. A intenção aí referida seria aquela vontade livre, consciente, dirigida no sentido do ilícito, portanto, seria a definição

Amaro,[97] Alberto Xavier[98] e Hugo de Brito Machado,[99] segundo os quais a responsabilidade por infrações, como regra geral, pressupõe a culpa e, nos moldes do art. 136, somente a conduta dolosa, assinalada pela vontade consciente de lesionar o Fisco e de burlar a arrecadação e fiscalização tributárias, não é, salvo disposição de lei em contrário, elemento do tipo tributário e, portanto, pressuposto para a imputabilidade.

---

de dolo" (FANUCCHI, Fábio. Curso de Especialização em Direito Tributário - Aulas e Debates. In: ATALIBA, Geraldo; CARVALHO, Paulo de Barros - Coords. *VI Curso de Especialização em Direito Tributário* – Notas taquigráficas das aulas e debates. v. II. São Paulo, Pontifícia Universidade Católica de São Paulo. São Paulo: Resenha Tributária, 1978, p. 728)

97. "(...) o dispositivo não diz que a responsabilidade por infrações independa de culpa. Ele diz que independe da intenção. Ora, intenção aqui significa vontade: eu quero lesar o Fisco. Eu quero ludibriar a arrecadação do tributo. Isto é intenção" (AMARO, Luciano. *Infrações* Tributárias. Artigo na Revista de Direito Tributário nº 67); ainda, "o preceito questionado diz, em verdade, que a responsabilidade não depende da intenção, o que torna (em princípio) irrelevante a presença de dolo (vontade consciente de adotar uma conduta ilícita), mas não afasta a discussão de culpa (em sentido estrito). Se ficar evidenciado que o indivíduo não quis descumprir a lei, e o eventual descumprimento se deveu a razões que escaparam a seu controle, a infração ficará descaracterizada, não cabendo, pois, falar-se em responsabilidade" (AMARO, Luciano. *Direito tributário brasileiro*. 13. ed. São Paulo: Saraiva, 2007.p. 444-445)

98. "A primeira conclusão é, portanto, de que o art. 136, ao invés do que certas posições preconizaram, não consagra a responsabilidade objetiva, mas se trata ainda da expressão da responsabilidade subjetiva, embora o legislador tenha declarado a irrelevância do dolo." (XAVIER, Alberto. Curso de Especialização em Direito Tributário - Aulas e Debates. In: ATALIBA, Geraldo; CARVALHO, Paulo de Barros - Coords. *VI Curso de Especialização em Direito Tributário* – Notas taquigráficas das aulas e debates. v. II. São Paulo, Pontifícia Universidade Católica de São Paulo. São Paulo: Resenha Tributária, 1978, p. 730)

99. "O art. 136 do CTN não estabelece a responsabilidade objetiva em matéria de penalidades tributárias, mas a responsabilidade por culpa presumida. A diferença é simples. Na responsabilidade objetiva não se pode questionar a respeito da intenção do agente. Já na responsabilidade por culpa presumida tem-se que a responsabilidade independe da intenção apenas no sentido de que não há necessidade de se demonstrar a presença de dolo ou culpa, mas o interessado pode excluir a responsabilidade fazendo prova de que, além de não ter a intenção de infringir a norma, teve a intenção de obedecer a ela, o que não lhe foi possível fazer por causas superiores à sua vontade" (MACHADO, Hugo de Brito. *Curso de direito tributário*. 26. ed. São Paulo: Malheiros, 2005. p. 170).

Em corrente doutrinária divergente, à qual filiamo-nos, temos Sacha Calmon Navarro, Ives Gandra da Silva Martins,[100] Paulo de Barros Carvalho,[101] Ângela Maria da Motta Pacheco,[102] Aliomar Baleeiro[103] e Ricardo Lobo Torres,[104] para os quais o enunciado do art. 136, disciplinador que é das relações intersubjetivas firmadas no âmbito do Direito Tributário, prescreve, como regra geral, que tanto a culpa como o dolo são prescindíveis para a responsabilidade.

Estende-se a interpretação do termo "intenção" a todo e qualquer aspecto da vontade, abarcando, além do *dolo*, também a *culpa* manifestada pelas modalidades "imprudência", "negligência" e "imperícia" e exigindo apenas o nexo de causalidade entre a conduta e o resultado, sem qualquer valoração subjetiva.

---

100. MARTINS, Ives Gandra da Silva. *Da sanção tributária...* cit., 1998.

101. "Nota-se aqui (art. 136) uma declaração de princípio em favor da responsabilidade objetiva. Mas, como sua formulação não está em termos absolutos, a possibilidade de dispor em sentido contrário oferta espaço para que a autoridade legislativa construa as chamadas infrações subjetivas" (CARVALHO, Paulo de Barros. *Curso de direito tributário...* cit. 22 ed., p. 628).

102. "Entende-se que o simples descumprimento da obrigação principal 'de dar' ou da obrigação acessória 'de fazer' é suficiente para determinar a responsabilidade do contribuinte. Independentemente da sua intenção: pagar ou não pagar, escriturar ou não o livro fiscal. O fato objetivo – não pagamento – tipifica a infração. É a responsabilidade objetiva." (PACHECO, Angela Maria da Motta. Op. cit., p. 236)

103. "A infração fiscal é formal. O legislador, além de não indagar da intenção do agente, salvo disposição de lei, também não se detém diante da natureza e extensão dos efeitos" (BALEEIRO, Aliomar. *Direito tributário brasileiro*. Rio de Janeiro: Forense, 1990. p. 493).

104. "Aderiu o CTN, em princípio, à teoria da objetividade da infração fiscal. Não importa, para a punição do agente, o elemento subjetivo do ilícito, isto é, se houve dolo ou culpa na prática de ato. Desimportante também que se constate o prejuízo da Fazenda Pública" (TORRES, Ricardo Lobo. *Curso de direito financeiro e tributário*. 5. ed. Rio de Janeiro: Renovar, 1998. p. 228).

3.4.1. Fundamentos em favor da teoria da responsabilidade por infrações objetiva, estatuída como regra geral no art. 136 do CTN

A responsabilidade objetiva surgiu a partir da ideia do "homem social", ou seja, aquele que tem responsabilidade na medida em que vive em sociedade, permitindo o ressarcimento da "vítima" por meio da adoção da teoria do risco.

Alvino de Lima aponta os alicerces desta teoria:

> (...) a teoria do risco, embora partindo do fato em si mesmo, para fixar a responsabilidade, tem raízes profundas nos mais elevados princípios de justiça e equidade. Ante a complexidade da vida moderna, que trouxe a multiplicidade dos acidentes que se tornaram anônimos, na feliz expressão de Josserand, a vítima passou a sentir uma insegurança absoluta ante a impossibilidade de provar a culpa, em virtude de múltiplos fatores (...).[105]

No campo do Direito Tributário, a aplicação da responsabilidade objetiva, excluindo o papel da vontade sob qualquer ótica, permite a socialização de eventual dano ao Erário de forma mais eficiente.

Sua instituição justifica-se em função da própria finalidade da arrecadação dos tributos, mormente a repartição entre os cidadãos dos custos do Estado.

A imputação subjetiva não se mostraria suficiente ao atendimento dos anseios do interesse público, revelando-se a de caráter objetivo a mais satisfatória diante da incerteza do Estado em receber os valores, tendo em conta a heterogeneidade da região material das condutas intersubjetivas, cuja massificação gradual é inerente ao período contemporâneo, servindo, assim, a objetividade como um instrumento de garantia da eficácia da norma primária tributária.

---

[105]. LIMA, Alvino. *Culpa e risco*. 2. ed. Revista e atualizada pelo Professor Ovídio Rocha Barros Sandoval. São Paulo: Revista dos Tribunais, 1998, p. 194-199.

Outro ponto a ser analisado concerne à "culpabilidade", compreendida pela dicotomia dolo e culpa e pressuposto de imputabilidade na esfera do Direito Penal, pois sem culpabilidade, embora praticada a conduta ilícita e danosa, tem-se como inadmissível a irrogação de penas (*nulla poena sine culpa*).

Não se pode perder de vista que a essência da culpabilidade, para fins de subjetivação da responsabilidade penal, está atrelada à pessoa humana e à sua consciência na prática da conduta.

Em contrapartida, essa ideia central de "culpabilidade", ínsita à esfera criminal, faz-se inapropriada quando os comandos jurídicos dirigem-se às pessoas jurídicas, cuja atuação é ostensiva e efetiva, principalmente, no campo dos tributos, figurando como verdadeiro sujeito passivo da relação jurídico-tributária.

Com esse mesmo entendimento, conclui Aldo de Paula Júnior,[106] em excelente pesquisa científica sobre o tema: "*A ideia de 'culpabilidade' do Direito Penal (liberal-individualista) não é suficiente para a realidade fáctica-jurídica das infrações administrativas*".

O Professor Sacha Calmon, em parecer publicado na Revista Dialética de Direito Tributário acerca do assunto, expõe as razões que vêm a corroborar o seu posicionamento no sentido de que a infração fiscal, genericamente, materializa-se pelo simples descumprimento dos deveres tributários, não cabendo indagar se o sujeito passivo deixou de emitir uma fatura ou de pagar o tributo por dolo ou por culpa, sob pena de arruinar o próprio sistema de fiscalização e arrecadação dos tributos, estruturado em prol do interesse público.

---

106. JÚNIOR, Aldo de Paula. *Responsabilidade por infrações tributárias*. 2007. Dissertação (Mestrado em Direito) – Faculdade de Direito, Pontifícia Universidade Católica de São Paulo – PUC/SP, São Paulo, 2007. p. 176.

O Professor quis, com isso, demonstrar que o Direito Tributário sancionador, em linhas gerais, é incompatível com a ideia de culpabilidade na forma como originalmente aplicada às penalidades criminais, dada a essência da culpabilidade estar atrelada à consciência humana, o que, por certo, não condiz com a aplicação das normas tributárias, cujos comandos destinam-se, em grande parte, às pessoas jurídicas.

Face à qualidade argumentativa do seu raciocínio, suas razões merecem ser aqui relacionadas sinteticamente.

Segundo o ilustre jurista, "em princípio, a intenção do agente (melhor seria dizer do sujeito passivo) é irrelevante na tipificação do ilícito fiscal. E deve ser assim", pelos seguintes motivos:

i. "se fosse permitido alegar a ignorância da lei fiscal, (...), estaria seriamente embaraçada a ação do Estado contra os sonegadores de tributos, e aberto o *periculum in mora*. Seria um pretexto elástico a favorecer certos *experts* antes que um imperativo de justiça em favor de supostos homens de *bona fide*";

ii. "se o ilícito fiscal se baseasse exclusivamente na responsabilidade subjetiva, impossível seria transferir a multa a terceiros (sub-rogração passiva das penalidades). A punição não deveria, nesse caso, passar da pessoa do infrator, o que, em muitos casos, seria um verdadeiro absurdo"; e

iii. "seria impossível apenar administrativamente as pessoas jurídicas, porquanto essas não possuem vontade, senão que são representadas por seus órgãos;"[107]

---

107. COÊLHO, Sacha Calmon Navarro. *Multas fiscais. O art. 136 do CTN, a responsabilidade objetiva e suas atenuações no sistema de direito tributário pátrio*. Revista Dialética de Direito Tributário – RDDT, São Paulo, Dialética, nº 138, p. 123-131.

AS SANÇÕES NO DIREITO TRIBUTÁRIO

Complementando os fatores elucidados acima, mencionemos aqui as preciosas colocações de Paulo de Barros Carvalho, em debate sobre o assunto no IV Curso de Especialização em Direito Tributário da PUC/SP:

> A verdade é que todas as infrações que se consubstanciam no não recolhimento de um imposto de um tributo são todas elas objetivas. A administração não quer saber, na aplicação da lei, se o contribuinte não pode pagar, se não teve condições, se gastou no Jóquei Clube, ou se gastou em remédios, não quer saber! E há uma dose de razão nisso, porque realmente é um campo difícil de certificar. Quais seriam as razões que levariam o contribuinte a não cumprir sua obrigação na data aprazada? A verificação desse fato, eu diria até que é impossível. É impossível saber se ele agiu com culpa, ou não agiu com culpa.[108]

Ante as considerações delineadas podemos afirmar que são vários os fatores a influírem na atribuição da responsabilidade por infrações objetiva a título de regra geral, autorizando-se atribuição de responsabilidade diante do simples ilícito objetivamente constatado.

3.4.2. A objetividade na constatação da infração e temperamentos na cominação da sanção

Não obstante o art. 136 do CTN tenha consagrado a responsabilidade objetiva por infrações tributárias, tal regramento poderá sofrer abrandamentos mediante recursos supletivos de interpretação da legislação tributária, até porque quando fala-se em punição está tratando-se da atuação concreta do poder sancionatório do Estado.

Deveras, prescrever, no plano geral e abstrato, a responsabilidade objetiva por infrações não impede, no nível

---

108. CARVALHO, Paulo de Barros. Curso de Especialização em Direito Tributário (Aulas e Debates). In: ATALIBA, Geraldo; CARVALHO, Paulo de Barros (Coords). *VI Curso de Especialização em Direito Tributário* – Notas taquigráficas das aulas e debates. v. II. São Paulo, Pontifícia Universidade Católica de São Paulo. São Paulo: Resenha Tributária, 1978, p. 732.

individual e concreto, de levar em conta peculiaridades e circunstâncias do dado empírico, conferindo efetividade a outras normas jurídicas, especialmente aquelas de maior hierarquia.

A responsabilidade, por força do art. 136 do CTN, é objetiva na fase de constatação da infração, isto é, na tarefa de verificar se a conduta transgressora de um dever tributário restou, materialmente, tipificada, subsumindo-se o evento ilícito ao fato infracional descrito na hipótese da norma primária sancionatória.

Observada a legalidade e tipicidade na constituição do ilícito fiscal, tem-se, via de regra, como irrelevante a intenção (dolo ou culpa) do agente e o resultado danoso causado para a imposição das consequências jurídicas.

Contudo, referida objetividade não afeta, impreterivelmente, a relação sancionatória, prescrita no consequente normativo, cuja construção é passível de atenuações autorizadas pelo próprio ordenamento vigente, mediante a ponderação de valores envolvidos no caso concreto.

Ultrapassado o momento da constituição objetiva da infração fiscal, parte-se para a graduação da sanção, fase em que é necessário considerar as peculiaridades fáticas e as regras jurídicas, notadamente os princípios constitucionais, que influem na dosimetria das sanções tributárias, tais como, o devido processo legal em sua projeção substantiva (princípio da proporcionalidade), a individualização das penas (art. 5º, inciso XLVI, da CF) e a equidade (art. 108, inciso IV, do CTN) para a efetiva garantia do tratamento justo e isonômico na imposição de sanções, bem como a regra do *in dubio pro reo*, corolário do princípio constitucional da presunção de inocência (art. 5º, inciso LIV, da CF) e enunciado no art. 112 do CTN.

Reforçando nossas assertivas é o posicionamento firmado pelo Superior Tribunal de Justiça segundo o qual, apesar de configurada a infração tributária, o julgador pode valer-se de outras normas jurídicas para aplicar a sanção fiscal:

TRIBUTÁRIO. (...). ART. 136 DO CTN C/C ART. 112 DO CTN. (...) 1. A responsabilidade do agente pelo descumprimento das obrigações tributárias principais ou acessórias, via de regra, é objetiva, na dicção do Código Tributário Nacional: "Art. 136. Salvo disposição de lei em contrário, a responsabilidade por infrações da legislação tributária independe da intenção do agente ou do responsável e da efetividade, natureza e extensão dos efeitos do ato." 2. Deveras, a constatação objetiva da infração tributária é matéria diversa da dosimetria da sanção. É que, na atividade de concreção, o magistrado há de pautar a sua conclusão iluminado pela regra de hermenêutica do artigo 112, do CTN, verbis: "Art. 112. A lei tributária que define infrações, ou lhe comina penalidades, interpreta-se da maneira mais favorável ao acusado, em caso de dúvida quanto: I - à capitulação legal do fato; II - à natureza ou às circunstâncias materiais do fato, ou à natureza ou extensão dos seus efeitos; III - à autoria, imputabilidade, ou punibilidade; IV - à natureza da penalidade aplicável, ou à sua graduação." (...) 11. Recurso especial desprovido.[109]

Acerca dos instrumentos valorativos mencionados, ordenados pelo próprio direito positivo, voltaremos nossa atenção no capítulo seguinte para tratar dos princípios constitucionais e sua aplicabilidade no campo das sanções tributárias, sempre atentos à pragmática jurisprudencial.

---

109. BRASIL. Superior Tribunal de Justiça. *Recurso Especial 1.095.822/SC*. Relator: Ministro Luiz Fux. Julgamento: 16 dez. 2010. Órgão Julgador: Primeira Turma. Publicação: DJe 22 fev. 2011.

CAPÍTULO 4 - OS PRINCÍPIOS CONSTITUCIONAIS E AS SANÇÕES NO DIREITO TRIBUTÁRIO

Diante da posição hierárquica que ocupam no ordenamento jurídico, os princípios orientam a construção das normas jurídicas, seja no plano geral e abstrato, seja em nível individual e concreto.

Conforme veremos neste capítulo, os princípios constitucionais cumprem papel fundamental na aplicação das normas primárias sancionatórias, especialmente na dimensão da relação jurídica alojada no consequente.

O cientista que propõe-se a conhecer as sanções tributárias não pode se esquivar do estudo das normas principiológicas, que funcionam como limites à cominação daquelas.

Sancionar é reprimir ilícitos segundo sua gravidade, a qual, por sua vez, é marcada pela inconstância derivada das particularidades que circundam o dado-fato.

Os princípios vêm justamente conferir ao *ius puniendi* tratamento conformado à integralidade do sistema do direito positivo, ou melhor, às máximas do Estado Democrático de Direito.

Por serem regras jurídicas construídas pelo intérprete com alta conotação axiológica, discorrer sobre princípios é falar essencialmente de valores. Como os princípios são demarcados, em sua extensa maioria, por elevada imprecisão e fluência, seu estudo faz-se em terreno perigoso, sob pena do intérprete, com o uso inadequado e temerário de valores, resvalar em um discurso meramente retórico, ou pior, ir além dos valores positivados.

Exceder-se no uso dos enunciados principiológicos postos no ordenamento "dá um sentido político ao discurso jurídico, confere dimensão política incontrolável."[110]

Neste momento, atentos ao Direito nas suas formulações expressas e implícitas, tentaremos definir, com consistência e seriedade, alguns princípios previstos na Constituição Republicana, ensaiando sua aplicabilidade na esfera das sanções tributárias e, com isso, aproximando-os, ao máximo, da concretude dos fatos regulados pelo direito positivo, em prol de um discurso essencialmente jurídico.

Inicialmente, estudaremos "princípios" sob um enfoque sintático e, em seguida, a sua amplitude semântica, para, ao depois, adentrarmos no estudo de alguns princípios constitucionais enquanto limitações ao poder sancionador tributário.

4.1. O sistema do direito positivo e as normas jurídicas que demarcam princípios

Além do vocábulo *princípio* ser corriqueiro em discursos e meditações filosóficas, sempre que houver pretensões científicas, o termo *princípio* far-se-á presente, uma vez que toda Ciência constrói-se com suporte em um ou mais axiomas.

Na definição do conceito *princípio jurídico*, devemos ter em mente o setor de investigação do Direito em que ele está inserido, ou seja, à qual linguagem jurídica o enunciado principiológico pertence, para, em seguida, imprimir um esforço no processo de elucidação do conceito, demarcando-lhe o

---

110. CARVALHO, Paulo de Barros. O papel discursivo dos princípios na retórica jurídico-tributária. *Revista de Direito Tributário* RDT, São Paulo: Malheiros, n. 101, 2008, p. 12.

sentido.

No que tange à linguagem jurídico-prescritiva e conforme já assentado no primeiro Capítulo, o sistema do direito positivo é formado, unicamente, de normas jurídicas e, na qualidade de objeto cultural, suas unidades normativas carregam consigo porções axiológicas variáveis.

O princípio nada mais é do que uma norma jurídica, porém, carregada de forte conotação valorativa, o que coloca-o em patamar hierárquico mais relevante no contexto jurídico, "exercendo significativa influência na construção, estruturação e aplicação das demais significações."[111]

Desprovida a proposição jurídica dessa alta conotação axiológica, temos outras regras jurídicas, distintas dos princípios, conforme leciona o Professor Paulo de Barros Carvalho:

> (princípio) É o nome que se dá às regras do direito positivo que introduzem valores relevantes para o sistema, influindo vigorosamente sobre a orientação de setores da ordem jurídica.[112]

Quando falamos que princípios são regras portadoras de vetor axiológico forte, cumprindo papel de relevo na compreensão e estruturação das proposições jurídicas, cabe a advertência de que os "valores" a que aludimos são somente aqueles postos pelo legislador, em outras palavras, são núcleos significativos abstratos, mas positivados no ordenamento.

4.1.1. Princípio: enfoque sintático

Concluímos, no item anterior, que os princípios são proposições jurídicas situadas em posição hierárquica privilegiada no ordenamento e, em função do seu papel sintático no conjunto, acabam por exercer enorme influência sobre a

---

111. CARVALHO, Aurora Tomazini de. Op. cit., p. 483.

112. CARVALHO, Paulo de Barros. *Direito tributário*: Linguagem e método... cit., p. 252.

compreensão das demais regras jurídicas, servindo como diretriz e vetor na sua aplicação.

Com relação à forma como os princípios manifestam-se, devemos levar em conta o percurso da construção de sentido dos textos jurídicos e os respectivos planos de análise: subsistema S1 (plano dos enunciados); subsistema S2 (plano das proposições); subsistema S3 (plano das normas jurídicas) e subsistema S4 (plano da sistematização).[113]

Nestes termos, os princípios podem aparecer na forma de (a) *enunciado* e (b) *proposição*, aqui adotando a acepção de norma jurídica em sentido amplo, ou na forma de (c) *norma jurídica em sentido estrito*.

A título ilustrativo manifestam-se na forma de enunciados específicos, porquanto encontram suporte material em prescrições jurídicas pontuais, de fácil identificação: (i) o princípio da igualdade, enunciado no art. 5º, *caput*, da CF; (ii) o princípio da legalidade, inserto no art. 5º, II, da CF; (iii) o princípio da irretroatividade, assegurado no art. 5º, XXXVI, da CF e (iv) o princípio da liberdade de trabalho, disposto no art. 5º, XIII, da CF.

Por outro lado, há princípios que não são identificados em um único enunciado, vale dizer, constituem significações que, quando enunciadas, não correspondem literalmente a um enunciado jurídico, de tal sorte que faz-se necessário o labor interpretativo de alguns ou vários enunciados para serem construídos em nossa mente na forma de proposições.

São exemplos: os princípios da justiça, da segurança jurídica, da supremacia e indisponibilidade do interesse público, da isonomia das pessoas políticas etc.

Os princípios, enquanto proposições (significações construídas a partir dos textos do Direito posto), assim apresentam-se seja para figurarem no antecedente ou consequente

---

113. Vide item 1.3.1.1.

das normas jurídicas, seja para servirem como vetor na construção, aplicação, fundamentação e justificação das demais normas jurídicas.

Os princípios também manifestam-se na forma de normas jurídicas em sentido estrito, com estrutura hipotético-condicional definida, tal como observa-se com o princípio da anterioridade tributária: H - Se instituir ou majorar tributos, → deve-ser, C - proibida a sua cobrança no mesmo exercício financeiro.

Lembramos que a doutrina jurídica tradicional designa princípios "expressos", aqueles que manifestam-se na forma de enunciado, e, de princípios "implícitos", aquelas significações que, quando enunciadas, não possuem correspondência no texto da lei.

Com base nas premissas deste trabalho, a distinção entre princípios expressos e implícitos deve ser utilizada com as devidas cautelas.

Isso porque,

> todo enunciado assim o é porque comporta uma significação e toda significação é implícita, por outro lado, toda significação (implícita) se materializa na forma de enunciado (expressa).[114]

4.1.2. Princípio: amplitude semântica do vocábulo – norma jurídica de alta carga axiológica, como valor e como limite objetivo

Analisada a forma como o princípio apresenta-se, importa neste momento estudar o seu conteúdo.

Qual princípio-conteúdo (semântica) corresponde ao princípio-proposição (sintaxe)?

---

114. CARVALHO, Aurora Tomazini de. Op. cit., p. 481.

Paulo de Barros Carvalho encontra quatro definições para o termo *princípio*, que também adotaremos para os propósitos deste trabalho.

De acordo com o autor, na linguagem do direito positivo, "princípio" pode ser definido:

> a) como norma jurídica de posição privilegiada e portadora de valor expressivo; b) como norma jurídica de posição privilegiada que estipula limites objetivos; c) como os valores insertos em regras jurídicas de posição privilegiada, mas considerados independentemente das estruturas normativas e d) como limite objetivo estipulado em regra de forte hierarquia, tomado, porém, sem levar em conta a estrutura da norma.[115]

Vê-se, portanto, que, segundo o jurista, nas duas primeiras colocações, os princípios funcionam como verdadeiras normas jurídicas (forma), sendo que, nas duas últimas, servem como valor ou critério objetivo, presentes nas normas jurídicas (conteúdo).

Como já vimos, os valores expressam preferibilidade por núcleos de significação e estão presentes em todo o ordenamento jurídico, canalizando a regulação das condutas intersubjetivas.

O princípio como "valor" configura-se quando o fim almejado é comum a inúmeras regras jurídicas, figurando como um fim buscado pelo ordenamento como um todo.

Já os princípios que estipulam "limites-objetivos" não se caracterizam como valores propriamente ditos, mas implicam procedimentos a serem observados na busca pela realização de valores.

"O valor parece não estar presente, mas está no fim a ser alcançado pela técnica prescrita, a qual denominamos 'princípio' (limite objetivo)."[116]

---

115. CARVALHO, Paulo de Barros. *Direito tributário*: Linguagem e método... cit., p. 257.

116. CARVALHO, Aurora Tomazini de. Op. cit., p. 484.

Em suma, os limites-objetivos consubstanciam instrumentos jurídicos voltados para implementar valores.

Independentemente da significação que lhe for atribuída, o princípio possui um papel fundamental na aplicação do Direito, pois norteia a interpretação da linguagem do direito positivo, contribuindo para sua compreensão e atribuindo-lhe caráter de unicidade.

A respeito do assunto, elucida Roque Antonio Carrazza:

> Princípio jurídico é um enunciado (...) que, por sua grande generalidade, ocupa posição de preeminência nos vastos quadrantes do Direito e, por isso mesmo, vincula, de modo inexorável, o entendimento e a aplicação das normas jurídicas que com eles se conectam.[117]

Mais adiante, continua o tributarista constitucional:

> Um princípio jurídico-constitucional, em rigor, não passa de uma norma jurídica qualificada. Qualificada porque, tendo âmbito de validade maior, orienta a atuação de outras normas, mesmo as de nível constitucional. Exerce tal princípio, uma função axiologicamente mais expressiva, dentro do sistema jurídico.[118]

O princípio como valor revela extrema vaguidade, porque posto em termos genéricos; por isso, funciona, essencialmente, como diretriz norteadora da interpretação e da aplicação das demais normas jurídicas, penetrando em todas as unidades normativas do ordenamento jurídico.

O princípio-valor envolve, essencialmente, critérios ideológicos e culturais do aplicador. É o caso do princípio da *moralidade*, esculpido no art. 37, *caput*, da Constituição Federal, do princípio da *justiça*, como também do princípio da igualdade, previsto no art. 5º, *caput*, da Magna Carta.

---

117. CARRAZZA, Roque Antonio. *Curso de direito constitucional tributário*. São Paulo: Malheiros, 2010, p. 44-45

118. Idem, p. 57.

Recobremos a lembrança de que a vaguidade constitui uma característica inerente a todas as palavras, na medida em que a linguagem jamais conseguirá descrever o objeto em sua plenitude, copiando fielmente o dado empírico.

A linguagem é sempre uma representação parcial das experiências. Contudo, há determinadas expressões utilizadas no discurso cujos termos assinalam extrema imprecisão, ao passo que outras fórmulas expressionais são de mais simples determinação, facilitando visualizar o dado concreto delimitado.

Encaixam-se, nesta última hipótese, os princípios que funcionam como limites-objetivos, cujo núcleo significativo não enseja grandes dúvidas e discordâncias, pelo contrário, é de verificação e comprovação mais fáceis e, por conseguinte, sua incidência é mais precisa numa situação concreta.

Tomamos como exemplo os princípios da legalidade (art. 150, inciso I, da CF), da irretroatividade (art. 150, inciso III, *a*, da CF) e da anterioridade (art. 150, inciso III, *b*, da CF) tributárias.

4.2. Os sobreprincípios no sistema constitucional brasileiro

No contexto do direito positivo brasileiro, há valores que implementam-se pela realização de outros valores ou limites objetivos. Assumem essa condição os denominados "sobreprincípios".

Os sobreprincípios, para que se confirmem no interior do ordenamento, dependem da atuação de outros princípios; em outros dizeres, constituem normas jurídicas que são construídas a partir da conjunção de outros valores positivados pelo legislador.

O sobreprincípio da segurança jurídica, por exemplo, é um valor de sobrenível por excelência, uma vez que é realizado por meio da aplicação de outros princípios, tais como: a coisa julgada, a legalidade, a irretroatividade, a anterioridade, dentre outros.

Há desrespeito ao sobreprincípio da segurança jurídica quando as diretrizes axiológicas e objetivas que servem-lhe de suporte e fundamento venham a ser violadas.

Dada a amplitude significativa das normas qualificadas como sobreprincípio e da magnitude axiológica a elas inerente, referidas normas de sobrenível são verdadeiros norteadores de todo o ordenamento jurídico, posicionando-se no topo da pirâmide hierárquica dos valores positivados.

4.3. Aplicação: entre regras e princípios

Se princípio é regra jurídica, se é norma jurídica, não há falar em sobreposição de princípios às regras, e o contrário também vale.

O aplicador do Direito, ao produzir a norma individual e concreta, aplica uma regra em detrimento de outra, mediante um ato valorativo.

Neste sentido, esclarece Aurora Tomazini de Carvalho:

> Não afasta (o juiz) a aplicação de uma regra para se aplicar o 'princípio', apenas aplica uma norma em detrimento de outra, que, segundo sua valoração, se sobrepõe em razão do princípio (valor).
>
> Sob este enfoque o problema de se aplicar regras ou princípios torna-se utópico. Sempre se aplica uma regra. E, querer discutir a sobreposição de regras é ingressar no campo da ideologia do intérprete. Cada sujeito constrói o seu sistema jurídico (S4), estruturando e sobrepondo normas de acordo com seus referenciais. E, é assim, segundo a valoração de cada um, que as normas jurídicas são aplicadas.[119]

---
119. CARVALHO, Aurora Tomazini de. Op. cit., p. 486-487.

Não é o legislador quem determina qual proposição consubstancia um princípio ou não, pois cabe ao intérprete valorar os enunciados e, via de consequência, atribuir relevância a determinada proposição, a ponto de esta influir por todas as porções do sistema.

Uma proposição caracteriza-se como princípio por meio de um ato de valoração, condicionado aos critérios de preferibilidade que variam de intérprete para intérprete, segundo seus horizontes culturais.

> O próprio saber se u'a norma, explícita ou implícita, consubstancia um princípio, é uma decisão inteiramente subjetiva, de cunho ideológico.[120]

Na tarefa de dirimir conflito entre princípios constitucionais hierarquicamente equivalentes no ordenamento jurídico, o aplicador do Direito deve valer-se do critério da ponderação, avaliando qual norma principiológica irá prevalecer no caso concreto.

Não obstante estarem posicionados no mesmo nível hierárquico-sintático no interior do sistema do direito positivo, os referidos princípios possuem alta conotação axiológica de tal sorte que, na apreciação do caso concreto, ter-se-á uma hierarquia valorativa em que um valor irá predominar sobre outro.

Realiza-se um ato de valoração das normas principiológicas, buscando preservar ao máximo os princípios conflitantes e o bem jurídico tutelado.

Acerca da intensidade axiológica presente na norma qualificada como princípio e a hierarquia que dela resulta, conclui Paulo de Barros Carvalho que,

---

120. CARVALHO, Paulo de Barros. O princípio da segurança jurídica em matéria tributária. *Revista de Direito Tributário*, São Paulo: Malheiros, n. 61, 1994, p. 74-90.

> no que concerne ao conjunto dos princípios existentes em dado sistema, a distribuição hierárquica é função da estrutura axiológica daquele que interpreta, equivale a reconhecer, é função da sua ideologia.[121]

Quando aplicado o critério da ponderação, realiza-se uma adequação entre a finalidade almejada pelo ordenamento jurídico e o meio empregado que qualifica-se como o melhor juridicamente.

No processo de ponderação para solucionar o conflito entre princípios constitucionais, não se quer suprimir o princípio desfavorecido, mas o aplicador do Direito "coloca na balança" os valores que as normas jurídicas conflitantes exprimem e, levando em conta as peculiaridades do caso concreto, valoriza uma norma e atenua a outra, tudo com a finalidade de proteger, de forma mais eficaz, os direitos em conflito.

4.4. Os princípios constitucionais: limitações ao poder sancionador tributário

Nunca é demasiado insistir que o sistema do direito positivo é formado pelo conjunto de normas jurídicas válidas em um dado país, estruturadas hierarquicamente, segundo relações de subordinação e coordenação, e unificadas por um vetor comum, a Constituição da República.

Na estrutura piramidal do ordenamento jurídico, a Constituição Federal cumpre papel de norma da mais alta hierarquia, servindo de fundamento de validade a todas as normas jurídicas, condicionando a atuação do Poder Público em todas suas funções estatais: o Legislativo, o Executivo e o Judiciário.

Diferente não é a lição de Roque Antonio Carrazza, jurista que realizou profícuo estudo sobre o sistema constitucional tributário:

---

121. Idem, ibidem.

A Constituição, como acenamos, ocupa o nível supremo da ordem jurídica, acima do qual não se reconhece outro patamar de juridicidade positiva. É ela que enumera os princípios fundamentais, organizativos e finalísticos da comunidade estatal, definindo as relações do poder político, dos governantes e governados e – respeitados os direitos e garantias individuais e sociais e o princípio da livre iniciativa – até das pessoas físicas e jurídicas.[122]

Destarte, as normas constitucionais legitimam toda a ordem jurídica, as leis, os decretos, as portarias, as instruções normativas, os atos administrativos, os atos jurisdicionais, os atos particulares, enfim, todo ato normativo deve estar harmonizado e ajustado à lei das leis, seja na sua criação, seja na sua interpretação ou aplicação.

Por situarem-se as normas jurídicas constitucionais no cume da ordem jurídica, todas as normas inferiores devem-lhe obediência, quer material, uma vez que o seu conteúdo deve ser compatível com a Constituição, quer formal, porquanto a criação da norma jurídica deve ser realizada por órgão reputado competente pelo sistema constitucional, segundo procedimento específico.

É preciso ter em mente que, no próprio interior do sistema constitucional, há uma hierarquia entre as normas, na medida em que algumas veiculam verdadeiros princípios, com forte conotação axiológica, demarcando diretrizes para a compreensão do direito positivo, influenciando muitos, se não todos os preceitos normativos, conforme já explicitado.

Se os princípios constitucionais servem de fundamento e diretriz às diversas regras jurídicas pertencentes à ordem posta, nada mais intuitivo afirmar que o exame e a solução de qualquer questão jurídica devem ser conduzidos tendo em conta as prescrições principiológicas, direta ou indiretamente, a fim de verificar se as normas que regulam o dado-fato estão em consonância com a Ordem Suprema.

---

122. CARRAZZA, Roque Antonio. *Curso de direito constitucional tributário...* cit., p. 34.

Compartilhando nosso entendimento, aduz Luís Roberto Barroso:

> O ponto de partida do intérprete há que ser sempre os princípios constitucionais, que são o conjunto de normas que espelham a ideologia da Constituição, seus postulados básicos e seus fins.[123]

Não escapam dessa assertiva, por evidência, as normas primárias sancionatórias, cuja interpretação e aplicação não poderão afrontar um princípio constitucional. É o que estudaremos neste Capítulo.

4.5. A permeabilidade de princípios gerais da repressão pelo direito tributário sancionador

Antes de entrarmos no mérito temático que propomos neste Capítulo, qual seja, os princípios constitucionais que funcionam como limites à potestade punitivo-tributário, adiantamos em reconhecer a absorção de princípios gerais da repressão pelo regime jurídico fiscal-sancionatório.

Como veremos em seguida, além de abordarmos alguns princípios constitucionais específicos concernentes ao direito tributário e sua (in)aplicabilidade às sanções tributárias, trataremos também, seletivamente e sem a pretensão de esgotar o rico tema da permeabilidade, de alguns princípios constitucionais comuns ao poder sancionador-estatal, cuja observância faz-se imperativa sempre que aplicada qualquer sanção como consequência da prática de um ilícito.

A análise da permeabilidade desses princípios assume proeminente importância no estudo da repressão ao ilícito fiscal.

Isso porque a legislação tributária carece de princípios e regras próprias que objetivam disciplinar os ilícitos fiscais

---

123. BARROSO, Luís Alberto. *Interpretação e aplicação da constituição.* São Paulo: Saraiva, 1996, p. 141.

e as sanções que lhe são cominadas, ao contrário do Direito Penal, ao qual dado o seu maduro desenvolvimento teórico na disciplina da ilicitude foram atribuídos, além de regras e princípios próprios previstos em legislação específica, a aparente pertinência e a interpretação de diversos dispositivos constitucionais que tratam da potestade punitiva.

Sob uma análise crítica àqueles que restringem enunciados constitucionais à interpretação do Direito Penal, observa Geraldo Ataliba quando da vigência da Constituição anterior:

> Então, o dilema em que ficamos todos nós é o seguinte: ou estes diversos parágrafos do art. 153, da Constituição, estabelecem uma ampla proteção de todas as pessoas que habitam o território nacional contra o *ius puniendi*, isto é, o direito que o Estado tem de punir alguém, em toda a amplitude dessa expressão, desde a mera punição administrativa até a punição penal e que é a posição que eu adoto, ou aqui só se estabelece proteção das pessoas contra o *jus puniendi* no seu grau mais exacerbado que é o penal. E, para o resto, não há proteção nenhuma. É um dilema trágico![124]

Com razão o saudoso jurista, pois, embora assumam naturezas jurídicas distintas, visto que veiculados por normas jurídicas também distintas, os ilícitos fiscais e correlatas sanções aproximam-se dos ilícitos penais e suas penalidades em decorrência de sua identidade ontológica e teleológica, respectivamente, implicando uma sujeição simultânea dessas entidades a princípios comuns da repressão, construídos a partir da Magna Carta.

Paulo Roberto Coimbra Silva, ao realizar profícuo estudo da referida permeabilidade, sugerindo às normas sancionadoras tributárias render atenção e respeito, com certas limitações, aos princípios comuns da repressão desenvolvidos pelo

---

124. ATALIBA, Geraldo. Curso de Especialização em Direito Tributário (Aulas e Debates). In: ATALIBA, Geraldo; CARVALHO, Paulo de Barros (Coords.). *VI Curso de Especialização em Direito Tributário* – Notas taquigráficas das aulas e debates. v. II. São Paulo, Pontifícia Universidade Católica de São Paulo. São Paulo: Resenha Tributária, 1978, p. 735.

Direito Penal, por força de sua maior maturação e superioridade teórica, ressalvou a finalidade almejada:

> Almejou-se, é bem verdade, apontar a permeabilidade do Direito Tributário Sancionador a tais princípios e regras gerais, na esperança de que essa comunicabilidade venha a reduzir o elevado grau de subjetividade do aplicador das leis tributárias na utilização, um tanto tímida e sistemática, da equidade na imputação de sanções que, não raro, se revelam excessivamente severas e desarrazoadas diante do fato infracional *in concreto*.[125]

Em suma, nos itens subsequentes, trataremos não só de princípios constitucionais específicos da esfera tributária, mas também de alguns princípios constitucionais comuns da atividade estatal-punitiva, obviamente que voltada sua aplicabilidade às relações jurídicas firmadas no seio do Direito Tributário.

4.6. O sobreprincípio da segurança jurídica

Trataremos, agora, do sobreprincípio da segurança jurídica, já objeto breve de nossos estudos, oportunidade em que salientamos inexistir formulação expressa que corresponda-lhe no texto constitucional, mas que constitui a base axiológica de todo o ordenamento jurídico, aparecendo pela conjunção de várias normas jurídicas, algumas das quais serão estudadas e abordadas neste Capítulo.

De acordo com o Professor Roque Antonio Carrazza,[126] o primado da segurança jurídica engloba todos os *direitos fundamentais dos contribuintes*, previstos na Carta Suprema.

Tais direitos devem ser respeitados pelas pessoas políticas, ao levarem a efeito a tributação e todas as contingências dela decorrentes. A própria denominação deste princípio

---

125. SILVA, Paulo Roberto Coimbra. *Direito tributário sancionador...* cit., p. 31.
126. CARRAZZA, Roque Antonio. *Curso de direito constitucional tributário...* cit., 2010.

exprime sua importância significativa: dar segurança (estabilidade) às relações intersubjetivas.

Sobre o conteúdo jurídico deste sobreprincípio elucida Paulo Ayres Barreto:

> (...) o primado da segurança exige previsibilidade, possibilidade de planejamento de ações futuras. É decorrência do princípio republicano. Não se compagina com a noção de república, a surpresa, a imprevisibilidade, a insegurança em relação à aplicação das normas jurídicas. Impõe-se o prévio conhecimento do cidadão das normas a que submetido, permitindo pautar a sua atuação sem riscos, sem surpresas advindas do ordenamento jurídico.[127]

As normas jurídicas, com sua positividade e institucionalização, conferem previsibilidade à regulação das relações sociais, já que restringem o poder do Estado, bem assim dos particulares, vedando qualquer arbítrio no exercício de seus atos perante a sociedade.

O Direito, por ser posto em textos de lei, permite prever o porvir, pois já se conhece o conteúdo das regras de conduta. E, ainda que conhecido o seu conteúdo, caso este não condiga com as prescrições que são hierarquicamente superiores, o próprio sistema do direito positivo prevê mecanismos que venham a limitar os efeitos delas produzidos.

É da essência do sistema do direito positivo, portanto, a observância do primado da segurança jurídica.

É, neste contexto, que Paulo de Barros Carvalho[128] afirma que a segurança transparece quando a sociedade tem a possibilidade de prever os efeitos jurídicos decorrentes da aplicação das regras jurídicas sobre as condutas humanas.

Observa-se a segurança jurídica na *anterioridade* quando

---

127. BARRETO, Paulo Ayres. *Imposto sobre a renda e preços de transferência*. São Paulo: Dialética, 2001, p. 42.

128. CARVALHO, Paulo de Barros. O princípio da segurança jurídica em matéria tributária... cit., p. 74-90.

esta permite que o contribuinte não se surpreenda, da noite para o dia, com uma nova obrigação tributária. De igual modo ocorre com a *estrita legalidade* que garante ao sujeito passivo a criação ou a majoração de tributos somente mediante lei.

No campo específico das penalidades, a diretriz suprema da segurança jurídica é violada quando da inserção, no ordenamento jurídico, de instrumentos normativos infralegais tipificando infrações e prevendo as sanções respectivas, bem como distorce o conteúdo de significação deste preceito supremo a hipótese de uma lei nova determinar que penalidades mais graves possam retroagir, atingindo fatos pretéritos.

Estes constituem alguns, dentre os vários aspectos relevantes do princípio da segurança jurídica.

4.6.1. A observância dos princípios da legalidade e da tipicidade no desenho da norma primária sancionatória e na constituição do fato jurídico infracional

O Estado Democrático de Direito garante o exercício do poder estatal somente por meio de lei, como expressão da vontade soberana do povo.

O ordenamento jurídico brasileiro impõe uma série de diretrizes ao poder impositivo-fiscal, dentre as quais temos a legalidade e a tipicidade.

No Texto Magno, o princípio da legalidade está enunciado no rol dos direitos individuais, especificamente no art. 5º, inciso II, segundo o qual "ninguém será obrigado a fazer ou deixar de fazer alguma coisa senão em virtude de lei".

Como consequência da previsão constitucional, somente o Poder Legislativo está autorizado a criar normas jurídicas gerais e abstratas que estatuem deveres, obrigações e restrições aos indivíduos.

O inciso II do art. 5º da CF encerra, pois, uma garantia fundamental, impedindo a atuação arbitrária do Estado, cujos atos, subordinados à lei, estão sujeitos a controles com o escopo de averiguar se os órgãos e agentes não extravasaram suas competências.

Em consonância com o preconizado pelo constituinte, o art. 97 do CTN dispõe que

> (...) Somente a lei pode estabelecer: (...) V - a cominação de penalidades para as ações ou omissões contrárias a seus dispositivos, ou para outras infrações nela definidas. (...)

Eis aqui o princípio da legalidade que deve ser observado na aplicação das normas sancionatórias de tal sorte que o ilícito tributário e a sanção dele decorrente devem estar previstos em enunciados legais.

Corolário do princípio da legalidade, a tipicidade determina que a lei especifique, de maneira clara e inequívoca, os elementos descritores do fato jurídico "infração" e os dados prescritores da relação jurídica sancionatória.[129]

Da mesma forma, às autoridades fiscais, ao aplicarem o Direito no caso concreto, impõe-se que identifiquem,

---

[129] No mesmo sentido, afirma Paulo Ayres Barreto ao tratar da tipicidade: "É imperioso que a lei contenha a integral descrição do fato jurídico (...), bem como todos os dados necessários à instalação da relação obrigacional, mediante um ato de aplicação do direito" (BARRETO, Paulo Ayres. *Imposto sobre a renda e preços de transferência...* cit., p. 43).
Hector Villegas, em aula de debates no Curso de Especialização em Direito Tributário da PUC-SP, em 1975, citou, dentre os requisitos para configurar infração punível, a existência de uma "ação típica". São seus ensinamentos: "(...) para que haja pena tem que haver uma ação típica. O que quer dizer ação típica? Que a descrição da infração seja completa com todos os elementos, não seja difusa, aberta. O punível deve manifestar-se num círculo fechado e neste círculo cerrado tem de estar todos os elementos da infração. Não há tipicidade, se há uma parte manchada, ou uma parte difusa." (VILLEGAS, Hector. Curso de Especialização em Direito Tributário (Aulas e Debates). In: ATALIBA, Geraldo; CARVALHO, Paulo de Barros (Coords.). *VI Curso de Especialização em Direito Tributário* – Notas taquigráficas das aulas e debates. v. II. São Paulo, Pontifícia Universidade Católica de São Paulo. São Paulo: Resenha Tributária, 1978, p. 711).

minuciosamente, os elementos da materialidade do fato típico na concreção do ilícito.

Ângela Maria da Motta Pacheco, ao tratar das sanções tributárias e sanções tributárias penais, comunga do nosso entendimento:

> Tanto o Direito Tributário como o Direito Penal têm como núcleo o tipo. Descrevem-se os critérios identificadores da figura tributária e figura delituosa. Assim só a ação que puder rigorosamente ser enquadrada quer em tipo quer noutro será considerada fraudulenta (Direito Tributário) ou delituosa (Direito Penal Tributário). Não se aplica pois quer em um ou outro ramo do Direito, a analogia, uma vez que ambos, Direito Tributário e Direito Penal Tributário, são informados pelos princípios da legalidade estrita e tipologia cerrada.[130]

Com efeito, na produção da norma sancionatória, individual e concreta, a atividade administrativa é plenamente vinculada aos termos legais. O exercício da Administração tributária não pode abrigar subjetividades, pois embaraçada pela imperiosa subsunção aos termos da lei.

No mesmo sentido, assevera Roque Antonio Carrazza que

> o agente fiscal, no exercício de suas funções, não pode converter-se em legislador, criando novas figuras típicas (penais ou tributárias) ou novas sanções, além das rigorosamente apontadas na lei.[131]

Os princípios da legalidade e da tipicidade impõem ao aplicador do Direito, ao emitir o ato administrativo por meio do qual realiza-se a incidência da norma sancionatória, fazendo nascer o fato jurídico infracional e a relação sancionatória, proceder à *fundamentação* e à *motivação* do ato.

---

130. PACHECO, Angela Maria da Motta. Op. cit., p. 149-150.
131. CARRAZZA, Roque Antonio. *Curso de direito constitucional tributário...* cit., p. 276.

No que concerne à *fundamentação jurídica*, o agente competente, ao produzir a norma individual e concreta, deve relacionar as significações construídas àquelas gerais e abstratas edificadas a partir de determinados enunciados prescritivos. O aplicador deve apontar o dispositivo legal no qual baseou-se para construir a norma sancionatória individual e concreta, fundamentando o porquê valeu-se daquela legislação, descartando as demais.

Já a *motivação* consiste na descrição dos *motivos* do ato, *i.e.*, o suporte fáctico do ato qualificado como o acontecimento no mundo real que preenche todos os critérios identificadores tipificados na hipótese normativa sancionatória.

A motivação é a linguagem normativa que constitui o fato jurídico ilícito. Enquanto o motivo caracteriza-se como pressuposto do ato administrativo (extrínseco), a motivação constitui elemento deste ato (intrínseco).

O aperfeiçoamento da motivação exige, além da descrição cristalina dos motivos que ensejaram o ato, que seja efetuada com suporte na linguagem das provas. Assim, os motivos devem ser descritos em linguagem competente (motivação), e esta, por sua vez, deve fundamentar-se em outra linguagem: a das provas (*justificação fáctica*).

Com efeito, quando o aplicador constrói sua versão acerca do evento ilícito, deve fazê-la de forma fundamentada, mediante a valoração dos enunciados probatórios.

Demonstrar-se-á, com isso, que o fato ilícito ocorreu nos exatos termos do previsto na hipótese normativa, em cumprimento ao preceituado pela legalidade e tipicidade.

A este propósito, cumpre trazer à baila o entendimento de Fabiana Del Padre Tomé:

> Os princípios da legalidade e da tipicidade na esfera da tributação, por exemplo, exigem que as relações obrigacionais e sancionatórias sejam desencadeadas apenas se efetivamente verificados os fatos conotativamente descritos nas correspondentes

hipóteses normativas, razão pela qual se faz imprescindível que tanto os atos de lançamento e de aplicação de penalidades como as decisões proferidas no curso de processos administrativos tributários sejam pautados em provas.[132]

Em razão da necessidade dos motivos da infração constituída estarem descritos de forma transparente e clara no ato administrativo, pautada sua constituição na linguagem das provas admitidas em Direito Tributário, a Administração Fazendária está obrigada a produzir provas concludentes para que reste configurada a ocorrência da ilicitude.

Nesse diapasão, segue precedente do Conselho de Contribuintes, atual Conselho Administrativo de Recursos Fiscais – CARF:

> IRPJ. FALTA DE CARACTERIZAÇÃO DA INFRAÇÃO. Em respeito à legalidade, verdade material e segurança jurídica não pode subsistir lançamento de crédito tributário quando não estiver devidamente demonstrada e provada a efetiva subsunção da realidade factual à hipótese descrita na lei como infração à legislação tributária. ÔNUS DA PROVA. Na relação jurídico-tributária, o ônus *probandi incumbit ei qui dicit*. Compete ao Fisco, *ab initio*, investigar, diligenciar, demonstrar e provar a ocorrência, ou não, do fato jurídico tributário ou da prática de infração praticada no sentido de realizar a legalidade, o devido processo legal, a verdade material, o contraditório e a ampla defesa. O sujeito passivo somente poderá ser compelido a produzir provas em contrário quando puder ter pleno conhecimento da infração com vistas a elidir a respectiva imputação.[133]

O caráter vinculado atribuído ao ato da Administração, consistente em lavrar o Auto de Infração e Imposição de Multa, impõe à autoridade fazendária o dever de trazer provas suficientes, a fim de comprovar o fato jurídico infracional constituído e desencadeador do liame sancionatório.

---

132. TOMÉ, Fabiana Del Padre. Op. cit., p. 286.

133. BRASIL. Receita Federal. Conselho Administrativo de Recursos Fiscais. *Apelação Cível 103-20.594*. Relatora: Cons. Mary Elbe Gomes Queiroz. Julgamento: 22 maio 2001. Órgão julgador: 3ª Câmara. Publicação: J. 22 maio 2001.

Deste modo, o ônus da prova não cabe sempre aos contribuintes, aos quais caberá ilidir as alegações do Fisco, mediante a produção probatória em sentido contrário, quando da impugnação administrativa.

Daí porque o instituto da presunção de legitimidade dos atos administrativos, no âmbito do Direito Tributário e na aplicação das penalidades respectivas, não desonera o Fisco em descrever e comprovar, na motivação do lançamento das penalidades, os motivos que embasaram a cobrança da exação sancionatória, com base na linguagem das provas.

A fim de corroborar este entendimento, citam-se novamente os ensinamentos de Fabiana Del Padre Tomé:

> O atributo da presunção de legitimidade, inerente aos atos administrativos, não dispensa a construção probatória por parte do agente fiscal. Essa figura presuntiva é 'juris tantum', significando a possibilidade de ser ilidida por prova que a contrarie, o que reforça nosso posicionamento no sentido de que os atos de lançamento e de aplicação de penalidade dependem de cabal demonstração da ocorrência dos motivos que os ensejaram.[134]

Do exposto, conclui-se: (i) a *legalidade* determina que somente a lei pode estabelecer as sanções para as infrações nela definidas e, por decorrência lógica, os enunciados prescritivos que correspondem à norma geral e abstrata, com base na qual produziu-se a norma individual e concreta sancionatória, devem estar apontados no Auto de Infração (*fundamentação jurídica*); (ii) a *tipicidade* determina que a lei especifique de maneira clara e inequívoca os elementos descritores do fato "infração" e os dados prescritores da relação jurídica sancionatória, permitindo, com isso, aferir, no caso concreto, se o conceito do *fato jurídico ilícito* subsumiu-se completamente ao conceito do *fato ilícito da hipótese normativa*.

Daí porque, os motivos que deram origem ao ato administrativo constitutivo da infração e veiculador da sanção devem

---

134. TOMÉ, Fabiana Del Padre. Op. cit., p. 293.

estar descritos de maneira clara (*motivação*) e comprovados por meio de provas (*justificação fáctica*), em conformidade com a lei, com o fito de permitir ao contribuinte compreender, com segurança e certeza, o gravame a que está sujeito, sob pena de cerceamento de defesa.

Para que reste aperfeiçoada a infração no antecedente da norma sancionatória, individual e concreta, ensejando a sanção, o acontecimento no mundo real tem de satisfazer todos os critérios identificados no antecedente da norma sancionatória geral e abstrata, vale dizer, devem estar descritos os motivos e colacionados os fundamentos que legitimam a aplicação da norma primária sancionatória em face do contribuinte.

Nesse contexto, a "motivação" e a "fundamentação" cumprem verdadeira função lógica de proposições-hipotéticas.

4.6.1.1. As medidas provisórias e os atos regulamentares como instrumentos normativos inaptos para a tipificação de infrações e imposição de penalidades

De nada adianta a garantia constitucional da legalidade, ou melhor, de apenas ser obrigado a fazer ou deixar de fazer alguma coisa em virtude de lei, se os órgãos a quem compete torná-la efetiva não atuarem nos moldes do preconizado pela lei das leis, valendo-se de veículos jurídico-normativos inadequados.

Infelizmente, as autoridades competentes não têm feito bom uso jurídico desta diretriz suprema, violando o magno princípio da legalidade.

O Poder Executivo, mediante a edição de instrumentos infralegais (decretos regulamentares, por exemplo) ou, ainda, pela manipulação sem limites e arbitrária de medidas provisórias, têm violentado, perenemente, o limite-objetivo da legalidade, transgredindo a orientação da Carta Suprema e, frequentemente, com a complacência do Poder Judiciário.

No que tange às medidas provisórias, a Constituição empresta-lhes disciplina em seu art. 62.[135]

Segundo este dispositivo, o Presidente da República poderá editar medidas provisórias somente em caso de relevância e urgência, devendo submetê-las ao Congresso Nacional.

Logo em seguida, no § 1º, inciso I, alínea "b", o constituinte veda que medidas provisórias vinculem matéria relativa ao Direito Penal.

A expressão *Direito Penal* deve ser compreendida em seu sentido amplo, de modo a abarcar também os ilícitos e as sanções administrativas, uma vez que enunciada no texto constitucional, cujas garantias e direitos ali preconizados em favor do cidadão, que comete ilicitudes, irradiam-se sobre todos os ramos jurídico-punitivos.

Relativamente ao poder regulamentar do Estado, nos moldes do art. 84, inciso IV, da CF, compete privativamente ao Presidente da República sancionar, promulgar e fazer publicar as leis, bem como *expedir decretos e regulamentos para sua fiel execução*.

A partir de uma breve leitura da parte final do enunciado já podemos asseverar que a faculdade de regulamentar está subordinada à lei, cumprindo o decreto mero papel de aclarar o conteúdo da lei, a fim de dar-lhe fiel execução.

Não nos cansamos de ouvir que os atos administrativos servem para dar efetivo cumprimento a deveres e obrigações prescritos em lei, limitando-se a reduzir-lhe o grau de generalidade e abstração.

Tal função de "concretizar" a lei geral e abstrata faz-se necessária, pois é impossível o legislador prever todas as situações fácticas possíveis.

---

135. "Art. 62. Em caso de relevância e urgência, o Presidente da República poderá adotar medidas provisórias, com força de lei, devendo submetê-las de imediato ao Congresso Nacional. § 1º É vedada a edição de medidas provisórias sobre matéria: I - relativa a: (...) b) direito penal, processual penal e processual civil; (...)".

AS SANÇÕES NO DIREITO TRIBUTÁRIO

A Administração, contudo, não pode ir além da autorização conferida pela lei, como bem alerta Roque Antonio Carrazza:

> A faculdade de regulamentar serve para ressaltar alguns conceitos menos claros contidos na lei, mas não para agregar-lhes novos componentes ou, o que é pior, para defini-los do nada.[136]

Em suma, contraria o senso jurídico um contribuinte que sofra sanções em decorrência de infração tipificada por instrumentos normativos infralegais.

Qualquer ato normativo do Poder Executivo que exorbite do poder regulamentar poderá ser sustado pelo Congresso Nacional, consoante o previsto no art. 49, inciso V,[137] da CF.[138]

---

136. CARRAZZA, Roque Antonio. *Curso de direito constitucional tributário...* cit., p. 265.
Com o mesmo pensamento, conclui Bernardo Ribeiro de Moraes: "Em decorrência do princípio da legalidade, os seguintes pontos devem ser firmados: a) não há infração ou penalidade sem prévia lei formal que as configure; b) o Poder Executivo não pode, através de suas faculdades de regulamentação da lei, criar figuras repressivas; c) a lei não pode dar ao Poder Executivo autorização para sancionar infrações com penas variáveis a seu critério, sem qualquer limite. Nesta hipótese, haverá delegação de poderes e, consequentemente, penalidade sem lei anterior, isto é, sem norma baixada pelo Poder Legislativo." (MORAES, Bernardo Ribeiro de. Op. cit., p. 558).

137. "Art. 49. É da competência exclusiva do Congresso Nacional: (...) V – sustar os atos normativos do Poder Executivo que exorbitem do poder regulamentar ou dos limites de delegação legislativa." (...).

138. Na linha do nosso entendimento, seguem precedentes: "TRIBUTÁRIO. (...). AUSÊNCIA DE PREVISÃO LEGAL DA MULTA APLICADA. 1. O poder sancionatório do Estado pressupõe obediência ao princípio da legalidade. 2. Prevista a proibição de venda de combustível aos domingos e feriados, na Portaria DNC n. 1, de 17.01.1991, mas ausente qualquer previsão legal de multa para quem descumprir a norma, não há como prevalecer o Auto de Infração, a CDA e a execução fiscal proposta. 3. Apelação provida." (BRASIL. Tribunal Regional Federal 1ª Região. *Apelação Cível 0022345-43.2000.4.01.9199/GO*. Relator: Desembargador Federal Leomar Barros Amorim de Sousa. Julgamento: 23 nov. 2010. Órgão Julgador: Oitava Turma. Publicação: e-DJF1, 10 dez. 2010, p. 531).
"TRIBUTÁRIO E ADMINISTRATIVO. (...) INFRAÇÃO DEFINIDA EM PORTARIA. PRINCÍPIO DA LEGALIDADE. (...) PORTARIAS. NºS 105/95 E 09/96 DO IBAMA. EC Nº 11//78, ART. 3º. ADCT DA CF/88, ART. 25. LEI Nº 4.771/65, ART. 26. CONTRAVENÇÃO. NULIDADE DE AUTO DE INFRAÇÃO. 1. A previsão contida no artigo 3º da EC nº 11/78, robustecida por aqueloutra presente no artigo

4.6.2. O princípio da irretroatividade

Dentre as limitações do Poder Público para a imposição de sanções, o constituinte preconizou o princípio da irretroatividade das leis, configurando-se como um limite-objetivo posto no ordenamento para implementar o sobrevalor segurança jurídica.

Como regra geral, as leis devem dispor sobre o futuro, não estando habilitadas a juridicizar fatos concretizados antes de sua vigência. Em verdade, não se trata de um postulado absoluto, pois a Constituição Federal permite, excepcionalmente, as leis retroativas desde que não violem a coisa julgada, o direito adquirido e o ato jurídico perfeito, nos moldes do art. 5°, XXXVI, da CF.[139]

Tal regramento deflui da necessidade de garantir aos indivíduos segurança e certeza quanto aos seus atos pretéritos, impedindo, com isso, o comprometimento das relações já estabilizadas juridicamente.

O jusfilósofo Tércio Sampaio Ferraz Júnior assinala, com a propriedade que lhe é ínsita, sobre a não retroatividade da lei:

> (...) trata-se de respeitar o passado em face das alterações legais, precavendo-se de tornar ilusórias, retrospectivamente, as expectativas legítimas (boa-fé, promessas, acordos) contidas no evento acontecido, por força da revogação.[140]

---

25 do ADCT da CF/88, impede a aplicação de multa com base na Portaria n° 105/95 e 09/96 do IBAMA. 2. Só a lei, em sentido formal e material, pode descrever infração e impor penalidades. (...)" (BRASIL. Tribunal Regional Federal 1ª Região. *Apelação Cível 1999.01.00.084503-7/BA*. Relator: Juiz Olindo Menezes, Julgamento: 27 abr. 2000. Órgão Julgador: Terceira Turma. Publicação: DJ, 30 jun. 2000, p. 145).

139. "Art. 5°.'(...) XXXVI – a lei não prejudicará o direito adquirido, o ato jurídico perfeito e a coisa julgada. (...)".

140. FERRAZ JUNIOR, Tercio Sampaio. Anterioridade e irretroatividade no campo tributário. *Revista Dialética de Direito Tributário* – RDDT, São Paulo, Oliveira Rocha, v. 65, fev. 2001, p. 123-131.
A respeito do princípio da irretroatividade, também são valiosas as palavras de Paulo Ayres Barreto: "A necessária segurança no ordenamento jurídico e a

A distinção entre *data do fato* e *data no fato*, empregada por Jürgen Habermas[141] e operacionalizada no campo do Direito Tributário por Paulo de Barros Carvalho,[142] faz-se oportuna quando tratamos do princípio da irretroatividade da lei, porquanto irá determinar a legislação aplicável. Vejamos:

A *data no fato jurídico* reporta-se às coordenadas de tempo e de espaço da concretização do evento ilícito descrito na hipótese normativa (*v.g.* não pagamento do tributo).

Ao passo que a *data do fato jurídico* reporta-se à enunciação, vale dizer, ao momento da produção da norma individual e concreta pelo órgão/agente competente, constitutiva do evento ilícito em fato jurídico e pode ser identificada pelos dêiticos constantes na enunciação-enunciada (veículo introdutor – ato administrativo da lavratura do Auto de Infração e imposição de multa).

Em suma: a primeira data identifica o momento da ocorrência do evento, enquanto que a segunda data identifica o momento do procedimento da constituição do fato jurídico (incidência tributária). Naquela, aplicam-se as normas de direito material, nesta, normas jurídicas de natureza processual.

Nestes termos, pontua Aurora Tomazini de Carvalho:

> O tempo do fato é o instante em que o enunciado denotativo da hipótese normativa ingressa no ordenamento jurídico. É o

---

consequente estabilidade que se requer para as relações jurídicas que do ordenamento possam defluir impõem o respeito aos atos jurídicos perfeitos, ao direito adquirido e à coisa julgada. Não se admite a retroação de novas incidências para alcançar fatos já ocorridos, promovendo insegurança que acabaria por ruir a própria estrutura interna do sistema. Corolário dos princípios republicanos e da segurança jurídica, o princípio da irretroatividade das leis tributárias constitui importante viga mestre do sistema, influenciando fortemente o processo de produção normativa e os atos de aplicação do direito." (BARRETO, Paulo Ayres. *Imposto sobre a Renda e Preços de Transferência*. São Paulo: Dialética, 2001, p. 46).

141. HABERMAS, Jürgen. *Teoría de la acción comunicativa*. Madrid: Ediciones Catedra, 1994, p. 117.

142. CARVALHO, Paulo de Barros. *Direito tributário*: fundamentos jurídicos da incidência... cit., p. 101.

momento em que o fato é constituído juridicamente. Geralmente, no processo de positivação, isso se dá com a notificação das partes. O tempo no fato, por sua vez, é o instante a que alude o enunciado factual juridicamente constituído. É o momento descrito como aquele em que o evento se realizou.[143]

O princípio da irretroatividade volta-se para a hipótese, pois é nela que é descrita hipoteticamente o fato tipificado como infração tributária, bem como é nela que encontra-se o critério temporal da norma sancionatória, determinando o momento em que o fato ilícito reputa-se ocorrido (*data no fato*).

Segundo a norma principiológica da irretroatividade, a hipótese, contida no antecedente da norma, não poderá servir para constituir juridicamente fatos sociais que ocorreram antes da vigência dessa norma.

Fatos passados, consumados na vigência de outra lei, não poderão ser regulados por lei, cronologicamente, posterior à sua ocorrência, sob pena de acarretar insegurança nas relações jurídicas, ferindo o princípio da irretroatividade.

Observa-se a ocorrência da irretroatividade, portanto, quando é aplicada a lei vigente na época da *data no fato*, isto é, o contribuinte só pode ser sancionado, via de regra, por força de lei vigente no momento da prática da infração (evento ilícito).

A garantia das normas sancionatórias não retroagirem, há muito, consta da *Declaração Universal dos Direitos do Homem e do Cidadão*, consoante determina seu art. 8º: "(...) ninguém pode ser punido senão por força de uma lei estabelecida e promulgada antes do delito e legalmente aplicada".[144]

---

143. CARVALHO, Aurora Tomazini de. Op. cit., p. 538.

144. FERREIRA FILHO, Manoel Gonçalves; GRINOVER, Ada Pellegrini; CUNHA FERRAZ, Anna Candida da. *Liberdades públicas* (Parte geral). São Paulo: Saraiva, 1978. p. 57.

4.6.2.1. A retroatividade benéfica: exceção ao postulado da irretroatividade – Art. 106 do CTN

O Código Tributário Nacional, na prescrição do art. 106, inciso II, alíneas "a" a "c", traz a disciplina da retroatividade da lei benigna em matéria de penalidades.

Dispõe o referido enunciado da Lei nº 5.172/66:

> Art. 106. A lei aplica-se a ato ou fato pretérito: (...)
>
> II – tratando-se de ato não definitivamente julgado:
>
> a) quando deixe de defini-lo como infração;
>
> b) quando deixe de tratá-lo como contrário a qualquer exigência de ação ou omissão, desde que não tenha sido fraudulento e não tenha implicado falta de pagamento de tributo;
>
> c) quando lhe comine penalidade menos severa que a prevista na lei vigente ao tempo de sua prática.

O dispositivo é claro e dispensa minudência teórica relativamente às alíneas 'a' e 'c', implicando duas vertentes semânticas: (i) se o fato deixar de ser tipificado como infração, nenhuma penalidade poderá ser cominada e (ii) na hipótese de descumprimento de obrigação tributária ou de dever instrumental, a regra é a aplicação da penalidade menos severa prevista na lei nova, substituindo a sanção prevista de forma mais gravosa na lei vigente à *data no fato*. Neste último caso, aplica-se a lei posterior mais benéfica em vigor na *data do fato*.

Em relação à alínea 'b', concordamos com Hugo de Brito Machado, para o qual:

> Não conseguimos ver qualquer diferença entre as hipóteses da letra 'a' e da letra 'b'. Na verdade, tanto faz deixar de definir um ato como infração, como deixar de tratá-lo contrário a qualquer exigência de ação ou omissão.[145]

---

145. MACHADO, Hugo de Brito. *Curso de direito tributário...* cit., p. 112.

Com supedâneo no *caput* do inciso II transcrito, a aplicação da retroatividade benigna pressupõe ato não definitivamente julgado, o que leva à indagação se o trânsito em julgado impeditivo dos efeitos retroativos benéficos corresponde à esfera administrativa ou à judicial.

Ora, ato definitivamente julgado pressupõe, por excelência, o aperfeiçoamento da *res judicata* na esfera do Poder Judiciário.

Não se está aqui a mitigar os efeitos da decisão administrativa sobre a qual não cabe mais a interposição de recurso, tendo-a como pronta e acabada (válida) quando, reunidos nela todos os elementos atribuídos pela ordem jurídica como indispensáveis, é comunicada ao destinatário.

O dispositivo em comento, ao prescrever que a lei benéfica aplica-se retroativamente diante de ato não definitivamente julgado, deve ser compreendido no sentido de que a norma individual e concreta não pode mais estar sujeita a revisões ou modificações, vale dizer, a norma não mais pode ser impugnada, seja em âmbito administrativo, seja judicialmente.[146]

---

146. "PROCESSUAL CIVIL E TRIBUTÁRIO. EXECUÇÃO FISCAL. ICMS. MULTA. REDUÇÃO. RETROATIVIDADE DA LEI MAIS BENÉFICA. (...) 2. Aplicam-se os efeitos retroativos de lei mais benéfica, quando ainda não definitivamente julgado o ato. 3. "A expressão 'ato não definitivamente julgado' constante do artigo 106, II, letra 'c', do Código Tributário Nacional alcança o âmbito administrativo e também o judicial; constitui, portanto, ato não definitivamente julgado o lançamento fiscal impugnado por meio de embargos do devedor em execução fiscal. (EDREsp 181.878-RS, Rel. Min. Ari Pargendler, DJU de 22.03.99)." (...) (BRASIL. Superior Tribunal de Justiça. *Recurso Especial. 437632/PR.* Relator: Min. Castro Meira. Julgamento: 06 dez. 2005. Órgão Julgador: Segunda Turma. Publicação: DJ 01 fev. 2006, p. 478).
"(...) TRIBUTÁRIO. MULTA FISCAL MORATÓRIA. SUPERVENIÊNCIA DE LEI MAIS BENÉFICA. RETROATIVIDADE. ATO NÃO DEFINITIVAMENTE JULGADO. (...) No caso dos autos, o Tribunal de origem, ao se prender à orientação de que o ato não definitivamente julgado é apenas aquele sujeito à esfera administrativa, divergiu do entendimento desta Corte, para quem o ato ainda não apreciado em caráter definitivo tem que ser entendido no âmbito do processo judicial. Desse modo, é cabível, portanto, a postulação de retroatividade da lei em sede de embargos à execução. (...)". (BRASIL. Superior Tribunal de Justiça. *Agravo Regimental no Recurso Especial 457378/RS.* Relator: Min. João Otávio de Noronha. Julgamento: 18 mar. 2004. Órgão Julgador: Segunda Turma. Publicação: DJ 26 abr.

No mais, o art. 112 do mesmo diploma legal determina a interpretação de maneira mais favorável ao acusado em caso de dúvida acerca da aplicação das normas sancionatórias e, sob uma perspectiva teleológica, portanto, o art. 106, inciso II, há de ser concebido nesses termos semânticos.

4.7. Os sobreprincípios da isonomia (igualdade) e da justiça

O respeito às prescrições constitucionais não se efetiva apenas com o ato formal do Legislativo, pois a lei há de ser justa e isonômica.

Na perfeição científica de Miguel Reale, a justiça é *a condição primeira de todos os valores, ela vale para que todos os valores valham,* caracterizando-se como "a tentativa renovada e incessante de harmonia entre as experiências axiológicas, necessariamente plurais, distintas e complementares."[147]

O autor identifica, na natureza dialética da justiça, a intencionalidade perene de harmonizar os valores, assumindo relevância a igualdade enquanto medida de justiça: "A justiça é, em última análise, uma expressão ética do princípio de igualdade. (...) Ser justo é julgar as coisas segundo o princípio da igualdade."[148]

Com efeito, tratar de forma isonômica é garantir um tratamento justo.

O princípio da igualdade ou princípio da isonomia encontra-se esculpido no art. 5º, *caput*,[149] da Lei Máxima.

2004, p. 160).

147. REALE, Miguel. *Lições preliminares de direito...* cit., p. 371.

148. Idem, p. 123.

149. "Art. 5º. Todos são iguais perante a lei, sem distinção de qualquer natureza, garantindo-se aos brasileiros e aos estrangeiros residentes no País a inviolabilidade do direito à vida, à liberdade, à igualdade, à segurança e à propriedade (...)".

O tratamento isonômico consiste em tratar desigualmente os desiguais na medida de suas desigualdades e igualmente os iguais na medida de suas igualdades, vale dizer, à lei cumpre desigualar situações atendendo suas peculiaridades, pressupondo uma relação direta entre o elemento diferencial e o regime jurídico atribuído às situações diferençadas.

Afronta-se o primado da igualdade quando dispensado o mesmo tratamento a fatos com caracteres distintos.

Nas palavras do constitucionalista Celso Ribeiro Bastos, a igualdade funciona como um verdadeiro princípio a informar todo o ordenamento jurídico e protege o indivíduo "contra toda má utilização que possa ser feita com a ordem jurídica", revestindo-se "da condição de um autêntico direito subjetivo."[150]

A igualdade consubstancia um valor destinado ao legislador, compreendido este na sua acepção mais ampla possível, ou seja, significando todos os órgãos que expedem normas jurídicas (Legislativo, Judiciário e Executivo).

Sobre a perquirição da igualdade pelos aplicadores do Direito aduz José Arthur Lima Gonçalves:

> Aspecto importante a ser desde já fixado com relação ao princípio da isonomia é o consistente em ser ele dirigido precipuamente ao próprio legislador, que, desempenhando sua função, deve implementar a isonomia na própria lei (...), não se perca de vista que o legislador é o primeiro intérprete da Constituição. Todavia, devem igual obediência ao preceito isonômico o Judiciário, o Executivo e o próprio particular.[151]

---

150. BASTOS, Celso Ribeiro. *Curso de direito constitucional*. 22. ed. São Paulo: Malheiros, 2010. p. 290.

151. GONÇALVES, José Arthur Lima. *Isonomia na norma tributária*. São Paulo: Malheiros, 1993. p. 21-22.
José Afonso da Silva lembra a distinção, emprestada do Direito estrangeiro e também empregada por estudiosos brasileiros, entre princípio da igualdade *perante a lei* e o da igualdade *na lei*: "(...) segundo essa doutrina, a igualdade *perante a lei* seria uma exigência feita a todos aqueles que aplicam as normas jurídicas gerais aos casos concretos, ao passo que a igualdade *na lei* seria uma exigência dirigida tanto àqueles que criam as normas jurídicas gerais como àqueles que as aplicam no

O legislador, diante de suportes fácticos idênticos, deve submetê-los ao mesmo regime jurídico.

Da mesma forma, o regime jurídico será distinto, a fim de atender as particularidades próprias aos fatos.

"Por encerrar um valor, a exata compreensão e aferição da plena observância do princípio da igualdade é tarefa das mais árduas."[152]

Daí porque, no campo das penalidades tributárias, o tratamento isonômico torna-se mais efetivo quando colocam-se, em termos jurídicos, as circunstâncias fácticas a serem levadas em conta na imposição das sanções.

Cabe à legislação, com base nas diversas classes de infrações tributárias, elencar fatos distintivos que atendam às especificidades das hipóteses sujeitas à aplicação de penalidades, as quais, por sua vez, serão graduadas segundo essas especificidades.

Deveras, se comprovadas as condições fácticas distintivas, estas servirão como atenuantes ou agravantes na quantificação da penalidade imposta.

Reportando-se novamente aos ensinamentos de José Arthur Lima Gonçalves,[153] identificado o motivo declinado para que haja a discriminação, o artifício técnico-legislativo utilizado para conferir um tratamento diferenciado, efetivando, com isso, a isonomia e a justiça, encontra-se alojado no objeto da relação jurídica, pois é no consequente que constará delimitado o dever de sofrer uma sanção mais gravosa ou uma sanção menos gravosa.

---

caso concreto." (SILVA, José Afonso da. *Curso de direito constitucional positivo*. 23. ed. São Paulo: Malheiros, 2004. p. 214).

152. BARRETO, Paulo Ayres. *Imposto sobre a renda e preços de transferência*... cit., p. 44.

153. GONÇALVES, José Arthur Lima. *Isonomia na norma tributária*... cit., p. 49-51.

Oportuno também mencionar as lições de Edmar Oliveira Andrade Filho sobre a importância de tipificar as condições fácticas norteadoras da prática da infração tributária à qual será cominada a respectiva sanção:

> (...) onde houver previsão de pena será obrigatória a indicação de critérios que permitam a individualização em casos concretos. (...) as normas gerais nem sempre conseguem abarcar todas as situações de possível ocorrência, todos os fatos e todas as valorações. Assim, é indispensável que os intérpretes contem com critérios e instrumentos de adaptação para que a percussão da norma individual e concreta leve em consideração as questões fáticas e jurídicas específicas de cada situação que requer decisão.[154]

Mas nem sempre a lei, no nível geral e abstrato, disponibiliza critérios suficientes para atender à multiplicidade das ocorrências empíricas, sobre as quais deverão incidir as normas primárias sancionatórias.

Daí porque, achando-se os destinatários das normas jurídicas em situações jurídicas distintas e ausentes, na lei, critérios discriminatórios para disciplinar as particularidades fácticas do ilícito, vislumbra-se a importância do aplicador, na edição da norma individual e concreta, graduar a sanção proporcionalmente à infração praticada, realizando os valores da isonomia e da justiça.

"Afinal, todos sabemos que o real é irrepetível, não havendo, nem podendo haver, dois sucessos totalmente iguais."[155]

No mesmo sentido, pronunciou-se o Supremo Tribunal Federal admitindo que as peculiaridades do dado-fato incutem em que medida será cominada a penalidade:

> EXECUTIVO FISCAL. GRADUAÇÃO DA MULTA. De acordo

---

154. ANDRADE FILHO, Edmar Oliveira. *Infrações e sanções tributárias*. São Paulo: Dialética, 2003. p. 91.

155. CARVALHO, Paulo de Barros. *Direito tributário*: Linguagem e método... cit., p. 267.

com a gravidade da infração e com a importância desta para os interesses da arrecadação, pode o Judiciário, atendendo as circunstâncias do caso concreto, reduzir a sanção excessiva, aplicada pelo Fisco (...).[156]

Não é por outra razão que o próprio sistema jurídico, mediante a previsão de uma gama de direitos e garantias fundamentais, autoriza o aplicador do direito positivo a sancionar atendendo às particularidades do caso concreto, com o intuito de assegurar a produção dos efeitos das normas jurídicas de forma uniforme, mantendo o equilíbrio do exercício da potestade punitiva diante da infalível diversidade empírica.

Quando a igualdade é empregada no Direito Tributário Sancionador, o critério jurídico de sua aplicação tem como ponto referencial o grau de gravidade do ilícito, influenciado pelos circunstanciais objetivos e subjetivos do cometimento e cuja intensidade deverá, impreterivelmente, refletir na relação sancionatória.

4.7.1. A individualização das "penas" e a equidade para a efetiva garantia do tratamento justo e isonômico na imposição das sanções tributárias

Corolários da igualdade e da justiça, os princípios da individualização das penas e da equidade na aplicação das normas primárias sancionatórias funcionam como instrumentos normativos à disposição do aplicador do Direito, buscando, justamente, superar as falhas da lei e amoldar o justo e o isonômico às especificidades do caso concreto; servem como complementos indispensáveis na realização desses sobrevalores.

A Constituição Federal consagra, dentre os direitos e garantias fundamentais, o princípio da individualização das penas, no art. 5º, inciso XLVI.

---

156. BRASIL. Supremo Tribunal Federal. *Recurso Extraordinário 57904*. Relator: Min. Evandro Lins. Julgamento: 25 abr. 1966. Órgão Julgador: Primeira Turma. Publicação: DJ 24 jun. 1966.

Melhor desenvolvido nos escaninhos do Direito Penal, esse primado constitucional prescreve que todo aquele que comete um delito tem o direito de receber uma pena justa, não necessariamente aquela padronizada em lei, mas atenta às condições individualizadas do agente na prática do crime.

Cuida-se de uma garantia contra a má elaboração da lei, impedindo que esta prevaleça imprimindo tratamento injusto, desigual e desproporcional.

Nas lições do criminalista Guilherme de Souza Nucci, sua finalidade

> é a fuga da padronização da pena, da 'mecanizada' ou 'computadorizada' aplicação da sanção penal, que prescinda da figura do juiz, como ser pensante, adotando-se, em seu lugar, (...) um modelo unificado, empobrecido e, sem dúvida, injusto.[157]

A individualização da pena alcança todas as esferas incumbidas de aplicar a lei, ou seja, abrange os três poderes estatais: Legislativo, Executivo e Judiciário.

Não obstante o enunciado axiológico em comento encontrar larga e histórica aplicação no Direito Penal, trata-se se de um princípio comum a todo exercício do poder repressivo-estatal, especialmente porque enunciado no texto constitucional, conforme pontua Robson Maia Lins:

> (...) o princípio da individualização da pena (...) tem aplicação em nosso sistema jurídico sempre que se esteja a tratar de sanção. Pertence ao grupo de normas que parte da doutrina chama de Direito Sancionador, aplicáveis não só às relações regidas pelo Direito Penal, mas em todas as estruturas normativas cujo antecedente normativo for um ato ilícito.[158]

---

157. NUCCI, Guilherme de Souza. *Individualização da pena*. São Paulo: Revista dos Tribunais, 2004. p. 31.

158. LINS, Robson Maia. A reiteração e as normas jurídicas tributárias sancionatórias – A multa qualificada da Lei nº 9.630/96. In: SOUZA, Priscila de (Coord.); CARVALHO, Paulo de Barros (Pres.). *VII Congresso Nacional de Estudos Tributários* – Direito Tributário e os conceitos de Direito Privado. São Paulo: Noeses, 2010.

Encaixando-se, perfeitamente, ao exposto, colacionamos entendimento jurisprudencial em que a dosimetria da sanção tributária partiu dos parâmetros constitucionais da individualização da pena:

> CONSTITUCIONAL E TRIBUTÁRIO. (...) 1. A Constituição da República consagra em seu artigo 5°, inciso XLVI, que a lei regulará a individualização da pena, de sorte que deve ser a sanção concretizada, sempre de acordo com as circunstâncias fáticas presentes na hipótese. 2. Hipótese em que o embargado chegou a pagar o imposto de renda devido, já que retido na fonte por sua empregadora, a qual, posteriormente, recomendou a inclusão das parcelas recebidas a título de "Indenização de Horas Trabalhadas" como rendimentos isentos e não tributáveis. 3. Incorreu em erro também o órgão fazendário, que acatou a declaração retificadora feira pelo embargado, restituindo-lhe os valores retidos na fonte, a título de imposto de renda devido sobre a verba relativa à IHT. 4. É injusta, porque desproporcional à infração cometida, a aplicação da sanção cominada para a hipótese de falta de pagamento, no patamar de 75% do valor do tributo devido, já que se viu o contribuinte induzido em erro por sua empregadora, o qual, inclusive, foi corroborado pela própria Receita Federal, que lhe restituiu os valores retidos a título de imposto de renda. 5. Manutenção da multa moratória no percentual de 20% 6. Embargos infringentes a que se nega provimento.[159]

Mas não é só.

Atendendo aos princípios da justiça e da isonomia, o próprio legislador tributário positivou a "equidade" no art. 108, inciso IV[160], do CTN, autorizando o aplicador do Direito, na ausência de previsão legal expressa, a valer-se do critério da equidade, cujo emprego não poderá resultar na redução de tributo.

---

159. BRASIL. Tribunal Regional Federal 5ª Região. *Apelação Cível n° 339.545/RN*. Relator: Desembargador Federal Rubens de Mendonça Canuto (Substituto). Julgamento: 15 jul. 2009. Órgão Julgador: Pleno. Publicação: DJ, n. 143, 29 jul. 2009, p. 109 (grifos nossos).

160. "Art. 108. Na ausência de disposição expressa, a autoridade competente para aplicar a legislação tributária utilizará sucessivamente, na ordem indicada: (...) IV - a equidade. (...) § 2° O emprego da eqüidade não poderá resultar na dispensa do pagamento de tributo devido."

A equidade nada mais é do que uma forma de justiça, flagrada no momento da aplicação do Direito em face do caso concreto.

A justiça nem sempre realiza-se no plano estático-normativo, cumprindo a equidade o papel fundamental de conferir o efetivo tratamento justo, pois afinado às particularidades do dado empírico.

A equidade é o momento dinâmico da justiça, é a justiça melhor empregada, garantindo um julgamento igualitário à luz das especificidades do caso apreciado, sem ater-se simplesmente à letra fria da lei.

"É o princípio da igualdade ajustada à especificidade do caso concreto que legitima as normas de equidade."[161]

Ao levar em conta os elementos da realidade fáctica, a equidade confere equilíbrio à regulação das condutas intersubjetivas, correspondendo às expectativas do ordenamento jurídico em sua integralidade.

Acerca do seu papel na etapa de individualização do direito positivo, afirma Ricardo Lobo Torres:

> O equitativo e o justo têm a mesma natureza. A diferença está em que o equitativo, sendo justo, não é o justo legal, mas uma retificação da justiça rigorosamente legal. A lei, pelo seu caráter de generalidade, não prevê todos os casos singulares a que se aplica; a falta não reside nem na lei nem no legislador que a dita, senão que decorre da própria natureza das coisas. A equidade consiste precisamente em restabelecer a lei nos pontos em que se enganou, em virtude de sua fórmula geral.[162]

No tocante à aplicação da regra-matriz de incidência tributária, o recurso à equidade não assume grande relevância, uma vez que o seu emprego não pode resultar na dispensa do tributo devido (art. 108, § 2º, do CTN).

---

161. REALE, Miguel. *Lições preliminares de direito...* cit., p. 125.

162. TORRES, Ricardo Lobo. A eqüidade no direito tributário. In: PEIXOTO, Marcelo Magalhães; FERNANDES, Edison Carlos (Coords.). *Tributação, justiça e liberdade*. Curitiba: Juruá Editora, 2005, p. 587.

AS SANÇÕES NO DIREITO TRIBUTÁRIO

Ademais, o exame da constitucionalidade e legalidade da relação entre o fato eleito pelo legislador tributário para compor o antecedente da RMIT e o *quantum* de tributo devido não encontra muitos obstáculos no plano geral e abstrato das normas jurídicas.

Desfecho diverso dá-se com a aplicação das normas primárias sancionatórias, uma vez que o consequente é dimensionado proporcionalmente à gravidade do ilícito, a qual poderá variar em função das particularidades do caso concreto.

Sob o amparo da equidade, merecem atenção as peculiaridades fácticas, refletindo no grau de gravidade atribuído ao ilícito e, consequentemente, influindo na mensuração das sanções, por exemplo: (i) o efetivo prejuízo ao Erário; (ii) a presença da má-fé (dolo);[163] (iii) o momento da retificação das informações e do pagamento do tributo devido;[164] (iv) caso for-

---

163. "(...) II - In casu, o Colegiado *a quo*, além de expressamente haver reconhecido a boa-fé do contribuinte, sinalizou a inexistência de qualquer dano ao Erário ou mesmo de intenção de o provocar, perfazendo-se, assim, suporte fáctico-jurídico suficiente a se fazerem aplicar os temperamentos de interpretação da norma tributária antes referidos." (BRASIL. Supremo Tribunal de Justiça. *Recurso Especial 699700/RS*. Relator: Min. Francisco Falcão. Julgamento: 21 jun. 2005. Órgão Julgador: Primeira Turma. Publicação: DJ, 03 out. 2005, p. 140).

164. Tal circunstância atenuante estava prevista no Regulamento da Previdência (Decreto nº 3.048/99), no art. 291, segundo o qual constitui circunstância atenuante da penalidade aplicada ter o infrator corrigido a falta até o termo final do prazo para impugnação: "§1º. A multa será relevada se o infrator formular pedido e corrigir a falta, dentro do prazo de impugnação, ainda que não contestada a infração, desde que seja o infrator primário e não tenha ocorrido nenhuma circunstâncias agravante" (Revogado pelo Decreto nº 6.727, de 12 de janeiro de 2009).
Corroborando nosso entendimento, vale a menção às palavras do Min. Joaquim Barbosa, proferidas nos autos do RE nº 640.452 RG/RO: "(...) Vale lembrar que a legislação tributária também costuma escalonar as multas de acordo com o momento em que o contribuinte solver o débito. Trata-se de uma forma de estimular a antecipação do pagamento em relação a alguns marcos bem definidos, como o início do processo administrativo para homologação ou para o lançamento de ofício (denúncia espontânea), a constituição definitiva do crédito tributário ao final do processo administrativo regular, a inscrição em dívida ativa (cobrança amigável), o ajuizamento da execução fiscal etc." (BRASIL. Supremo Tribunal Federal. *Recurso Extraordinário nº 640.452/RO*. Relator: Ministro Joaquim Barbosa. Julgamento: 06 out. 2011. Órgão Julgador: Tribunal Pleno. Publicação: DJE 07 dez. 2011).

tuito ou força maior;[165] (v) a primariedade do sujeito passivo na ilicitude ou reincidência;[166] (vi) a forma e o momento como é dada a publicidade à norma prescritora do dever e da sanção pelo seu descumprimento, conjugada à complexidade dos deveres veiculados e ao nível de escolaridade do contribuinte ou à estrutura econômico-organizacional da pessoa jurídica,[167] dentre outras.[168]

---

165. "(...) II – No caso, a embargante deixou de apresentar os documentos e livros contábeis relacionados com as contribuições previdenciárias à fiscalização. III – Contudo, os documentos contábeis estavam com o ex-contador, que agiu criminosamente cometendo fraudes e extravios, sendo o mesmo processado e condenado, o que configura força maior ou caso fortuito, motivo plenamente justificável para descumprir a obrigação acessória. Portanto, a multa imposta é insubsistente (...)". (BRASIL. Tribunal Regional Federal 3ª Região. *Apelação Cível 1999.03.99.0990053*. Relatora: Des. Cecília Mello. Julgamento: 30 nov. 2004. Órgão Julgador: Segunda Turma. Publicação: 28 jan. 2005).

166. TRIBUTÁRIO. (...) 2. Quanto ao valor da multa aplicada, de mister ressaltar que Corte regional, consoante o disposto no art. 11 da Lei Delegada nº 4/62, com as alterações introduzidas pela Lei nº 8.881/94, diminuiu-a com base na prova dos autos. Com efeito, para reduzi-la, considerou o faturamento mensal da empresa bem como a ausência de prova de reincidência em infração da mesma espécie. (...) (BRASIL. Superior Tribunal de Justiça. *Recurso Especial nº 670.830/PE*. Relator: Ministro Castro Meira. Julgamento: 25 out. 2005. Órgão Julgador: Segunda Turma. Publicação: DJ 14 nov. 2005, p. 259).
Outros julgados: Id. Tribunal Regional Federal 3ª Região. *Apelação Cível nº 2000.03.99.011180-3*. Relator: Desembargadora Federal Ramza Tartuce. Julgamento: 05 dez. 2005. Órgão Julgador: Quinta Turma. Publicação: 15 mar. 2006; Id. Tribunal Regional Federal 3ª Região. *Apelação Cível nº 2008.03.99.046035-3*. Relator: Desembargadora Federal Regina Costa. Julgamento: 26 fev. 2009. Órgão Julgador: Sexta Turma. Publicação: 16 mar. 2009; Id. Tribunal Regional Federal 5ª Região. *AC315948/AL* Processo 200280000010070. Relator: Desembargador Federal Hélio Sílvio Ourem Campos (convocado). Julgamento: 20 nov. 2003. Órgão Julgador: Primeira Turma. Publicação: DJ 19 mar. 2004.

167. "Daí porque o desconhecimento da norma violada deve ser considerado como circunstância atenuante, desde que demonstrada a boa-fé do contribuinte e o caráter objetivo da ignorância (por exemplo, quando tratar-se de uma norma recém-editada ou à qual não se deu a necessária publicidade). O princípio da publicidade da atuação administrativa, com sede constitucional, impõe que se dê adequado conhecimento às normas administrativas que estabelecem deveres para os cidadãos" (DIAS, Eduardo Rocha; SIQUEIRA, Natercia Sampaio. Sanções administrativas tributárias: uma tentativa de enquadramento constitucional. In: MACHADO, Hugo de Brito (Coord.). *Sanções administrativas tributárias*. São Paulo: Dialética, 2004, p. 127.

168. "Tributário. Obrigação acessória. Lei nº 8.212/91, § 5º, art. 32. Aplicação da

AS SANÇÕES NO DIREITO TRIBUTÁRIO

Relativamente ao item (vi) citado acima, a sua importância na análise do caso concreto faz-se ainda mais imperiosa, pelo fato do princípio constitucional da anterioridade, seja a genérica, seja a nonagesimal (art. 150, inciso III, alíneas 'b' e 'c', da CF), não se aplicar às normas que veiculam deveres instrumentais, tendo sua observância imperativa apenas no caso de criação ou aumento de tributos.

Como sabe-se, as inovações legislativas que trazem em seu bojo as denominadas "obrigações acessórias" também ensejam a aplicação de sanções, cuja exigência impõe-se imediatamente se descumpridas as formalidades fiscais pelo sujeito passivo.

Tais observações revelam-se ainda mais adequadas se as infrações formais estavam acompanhadas da satisfação do crédito tributário, sem constatar qualquer prejuízo ao Fisco.

A favor do emprego da equidade na imposição das sanções tributárias, Paulo Roberto Coimbra Silva faz suas considerações:

> A propósito da equidade, não se pode olvidar que o legislador, prudente, previu um limite ao seu emprego na seara do Direito Tributário, não podendo ensejar dispensa do pagamento de tributo previsto em lei (art. 108, § 2º). De notar-se que, não podendo atingir o valor do tributo devido, é na aplicação – ou não(!) – das sanções estritamente fiscais que se encontra o campo propício à utilização da equidade, podendo ensejar e justificar sua redução, mais ou menos significativa, e, eventualmente, até mesmo seu descabimento.[169]

---

multa. Proporcionalidade. Retificação das informações. (...) In casu, o contribuinte apresentou posteriormente as GFIP's com as informações retificadas, motivo pelo qual incide o disposto no §1º do art. 291 do Decreto nº 3.048/99, devendo ser relevada a multa em relação aos meses de competência em que efetivamente foram sanados os vícios nas informações. O atraso de apenas dois dias após a apresentação da defesa administrativa para retificação das GFIP's é plenamente justificável no presente caso, tendo em vista a grande quantidade de informações, além de não ter havido falta de recolhimento de contribuições para a previdência (...)". (BRASIL. Tribunal Regional Federal 5ª Região. *Apelação Cível 335586*. Relator: Des. Fed. Marcelo Navarro. Julgamento: 02 out. 2007. Órgão Julgador: Primeira Turma. Publicação: 24 out. 2007).

169. SILVA, Paulo Roberto Coimbra. *Direito tributário sancionador...* cit., p. 121.

Igualmente, é o entendimento Superior Tribunal de Justiça nos precedentes infra transcritos:

> Apesar de prever o art. 136 do CTN que a responsabilidade do contribuinte ao cometer um ilícito é objetiva, admitem-se temperamentos na sua interpretação, diante da possibilidade de aplicação da eqüidade e do princípio da lei tributária *in dubio pro contribuinte* – arts. 108, IV e 112. Precedentes: REsp 494.080-RJ, Rel. Min. Teori Albino Zavascki, DJ 16.11.2004; e REsp 699.700-RS, Rel. Min. Francisco Falcão, DJ 3.10.2005.[170]

> Tendo o acórdão recorrido aplicado o princípio da eqüidade no caso concreto, inexiste violação ao artigo 108 do CTN. Na esteira de precedentes do Pretório Excelso e deste Tribunal, "pode o Judiciário, atendendo às peculiaridades do caso concreto, atenuar o rigor do Fisco, excluindo multa fiscal (...).[171]

Em resumo, a equidade funciona para preencher os vazios das normas que disciplinam a responsabilidade por infrações no Direito Tributário, como forma mais perfeita para se atingir a justiça, projetando-se intensamente na fase de aplicação das normas jurídicas e, com isso, permitindo a cominação das penalidades adaptadas à concreção objetiva e subjetiva dos fatos.

Salienta-se que a equidade e a segurança não estão situadas em polos diametralmente opostos. São, na verdade, complementares, pois é com a aplicação da justiça que se obtém maior segurança, mormente naquelas hipóteses em que a lei é falha.

Nesse sentido, também pronunciou-se o Ministro Joaquim Barbosa, quando reconheceu a repercussão geral sobre o "caráter confiscatório, desproporcional e irracional"

---

170. BRASIL. Superior Tribunal de Justiça. *Agravo Regimental no Recurso Especial nº 982.224/PR*. Relator: Ministro Mauro Campbell Marques. Julgamento: 06 maio 2010. Órgão Julgador: segunda Turma. Publicação: DJe 27 maio. 2010.

171. BRASIL. Superior Tribunal de Justiça. *Agravo Regimental no Agravo Regimental no Recurso Especial nº 327.387/PR*. Relatora: Ministra Denise Arruda. Julgamento: 05 ago. 2004. Órgão Julgador: Primeira Turma. Publicação: DJ 30 ago. 2004, p. 200.

das denominadas "multas isoladas", aplicadas pelo desatendimento a deveres instrumentais:

> Indagar acerca de quais são os parâmetros constitucionais que orientam a atividade do legislador infraconstitucional na matéria representará, sem dúvidas, grande avanço de segurança jurídica.[172]

Daí advém a importância do legislador tributário buscar, cada vez mais no plano das normas gerais e abstratas, a individualização criteriosa das infrações, cominando-lhes sanções a elas ajustadas. Percorrendo este caminho, exigir-se-á menos o recurso à equidade e maior será a conquista no campo da segurança jurídica.

4.7.2. O princípio da capacidade contributiva

Também corolário do valor "igualdade", tem-se o princípio da capacidade contributiva, estabelecido no art. 145, § 1º, da CF, segundo o qual:

> § 1º. Sempre que possível, os impostos terão caráter pessoal e serão graduados segundo a capacidade econômica do contribuinte, facultado à administração tributária, especialmente para conferir efetividade a esse objetivos, identificar, respeitados os direitos individuais e nos termos da lei, o patrimônio, os rendimentos e as atividades econômicas do contribuinte.

Afere-se do teor do preceito constitucional que a capacidade contributiva funciona como um medidor da carga tributária a recair sobre determinado contribuinte.

O impacto da tributação está vinculado, diretamente, à condição econômica do sujeito passivo, ou melhor, à riqueza revelada pelo fato social sobre o qual irá incidir a regra-matriz de incidência.

---

172. BRASIL. Supremo Tribunal Federal. *Recurso Extraordinário nº 640.452/RO*. Relator: Ministro Joaquim Barbosa. Julgamento: 07 out. 2011. Órgão Julgador: Plenário. Publicação: DJE 06 dez. 2011.

A capacidade contributiva constitui princípio afeto às obrigações tributárias, porquanto determina que o contribuinte suporte a exação fiscal de acordo com a amplitude econômica do evento, tudo com a finalidade de realizar uma tributação justa e igualitária.

Esclarecidos o conteúdo do princípio da capacidade contributiva e o campo de sua aplicação, já podemos afirmar que o mesmo não concerne ao âmbito das penalidades.

Isso porque a relação tributária não se confunde com a relação sancionatória. Na primeira, o valor da prestação (*quantum* do tributo) há de ser calculado na dimensão econômica do fato lícito, à luz da capacidade contributiva.

Na segunda, o valor da prestação (a multa pecuniária) deve ser calculado na proporção do fato ilícito, segundo a gravidade da infração. A base de cálculo deve mensurar sempre o fato descrito no suposto normativo: o fato lícito na norma de incidência tributária e o fato ilícito na norma sancionatória.

4.8. O princípio do devido processo legal

A garantia do devido processo legal encontra-se disciplinada no art. 5º, inciso LIV, da CF, combinado com o previsto no inciso LV seguinte, *in verbis*:

> LIV – ninguém será privado da liberdade ou de seus bens sem o devido processo legal.
>
> LV – aos litigantes em processo judicial ou administrativo, e aos acusados em geral são assegurados o contraditório e a ampla defesa, com os meios e recursos a ela inerentes.

O conceito do devido processo legal está intimamente relacionado com o ideário de processo justo na medida em que só haverá respeito ao devido processo legal caso o processo desenvolva-se nos conformes da lei, por meio da plena observância do ordenamento jurídico, com as oportunidades e garantias que assegurem um tratamento igualitário às partes integrantes do processo.

Como preliminarmente já apontado, os princípios, na qualidade de normas jurídicas, têm seus conteúdos significativos construídos pelo exegeta, limitados ao contexto jurídico circundante.

A partir do enunciado nos incisos citados, o devido processo legal é interpretado sob duas vertentes axiológicas: o *devido processo legal adjetivo* e o *devido processo legal substantivo*.

Sob a perspectiva semântica adjetiva, referido princípio desmembra-se, essencialmente, nas garantias do contraditório e da ampla defesa previstos expressamente no inciso LV.

Já o devido processo legal substantivo, enunciado no inciso LIV, é decorrência lógica da estrutura de todos os direitos e garantias consagrados na Constituição Federal.

A jurisprudência[173] e a doutrina identificam, no devido processo legal ordenado no inciso LIV, a base empírica do princípio da proporcionalidade, por vezes referido como princípio da razoabilidade ou da proibição do excesso.

---

173. BRASIL. Supremo Tribunal Federal. *Medida Cautelar na Ação Direta de Inconstitucionalidade nº 855/PR*. Relator: Min. Octávio Gallotti. Julgamento: 07 jul. 1993. Órgão Julgador: Tribunal Pleno. Publicação: DJe 01 out. 1993 e BRASIL. Supremo Tribunal Federal; *Suspensão de Segurança nº 1.320-9/DF*. Min. Presidente Celso de Mello. Julgamento: 06 abr. 1999. Órgão Julgador: Decisão da Presidência. Publicação: DJ 14 set. 1999.
À época do julgamento da Suspensão de Segurança nº 1.320, o Ministro Celso de Mello fez a seguinte observação: "(...) quanto à plausibilidade jurídica da tese exposta pela parte impetrante, especialmente se se considerar a jurisprudência constitucional do Supremo Tribunal Federal que já assentou o entendimento de que transgride o devido processo legal (CF, art. 5º, LIV) – analisado este na perspectiva de sua projeção material ('substantive due process law') – a regra estatal que veicula, em seu conteúdo, prescrição normativa qualificada pela nota da irrazoabilidade. Coloca-se em evidência, neste ponto, o tema concernente ao princípio da proporcionalidade, que se qualifica – enquanto coeficiente de aferição da razoabilidade dos atos estatais (...) – como postulado básico de contenção dos excessos do Poder Público".

Porém, há também quem afirme que a proporcionalidade constitui um *princípio* do Estado de Direito,[174] construído, portanto, com base em vários enunciados do texto constitucional dedicados a esse sistema institucional.

Combinando ambos os entendimentos, podemos asseverar que, se o devido processo legal, sob sua perspectiva material, é fruto dos direitos e garantias assegurados na Magna Carta que visam a consagrar o Estado de Direito e se o princípio da proporcionalidade encontra sua fundamentação jurídico-positiva no devido processo legal substantivo, então o conteúdo da proporcionalidade advém da própria estrutura dos direitos fundamentais, próprios de um Estado de Direito.

Dada a importância que o princípio do devido processo legal, em suas ambas projeções – adjetiva e substantiva –, alcança na interpretação e aplicação das normas que regulam as sanções no Direito Tributário, seu estudo mais minucioso é digno de nossas meditações investigativas.

4.8.1. A ampla defesa e o contraditório: a projeção adjetiva do devido processo legal

Tradicionalmente, a cláusula do devido processo legal era dotada de sentido puramente formal, com o objetivo de asseverar resultados imparciais mediante a observância de diversas garantias processuais. Sob esse prisma adjetivo (ou formal), o devido processo legal exige a observância do processo ordenado, apto a permitir às partes sua participação em igualdade de condições, especialmente no que diz respeito aos atos de impugnar e de se defender.

---

174. Gilmar Ferreira Mendes (MENDES, Gilmar Ferreira. O princípio da proporcionalidade na jurisprudência do Supremo Tribunal Federal: novas leituras. *Repertório IOB de jurisprudência*: tributário, constitucional e administrativo, v. 14, p. 23-44, 2000, p. 372); e Luis Roberto Barroso (BARROSO, Luis Roberto. Os princípios da razoabilidade e da proporcionalidade no direito constitucional. *Revista de Direito Administrativo*, n. 214, 1998, p. 75, 77).

Dentre outras garantias processuais (*v.g.* juiz natural, publicidade dos atos processuais etc.), derivam do devido processo legal adjetivo o *contraditório* e a *ampla defesa*.

O primeiro consiste no direito da parte de ser informada de todos os atos processuais de modo a possibilitar sua manifestação sobre eles.

O contraditório é constituído, basicamente, por dois elementos: informação e reação.

Já a ampla defesa confere à parte o direito de valer-se de todos os meios possíveis e recursos inerentes ao processo em prol da defesa do seu direito.

Defender-se é, portanto, aduzir fatos, argumentos e interpretações, é produzir provas em favor de si próprio.

O constituinte de 1988, no inciso LV citado, garantiu não só à lide judicial, mas também ao processo administrativo a observância do devido processo legal e, de imediato, assegurou as garantias do contraditório e da ampla defesa.

Deste modo, na imposição das sanções materiais tributárias, ao contribuinte deve ser concedida a oportunidade de impugnar a reprimenda já no âmbito administrativo, facultando-lhe o direito de produzir provas, bem como o de expor quaisquer argumentos de fato e de direito.[175]

Em matéria de sanções, o princípio do devido processo legal assume extraordinária importância na medida em que o poder repressivo do Estado implica restrições de direitos, alcançando o patrimônio e a atividade do contribuinte.

---

175. Corroborando nosso entendimento, afirma Cleide Previtalli Cais: "Assim, por exemplo, para impor multa fiscal, não necessita a Fazenda Pública do prévio controle jurisdicional, porém, sem a observância do devido processo legal, essa multa não pode ser imposta na instância administrativa, para que o administrado somente assista socorro mediante remédios judiciais. Ao contrário, já em esfera administrativa o devido processo legal deverá ser observado, porque a multa constitui e cria restrições ao patrimônio do administrado" (CAIS, Cleide Previtalli. *O processo tributário*. 4. ed. São Paulo: Revista dos Tribunais, 2004. p. 106).

O poder estatal de impor sanções, ainda que destinado ao bem comum, porquanto repreende ilicitudes, deve obediência aos direitos e garantias assegurados pelo ordenamento jurídico.

No mesmo sentido, assevera Hector Villegas, lembrando as lições de Geraldo Ataliba:

> Seguimos adiante neste breve caminho e chegamos a outro princípio: o princípio do devido processo. O que quer dizer isto? Que em Direito Penal Tributário somente podemos aplicar legitimamente uma penalidade com um processo devido.
>
> E o que significa processo devido? Disse o Professor Ataliba, num velho parecer, onde trata especificamente deste ponto: as garantias do contencioso, a garantia de uma prova, a garantia de uma defesa em juízo, a garantia de uma resolução motivada onde se veem os fundamentos que levam à condenação.[176]

Já aproximando a natureza adjetiva do devido processo legal com sua projeção substantiva, referido princípio envolve não só o ato jurídico-processual da parte de defender-se e impugnar, mas importa também a atuação do julgador ao interpretar o ordenamento jurídico em face do caso concreto.

Por óbvio que o exercício da ampla defesa e do contraditório restará obstaculizado caso o julgador furte-se de apreciar todos os argumentos aduzidos e todas as provas produzidas, licitamente, pela parte.

A este propósito, embora não mais reflita o entendimento atualmente consolidado na esfera administrativo-federal, é de extrema valia a transcrição de trecho do parecer da Procuradoria-Geral da Fazenda Nacional (PGFN) nº 439/96, datado de 02 de abril de 1996, justificando a observância, em sede de processo administrativo, do devido processo legal em sua plenitude:

---

176. VILLEGAS, Hector. Curso de Especialização em Direito Tributário (Aulas e Debates). In: ATALIBA, Geraldo; CARVALHO, Paulo de Barros (Coords.). *VI Curso de Especialização em Direito Tributário* – Notas taquigráficas das aulas e debates. v. II. São Paulo, Pontifícia Universidade Católica de São Paulo. São Paulo: Resenha Tributária, 1978, p. 711.

> Mas essa garantia constitucional da parte não será atendida se, da perspectiva do juiz, o direito de ampla defesa não corresponder ao correlato poder-dever de apreciar todas as provas produzidas e todos os argumentos articulados pela parte. Não fora assim, a defesa da parte estaria *a priori* desprovida de eficácia. Por conseguinte, se à parte em processo administrativo não pode ser vedada a faculdade de invocar a inconstitucionalidade de lei obstativa de seu direito, tampouco se pode admitir que o juiz administrativo imponha a si próprio restrições à prerrogativa de apreciá-la ou permita que alguma autoridade superior o faça.[177]

Concordamos que a Administração Pública, no desempenho de suas funções emblemáticas, deve sempre submeter-se ao princípio da estrita legalidade. Contudo, quando o Poder Executivo exerce a atividade jurisdicional de forma atípica, não pode esquivar-se de apreciar matéria constitucional, sob pena de afronta à garantia da ampla defesa e tornar ineficaz a função dos tribunais administrativos.

Não podemos ignorar que a atividade administrativa judicante, que desenvolve-se no âmbito do processo administrativo tributário, é de natureza infralegal, sendo que as leis encontram seu último fundamento de validade na própria Constituição.

Com efeito, o ordenamento jurídico tem como ápice a Constituição Federal. Qualquer preceito, de qualquer origem ou hierarquia há de ajustar-se ao sistema constitucional.

A interpretação do ordenamento jurídico deve ser feita sistematicamente, pois, quando interpreta-se uma lei, está interpretando-se o texto constitucional que lhe dá suporte.

Destarte, não pode o julgador administrativo restringir sua atuação, exclusivamente, no plano da infraconstitucionalidade.

---

177. Parecer PGFN/CRF nº 439/96, aprovado pelo Procurador-Geral Adjunto da Fazenda Nacional, da lavra de Luiz Fernando Oliveira Moraes, de 02/04/1996. (Processo Administrativo – Competência dos conselhos de contribuintes para decidir sobre matéria constitucional. *Revista Dialética de Direito Tributário* – RDDT, n. 13, p. 97-103, out. 1996).

O colegiado administrativo, ao apreciar a constitucionalidade dos atos administrativos, estaria preservando o ordenamento jurídico como um todo, em prol do interesse coletivo, e os direitos fundamentais do contraditório e da ampla defesa do contribuinte.

Em resumo, podemos por ora assentar que o devido processo legal formal está intrinsecamente associado à forma em que o processo deve ser estruturado, atendendo a uma série de requisitos formais que permitam ao julgador decidir de forma imparcial, segundo as provas e as alegações apresentadas, em igualdade de condições, pelas partes no processo.

4.8.2. O princípio da proporcionalidade: a projeção substantiva do devido processo legal

Rememorando o alinhavado anteriormente, atribui-se à cláusula do devido processo legal também uma dimensão substantiva (ou material), não mais arraigada, exclusivamente, ao cumprimento das regras processuais.

De uma maneira geral, o devido processo legal substancial apresenta-se como uma autodelimitação do poder estatal, inerente ao Estado Democrático de Direito. O Estado-julgador, ao exercer a jurisdição, deverá fazê-la à luz de todas as garantias e direitos assegurados pelo ordenamento, almejando um processo justo,

> não podendo, ainda que quando eventualmente lho autorize a lei, exercer o poder de modo capaz de comprimir as esferas jurídicas dos jurisdicionados além do que a Constituição permite.[178]

Sob o prisma material, o devido processo legal exige que o conteúdo do provimento jurisdicional, ou melhor, a norma

---

178. DINAMARCO, Cândido Rangel. *Instituições de direito processual civil.* v. I. 2. ed. São Paulo: Malheiros, 2002, p. 244.

individual e concreta produzida pelo julgador mostre-se afinada aos valores positivados no ordenamento.

Trata-se de um postulado compreendido no contexto do Estado do Direito, uma vez que incumbe ao julgador examinar, mediante a ponderação de valores, as escolhas políticas do legislador e os atos do Executivo, a fim de averiguar se as decisões tomadas conformam-se à Constituição Republicana.

Cândido Rangel Dinamarco delimita o conteúdo substancial da cláusula do *due process of law*, confrontando-o com o sua projeção adjetiva:

> Direito ao processo justo é, em primeiro lugar, o direito ao processo *tout court* – assegurado pelo princípio da *inafastabilidade do controle jurisdicional* que a Constituição impõe mediante a chamada *garantia da ação*. (...) Garantido o ingresso em juízo, (...) é indispensável que o processo se haja feito com aquelas *garantias mínimas*: a) *de meios*, pela observância dos princípios e garantias estabelecidas; b) *de resultados*, mediante a oferta de julgamento justos, portadores de tutela jurisdicional a quem efetivamente tenha razão. Os meios, sendo adequadamente empregados, constituem o melhor caminho para chegar a bons resultados. E, como afinal o que importa são os resultados justos do processo (processo civil de resultados), não basta que o juiz empregue meios adequados se ele vier a decidir mal.[179]

A extensão do princípio *due process of law*, portanto, compreende, além de uma garantia formal a fim de assegurar a prática dos atos processuais de forma ordenada e igualitária às partes, primar pelo próprio direito material dos envolvidos em respeito aos princípios constitucionais, ou seja, o mandamento constitucional tem o

---

179. Idem, p. 246.

propósito de salvaguardar não apenas o processo (aspecto procedimental), mas também os direitos fundamentais do jurisdicionado (aspecto material).[180-181]

Consoante já adiantamos, o princípio da proporcionalidade encontra na cláusula do devido processo legal o seu fundamento empírico, integrando a essência axiológica do conteúdo material do devido processo legal que, por sua vez, decorre logicamente do arranjo de direitos e garantias assegurados pelo constituinte, inerentes ao Estado de Direito.

No princípio da proporcionalidade, identificam-se três elementos: a necessidade, a adequação e a proporcionalidade em sentido estrito.

A *adequação* manifesta-se quando os meios eleitos pela norma mostram-se compatíveis com a finalidade por ela buscada, vale dizer, o meio serve para alcançar ou ao menos promover o resultado buscado pela norma.

O juízo de adequação consiste em examinar se há uma relação entre meios e fins. Inexistente essa relação, a medida revela-se inapropriada, pois o meio escolhido não irá promover, tampouco alcançar o fim pretendido.

A *necessidade* da medida dá-se quando não há qualquer outro meio adequado e menos limitador do direito fundamental atingido para promover o objetivo perseguido pela norma.

Em outros termos, a medida será necessária quando for imprescindível para a consecução dos fins colimados pela

---

180. CONRADO, Paulo Cesar. *Introdução à teoria geral do processo civil*. São Paulo: Max Limonad, 2003. p. 75.

181. Ainda sobre o devido processo legal substantivo, importa citar Oscar Vilhena Vieira: "Esta análise substantiva impõe, invariavelmente, a obrigação de que o Judiciário se engaje num processo de ponderação de valores e interesses que foram previamente ponderados pelo legislador ou pelo administrador, substituindo, eventualmente, as decisões tomadas na arena política pela sua interpretação de qual é a adequada ponderação entre esses valores." (VIEIRA, Oscar Vilhena. *Direitos fundamentais*. Uma leitura da Jurisprudência do STF. São Paulo: Malheiros, 2006, p. 482).

norma, não subsistindo qualquer outro meio menos gravoso e tão eficaz.

Por outro lado, a providência será desnecessária se existir outra menos onerosa que atinja, com igual eficiência, o fim pretendido. Em remate, a necessidade implica a eleição do meio menos gravoso apto a produzir, eficazmente, o objetivo da norma.

A necessidade pressupõe a adequação, porém nem toda medida adequada revela-se necessária.

O que é adequado não é, impreterivelmente, necessário, mas o que é necessário nunca revela-se inadequado.

Na análise da proporcionalidade na aplicação das normas sancionatórias, o juízo da necessidade cumpre papel sobressalente comparativamente ao juízo da adequação.

Mas não basta que a medida seja adequada e necessária, pois ela deve observar a *proporcionalidade em seu sentido estrito*.

A proporcionalidade em sentido estrito refere-se à justa medida, aferível por meio da ponderação entre as desvantagens dos meios e as vantagens dos fins.

Trata-se, essencialmente, de valorar se o meio eleito propiciou mais vantagens do que as desvantagens decorrentes de sua utilização. Fere-se a proporcionalidade em sentido estrito se o meio adotado acaba por restringir mais os direitos do que efetivamente promovê-los.

Temos aqui a nítida proibição de excessos.

Salienta-se que as sub-regras da proporcionalidade acima delineadas, assim o foram na ordem exposta não sem razão, na medida em que, dado o caso concreto, o exame da adequação antecede o da necessidade que, por sua vez, precede o da proporcionalidade em sentido estrito.

Ademais, o exame da proporcionalidade no caso concreto nem sempre exige que o aplicador percorra os três requisitos.

Isso porque a análise da necessidade somente será reclamada se o caso concreto não for solucionado com a adequação; igualmente, o exame da proporcionalidade em sentido estrito apenas será requerido diante da insuficiência da análise da adequação e da necessidade para resolver o problema.

No campo do Direito sancionador, o simples exame do critério da adequação não se revela, em tese, suficiente.

Partindo-se da premissa de que a sanção caracteriza-se como uma resposta a uma violação à lei, sua instituição, independentemente da intensidade da medida, alcança ou pelo menos promove o fim almejado pela norma sancionatória, qual seja, atuar preventiva e repressivamente contra os contribuintes infratores dos deveres tributários.

Por outro lado, proceder à análise da necessidade, quando do controle da sanção considerada abusiva, pode bastar para aferir a (des)proporcionalidade da reprimenda.

Ilustrando, a fixação de uma multa de mora à alíquota de 0,25%, ao dia, sobre o valor do tributo devido, atingindo seu limite máximo de 20% sobre o crédito tributário, em princípio, reconhece-se como necessária, pois, cotejada a multa fiscal com outras medidas alternativas, não vislumbramos outras capazes de atingir o mesmo objetivo com menor intensidade.

Por outro lado, uma multa qualificada pelo mero inadimplemento do tributo, sem restar comprovado intuito doloso por parte do contribuinte, embora adequada, não cumpre o requisito da necessidade.

As sanções políticas, conforme veremos adiante, constituem nítido exemplo de penalidades, cujo exame da proporcionalidade poderá exigir a apreciação dos três subprincípios, a fim de concluir pela sua inconstitucionalidade.

Sem dúvida, a grande maioria das medidas punitivas de cunho político é adequada e necessária, uma vez que promove o objetivo previsto pela norma sancionatória, consistente em evitar a prática de infrações tributárias e punir as já praticadas, bem como nenhuma outra sanção material alternativa possuiria tamanha eficácia sobre os contribuintes.

Contudo, mediante o sopesamento racional que a proporcionalidade em sentido estrito exige, verificar-se-á que a sanção política é desproporcional, porquanto, ponderando valores positivados no texto constitucional, não há como deixar de privilegiar o devido processo legal (adjetivo), a liberdade profissional, a livre iniciativa e a propriedade privada, ainda que tal decisão venha a resultar em uma menor arrecadação tributária.

O princípio da proporcionalidade, portanto, consubstancia uma regra aplicada, principalmente, nas hipóteses em que o Estado emite um ato que, conquanto voltado para assegurar um direito individual ou coletivo, resulte na restrição a outros direitos fundamentais. A proporcionalidade almeja, basicamente, que nenhum ato estatal restrinja direitos de forma desproporcional, sujeito, por conseguinte, ao exame da adequação, da necessidade e da proporcionalidade em sentido estrito. Trata-se de uma *restrição às restrições*.[182]

É preciso ter em mente que, em termos técnico-jurídicos, a proporcionalidade não se identifica com a razoabilidade.

A distinção entre esses princípios não se reduz à mera preferência terminológica, como bem elucidado pelo constitucionalista Virgílio Afonso da Silva, diferenciando-os em sua forma de aplicação:

> A regra da proporcionalidade no controle das leis restritivas de direitos fundamentais surgiu por desenvolvimento jurisprudencial do Tribunal Constitucional alemão e não é uma simples pauta que, vagamente, sugere que os atos estatais devem ser razoáveis, nem uma simples análise entre meio-fim. Na forma desenvolvida pela jurisprudência constitucional alemã, tem ela uma estrutura racionalmente definida, com sub-elementos independentes – a análise da adequação, da necessidade e

---

182. SILVA, Virgílio Afonso da. O proporcional e o razoável. *Revista dos Tribunais*, São Paulo, Revista dos Tribunais, ano 91, n. 798, abr. 2002, p. 24.

> da proporcionalidade em sentido estrito – que são aplicados em uma ordem pré-definida, e que conferem à regra da proporcionalidade a individualidade que a diferencia, claramente, da mera exigência da razoabilidade (...). A regra da proporcionalidade é, portanto, mais ampla do que a regra da razoabilidade, pois não se esgota no exame da compatibilidade entre meios e fins (...).[183]

A invocação à razoabilidade consiste em recurso muito mais retórico do que o princípio da proporcionalidade.

Embora este também revele a vaguidade e a imprecisão próprias dos princípios-valores, dificultando sua delimitação de maneira objetiva, o controle da proporcionalidade de determinado ato jurídico constitui um procedimento mais bem estruturado, com uma real e mais efetiva comparação entre os meios utilizados e os fins colimados.

A simples alegação da razoabilidade reflete muito mais uma fundamentação pressuposta, ao contrário da proporcionalidade, cujos requisitos da adequação, necessidade e proporcionalidade em sentido estrito permitem um exame mais atilado, rigoroso e racional do caso concreto.

O conceito de razoabilidade, por corresponder tão somente a um dos subprincípios da proporcionalidade, especificamente ao requisito da adequação (compatibilidade entre meio e fim), não se revela um instrumento tão rigoroso quanto a proporcionalidade na análise do caso concreto.

Infelizmente, o Supremo Tribunal Federal, na grande maioria dos julgados, quando aplica o princípio da proporcionalidade em face do caso concreto, abstém-se da análise das três sub-regras, invocando, na verdade, um mero apelo à razoabilidade.[184]

---

183. Idem, p. 30-32.

184. "(...) OFENSA AO PRINCÍPIO DA PROPORCIONALIDADE. O Poder Público, especialmente em sede de tributação, não pode agir imoderadamente, pois a atividade estatal acha-se essencialmente condicionada pelo princípio da razoabilidade, que traduz limitação material à ação normativa do Poder Legislativo. - O Estado não pode legislar abusivamente. A atividade legislativa está

O princípio da proporcionalidade figura como um mecanismo extremamente útil de controle à fixação e imposição de sanções. Ainda que o *ius puniendi* sirva para reprimir ilicitudes, a violação de um direito não justifica a estipulação de uma sanção arbitrária, pois esta deve ser adequada para o alcance das finalidades normativas e necessária enquanto meio eficaz e menos oneroso, dentre outros de igual eficiência.

Ademais, o resultado por ela obtido deve justificar, na justa medida, a restrição do direito, atendendo à proporcionalidade em seu sentido estrito.

Os dois últimos subprincípios da proporcionalidade assumem relevante papel na imposição de sanções de forma individualizada, segundo as condições específicas do caso concreto.

Deveras, a sua dosimetria de forma proporcional à gravidade do ilícito é condição *sine qua non* de sua legitimidade.

Decorre do próprio papel instrumental da sanção o direito do infrator de se submeter a uma penalidade proporcional à infração por ele praticada.

É corolário da "teoria geral do direito das penas" que toda penalidade deve ser proporcional à gravidade do ilícito.

Nesse mesmo sentido, também já se manifestou há muito a Corte Máxima do nosso Poder Judiciário, assegurando a

---

necessariamente sujeita à rígida observância de diretriz fundamental, que, encontrando suporte teórico no princípio da proporcionalidade, veda os excessos normativos e as prescrições irrazoáveis do Poder Público. O princípio da proporcionalidade, nesse contexto, acha-se vocacionado a inibir e a neutralizar os abusos do Poder Público no exercício de suas funções, qualificando-se como parâmetro de aferição da própria constitucionalidade material dos atos estatais. (BRASIL. Supremo Tribunal Federal. *Questão de Ordem em Medida Cautelar em Ação Direta de Inconstitucionalidade nº 2.551-1/MG*. Relator: Ministro Celso de Mello. Julgamento: 02 abr. 2006. Órgão Julgador: Tribunal Pleno. Publicação: DJ 20 abr. 2006).
Outros julgamos do STF no mesmo sentido: HC 86424, HC 93250 e RE 233600.

"graduação de multa de acordo com a gravidade da infração e com a importância desta para os interesses da arrecadação".[185]

Importante salientar que o princípio da proporcionalidade, enquanto decorrência lógica do Estado de Direito, constitui baliza imposta pelo ordenamento não só ao aplicador do Direito em face do caso concreto, mas também ao legislador que deve nele pautar-se ao estabelecer sanções e seus respectivos montantes.

É neste contexto que o efetivo ingresso de recursos ao Erário por meio da aplicação de penalidade, ainda que em prol do interesse público, não justifica sacrificar, a qualquer custo, outros bens e direitos do sujeito passivo tutelados pelo constituinte que assim pretendeu garanti-los, ao enunciar os princípios gerais da ordem econômica, a valorização do trabalho, a livre iniciativa, a propriedade privada e a observância do devido processo legal.

Acerca da limitação dos bens jurídicos na aplicação de sanções é majestosa a conclusão de Helenilson Cunha Pontes:

> Diante deste aspecto do princípio da proporcionalidade (proporcionalidade em sentido estrito), o intérprete-aplicador do Direito verifica se a limitação sofrida por um bem jurídico constitucionalmente tutelado, como consequência de uma medida estatal (fundada na busca de um interesse público válido 'a priori'), justifica-se concretamente diante dos objetivos gerais traçados no sistema constitucional. Investiga-se, concretamente, a existência de fundamento constitucional para o grau de limitação imposto a um bem jurídico constitucionalmente tutelado, como justificativa para a busca de finalidade protegida por outro bem constitucional.[186]

---

185. BRASIL. Supremo Tribunal Federal. *Recurso Extraordinário n° 57.904/SP*. Relator: Min. Evandro Lins e Silva. Julgamento: 25 abr. 1966. Órgão Julgador: Primeira Turma. Publicação: RTJ 37, 24 jun. 1966, p. 296.

186. PONTES, Helenilson Cunha. *O princípio da proporcionalidade e o direito tributário*. São Paulo: Dialética, 2000, p. 70.

Com efeito, na imposição de sanções, a penalidade não pode ser excessiva, relativamente ao ilícito praticado contra o Erário e ao benefício obtido pelo contribuinte com a conduta infringente.

Não é por outro motivo que o legislador federal vedou a imposição de sanções desproporcionais à infração cometida, nos moldes do que dispõe o art. 2º, parágrafo único, inciso VI, da Lei nº 9.784/99.[187]

A sanção afinada ao princípio da proporcionalidade e, em última análise, ao devido processo legal substantivo (art. 5º, inciso LIV, da CF), é somente aquela que consiste em um instrumento de maximização dos comandos legais – constranger, preventivamente, a cumprir o dever jurídico e punir a conduta ilícita praticada –, mediante a menor limitação aos bens juridicamente protegidos – propriedade, livre iniciativa, liberdade de exercício da profissão, igualdade, dentre outros.

Pois bem. O princípio da proporcionalidade, construído com base no art. 5º, inciso LIV, da CF, e decorrendo, portanto, do arranjo de direitos e garantias fundamentais prescritos na Carta Suprema, impõe uma sanção adequada para promover a finalidade pretendida e necessária para assegurar, eficazmente, o direito violado, sacrificando, ao menor custo, os bens jurídicos do sujeito passivo.

E, ainda que a sanção seja adequada (compatibilidade entre meios e fins) e necessária (mais eficaz e menos onerosa dentre as possíveis alternativas), a sanção deve obedecer à proporcionalidade em sentido estrito, visto que as causas que deram ensejo à censura (a realização de um direito) devem ter relevância suficiente para justificar a restrição do direito

---

[187]. "Art. 2º A Administração Pública obedecerá, dentre outros, aos princípios da legalidade, finalidade, motivação, razoabilidade, proporcionalidade, moralidade, ampla defesa, contraditório, segurança jurídica, interesse público e eficiência. Parágrafo único. Nos processos administrativos serão observados, entre outros, os critérios de: (...) VI - adequação entre meios e fins, vedada a imposição de obrigações, restrições e sanções em medida superior àquelas estritamente necessárias ao atendimento do interesse público; (...)".

atingido (ponderação entre as vantagens dos meios e as desvantagens dos fins).

4.9. O princípio da vedação ao confisco enunciado no art. 150, IV, da CF e as multas tributárias

O confisco configura, em termos gerais, uma punição consistente na adjudicação de bens ao patrimônio do Estado. Por consubstanciar uma punição, o ato confiscatório pressupõe, além de autorização pelo sistema do direito positivo, uma ilicitude, vale dizer, uma conduta tipificada como infração.

O constituinte autorizou o procedimento confiscatório na utilização de bens para o plantio de entorpecentes (art. 243, *caput* e parágrafo único, da CF) e na hipótese de aplicação da sanção penal (art. 5º, incisos XLV e XLVI, alínea 'b', da CF).

Na esfera fiscal, contudo, a Carta Magna, no seu art. 150, inciso IV,[188] é expressa em determinar a vedação ao confisco às relações jurídico-tributárias, configurando uma limitação ao poder do Estado na instituição e na cobrança dos tributos.

A previsão da vedação ao confisco faz-se necessária na exigência dos tributos na medida em que a obtenção de recursos para custear os gastos públicos, por meio da tributação, deve ser compatível com a livre iniciativa e com o direito à propriedade.

Ora, se a atividade do particular cumpre o papel de suporte geral da tributação, a mera instituição de um tributo confiscatório impediria seu exercício. "Tem-se, pois, que a garantia do não confisco é na verdade um reforço, ou mesmo uma explicitação da garantia do exercício da atividade econômica."[189]

---

188. "Art. 150. Sem prejuízo de outras garantias asseguradas ao contribuinte, é vedado à União, aos Estados, ao Distrito Federal e aos Municípios: (...) IV – utilizar tributo com efeito de confisco. (...)"

189. MACHADO, Hugo de Brito. Tributo com efeito de confisco. *Revista Dialética*

AS SANÇÕES NO DIREITO TRIBUTÁRIO

No que tange às multas fiscais, cuja aplicação tem como pressuposto uma conduta ilícita, parece-nos que a vedação ao confisco não constitui, por si só, uma garantia.

Se a finalidade das sanções consiste em desestimular e castigar condutas reprováveis, admitir a incidência de multas com efeito de confisco, em determinadas hipóteses, torna-se medida imperativa para prevenir e punir, efetivamente, a prática de ilícitos.

Ainda que não haja um enunciado específico autorizador de multa fiscal confiscatória na Constituição Federal, uma interpretação sistemática dos seus enunciados leva-nos à conclusão de que, em hipóteses excepcionais de condutas ilícitas nefastas, com nítido intuito fraudulento, o ordenamento jurídico autoriza a imputação de multas com efeito de confisco.

A supremacia do interesse público sobre o interesse do particular, frise-se, interesse este com finalidades, conscientemente, contrárias à lei, torna indispensável a possibilidade de aplicação de multas excessivas, pois a multa, neste caso, cumprirá seu papel punitivo, repressor de condutas, na sua maior intensidade, devendo representar um encargo extremamente significativo, ainda que subtraia o patrimônio de forma avultante.

Entender de forma diversa é, em última instância, ser conivente com a impunidade.

A propósito do explicitado destacamos:

> (...) A sanção deve ser proporcional ao ilícito cometido e desestimular a sua prática, para que se realize sua função repressiva e punitiva. Os limites subjetivos dessas infrações (condutas dolosas) tornam os limites da proibição de efeito confiscatório mais permeáveis e elásticos do que se entenderia como razoável, caso

de *Direito Tributário* – RDDT, São Paulo, Dialética, n. 166, jul. 2009, p. 93-113.

se tratasse de uma infração objetiva. Não se revela consentâneo com o ideal de justiça tributária penalizar em patamar semelhante o contribuinte que deixa de pagar ou de declarar o tributo, sem intuito doloso, e o contribuinte que sonega, frauda ou age em conluio. (...) Nessa senda, o percentual de 150% a título de multa, nos casos de sonegação, fraude ou conluio é razoável, justamente porque se dirige a reprimir condutas evidentemente contrárias não apenas aos interesses fiscais, mas aos interesses de toda a sociedade".[190]

Os direitos e liberdades garantidos ao indivíduo pela Constituição Federal devem ser exercidos de forma correta, sem repercutir negativamente na sociedade.

Em contrapartida, caso seu exercício seja realizado, dolosamente, com finalidades ilícitas, prejudicando a coletividade, nada mais justo que o sujeito passivo sofra sanções severas, ainda que a punição venha a obstaculizar o exercício pleno desses direitos e liberdades.

Não se está negando que a livre iniciativa e a propriedade privada, dentre outros, constituem garantias e direitos fundamentais, mas, sim, considerando que não são absolutos.

Sua essência "fundamental" é mitigada quando exercidos pelo indivíduo, dolosamente, em detrimento de todos os demais.

---

190. BRASIL. Tribunal Regional Federal 4ª Região. *Arguição de Inconstitucionalidade nº 1070/SC* 2005.72.06.001070-1. Relator: Joel Ilan Paciornik. Julgamento: 27 ago. 2009. Órgão Julgador: Corte Especial. Publicação: DE 14 set. 2009.
Há também de aqui mencionar as colocações feitas pelos Min. Joaquim Barbosa, em decisão nos autos do RE 640.452 (06/10/2011), em que se reconheceu a repercussão geral de "multa isolada" decorrente de infração à dever instrumental: "Omissões intencionais, destinadas a ocultar a ocorrência do fato gerador ou diminuir dolosamente tributo que se sabe devido costumam ser punidas com rigor. Não é incomum que o valor da multa alcance até o triplo da quantia que o contribuinte comprovadamente pretendeu sonegar (a prova da intenção específica de sonegação é requisito para a exacerbação da pena pecuniária) (...)". (BRASIL. Supremo Tribunal Federal. Recurso Extraordinário nº 640.452/RO. Relator: Ministro Joaquim Barbosa. Julgamento: 07 out. 2011. Órgão Julgador: Plenário Virtual. Publicação: DJE 06 dez. 2011).

AS SANÇÕES NO DIREITO TRIBUTÁRIO

Nesses casos, uma multa excessiva que atinja o patrimônio de sorte a reduzi-lo está em consonância com os valores preconizados na Constituição Federal: justiça, igualdade, supremacia do interesse público sobre o interesse privado, proporcionalidade etc.

Não obstante a possibilidade de cogitar-se multas fiscais confiscatórias, sua aplicação há de ser conformada ao devido processo legal substantivo, configurando medida punitiva extrema, autorizada em *casos excepcionais*, cuja *ilicitude* comprovada seja de *alta reprovação*.

Queremos, com isso, dizer que a multa confiscatória, isto é, a sanção pecuniária que constranja substancialmente o patrimônio do sujeito passivo é vedada pelo ordenamento quando sua exigência ultrapassa os *limites da proporcionalidade* para desestimular a conduta ilícita e punir o infrator.

Seguindo idêntica linha de pensamento, o Conselho de Contribuintes, atualmente denominado Conselho Administrativo de Recursos Fiscais, admitiu a aplicação de um "não confisco genérico" às penalidades, porém apenas naqueles casos em que a sanção é fixada em níveis *excessivos*, ou seja, quando contraria o princípio da proporcionalidade.[191]

---

191. "(...) DIREITO ADMINISTRATIVO SANCIONADOR. NÃO CONFISCATORIEDADE DA MULTA E DOS JUROS DE MORA. O Princípio Constitucional do Não-Confisco (Constituição, art. 150, IV) é aplicável exclusivamente aos tributos, não se estendendo às penalidades e aos juros. É possível cogitar-se da aplicação de Não-Confisco Genérico às penalidades e aos juros, como decorrência da proteção constitucional ao direito de propriedade (Constituição, art. 5º, XXII e 170, II), contudo apenas em face de um exagero irrecusavelmente exorbitante. (...)" (BRASIL. *Acórdão nº 201-76731. Recurso nº 120.469*. Relator: Serafim Fernandes Corrêa. Julgamento: 30 jan. 2003. Órgão Julgador: 1ª Câmara do 2º Conselho de Contribuintes. Publicação: DOU 02 mar. 2004).

De forma semelhante, foi o entendimento do Supremo Tribunal Federal na ADI nº 551/RJ[192] e na ADI nº 1.075.[193]

Numa leitura apressada dos julgados, supõe-se que a Corte Suprema acolheu a tese jurídica no sentido de que o princípio da vedação ao confisco, esculpido no art. 150, inciso IV, da CF, aplica-se às multas fiscais.

Porém, num exame mais atento, é possível deduzir que o Supremo Tribunal Federal invocou o princípio da proporcionalidade, na acepção emprestada do devido processo legal substantivo, como critério para apurar se as multas confiscatórias fixadas pela legislação obedecem à Constituição Federal.

Na própria ementa da ADI nº 551/RJ, restou consignado que "a *desproporção* entre o desrespeito à norma tributária e sua consequência jurídica, a multa, evidencia o caráter

---

192. "O eventual caráter de confisco de tais multas não pode ser dissociado da *proporcionalidade* que deve existir entre a violação da norma jurídica tributária e sua consequência jurídica, a própria multa. Desse modo o valor mínimo de duas vezes o valor do tributo como consequência do não recolhimento apresenta-se *desproporcional*, atentando contra o patrimônio do contribuinte, com efeito de confisco. Igual *desproporção* constata-se na hipótese de sonegação, na qual a multa não pode ser inferior a cinco vezes o valor da taxa ou imposto, afetando ainda mais o patrimônio do contribuinte" (BRASIL. Supremo Tribunal Federal. *Ação Direta de Inconstitucionalidade nº 551-1/RJ*, Relator: Ministro Ilmar Galvão. Julgamento: 24 out. 2002. Órgão Julgador: Tribunal Pleno. DJ 14 fev. 2003, grifos nossos).

193. "A proibição constitucional do confisco em matéria tributária – ainda que se trate de multa fiscal resultante do inadimplemento, pelo contribuinte, de suas obrigações tributárias – nada mais representa senão a interdição, pela Carta Política, de qualquer pretensão governamental que possa conduzir, no campo da fiscalidade, à injusta apropriação estatal, no todo ou em parte, do patrimônio ou dos rendimentos dos contribuintes, comprometendo-lhes, pela insuportabilidade da carga tributária, o exercício do direito a uma existência digna, ou a prática de atividade profissional lícita ou, ainda, a regular satisfação de suas necessidades vitais básicas. – O Poder Público, especialmente em sede de tributação (mesmo tratando-se da definição do "quantum" pertinente ao valor das multas fiscais), não pode agir imoderadamente, pois a atividade governamental acha-se essencialmente condicionada pelo princípio da razoabilidade que se qualifica como verdadeiro parâmetro de aferição da constitucionalidade material dos atos estatais. (...)" (BRASIL. Supremo Tribunal Federal. *Ação Direta de Inconstitucionalidade 1075 MC*, Relator: Min. Celso de Mello. Julgamento: 17 jun. 1998. Órgão Julgador: Tribunal Pleno, Publicação: DJ 24 nov. 2006).

confiscatório desta."

Como vê-se, não se decidiu, exclusivamente, com base no art. 150, IV, declarando-se a inconstitucionalidade da multa confiscatória em razão de sua desproporcionalidade.

Logo, podemos afirmar que as multas fiscais podem ser, excepcionalmente, confiscatórias, encontrando limites no próprio princípio da proporcionalidade, pois a dimensão pecuniária das sanções deve ser fixada dentro dos parâmetros de gravidade da conduta ilícita praticada.

Na mesma linha, são os ensinamentos de Estevão Horvath, com a preciosidade de sempre:

> É grande a tentação de procurar enquadrar quantia excessiva imposta como penalidade pela legislação tributária dentro da moldura do princípio da não-confiscatoriedade. Contudo, o rigor científico que entendemos deva prevalecer numa abordagem que se pretende científica nos afasta dessa possibilidade.
>
> (...) tributo não é multa e o princípio da não-confiscatoriedade proclamado pelo art. 150, IV, da Constituição reporta-se àquele e não a esta.
>
> (...) Todavia, esta circunstância, aliada ao cunho exemplar que fundamenta a aplicação de qualquer sanção negativa, não deve impedir que o legislador (assim como o juiz e mesmo o administrador, quando for o caso) aja com razoabilidade na sua determinação.[194]

4.9.1. A multa tributária confiscatória (des)proporcional: necessário sopesamento do dado concreto

Ainda a respeito do tema, é preciso ter em mente que delimitar o que entende-se por confisco é tarefa bastante espinhosa, conforme adverte Paulo Ayres Barreto ao tratar do princípio da vedação de tributo com efeito confiscatório:

---

194. HORVATH, Estevão. *O princípio do não-confisco no direito tributário*. São Paulo: Dialética, 2002, p. 114-116.

Consagrando verdadeiro valor, o princípio que veda o confisco é de difícil delimitação. (...) Identificar (...) o limite, a partir do qual transmuda-se de uma tributação consentânea com os valores constitucionalmente prestigiados, para uma incidência de cunho confiscatório, é missão das mais árduas.[195]

Não é diferente quando quer-se aferir se uma multa é ou não confiscatória, bem assim se a respectiva aplicação deu-se na proporção da gravidade do ilícito praticado, haja vista a diversidade dos suportes fácticos ocorridos no plano fenomênico que demarcam as infrações tributárias. Além do mais, a forma adotada para o cálculo das multas varia de uma lei para outra: ora a prestação pecuniária é calculada com base em valores fixos, ora a base de cálculo das penalidades refere-se ao valor do tributo, ora corresponde ao conteúdo econômico do próprio fato jurídico tributário. Sem contar os diversos níveis em que são fixados os percentuais, atingindo, em casos extremos, 300% sobre a base de cálculo.

Disto decorre que, na grande maioria das vezes, a aferição do confisco e sua proporcionalidade somente é possível quando analisadas as peculiaridades do caso concreto. E, ainda assim, a subjetividade do aplicador estará presente.

Deflagrando a complexidade de expressar o confisco em termos definitórios, pondera o Ministro do Supremo Tribunal Federal, Celso de Mello:

> É certo que a norma inscrita no art. 150, inciso IV, da Constituição encerra uma cláusula aberta, veiculadora de conceito jurídico indeterminado, reclamando, em consequência, que os Tribunais, na ausência de 'uma diretriz objetiva e genérica, aplicável a todas as circunstâncias' (...) e tendo em consideração as limitações que derivam do princípio da proporcionalidade -, procedam à avaliação dos excessos eventualmente praticados pelo Estado. (...) não há uma definição constitucional de confisco em matéria tributária. Trata-se, na realidade, de um conceito aberto, a ser utilizado pelo juiz, com apoio em seu prudente critério,

---

195. BARRETO, Paulo Ayres. *Imposto sobre a renda e preços de transferência...* cit., p. 47.

quando chamado a resolver os conflitos entre o Poder Público e os contribuintes.[196]

Relativamente à multa de mora, cujo pressuposto é o pagamento do tributo fora do prazo legal, os Tribunais, com base em entendimento firmado há tempo pelo Supremo Tribunal Federal, definem que a multa moratória de até 30% sobre o valor do tributo não afronta a proporcionalidade e a vedação ao confisco.[197]

Importante destacar julgados que fundamentam-se, equivocadamente, nessa orientação da Corte para o exame de multas distintas àquelas denominadas multa de mora.[198]

O patamar de 30% fixado para a cominação de multa moratória assim restou delimitado, segundo a jurisprudência, pois associado à proporcionalidade que deve existir entre a infração (retardo no adimplemento) e sua consequência jurídica.

A hipótese de incidência das multas de mora não se confunde com os pressupostos fáticos das conhecidas como multas de ofício, *i.e.*, aquelas constituídas *ex officio* pelo Fisco.

Nesses casos, as multas incidem em decorrência do inadimplemento do tributo (ausência de pagamento), do descumprimento de deveres instrumentais (multas isoladas) ou, ainda, quando materializadas as infrações subjetivas, conforme estudo mais aprofundado adiante, no item 5.5.

---

196. BRASIL. Supremo Tribunal Federal. Recurso Extraordinário n° 754.554/GO, Relator: Ministro Celso de Mello. Julgamento: 22 out. 2013. Órgão Julgador: Segunda Turma. DJ 28 fev. 2013.

197. *Vide* RE n° 81.550/MG, julgado em 20/05/1975; RE n° 91.707/MG, julgado em 11/12/1979; RE n° 492842/RN, julgado em 28/10/2006; RE n° 239964, julgado em 15/04/2003; e RE n° 220.284, julgado em 16/05/2000.

198. *Vide* BRASIL. Tribunal Regional Federal 5ª Região. *Apelação cível n° 2005.80000060528*. Relator: Francisco Cavalcanti. Julgamento: 19 maio 2011. Órgão Julgador: Primeira Turma. Publicação: 27 maio 2011. Neste julgado, o Tribunal Federal aplica a orientação firmada pela Corte Suprema no tocante ao limite máximo da multa de mora à imposição de multa isolada, cuja situação fáctica é distinta daquela.

A complexidade de delimitar parâmetros para a quantificação das multas fiscais identifica-se, frequentemente, na imposição das sanções pecuniárias cominadas de ofício, cuja aferição da proporcionalidade será realizada segundo a gravidade dessas ilicitudes, adotando-se critérios de proporção distintos dos firmados para a fixação da multa de mora, tais como o embaraço à fiscalização, a má-fé do contribuinte e os prejuízos arcados pela fiscalização dos tributos em razão do descumprimento das obrigações acessórias.

Em uma breve análise da evolução jurisprudencial, verificam-se manifestações em sentidos diversos sobre a natureza confiscatória da multa de ofício, definindo-se percentuais variáveis de 50%, 100%, 150% e 200% sobre o valor do tributo.[199]

Em julgados posteriores, o Supremo Tribunal Federal tem adotado como limite, na hipótese de "multa punitiva", o valor devido pela própria obrigação tributária.[200]

Resta saber se essa orientação, vedando a dimensão da multa acima do valor da obrigação tributária principal, será aplicável a todos os casos de multas de ofício, vale dizer, se aproveitará tanto as infrações objetivas como as infrações subjetivas ou, ainda, aquelas situações, até porque contemplar idêntico percentual para situações fáticas distintas não nos parece o melhor caminho à luz do princípio da proporcionalidade.

---

199. Traduzindo essa complexidade trazemos julgados (i) fixando o limite de 100% sobre o tributo devido (STF ADI nº 551-1 24/10/2002; AI nº 796462/RS julgado em 07/02/2012; STJ RMS 29.302/GO, julgado em 16/06/2009, TRF4 AC 2007.70.00.019633-0, julgado em 26/10/2011); (ii) entendendo que a multa fiscal superior a duas vezes o valor do débito tributário tem efeito de confisco, ou seja, estabelecendo limite de 200% sobre o valor do tributo (AI 830.300 AgR, julgado em 06/12/2011); e (iii) outros limitando a 50% sobre o valor do tributo (TRF3 AC 1999.61.009264-5, julgado em 04/02/2010).
Ainda, O Superior Tribunal de Justiça, ante a existência de fraude na prática da infração tributária, entendeu que multa cominada à alíquota de 150% sobre o valor do tributo não é confiscatória (REsp 419.156/RS, julgado em 07/05/2002).

200. STF Ag. Reg. nº RE nº 833.106/GO, julgado em 25/11/2014; Ag. Reg. nº RE nº 602.686/PE, julgado em 09/12/2014 ; e Ag. Reg. ºn RE nº 836.828/RS, julgado em 16/12/2014.

Nesse ponto, convém lembrar que os parâmetros a serem fixados na cominação das multas isoladas decorrentes da inobservância de deveres instrumentais já constituem matéria objeto de repercussão geral pendente de definição pela Corte Maior (*vide* item 5.5.8.3).

Em vista de todo o exposto, o exercício da ilicitude no âmbito do Direito Tributário, cujas normas visam à arrecadação e à fiscalização de tributos em prol de uma coletividade, de um bem comum, se realizado dolosamente com o fito de não pagar o tributo, deve ser punido mediante sanção proporcional ao patamar de gravidade da conduta, sendo que fixar penalidade pecuniária com efeito de confisco pode ser uma medida necessária (eficaz), desde que, bem analisadas e sopesadas as peculiaridades do caso concreto, o dolo esteja plenamente caracterizado na conduta do infrator, revelando a punição conformidade ao dado concreto.

4.10. Os princípios da presunção de inocência e do *in dubio pro reo*

O princípio da presunção de inocência, esculpido no art. 5º, inciso LVII, da Constituição da República prescreve que "ninguém será considerado culpado até o trânsito em julgado da sentença penal condenatória".

Trata-se de postulado fundamental que preside toda a extensão do exercício da potestade punitiva do Estado,[201] inerente ao Estado Democrático de Direito e originário das ideias iluministas que pregavam ser preferível a absolvição de um culpado à condenação de um inocente.

---

201. Na esteira do nosso pensamento, conclui Paulo Roberto Coimbra Silva pela presença do princípio da presunção de inocência em qualquer ato estatal jurídico-repressivo: "Como princípio basilar retentor das potestades punitivas do Estado, em nenhum sentido justifica-se a restrição de sua abrangência ao processo penal, máxime ao se considerar que as sanções punitivas não são exclusivamente penais; ou seja, a repressão não é uma peculiaridade do Direito Penal, podendo manifestar-se nos mais diversos ramos jurídicos, mormente no tributário". (SILVA, Paulo Roberto Coimbra. *Direito tributário sancionador...* cit., p. 340).

Basicamente, esse princípio, ajustado à seara do Direito Tributário, determina que todo contribuinte ao qual o Fisco imputou a prática de um ilícito, lavrando o competente Auto de Infração, presume-se *inocente* até que comprovada, definitivamente, a ilicitude, afastando-se, com isso, qualquer prejulgamento.

A aplicabilidade desse princípio está relacionada, intimamente, à observância do devido processo legal que, consoante já explanado, impõe, além de um provimento justo, garantias processuais com igualdade de condições às partes, possibilitando ao suposto infrator impugnar as pretensões fazendárias, produzir provas em seu favor, bem como valer-se dos meios e dos recursos intrínsecos ao processo.

A diretriz básica do princípio da presunção de inocência é a de que a mera condição de acusado não autoriza a imposição de sanções, já que, ao final do processo, o suposto infrator poderá infirmar a conduta ilícita, cuja prática foi-lhe imputada.

Dado que o princípio da presunção de inocência seja permeável a qualquer exercício da potestade punitiva do Estado, sua aplicação deve ser conformada à própria natureza da relação intersubjetiva sobre a qual irá influir, especialmente no Direito Tributário, cuja atividade administrativa obedece a procedimentos e regras próprias.

Genericamente, a presunção de inocência faz recair o ônus da prova sobre a parte acusatória, assim o é no Direito Penal, como também no Direito Tributário.

Porém, enquanto naquele o encargo probatório compreende comprovar a materialidade e a culpabilidade da conduta, na seara fiscal não cabe à autoridade fazendária, salvo previsão em lei contrária, comprovar a presença de elementos subjetivos na conduta ilícita praticada pelo contribuinte, sendo suficiente ao agente competente demonstrar, por meio da linguagem das provas, os elementos materiais e objetivos da infração tributária, cuja ausência incumbe ao contribuinte acusado contraprovar.

AS SANÇÕES NO DIREITO TRIBUTÁRIO

Complementando o princípio da presunção de inocência, desponta o princípio *in dubio pro reo*, uma vez que, quando a Constituição erigiu a presunção de inocência à garantia constitucional, concedeu ao acusado o benefício da dúvida.

Não é por outra razão que o legislador tributário no art. 112 do CTN, com base no preceito constitucional, também favoreceu o contribuinte em caso de dúvida na interpretação e aplicação da norma primária sancionatória, conforme bem lembrado por Hector Villegas:

> Seguimos caminho e observamos outro grande princípio *in dubio pro reo*, se diz em direito penal. Em direito penal tributário *in dubio pro infractore*. E o que se quer dizer com isto? Que todos os problemas de interpretação de dúvidas, que surjam, devem ser resolvidos a favor do transgressor. O Código Tributário Nacional, em uma disposição que creio correta, o artigo 112, diz que as dúvidas sobre a materialidade do fato, sobre a imputabilidade, punibilidade, natureza e efeitos da pena quer dizer se rugir dúvidas na interpretação, ela será favorável ao infrator.[202]

Do enunciado do art. 112, interessa-nos a prescrição do *caput* combinado com o inciso IV, que põe em foco o consequente da norma primária sancionatória, *in verbis*:

> Art. 112. A lei tributária que define infrações, ou lhe comina penalidades, interpreta-se da maneira mais favorável ao acusado, em caso de dúvida quanto:
>
> (...)
>
> IV – à natureza da penalidade aplicável, ou à sua graduação. (...)

Aferimos da primeira parte do inciso IV que, diante da *dúvida quanto à natureza da penalidade cabível*, vale dizer, se o julgador questiona-se, dentre as penalidades dispostas na

---

202. VILLEGAS, Hector. Curso de Especialização em Direito Tributário (Aulas e Debates). In: ATALIBA, Geraldo; CARVALHO, Paulo de Barros. *VI Curso de Especialização em Direito Tributário* – Notas taquigráficas das aulas e debates. v. II. São Paulo, Pontifícia Universidade Católica de São Paulo. São Paulo: Resenha Tributária, 1978, p. 709.

lei, qual seria a prevista para a infração materializada, deverá aplicar a menos severa.

A segunda parte do referido inciso autoriza o aplicador, atento à individualidade dos fatos, a graduar a sanção em favor do infrator caso não esteja convencido de que a sanção cominada na lei tributária esteja graduada de forma proporcional à gravidade do ilícito praticado. É nesse contexto que deve ser compreendido o art. 112, IV, do CTN, pois, assim, harmonizado com os princípios constitucionais.

Deveras, se há dúvida acerca da sanção cabível e da sua graduação, a incerteza sobre a aplicação da norma geral e abstrata no caso concreto impede sua interpretação em prejuízo ao contribuinte, pelo contrário, impõe a construção da norma individual e concreta sancionatória que lhe é mais favorável, adaptada às circunstâncias objetivas e subjetivas do caso concreto.

CAPÍTULO 5 - CLASSIFICAÇÃO E ESPÉCIES DAS SANÇÕES TRIBUTÁRIAS

5.1. Classificações, em espécies, das sanções tributárias empreendidas pela doutrina

Primeiramente, importa traçar, ainda que de forma breve, algumas classificações de sanções tributárias em espécies empregadas pela doutrina.

Bernardo Ribeiro de Moraes[203] adota mais de um critério para distinguir as penalidades tributárias: a) quanto à sua gravidade, têm-se as penas privativas da liberdade,[204] a pena restritiva de direitos ou atividades e a pena privativa de patrimônio; b) quanto à função, classifica as sanções tributárias em compensatórias, repressivas ou preventivas e c) quanto às obrigações tributárias, as penalidades podem referir-se a faltas concernentes ao recolhimento do imposto, ao crédito do imposto, à documentação fiscal, aos livros fiscais, à inscrição, ao cadastro fiscal etc.

Quanto ao último critério classificatório adotado pelo autor, que leva em conta os deveres impostos ao sujeito passivo pela legislação tributária, parte da doutrina subdivide as

---

203. MORAES, Bernardo Ribeiro de. *Compêndio de direito tributário...* cit., p. 571.

204. O autor, ao tratar sobre as sanções tributárias, inclui nesta categoria as penas aplicadas em decorrência da prática de crimes fiscais.

sanções tributárias, segundo os ilícitos que a antecedem, em *materiais* (tributárias propriamente ditas), no caso de infrações à obrigação tributária principal, e *formais* (instrumentais), no caso de infrações que decorrem da transgressão aos deveres instrumentais em colaboração com a fiscalização.[205]

Ainda, Ruy Barbosa Nogueira identifica os tipos de sanções fiscais em

> conformidade com a natureza dos tributos, podendo os principais serem reunidos em penas pecuniárias, apreensões, perda de mercadorias, sujeição a controle especial de fiscalização e interdições.[206]

As classificações jurídicas concernem à Ciência do Direito, pois é o cientista quem, analisando a linguagem-objeto do direito positivo, identifica as unidades normativas e as agrupa segundo determinados critérios.

Contudo, algumas classificações, carentes de certo rigor, cedem diante de um exame mais crítico ou, mais grave, afastam-se da esfera jurídica. Daí porque, antes de distribuir normas em classes, faz-se imprescindível elucidar, brevemente, acerca do ato de classificar, para, em seguida, elaborarmos nossa proposta classificatória.

5.2. Classificações jurídicas: considerações necessárias

Segundo a Teoria das Classes, todo nome – palavra tomada voluntariamente "para designar indivíduos e seus atributos, num determinado contexto de comunicação"[207] –, seja

---

205. Adotam esse critério classificatório: JARACH, Dino. *Finanzas públicas y derecho tributario*. 2. ed. Buenos Aires: Abeledo-Perrot, 1996, p. 366; DENARI, Zelmo; COTA JÚNIOR, José Paulo da. *Infrações tributárias e delitos fiscais*. 3. ed. São Paulo: Saraiva, 1998, p. 78.

206. NOGUEIRA, Rui Barbosa. *Direito financeiro*... cit., p. 171.

207. CARVALHO, Paulo de Barros. *Direito tributário*: Linguagem e método... cit., p. 117.

geral ou individual, dá origem a uma classe de objetos.

O nome geral cria mais de um objeto, denotando uma classe de objetos que apresentam o mesmo atributo, enquanto que o individual cria apenas um, tal como dá-se nos nomes próprios.

Classificar é "ato de fala inerente ao conhecer",[208] consistente em separar os objetos em classes, segundo critérios diferenciadores.

Elaborar uma classificação é agrupar as espécies (denotação) com os respectivos gêneros segundo o atributo discriminador (conotação), denominado "diferença".[209]

Sobre o tema, acrescenta Paulo de Barros Carvalho: "a espécie é igual ao gênero mais a diferença específica (E = G + De)."[210]

Assim, adiantando algumas assertivas, quando afirmamos, por exemplo, que "a multa é uma sanção pecuniária", o termo *sanção* significa o gênero, e *pecuniária*, a espécie do gênero à qual nos referimos: as multas.

Todos os objetos que subsumem-se à conotação *sanção pecuniária* vão compor um conjunto que denominamos "denotação".

---

208. MOUSSALLÉM, Tárek Moysés. Classificação dos Tributos (uma visão analítica). In: *IV Congresso Nacional de Estudos Tributários* - IBET. "Tributação e Processo", realizado em 12-14 de dezembro de 2007. São Paulo: Noeses, 2007, p. 601-637.

209. "'Diferença' de uma espécie é aquela parte da conotação do nome específico, ordinário, especial ou técnico, que distingue a espécie em questão de todas as outras espécies de dado gênero a que em determinada ocasião nos referimos". (SANTI, Eurico Marcos Diniz de. Análise crítica das definições e classificações jurídicas... cit., p. 289-304).

210. CARVALHO, Paulo de Barros. IPI – Comentários sobre as Regras Gerais de Interpretação da Tabela NBM/SH (TIPI/TAB). *Revista Dialética de Direito Tributário* – RDDT, São Paulo, Dialética, n. 12, 1998, p. 54.

Toda classificação é definitória, delimitando duas classes: "a que atende e a que não atende ao critério do *definiens*."[211]

Havendo a diferença, é possível estabelecer classes (gêneros).

Observamos, ainda, que há nomes que não são exclusivamente gêneros ou apenas espécies, assumindo ora a posição de gênero relativamente à espécie ou subclasse que contém, ora aparecendo como a própria espécie em relação a uma classe mais abrangente. Por exemplo, temos que as sanções jurídicas, junto com as não jurídicas (sanção moral, sanção religiosa etc.), constituem espécies do gênero "sanção".

Ao mesmo tempo, as sanções jurídicas constituem gênero de que são espécies as sanções tributárias e as sanções não tributárias (sanções civis, sanções penais, sanções ambientais etc.).

5.3. A classificação da sanção tributária em espécies segundo o caráter pecuniário: nossa proposta classificatória

As considerações acima enunciadas são de extrema utilidade para o estudo e a compreensão da linguagem do direito positivo, porquanto, na qualidade de fenômeno comunicacional, o Direito posto também faz uso das palavras/nomes para designar fatos, indivíduos e coisas.

Na nossa proposta classificatória do gênero "sanção tributária", procedemos ao processo de divisão do conceito, mediante a eleição de um único critério segregador, atendendo, assim, aos postulados da Lógica Clássica.

Sobre a *divisão lógica*, ensina Paulo Ayres Barreto:

---

211. SANTI, Eurico Marcos Diniz de. Análise crítica das definições e classificações jurídicas... cit., p. 289-304.

Na divisão lógica, as classes coordenadas devem ser formadas a partir da eleição de um, e somente um, fundamento para divisão (*fundamentum divisionis*). Trata-se de regra ou fundamento aplicável a toda classificação, jurídica ou de qualquer natureza. É fundamento próprio da teoria das classes, que não pode ser descurado nas classificações jurídicas. A eleição, de forma concomitante, de mais de um fundamento para dividir implica a chamada falácia da divisão cruzada.[212]

Em atendimento aos nossos interesses científicos, edificamos a classificação das sanções tributárias, decorrentes do descumprimento da obrigação de pagar tributo ou da inobservância dos deveres instrumentais, adotando como critério classificador o seu *caráter pecuniário*, dividindo-as, com isso, nas seguintes subclasses: a das sanções tributárias pecuniárias (multas) e a das sanções tributárias não pecuniárias (conhecidas como sanções restritivas de direitos ou interventivas).[213]

Neste mesmo rumo, manifesta Paulo Roberto Coimbra que

> as sanções puramente tributárias, imputadas à prática de infrações materiais e/ou formais, (...) se dividem em duas categorias: sanções pecuniárias e sanções não-pecuniárias.[214]

De forma semelhante, é também a classificação procedida por Heleno Taveira Tôrres:

> No espaço das sanções administrativas em matéria tributária, cumpre distinguir as seguintes modalidades: i) sanções

---

212. BARRETO, Paulo Ayres. Contribuições. Regime jurídico, destinação e controle. São Paulo: Noeses, 2006, p. 52.

213. Tárek Moussallém, ao tratar da forma mais elementar de classificar, colaciona as regras fundamentais para a divisão, quais sejam: "(a) deve haver somente um *fundamentum divisionis* em cada operação; (b) as classes coordenadas devem se excluir mutuamente; (c) as classes coordenadas devem esgotar coletivamente a superclasse; (d) as operações sucessivas da divisão devem ser efetuadas por etapas graduais; (e) as diferenças devem resultar da definição do dividido", isto é, as subclasses decorrem das características definitórias do termo a ser dividido. (MOUSSALLÉM, Tárek Moysés. Classificação dos tributos... cit., p. 601-637).

214. SILVA, Paulo Roberto Coimbra. *Direito tributário sancionador...* cit., p. 112.

> patrimoniais (multas) e ii) sanções não-patrimoniais de caráter interventivo, mais conhecidas como 'sanções políticas' (restrições de direitos, perdimento, imputações de deveres formais mais gravosos, perda de benefícios). (...) Não adotamos a expressão 'sanção política' para dizer das modalidades de sanções administrativas não-patrimoniais de caráter interventivo, por entendermos que aquelas somente serviriam para identificar as sanções cujo procedimento de aplicação superasse os limites constitucionais ou legais ou não fosse contemplada em lei prévia, o que não é o caso.[215]

Dissecando essas espécies de sanções administrativas tributárias, analisaremos, em um primeiro momento, as sanções não pecuniárias, aquelas que culminam restrições de direito, imputações de deveres formais mais gravosos, perda de benefícios etc., em cujas categorias incluem-se, por exemplo, a apreensão e perdimento de bens e os regimes especiais de controle e fiscalização, para, em seguida, tratarmos das sanções pecuniárias (multas fiscais).

5.4. As sanções tributárias não pecuniárias

Em relação a essa classe de penalidades, pontua Daniel Ferreira as seguintes espécies de sanções atinentes à esfera do Direito Administrativo:

> i) restritivas de liberdade (prisões de militares etc.); ii) restritivas de atividades, cujos exemplos coincidem com as sanções políticas, inabilitação, perda ou suspensão de direitos, interdição ou fechamento de estabelecimentos, intervenção administrativa, suspensão do direito de licitar ou de contratar, dentre outros; iii) restritivas de patrimônio moral (advertências, representações etc.); iv) restritivas de patrimônio econômico, das quais são exemplos as perdas de bens, o que podem vir sob a espécie de típicas sanções políticas.[216]

---

215. TÔRRES, Heleno Taveira. Pena de perdimento de bens e sanções interventivas em matéria tributária... cit., p. 55-76.

216. FERREIRA, Daniel. *Sanções administrativas*. São Paulo: Malheiros, 2001, p. 47.

No que tange às sanções tributárias não pecuniárias, segundo a classificação acima prosseguida, a qual, frise-se, não atende às regras lógicas que informam a teoria das classes, observamos o emprego de todas, salvo as sanções restritivas de liberdade, que têm fértil aplicação no seio do Direito Penal.

São exemplos de sanções não pecuniárias no Direito Tributário: i) perdimento de bens; ii) apreensão de mercadorias; iii) indeferimento de CND; iv) regime especial de controle e fiscalização e v) as denominadas "sanções políticas".

Cumpre, assim, examiná-las e delimitar algumas de suas variantes, sua legitimidade, conteúdo, efeitos e limites no interior do ordenamento jurídico vigente.

5.4.1. As sanções restritivas de direitos e o exercício do *poder de polícia* pela Administração

A atuação administrativa concernente ao controle e à fiscalização das atividades dos particulares e, eventualmente, à aplicação de sanções corresponde à atividade do Poder Público desenvolvida sob a égide do *poder de polícia*.

O *poder de polícia* conferido à Administração serve para condicionar e restringir, por meio de atos administrativos ou regulatórios, o exercício dos direitos da liberdade e da propriedade em prol da coletividade, compatibilizando-os, assim, com o bem estar social.

Na visão de Celso Antonio Bandeira de Mello, o *poder de polícia* do Estado

> abrange tanto atos do Legislativo quanto do Executivo. Refere-se, pois, ao complexo de medidas do Estado que delineia a esfera juridicamente da liberdade e da propriedade dos cidadãos.[217]

---

217. MELLO, Celso Antônio Bandeira de. *Curso de direito administrativo*. São Paulo: Malheiros, 2007, p. 788.

No tocante ao regime jurídico-tributário, o legislador complementar, no art. 78 do CTN,[218] positivou a definição de *poder de polícia*

> sobremodo alargada, albergando tanto a edição de lei ou de regulação das matérias que servem de objeto, quanto à fiscalização e às sanções aplicáveis em cada caso.[219]

Dentre essa gama de atividades, atrai nossa atenção a função fiscalizadora, em sede da qual, constatada alguma irregularidade, cabe ao agente fiscal cominar a sanção adequada, sempre respeitando os limites de sua competência.

É inconteste a importância do poder estatal fiscalizatório, fruto do *poder de polícia*, na prevenção de condutas em desacordo com a legislação, incompatíveis com o interesse público, funcionando as sanções restritivas como instrumento eficiente para reprimir as ilicitudes.

Contudo, o exercício do *poder de polícia* por parte da Administração, regulando, condicionando e restringindo a esfera dos administrados, deve ser feita de forma ponderada e adequada diante do caso concreto, atendendo aos ditames da legalidade e da proporcionalidade (adequação, necessidade e proporcionalidade em sentido estrito), limites instransponíveis ao seu exercício, como bem assevera Heleno Taveira Tôrres:

> Num Estado Democrático de Direito, não se pode admitir o poder de polícia como instrumento de confisco ou de restrição de liberdades sem justificativas evidentes. Por isso, tais atos

---

218. "Art. 78. Considera-se poder de polícia atividade da administração pública que, limitando ou disciplinando direito, interêsse ou liberdade, regula a prática de ato ou abstenção de fato, em razão de interesse público concernente à segurança, à higiene, à ordem, aos costumes, à disciplina da produção e do mercado, ao exercício de atividades econômicas dependentes de concessão ou autorização do Poder Público, à tranquilidade pública ou ao respeito à propriedade e aos direitos individuais ou coletivos."

219. TÔRRES, Heleno Taveira. Pena de perdimento de bens e sanções interventivas em matéria tributária... cit., p. 55-76.

interventivos somente serão legitimados quando for o único modo para atingir a finalidade de garantia do interesse público na espécie. E, desse modo, sempre que respeitados os direitos individuais, bem como, na delimitação das sanções, os princípios de proporcionalidade e de legalidade, o legislador poderá recorrer a uma atuação direta sobre a propriedade ou atividade do administrado, visando a reprimir o abuso praticado mediante impedimentos ou restrições ao exercício de direitos.[220]

A resistência ao recurso das sanções restritivas de direitos com o intuito de instigar o cumprimento dos deveres tributários é justificável à luz dos valores contemplados na Carta Constitucional, sobretudo os enunciados axiológicos que visam a preservar a liberdade e a propriedade.

Acrescenta-se, ainda, a existência de uma série de outros meios ordenados ao Fisco para exigir a conduta devida e o fato de que, conforme a natureza e a intensidade do expediente sancionatório adotado, a capacidade de solvibilidade do contribuinte poderá ser, significadamente, comprometida, inclusive para o pagamento de tributos a incidir sobre eventos tributários futuros.

No âmbito do Direito Tributário, fazem vezes de sanções restritivas de direitos tipicamente de *poder de polícia*, por exemplo, a sanção de *perdimento* e de *apreensão de bens e mercadorias*, a *recusa de expedição de Certidão Negativa de Débito* e o *regime especial de controle e fiscalização*.

Dada a afetação que estas podem gerar sobre a propriedade e liberdade dos particulares, importa-nos analisar em que medida é possível recorrer a tal modalidade de penalidade com o propósito de aplicar sanções tributárias, seja a título de garantir a satisfação parcial ou integral do crédito tributário ou de reação a descumprimento de deveres instrumentais.

Contudo, antes de adentramos à análise dessas espécies de sanções restritivas, faz-se mister o prévio estudo sobre as denominadas "sanções políticas", caracterizadas

---

220. Idem.

quando a Administração faz uso de medidas restritivas de direitos, de cunho coercitivo, em afronta a direitos e garantias fundamentais.

5.4.2. A inconstitucionalidade das "sanções políticas" como instrumento para compelir o sujeito passivo ao pagamento do tributo

No campo da competência tributária, encontra-se a aptidão do ente político tributante de disciplinar a atuação das autoridades administrativas em matéria de fiscalização dos deveres tributários (art. 194 do CTN).[221]

Ao exercê-la, não pode o legislador ignorar princípios e garantias constitucionais a pretexto de criar meios arrecadatórios mais eficientes, necessitando buscar um equilíbrio entre o direito de fiscalizar e aqueles direitos e garantias assegurados aos contribuintes.

Na seara do Direito Tributário, denominam-se "sanções políticas" os constrangimentos inconstitucionais levados a efeito pela Administração no intuito de forçar o sujeito passivo ao pagamento do tributo.

Trata-se de um desvio da potestade tributário-punitiva do Poder Público. Sua imposição está intimamente relacionada com os limites outorgados à Administração no seu exercício do *poder de polícia*, mormente o de fiscalizar as atividades dos contribuintes, a fim de apurar a regularidade no cumprimento das obrigações tributárias e dos deveres instrumentais.

Em termos genéricos, as sanções políticas compreendem as medidas restritivas de direitos impostas pela própria Administração ao sujeito passivo, que têm como escopo obrigá-lo, por via oblíqua, a recolher a exação tributária em favor

---

221. "Art. 194. A legislação tributária, observado o disposto nesta Lei, regulará, em caráter geral, ou especificamente em função da natureza do tributo de que se tratar, a competência e os poderes das autoridades administrativas em matéria de fiscalização da sua aplicação".

dos cofres públicos, sem, contudo, recorrer ao Judiciário, na forma preconizada pelo devido processo legal formal.

Dada a relevância do tema, importa analisar quais os seus elementos caracterizadores e os fundamentos para sua ilegitimidade no ordenamento jurídico, trazendo à colação casos específicos contemplados na pragmática jurídica.

5.4.2.1. A caracterização das "sanções políticas": uma construção jurisprudencial

A caracterização das sanções políticas pressupõe, cumulativamente, a presença dos seguintes elementos: (i) forma "coercitiva" da Administração Fazendária exigir do contribuinte o cumprimento da obrigação tributária (pagamento do tributo), em afronta ao devido processo legal e (ii) limitação ou ofensa a direito individual, notadamente ao direito à propriedade, à liberdade de trabalho e/ou ao livre exercício da atividade econômica.

Tem-se aqui uma ingerência estatal nas liberdades conferidas ao contribuinte no exercício de suas atividades privadas, sem prévio procedimento judicial autorizando-a, com vistas ao recolhimento de tributo não pago, em expressa violação aos arts. 1º, IV (livre iniciativa e valorização do trabalho); 5º, *caput* (inviolabilidade à liberdade e à propriedade), incisos XIII (livre exercício do trabalho, ofício ou profissão[222]), XXII (garantia ao direito de propriedade), XVIII, XIX (liberdade de associação), LIV (ninguém será privado da liberdade ou de seus bens sem o devido processo legal); LVII (presunção de inocência); e/ou 170, *caput*, IV e parágrafo único (princípios gerais da atividade econômica), todos da Constituição Federal, conforme as circunstâncias do caso concreto.

---

222. Este dispositivo apenas exige *qualificações profissionais que a lei estabelecer*, ou seja, condiciona o exercício da atividade laboral à capacitação profissional.

De acordo com Hugo de Brito Machado,[223] as sanções políticas restam caracterizadas quando a restrição, por parte do ente tributante, acaba por cercear a "liberdade de exercer atividade lícita" e, como tal, é "inconstitucional, porque contraria o disposto nos arts. 5º, inciso XIII, e 170, parágrafo único, do Estatuto Maior do país."

O autor adverte que a ressalva contida na norma constitucional transcrita, no art. 170, parágrafo único, ("salvo nos casos previstos em lei") não autoriza o condicionamento do exercício da atividade econômica ao pontual pagamento do tributo.

Nas palavras do autor:

> (...) a ressalva contida no final do dispositivo na verdade diz respeito a certas atividades que, por questão de segurança, ficam a depender de autorização estatal, como acontece, por exemplo, com o fabrico e comercialização de determinadas armas e munições.[224]

O legislador não pode colocar à disposição dos agentes fiscais mecanismos que, objetivando o pagamento do tributo pelo sujeito passivo, impliquem restrições ao direito do exercício livre de profissão ou de atividade econômica.

A ressalva autorizadora de eventual limitação legitima-se apenas diante das profissões regulamentadas e das atividades controladas, nos moldes dos arts. 5º, inciso XIII, e 170, parágrafo único, ambos da CF.

São vários os entendimentos sumulares do Supremo Tribunal Federal, vedando a Administração punir o sujeito passivo mediante a aplicação de sanções políticas, isto é, de valer-se de mecanismo nitidamente "coercitivo" para o

---

223. MACHADO, Hugo de Brito. Sanções políticas no direito tributário. *Revista Dialética de Direito Tributário* – RDDT, São Paulo, Dialética, n. 30, p. 46-49, mar. 1988.

224. Idem, p. 47.

pagamento de dívidas tributárias, *in verbis*:

> Súmula 70: "É inadmissível a interdição de estabelecimento como meio coercitivo para cobrança de tributo."
>
> Súmula 323: "É inadmissível a apreensão de mercadorias como meio coercitivo para pagamentos de tributos."
>
> Súmula 547: "Não é lícito à autoridade proibir que o contribuinte em débito adquira estampilhas, despache mercadorias nas alfândegas e exerça suas atividades profissionais."[225]

As medidas político-sancionatórias assim qualificam-se, quando instituídas não em prol da fiscalização tributária, para controle de fatos tributáveis, mas com a finalidade de constranger o contribuinte, por via indireta, ao recolhimento do tributo.

Impedir o particular de exercer suas atividades para compeli-lo a quitar sua dívida fiscal também atenta contra o princípio da proporcionalidade, na precisa lição de Helenilson Cunha Pontes:

> O princípio da proporcionalidade, em seu aspecto necessidade, torna inconstitucional também grande parte das sanções indiretas ou políticas impostas pelo Estado sobre os sujeitos passivos que se encontrem em estado de impontualidade com os seus deveres tributários. Com efeito, se com a imposição de sanções menos gravosas, e até mais eficazes (como a propositura de medida cautelar fiscal e ação de execução fiscal), pode o Estado realizar o seu direito à percepção da receita pública tributária, nada justifica validamente a imposição de sanções indiretas como a negativa de fornecimento de certidões negativas de débito, ou inscrição em cadastro de devedores, o que resulta em sérias e graves restrições ao exercício da livre iniciativa econômica, que vão da impossibilidade de registrar atos societários nos órgãos do Registro Nacional do Comércio até a proibição de participar de concorrências públicas. (...) As sanções tributárias podem revelar-se inconstitucionais, por desatendimento à proporcionalidade em sentido estrito (...), quando a limitação imposta à esfera

---

225. Aprovadas as duas primeiras súmulas na sessão plenária de 13/12/1963 e a última, na sessão plenária de 03/12/1969. (DJI, 2012).

> jurídica dos indivíduos, embora arrimada na busca do alcance de um objetivo protegido pela ordem jurídica, assume uma dimensão que inviabiliza o exercício de outros direitos e garantias individuais, igualmente assegurados pela ordem constitucional (...).[226]

O postulado da proporcionalidade[227] cumpre papel fundamental na contenção dos abusos praticados pelo Poder Público, pois o poder de tributar, conquanto conferido pela Constituição Federal, não outorga ao Estado o poder de suprimir direitos fundamentais, mesmo que amparado pelo descumprimento de deveres tributários.

E, ainda que se aleguem preenchidos, na medida sancionatória, os requisitos da adequação (punição a uma infração praticada) e da necessidade (nenhuma outra sanção material teria tamanha eficácia contra o contribuinte), a proteção do direito subjetivo do sujeito ativo de arrecadar tributos, ainda que violado, não justifica uma sanção que desrespeite direitos e garantias tão caros ao contribuinte, como o devido processo legal adjetivo a liberdade de ofício e a livre iniciativa. Por mais reprovável que seja a conduta do contribuinte, uma ilicitude não legitima a prática de outra.

No mais, há que registrar-se que a relação entre sujeito ativo e sujeito passivo não se confunde com relação de poder, mas espécie de relação jurídica, com deveres e direitos correlatos, submetida ao princípio da inafastabilidade do Poder Judiciário (art. 5º, XXXV, da CF) e mantida equilibrada pelos pilares do Estado Democrático de Direito, dentre os quais: o devido processo legal, o contraditório e a ampla defesa.

É preciso ter em conta que a legislação prevê procedimentos para a persecução de eventual dívida fiscal, a qual, frise-se, gozam de certas prerrogativas, dispondo o sujeito ativo de diversos instrumentos eficientes para a cobrança

---

226. PONTES, Helenilson Cunha. Op. cit., p. 141-143.

227. *Vide* item 4.8.2 – O princípio da proporcionalidade: a projeção substantiva do devido processo legal.

do débito tributário, quais sejam: (i) a lavratura do Auto de Infração exigindo as penalidades previstas para aquela infração supostamente praticada; (ii) a inscrição do débito na Dívida Ativa do ente tributante; (iii) garantias e privilégios[228] do crédito tributário (arts. 183 e ss. do CTN) e (iv) o ajuizamento de Execução Fiscal, com todas as vantagens a ela inerentes, mormente a possibilidade de, desde logo, proceder à penhora de bens do executado nos termos da Lei nº 6.830/80, entre outras eventuais medidas tendentes à satisfação do crédito tributário.

Deveras, cabe à Administração Fazendária, diante da impontualidade do sujeito passivo no cumprimento de seus deveres, buscar as alternativas traçadas pela ordem jurídica, procedendo à lavratura da peça constitutiva da infração tributária e da sanção respectiva e à propositura da ação executiva fiscal.

Porém, não é de sua alçada restringir, coercitivamente, direitos individuais quando não se presta como órgão competente para decidir acerca da (in)constitucionalidade e/ou (i)legalidade da exigência tributária.

Nesse sentido, leciona de forma percuciente Paulo de Barros Carvalho:

> Se o lançamento fosse portador desse atributo (executoriedade), a Fazenda Pública, sobre exigir seu crédito, teria meios de promover a execução patrimonial do obrigado, com seus próprios recursos, compelindo-o materialmente. E o lançamento dista de ser ato dotado de qualidade constrangedora. Não satisfeita a prestação, em tempo hábil, a Administração aplicará a penalidade prevista em lei. Se vencido o prazo para recolhimento do

---

228. "Por garantias devemos entender os meios jurídicos assecuratórios que cercam o direito subjetivo do Estado de receber a prestação do tributo. E por privilégios, a posição de superioridade de que desfruta o crédito tributário, com relação aos demais, excetuando-se os decorrentes da legislação do trabalho. Vê-se, aqui, a presença daquele princípio implícito, mas de grande magnitude, que prescreve a supremacia do interesse público." (CARVALHO, Paulo de Barros. Certidão negativa de débito: Inexigibilidade de CND para fins de registro da compra e venda de bem imóvel. *Revista de Estudos Tributários* – RET, n. 66, mar.-abr. 2009, p. 40).

tributo e da multa correspondente sem que o sujeito passivo compareça para solver o débito, a entidade tributante não terá outro caminho senão recorrer ao Judiciário, para lá deduzir sua pretensão impositiva. Por determinação de princípios constitucionais expressos, lhe é vedado, terminantemente, imitir-se na esfera patrimonial do devedor, para sacar os valores que postula como seus.[229]

Em um Estado Democrático de Direito, marcado pela observância do devido processo legal, o mecanismo das "sanções políticas" reveste-se de medida arbitrária por parte da autoridade estatal, uma vez que tais

> constrições da Administração federal são, na verdade, mais do que um julgamento pelas próprias mãos: a imposição de penalidade *sem forma de processo* ou, execução *manu militari*, (...) visam excluir do Poder Judiciário a apreciação de lesão de direito individual.[230]

Oportuna à percepção do tema é a decisão proferida pelo Ministro Celso de Mello, ao julgar recurso extraordinário, cujo exame envolvia a legitimidade constitucional da exigência de prévia satisfação de débito tributário como requisito necessário à outorga, pelo Poder Público, de autorização para a impressão de documentos fiscais:

> (...) o Supremo Tribunal Federal, tendo presentes os postulados constitucionais que asseguram a livre prática de atividades econômicas lícitas (CF, art. 170, parágrafo único), de um lado, e a liberdade de exercício profissional (CF, art. 5º, XIII), de outro - e considerando, ainda, que o Poder Público dispõe de meios legítimos que lhe permitem tornar efetivos os créditos tributários -, firmou orientação jurisprudencial, hoje consubstanciada em enunciados sumulares (Súmulas 70, 323 e 547), no sentido de que a imposição, pela autoridade fiscal, de restrições de índole punitiva, quando motivada tal limitação pela mera inadimplência do contribuinte, revela-se contrária às liberdades públicas

---

229. CARVALHO, Paulo de Barros. *Curso de direito tributário...* cit. 22. ed. p. 480.
230. NOGUEIRA, Rui Barbosa. *Direito financeiro...* cit., p. 174.

AS SANÇÕES NO DIREITO TRIBUTÁRIO

ora referidas (...). É certo - consoante adverte a jurisprudência constitucional do Supremo Tribunal Federal - que não se reveste de natureza absoluta a liberdade de atividade empresarial, econômica ou profissional, eis que inexistem, em nosso sistema jurídico, direitos e garantias impregnados de caráter absoluto (...). A circunstância de não se revelarem absolutos os direitos e garantias individuais proclamados no texto constitucional não significa que a Administração Tributária possa frustrar o exercício da atividade empresarial ou profissional do contribuinte, impondo-lhe exigências gravosas, que, não obstante as prerrogativas extraordinárias que (já) garantem o crédito tributário, visem, em última análise, a constranger o devedor a satisfazer débitos fiscais que sobre ele incidam. (...) o Estado não pode valer-se de meios indiretos de coerção, convertendo-os em instrumentos de acertamento da relação tributária, para, em função deles - e mediante interdição ou grave restrição ao exercício da atividade empresarial, econômica ou profissional - constranger o contribuinte a adimplir obrigações fiscais eventualmente em atraso.[231]

5.4.2.2. O Supremo Tribunal Federal e o caso "American Virginia": inovação no contorno semântico das sanções políticas

Desvelando ainda o tema "sanções políticas", algumas ponderações hão de ser colocadas acerca do julgamento da

---

231. Ementa do julgado citado: "SANÇÕES POLÍTICAS NO DIREITO TRIBUTÁRIO. Inadmissibilidade da utilização, pelo Poder Público, de meios gravosos e indiretos de coerção estatal destinados a compelir o contribuinte inadimplente a pagar o tributo (Súmulas 70, 323 e 547 do STF). Restrições estatais, que, fundadas em exigências que transgridem os postulados da razoabilidade e da proporcionalidade em sentido estrito, culminam por inviabilizar, sem justo fundamento, o exercício, pelo sujeito passivo da obrigação tributária, de atividade econômica ou profissional lícita. Limitações arbitrárias que não podem ser impostas pelo estado ao contribuinte em débito, sob pena de ofensa ao 'substantive due process of law'. (...). O poder de tributar - que encontra limitações essenciais no próprio texto constitucional, instituídas em favor do contribuinte – 'não pode chegar à desmedida do poder de destruir' (Min. Orosimbo Nonato, RDA 34/132). A prerrogativa estatal de tributar traduz poder cujo exercício não pode comprometer a liberdade de trabalho, de comércio e de indústria do contribuinte. (...)." (BRASIL. Supremo Tribunal Federal. *Recurso Extraordinário n° 374.981*. Relator: Ministro Celso de Mello. Julgamento: 28 mar. 2005. Órgão Julgador: Decisão Monocrática. Publicação: DJ 08 abr. 2005).

Ação Cautelar nº 1657-RJ,[232] na qual a fabricante de cigarros "American Virgina Indústria e Comércio, Importação e Exportação de Tabacos Ltda." impugnava o cancelamento, pela Secretaria da Receita Federal do Brasil, de seu registro especial para industrialização de cigarros, em razão do descumprimento das obrigações tributárias com supedâneo no art. 2º do Decreto-Lei nº 1.593/77.[233]

O Pleno do Supremo Tribunal Federal entendeu, por 07 (sete) votos a 04 (quatro), pela legalidade e constitucionalidade do referido cancelamento, sobre o fundamento de que o descumprimento reiterado e sistemático da obrigação de pagar o Imposto sobre Produtos Industrializados – IPI, atenta contra a livre concorrência,[234] especialmente se levar em conta a elevada carga tributária incidente, cerca de 70% do valor

---

232. BRASIL. Supremo Tribunal Federal. *Medida Cautelar em Ação Cautelar nº 1.657/RJ*. Relator: Ministro Joaquim Barbosa. Relator para Acórdão: Ministro Cezar Peluso. Julgamento: 27 jun. 2007. Órgão Julgador: Tribunal Pleno. Divulgação: 30 ago. 2007. Publicação: DJe-092; DJ 31 ago. 2007.

233. "Art. 2º O registro especial poderá ser cancelado, a qualquer tempo, pela autoridade concedente, se, após a sua concessão, ocorrer um dos seguintes fatos: (...) II - não-cumprimento de obrigação tributária principal ou acessória, relativa a tributo ou contribuição administrado pela Secretaria da Receita Federal; (...)". (BRASIL. Decreto-lei nº 1.593, de 21 de dezembro de 1977. Altera a legislação do Imposto sobre Produtos Industrializados, em relação aos casos que especifica, e dá outras providências. Disponível em: < http://www.planalto.gov.br/ccivil_03/decreto-lei/del1593.htm>. Acesso em: 29 mar. 2015).

234. Ementa do julgado: "Recurso. Extraordinário. Efeito suspensivo. Inadmissibilidade. Estabelecimento industrial. Interdição pela Secretaria da Receita Federal. Fabricação de cigarros. Cancelamento do registro especial para produção. Legalidade aparente. Inadimplemento sistemático e isolado da obrigação de pagar Imposto sobre Produtos Industrializados - IPI. Comportamento ofensivo à livre concorrência. Singularidade do mercado e do caso. Liminar indeferida em ação cautelar. Inexistência de razoabilidade jurídica da pretensão. Votos vencidos. Carece de razoabilidade jurídica, para efeito de emprestar efeito suspensivo a recurso extraordinário, a pretensão de indústria de cigarros que, deixando sistemática e isoladamente de recolher o Imposto sobre Produtos Industrializados, com consequente redução do preço de venda da mercadoria e ofensa à livre concorrência, viu cancelado o registro especial e interditados os estabelecimentos". (BRASIL. Supremo Tribunal Federal. *Medida Cautelar em Ação Cautelar nº 1.657/RJ*. Relator: Ministro Joaquim Barbosa. Relator para Acórdão: Ministro Cezar Peluso. Julgamento: 27 jun. 2007. Órgão Julgador: Tribunal Pleno. Divulgação: 30 ago. 2007. Publicação: DJe-092; DJ 31 ago. 2007).

do produto, configurando o não pagamento uma vantagem competitiva indevida.

Nesta perspectiva, a medida não se enquadraria na categoria jurisprudencial de "sanção política", pois, embora houvesse uso de medida restritiva de direito indireta, tal ato administrativo teria como finalidade equilibrar a livre concorrência e garantir a coexistência harmônica das liberdades, não se revelando, por isso, excessivo e desproporcional diante das especificidades do caso.

Prosseguindo com essa mesma linha interpretativa, o Pretório Excelso, em sede da ADI nº 173-6/DF, declarou a inconstitucionalidade de normas que cominavam nítidas sanções políticas, porém, com certas ressalvas, senão vejamos:

> Esta Corte tem historicamente confirmado e garantido a proibição constitucional às sanções políticas, invocando, para tanto, o direito ao exercício de atividades econômicas e profissionais lícitas (art. 170, parágrafo único, da Constituição), a violação do devido processo legal substantivo (falta de proporcionalidade e razoabilidade de medidas gravosas que se predispõem a substituir os mecanismos de cobrança de créditos tributários) e a violação do devido processo legal manifestado no direito de acesso aos órgãos do Executivo ou do Judiciário tanto para controle da validade dos créditos tributários, cuja inadimplência pretensamente justifica a nefasta penalidade, quanto para controle do próprio ato que culmina na restrição. É inequívoco, contudo, que a orientação firmada pelo Supremo Tribunal Federal não serve de escusa ao deliberado e temerário desrespeito à legislação tributária. <u>Não há que se falar em sanção política se as restrições à prática de atividade econômica objetivam combater estruturas empresariais que têm na inadimplência tributária sistemática e consciente sua maior vantagem concorrencial. Para ser tida como inconstitucional, a restrição ao exercício de atividade econômica deve ser desproporcional e não-razoável.</u>[235]

---

235. BRASIL. Supremo Tribunal Federal. *Ação Direta de Inconstitucionalidade nº 173/DF*. Relator: Ministro Joaquim Barbosa. Julgamento: 25 set. 2008. Órgão Julgador: Tribunal Pleno. Publicação: Divulgação: 19 mar. 2009. DJe-053 (grifo nosso).

Como vê-se, no curso da construção jurisprudencial, o Supremo Tribunal Federal vem, continuamente, aperfeiçoando o que entende por sanções políticas para atribuir-lhes vícios de inconstitucionalidade, conferindo ao instituto novas delimitações em nível semântico e pragmático.

Nessa senda, a medida restritiva de direito assumiria o seu caráter de "sanção política" quando consubstanciar meio coercitivo desproporcional para exigir, indiretamente, o pagamento dos tributos sem o devido processo legal e afrontando liberdades e direitos garantidos na Magna Carta, com a exceção de restar comprovada, no caso concreto, a prática desenfreada e contínua de infrações tributárias, configurando situação típica de concorrência desleal.[236]

Assim, segundo o sedimentado pela jurisprudência, a sanção indireta deixaria de ser medida desproporcional quando demonstrado o inadimplemento alvoroçado e sucessivo, por parte do contribuinte, da obrigação de pagar tributos, aproveitando, com isso, uma posição concorrencial privilegiada.

Não obstante a tradição jurisprudencial de impedir qualquer forma de sanção política aplicada por órgãos fazendários, permitiu-se, aqui, a inserção de uma nova variável semântica na hermenêutica dessas penalidade coercitivas.

Parece-nos, contudo, que a exceção firmada pela Corte Suprema não revela a mais acertada, merecendo severas críticas, visto que i) a Administração Fazendária não é dotada de competência para combater práticas empresariais que configurem comportamento anticoncorrencial, cuja análise compete a órgãos próprios, especificamente ao Conselho Administrativo de Defesa Econômica – CADE, e à Secretaria

---

236. Dadas as implicações desta exceção firmada pelo Supremo Tribunal Federal, ensejando discussões das mais diversas na doutrina jurídica, sugerimos aqui a leitura dos artigos sobre o tema na obra *Grandes temas do direito tributário sancionador* (SILVA, Paulo Roberto Coimbra (Coord.). São Paulo: Quartier Latin, 2010).

de Direito Econômico, nos termos da Lei nº 8.884/94;[237] bem como, ii) descumpridas as obrigações tributárias, ainda que reiteradamente, o Fisco dispõe de meios legítimos para exigi-las, lembrando aqui da função tutelar do Poder Judiciário, investido da competência institucional de exigir, coercitivamente, condutas devidas.[238]

No mais, o mesmo art. 2º do Decreto-Lei nº 1.593/77,[239] que prevê o cancelamento do registro especial do fabricante de cigarros diante do não pagamento de tributos, exige no seu inciso III, para que efetive-se o referido cancelamento, decisão transitada em julgado na apuração de delitos penais.

Ora, se é assegurado o devido processo legal na hipótese de crimes fiscais, com muito maior razão assim deve ser em caso de simples descumprimento de obrigação tributária.

Por fim, cumpre salientar que descabe o entendimento no sentido de que o art. 146-A da CF, ao conferir competência

---

237. BRASIL. Lei nº 8.884, de 11 de junho de 1994. Transforma o Conselho Administrativo de Defesa Econômica (CADE) em Autarquia, dispõe sobre a prevenção e a repressão às infrações contra a ordem econômica e dá outras providência. Disponível em: < http://www.planalto.gov.br/ccivil_03/leis/l8884.htm>. Acesso em: 29 mar. 2015.

238. Confirmando nossas assertivas, conclui Flávio Pereira da Costa Barros que a função administrativa exercida pela Secretaria da Receita Federal do Brasil não se coaduna com questões ligadas a aspectos de concorrência desleal praticada por empresas, aduzindo para tanto que "sob um enfoque funcional, a Receita Federal não possui competência para avaliar, punir, e eventualmente prevenir a prática de concorrência desleal, mesmo porque a competência para análise de condutas anticoncorrenciais são definidas na Lei 8.884/94" (BARROS, Flávio Pereira da Costa. Op. cit., p. 153-169).

239. "Art. 2º O registro especial poderá ser cancelado, a qualquer tempo, pela autoridade concedente, se, após a sua concessão, ocorrer um dos seguintes fatos: (...) III - prática de conluio ou fraude, como definidos na Lei nº 4.502, de 30 de novembro de 1964, ou de crime contra a ordem tributária previsto na Lei nº 8.137, de 27 de dezembro de 1990, ou de qualquer outra infração cuja tipificação decorra do descumprimento de normas reguladoras da produção, importação e comercialização de cigarros e outros derivados de tabaco, após decisão transitada em julgado". (BRASIL. Decreto-Lei nº 1.593, de 21 de dezembro de 1977. Altera a legislação do Imposto sobre Produtos Industrializados, em relação aos casos que especifica, e dá outras providências. Disponível em: < http://www.planalto.gov.br/ccivil_03/decreto-lei/del1593.htm>. Acesso em: 29 mar. 2015.

ao legislador complementar para "estabelecer critérios especiais de tributação, com o objetivo de prevenir desequilíbrios da concorrência, sem prejuízo da competência de a União, por lei, estabelecer normas de igual objetivo", teria autorizado a aplicação de sanções políticas por conduta concorrencial desleal praticada pelo contribuinte.

O dispositivo constitucional deixa em evidência o caráter extrafiscal da tributação, que exaure-se com a imposição de carga tributária mais elevada, o que nada tem a ver com a regularidade fiscal.

Neste ponto, quadra a lição do ilustre Alfredo Augusto Becker ao traçar a distinção entre "tributo extrafiscal proibitivo" e sanção:

> A natureza jurídica da sanção distingue-se, perfeitamente, da natureza jurídica do tributo extrafiscal 'proibitivo' porque:
>
> *Sanção* é o dever preestabelecido por uma regra jurídica que o Estado utiliza como instrumento jurídico para impedir ou desestimular, diretamente, um ato ou fato que a ordem jurídica proíbe.
>
> *Tributo extrafiscal 'proibitivo'*: é o dever preestabelecido por uma regra jurídica que o Estado utiliza como instrumento jurídico para impedir ou desestimular, *indiretamente*, um ato ou fato que a ordem jurídica *permite*.[240]

Em apertada síntese, podemos concluir que o exercício do trabalho e da atividade econômica não pode estar condicionado ao pagamento de tributo. Caso contrário, estaria subvertido todo o arcabouço constitucional de direitos e garantias aos contribuintes contra a exigência de tributo que reputar indevido, uma vez que qualquer ação fiscal que averiguar débitos, ainda que o sujeito passivo entenda como insubsistente ou ilegítima a exação tributária, dará oportunidade à autoridade de cometer arbitrariedades.

---

240. BECKER, Alfredo Augusto. Op. cit., p. 652 (Grifos do autor).

5.4.2.3. Algumas hipóteses de sanções políticas

Além dos casos retratados nas súmulas 70, 323 e 547 do STF mencionadas, a criatividade do Estado na criação dessa espécie de medida sancionatória é vasta no ordenamento jurídico, constituindo exemplos de sanções políticas flagradas, pela jurisprudência, doutrina e na legislação do País: (i) o levantamento de precatório condicionado à apresentação de certidões negativas;[241] (ii) a fixação de multa quando, existindo débito tributário não garantido para com a União e suas autarquias de Previdência e Assistência Social, há distribuição de lucros pela empresa devedora (art. 32 da Lei nº 4.357/64, com a redação dada pelo art. 17 da Lei nº 11.051/2004);[242] (iii) a inscrição no CNPJ condicionada à apresentação de CND (Instrução Normativa SRF 02/2001)[243] ou ainda à prestação de fiança idônea (*v.g.* art. 3º do Titulo I do Livro II do RICMS/RS, aprovado pelo Decreto nº 37.699/97); (iv) o regime especial de controle e fiscalização;[244] (v) a desautorização de impressão de documentos fiscais;[245] (vi) a exigência de quitação de tributos

---

241. *Vide* item: 5.4.5 A recusa de expedição Certidão Negativa de Débito: limites e efeitos.

242. Matéria objeto de discussão na ADI nº 5161, ajuizada pelo Conselho Federal da OAB.

243. Referida instrução extrapolou os limites da Lei nº 5.614/70 na medida em que, sendo o CNPJ um requisito para o funcionamento da empresa, a sua inscrição não poderá apenas ser autorizada com a comprovação da regularidade fiscal dos sócios.

244. *Vide* item: 5.4.6 Regime especial de controle e fiscalização.

245. No julgamento pela inconstitucionalidade de proibição de documentos fiscais em bloco, subordinando o contribuinte, quando em débito para com a Fazenda, ao requerimento de expedição, negócio a negócio, de nota fiscal avulsa, o Min. Relator Marco Aurélio proferiu as seguintes assertivas: "Em síntese, a legislação local submete o contribuinte à exceção de emitir notas fiscais individualizadas, quando em débito para com o Fisco. Entendo conflitante com a Carta da República o procedimento adotado. A Fazenda há de procurar o Judiciário visando à cobrança, via executivo fiscal, do que devido, mostrando-se impertinente recorrer a métodos que acabem inviabilizando a própria atividade econômica, como é o relativo à proibição de as empresas em débito, no tocante à obrigações, principal e acessórias, vir a emitir documentos considerados como incluídos no gênero fiscal. Imagina-se o que implica, a cada negócio jurídico, ter-se de requerer à repartição fazendária competente a emissão de nota fiscal avulsa. A regência local da matéria abrange

para a prática de atos jurídicos;²⁴⁶ (vii) a suspensão ou até o cancelamento da inscrição do contribuinte no respectivo cadastro e/ou no CNPJ, quando constatadas irregularidades fiscais;²⁴⁷ (viii) a inscrição de crédito tributário no CADIN como fator impeditivo absoluto para contratar com o Poder Público; e, por fim, (ix) o protesto de Certidões de Dívida Ativa.

Deveras, é incontroverso o fato de que uma empresa, para que possa realizar suas atividades e permanecer funcionando, precisa estar inscrita no cadastro de contribuinte do ente tributante, ter acesso a sistemas eletrônicos do Fisco, bem como estar autorizada a emitir documentos fiscais pertinentes à sua atividade.

Analisemos, a seguir, com mais afinco, duas hipóteses sobre as quais recai intenso debate acerca de constituírem ou não sanção como sucedâneo coercitivo de cobrança tributária, sem qualquer pretensão de esgotar o assunto.

(i) O protesto de Certidão da Dívida Ativa (CDA)

---

previsão incompatível com a ordem natural das coisas, com o princípio constante do parágrafo único do artigo 170 da Carta da República, segundo o qual é assegurado a todos o livre exercício de qualquer atividade econômica. Repita-se: na dinâmica da própria atividade desenvolvida, fica inviabilizada a atuação, se aquele que a implementa necessita, caso a caso, de recorrer ao Fisco, para a obtenção de nota fiscal avulsa." (BRASIL. Supremo Tribunal Federal. Recurso Extraordinário nº 413.782. Relator: Min. Marco Aurélio. Julgamento: 17 mar. 2005. Órgão Julgador: Tribunal Pleno. Publicação: 03 jun. 2005).

246. *Vide* item: 5.4.5 A recusa de expedição de Certidão Negativa de Débito: limites e efeitos.

247. A suspensão de qualquer desses cadastros consubstancia nítido insulto à preservação da atividade econômica, fundada na livre iniciativa empresarial e no livre exercício do trabalho. A inaptidão do Cadastro de Contribuinte e do CNPJ impede o sujeito passivo de exercer sua atividade, impossibilitando-o de emitir notas fiscais, recolher o INSS e efetuar depósitos de FGTS dos empregados, bem como de executar outros atos jurídicos envolvendo contratos trabalhistas, em prejuízo não só dele próprio, mas também da segurança jurídica relativamente a terceiros, mormente fornecedores, consumidores e trabalhadores. (*Vide* RMS nº 16.961, Rel. Min. Teori Albino Zavascki, 1ª Turma – STJ, julgado em 03/05/2005, DJ 23/05/2005; AI 677242 AgR, Min. Rel(a) CÁRMEN LÚCIA, 1ª Turma – STF, julgado em 13/10/2009, DJ 12/11/2009; AI 367909 AgR, Min. Rel. NELSON JOBIM, 2ª Turma, julgado em 14/05/2002, DJ 23/08/2002).

Dentre os diversos instrumentos inconstitucionais citados acima para promover indiretamente a arrecadação tributária, figura o *protesto de Certidão da Dívida Ativa* junto ao tabelionato competente, autorizado pelo art. 25 da Lei nº 12.767/2012 que, modificando o parágrafo único do art. 1º da Lei nº 9.492/97, incluiu "entre os títulos sujeitos a protesto as certidões de dívida ativa da União, dos Estados, do Distrito Federal, dos Municípios e das respectivas autarquias e fundações públicas".

O protesto de títulos, comumente utilizado no direito privado, consubstancia uma formalidade solene para certificar a falta de pagamento e constituir o devedor em mora, servindo como prova oficial de recusa de pagamento, pelo devedor, em favor do portador do título e de consequente garantia do credor para exercer o seu direito diante dos coobrigados.

A Lei nº 6.830/80 (Lei de Execuções Fiscais – LEF), atenta à disciplina do CTN (arts. 201 e ss.), traz, nos arts. 2º e 3º, regramento específico para a regular constituição e expedição da Certidão de Dívida Ativa (CDA), conferindo-lhe presunção de certeza e liquidez, bem assim efeito de prova pré-constituída quando da inscrição do débito, pelos Procuradores da Fazenda, na repartição administrativa competente.

Obedecidos os requisitos ali estabelecidos, a CDA, enquanto título extrajudicial pronto e acabado, embasará a propositura da execução judicial dos créditos não pagos à Fazenda Pública.

Embora o protesto de título consista num instrumento de cobrança de dívidas privadas, o protesto da CDA não consubstancia formalidade a ser observada pelo sujeito ativo na cobrança dos créditos tributários.

Isso porque, além do ordenamento jurídico prever meios próprios para a persecução da dívida tributária, conforme delineado na Lei das Execuções Fiscais, o protesto não agrega qualquer atributo à obrigação tributária que a torne líquida, certa e exigível, relativamente aos contribuintes ou responsáveis tributários, de tal sorte que, assim que constituído o título extrajudicial de forma unilateral pela Fazenda, a execução fiscal já poderá ser proposta.[248]

Desta feita, se o protesto da CDA não caracteriza meio próprio para cobrança de dívidas fiscais, pois sem previsão na LEF e já provida a CDA de presunção de certeza e liquidez, à Administração Fazendária é vedado fazer uso deste recurso apenas com o intuito irrazoável de trazer mais transtornos ao contribuinte, almejando, em última análise, coagir indiretamente o sujeito passivo a recolher o débito tributário constante do título protestado, o que é inconstitucional pelas razões já explicitadas.

Excepcionalmente, vislumbra-se o protesto de CDA, como um mecanismo apropriado tão somente para recuperar pequenas dívidas de grande quantidade de devedores, naquelas hipóteses em que as execuções fiscais não são ajuizadas, pois o valor do débito tributário está aquém do limite legal autorizado.

Na esteira jurisprudencial atinente à temática, o Superior Tribunal de Justiça reformou o seu entendimento para admitir a possibilidade do protesto da CDA, firmando seu posicionamento nos seguintes assertos: a) a Lei n° 9.492/97 instaurou

---

248. Acordando com o nosso entendimento, são os precedentes jurisprudenciais: "(...) Não há necessidade de protesto prévio do título emitido pela Fazenda Pública. Se a CDA tem presunção relativa de certeza e liquidez, servindo inclusive como prova pré-constituída, o inadimplemento é caracterizado como elemento probante. Logo, falta interesse ao Ente Público que justifique o protesto prévio da CDA para satisfação do crédito tributário que este título representa. (...)." (BRASIL. Superior Tribunal de Justiça. *Agravo Regimental no Agravo n° 936.606/PR*. Relator: Ministro José Delgado. Julgamento: 06 maio 2008. Órgão Julgador: Primeira Turma. Publicação: DJe 04 jun. 2008).
"(...) Inadmissibilidade de protesto dívida ativa da Fazenda Pública, por ausência de previsão legal na Lei n° 6.830/80 e no CTN. Caracterização de protesto intimidatório, uma vez que não constitui requisito essencial para a execução fiscal. Desnecessidade, diante da certidão de dívida ativa, de protesto para comprovar a mora do devedor" (BRASIL. Conselho Administrativo de Recursos Fiscais CARF. *Recurso Voluntário n° 343.814*. Acórdão n° 3102-00.658. Julgamento: 29 abr. 2010. Órgão Julgador: Terceira Seção de Julgamento, 2ª Turma da 1ª Câmara. Publicação: 29 abr. 2010).

regime ampliando o instituto do protesto, desvinculando-o dos títulos estritamente cambiais para abranger todos e quaisquer títulos ou documentos da dívida; b) a Lei de Execução Fiscal disciplina exclusivamente a cobrança judicial da dívida ativa e não veda a utilização de mecanismos de cobrança extrajudicial; c) há a participação e o conhecimento do contribuinte na apuração do débito, uma vez que a inscrição em dívida ativa, de onde origina-se a posterior extração da Certidão que poderá ser levada a protesto, decorre ou do exaurimento da instância administrativa (onde foi possível impugnar o lançamento e interpor recursos administrativos) ou de documento de confissão de dívida, apresentado pelo próprio devedor (e.g., DCTF, GIA, Termo de Confissão para adesão ao parcelamento etc. e d) a Lei nº 9.492/97 deve ser interpretada em conjunto com o contexto histórico e social: agilidade e efetividade na cobrança da dívida ativa da Fazenda Pública, com vistas à racionalização dos procedimentos em âmbito judicial e administrativo.

Extrai-se, ainda, do julgado paradigmático da Corte Superior com o fim de reforçar o seu entendimento pela admissibilidade do protesto das dívidas tributárias:

> (...) (dada) a natureza bifronte do protesto, não é dado ao Poder Judiciário substituir-se à Administração para eleger, sob o enfoque da necessidade (utilidade ou conveniência), as políticas públicas para recuperação, no âmbito extrajudicial, da dívida ativa da Fazenda Pública.
>
> (...) possibilidade do protesto da CDA não implica ofensa aos princípios do contraditório e do devido processo legal, pois subsiste, para todo e qualquer efeito, o controle jurisdicional, mediante provocação da parte interessada, em relação à higidez do título levado a protesto.[249]

---

249. BRASIL. Superior Tribunal de Justiça. *Recurso Especial nº 1.126.515/PR*. Relator: Ministro Herman Benjamin. Julgamento: 18 jun. 2014. Órgão Julgador: Segunda Turma. Publicação: 06 ago. 2014.

Resta agora aguardar a definição do assunto pelo Supremo Tribunal Federal que irá analisar a matéria na Ação Direta de Inconstitucionalidade nº 5135, ajuizada pela Confederação Nacional da Indústria.

Referida ADI contesta a constitucionalidade do protesto da CDA, não apenas sob sua feição material por corresponder a uma medida inadequada e desnecessária na cobrança da dívida fiscal, mas também, fundada na inconstitucionalidade formal, sobre o fundamento de que o parágrafo único do art. 1º da Lei nº 9.492/97, inserido por emenda em Medida Provisória (MP 577/2012) convertida na Lei nº 12.767/2012,[250] refere-se à matéria estranha à MP originária que, por sua vez, objetivava alterações nas regras do setor elétrico.

(ii) A inscrição de créditos tributários no CADIN

O CADIN consiste em um cadastro de créditos não quitados do setor público federal, regulado pela Lei nº 10.522/2002 e no qual faz-se o registro da relação de pessoas físicas e jurídicas responsáveis por obrigações pecuniárias vencidas e não pagas para com os órgãos e entidades da Administração Pública federal, direta e indireta.

Trata-se de um cadastro de inadimplentes, consultado por estes órgãos, com a finalidade de conferir maior segurança a ações que envolvam recursos públicos.

Questiona-se se a inscrição do débito no CADIN revestiria-se de sanção política, dado que o contribuinte, embaraçado e impedido de exercer sua regular atividade na esfera pública federal, procuraria, irremediavelmente, quitar sua

---

250. BRASIL. Lei nº 12.767, de 27 de dezembro de 2012. Dispõe sobre a extinção das concessões de serviço público de energia elétrica e a prestação temporária do serviço e sobre a intervenção para adequação do serviço público de energia elétrica; altera as Leis nos 8.987, de 13 de fevereiro de 1995, 11.508, de 20 de julho de 2007, 11.484, de 31 de maio de 2007, 9.028, de 12 de abril de 1995, 9.492, de 10 de setembro de 1997, 10.931, de 2 de agosto de 2004, 12.024, de 27 de agosto de 2009, e 10.833, de 29 de dezembro de 2003; e dá outras providências. Disponível em: < http://www.planalto.gov.br/ccivil_03/_Ato2011-2014/2012/Lei/L12767.htm#art25>. Acesso em: 29 mar. 2015.

dívida tributária registrada no Cadastro, proporcionando à Administração Fazendária a tranquilidade de não mais ter que recorrer aos meios próprios de cobrança da dívida, consistentes na inscrição em Dívida Ativa e no ajuizamento da ação competente.

Pela afirmativa desse questionamento, Ives Gandra da Silva Martins expressa-se em bom vernáculo:

> Como resquício da ditadura Vargas, temos ainda as sanções políticas, com que o Fisco Federal pretende, pela impossibilidade de o contribuinte transacionar com os bancos oficiais, forçá-lo a pagar, sem discutir. Da sanção contra devedores remissos evoluiu a técnica intimidatória para as relações do Cadastro Informativo – CADIN. Isto porque, não obstante a revogação do devedor remisso, restou a forma mais violenta de sanção política que é o corte do crédito fiscal.[251]

Nessa esteira, a inclusão no cadastro informativo de inadimplentes de determinado crédito tributário do contribuinte, caracterizando-se como um possível emprego de coerção administrativa, repelida pela jurisprudência, resultou no ajuizamento da Ação Direta de Inconstitucionalidade nº 1.454 perante o Supremo Tribunal Federal.

Referida ADI teve como objeto a declaração de inconstitucionalidade dos arts. 6º[252] e 7º[253] da Medida Provisória

---

251. MARTINS, Ives Gandra da Silva. *Da sanção tributária...* cit., p. 36.

252. "Art. 6º É obrigatória a consulta prévia ao CADIN, pelos órgãos e entidades da Administração Pública Federal, direta e indireta, para: I - realização de operações de crédito que envolvam a utilização de recursos públicos; II - concessão de incentivos fiscais e financeiros; III - celebração de convênios, acordos, ajustes ou contratos que envolvam desembolso, a qualquer título, de recursos públicos, e respectivos aditamentos. Parágrafo único. O disposto neste artigo não se aplica: a) à concessão de auxílios a municípios atingidos por calamidade pública decretada pelo Governo Federal; b) às operações destinadas à composição e regularização dos créditos e obrigações objeto de registro no CADIN, sem desembolso de recursos por parte do órgão ou entidade credora;" c) às operações relativas ao crédito educativo e ao penhor civil de bens de uso pessoal ou doméstico.

253. "Art. 7º A existência de registro no CADIN há mais de trinta dias constitui fator impeditivo para a celebração de qualquer dos atos previstos no artigo anterior. § 1º

n°1.442/93 (reeditada sucessivas vezes), sobre o pretexto de que violavam, além de outros enunciados da Constituição, o livre exercício do trabalho (art. 5°, *caput*, XIII) e a livre iniciativa econômica (art. 170, parágrafo único). O art. 6° impugnado prescrevia a obrigatoriedade de consulta prévia ao CADIN, pelos órgãos e entidades da Administração Pública Federal, nas operações de crédito que incluem recursos públicos, na concessão de incentivos fiscais e financeiros e na celebração de convênios, acordos, ajustes ou contratos que envolvam desembolso, a qualquer título, de recursos públicos. Já o art. 7° impedia a celebração de qualquer dos atos previstos no art. 6° diante da existência de registro no CADIN há mais de trinta dias.

Após a edição da Medida Provisória n° 1.863-52/99, convertida na Lei n° 10.522/2002, hoje vigente, a redação do art. 7° alterou-se substancialmente, não mais elencando o registro no cadastro como fato impeditivo dos atos previstos no art. 6°, mas apenas dispondo sobre a suspensão do registro no CADIN quando comprovada a suspensão da exigibilidade do crédito objeto de registro.[254]

Não se aplica o disposto no caput deste artigo quando o devedor comprove que: a) ajuizada ação, com o objetivo de discutir a natureza da obrigação ou o seu valor, tenha oferecido garantia idônea e suficiente ao Juízo, na forma da lei; b) esteja suspensa a exigibilidade do crédito objeto do registro, nos termos da lei. § 2° O devedor poderá efetuar depósito do valor integral do débito que deu causa ao registro no CADIN, na forma estabelecida pelo Poder Executivo, para assegurar a imediata suspensão do impedimento de que trata este artigo. § 3° Na hipótese de o devedor não comprovar o pagamento ou a inexistência do débito, no prazo de trinta dias, a importância do depósito de que trata o parágrafo anterior será utilizado na quitação total ou parcial do débito, salvo a hipótese de ajuizamento de ação para discutir a natureza da obrigação ou seu valor. § 4° Em caso de relevância e urgência, e nas condições que estabelecerem, o Ministro de Estado da Fazenda e o Ministro de Estado sob cuja supervisão se encontre o órgão ou entidade credora poderão suspender, em ato conjunto, o impedimento de que trata este artigo."

254. "Art. 7° Será suspenso o registro no Cadin quando o devedor comprove que:
I - tenha ajuizado ação, com o objetivo de discutir a natureza da obrigação ou o seu valor, com o oferecimento de garantia idônea e suficiente ao Juízo, na forma da lei;
II - esteja suspensa a exigibilidade do crédito objeto do registro, nos termos da lei."

Com a alteração do art. 7º, o Supremo Tribunal Federal concluiu que a ADI perdeu parte de seu objeto, remanescendo a discussão de afronta ao texto constitucional pelo art. 6º da MP nº 1.442/96.

Com base neste novo contexto jurídico, a Corte Suprema reconheceu a constitucionalidade do art. 6º, alicerçada no entendimento de que

> (...) a criação de cadastro no âmbito da Administração Pública Federal e a simples obrigatoriedade de sua prévia consulta por parte dos órgãos e entidades que a integram não representam, por si só, impedimento à celebração dos atos previsto no art. 6º do ato normativo impugnado.[255]

Destarte, assentou o Pretório Excelso que o art. 6º, ao contrário do que dispunha o art. 7º originalmente, apenas estabelece um ato informativo dos órgãos que colhem os dados registrados no cadastro, sem repercutir imediatamente sobre direitos ou interesses dos contribuintes.

Não obstante a parcial perda superveniente do objeto da ação com a declaração de sua prejudicialidade relativamente ao art. 7º, sobejam incertezas no que tange à prática de atos jurídicos com o Poder Público condicionada a créditos tributários registrados no CADIN, até porque a obrigatoriedade de consulta prévia ao referido cadastro, estatuída no art. 6º, poderia na prática obstar a celebração de atos.

Ora, afirmar, sem reservas, que pendências inscritas no CADIN não constituem qualquer obstáculo para o contribuinte obter financiamento junto às instituições financeiras federais ou firmar contratos com Poder Público é o mesmo que tornar inútil e inócuo o conteúdo prescritivo da norma que determina a consulta obrigatória antes da realização desses atos jurídicos.

---

255. *Vide* BRASIL. Supremo Tribunal Federal. *Ação Direta de Inconstitucionalidade nº 1.454-4/DF*. Relatora: Ministra Ellen Gracie. Julgamento: 20 jun. 2007. Órgão Julgador: Primeira Turma. Publicação: 05 jul. 2000.

A função primordial do CADIN é cumprir papel semelhante àquele desempenhado pela entidade denominada Serviço de Proteção ao Crédito – SPC, no âmbito de direito privado, em que constam pessoas físicas e pessoas jurídicas que desonraram suas obrigações.

Sua finalidade, na esfera do direito público, é eminentemente preventiva e consagradora da probidade administrativa, porquanto fornece à pessoa jurídica de direito público informações sobre todos os créditos não quitados do setor público federal, não só restringindo-se àqueles de natureza tributária.

Com base nesses dados informativos, a Administração poderá avaliar, previamente e com austeridade, os riscos envolvidos na celebração dos atos elencados no art. 6º da Lei nº 10.522/2002, precavendo-se das cautelas necessárias quando do desembolso de recursos públicos.

A consulta prévia ao CADIN consubstancia um dever de cautela do administrador, sendo que a constatação de débito(s) não implica, impreterivelmente, fator impeditivo à concessão de créditos e incentivos pelo ente federal, tampouco para celebração de contratos com o Poder Público.

Trata-se de proteger interesses públicos, mediante avaliação prévia da idoneidade econômico-financeira daquele que pretende firmar relação jurídica com o Estado, ainda que, em última instância, o seu resultado acabe por restringir a iniciativa privada.

O CADIN, portanto, funciona como um instrumento de caráter informativo, à disposição do Estado, para que seus órgãos possam avaliar e decidir, rigorosa e seletivamente, sobre a celebração de relações jurídicas com a iniciativa privada, envolvendo recursos públicos.

Como sabe-se, a pesquisa sobre a quitação/regularidade fiscal quando da celebração de atos junto à Administração Pública, seja mediante consulta a Cadastros Informativos, seja por meio de apresentação de certidões fiscais, é repetidamente exigida pelo legislador.

AS SANÇÕES NO DIREITO TRIBUTÁRIO

Sobre sua legitimidade e limites perante a ordem posta, especialmente sobre sua convivência harmoniosa com os valores da livre iniciativa, trataremos, com mais minúcias, em estudo adiante sobre a exigência de certidões fiscais para firmar relações jurídicas com órgãos estatais.

5.4.3. Perdimento de bens

A possibilidade de aplicação da sanção de perdimento de bens na via administrativo-tributária, com fulcro constitucional no art. 5º, XLV[256] e XLVI,[257] fomenta discussões infindáveis na doutrina e jurisprudência.

Cumpre sublinhar, desde logo, que não é nossa intenção esgotar as hipóteses de penas de perdimento permeadas em numerosos preceitos normativos, limitando-nos a uma breve incursão a algumas das contempladas no plano da legislação tributária para fins meramente elucidativos, haja vista cuidar de tema em que cada hipótese suscitaria uma análise mais profunda, sobremodo complexa.

Posto isto, entre os diversos desdobramentos que a questão da sanção administrativa de perdimento pode comportar, propomos focalizá-la à luz da Magna Carta de 1988, com ênfase no seu fundamento constitucional, na competência da autoridade para sua aplicação e na necessidade de observância a princípios constitucionais, lastreando-nos em doutrina e entendimentos jurisprudenciais.

A matéria relacionada a essa espécie de penalidade encontra-se, basicamente, disciplinada nos Decretos-Leis nº

---

256. "Art. 5º. (...) XLV – nenhuma pena passará da pessoa do condenado, podendo a obrigação de reparar o dano e a decretação do perdimento de bens ser, nos termos da lei, estendidas aos sucessores e contra eles executadas, até o limite do valor do patrimônio transferido".

257. "Art. 5º. (...) XLVI – A lei regulará a individualização da pena e adotará, entre outras, as seguintes: (...) b) perda de bens; (...)".

37/66 e 1.455/76, bem assim no Regulamento Aduaneiro (arts. 688 e 689 do Decreto nº 6.759/2009).

Em um primeiro momento, uma breve consideração há de ser feita no tocante à vigência dos referidos Decretos-leis.

Isso porque há doutrinadores[258] que entendem que os seus dispositivos, por não terem sido objeto de ratificação pelo Congresso Nacional, nos moldes do art. 25, §1º, I, do ADCT,[259] estariam revogados.

Contudo, não nos parece que tal assertiva prospere, até porque o art. 25, § 1º, I, do ADCT faz referência a "decretos-leis em tramitação", ao passo que os decretos mencionados, à época da promulgação da Carta Constitucional de 1988, já constituíam direito posto.

Há também vozes na doutrina[260] pela não recepção dos

---

258. "A legislação administrativa concernente ao perdimento encontra-se simplesmente revogada. Em arrimo ao ponto de vista propugnado basta atentar para o quanto dispõe o art. 25, § 1º, I, do Ato das disposições constitucionais transitórias, o qual normatiza no sentido de revogar os decretos-leis que não fossem ratificados pelo Congresso Nacional no prazo de 180 dias, a contar da promulgação do novo texto. Posto isto, força é frisar que os decretos-leis 37/66 e 1.455/76 não foram ratificados, conforme estatui o comando constitucional retrocitado, motivo por que a penalidade *in casu* falece de base legal para legitimá-la." (JARDIM, Eduardo Marcial Ferreira. Perdimento de mercadoria ou bens. *Revista de Direito Tributário*, São Paulo: Revista dos Tribunais, n. 54, p. 79-94, 1990).
"Ademais, o Decreto-Lei nº 1.455/1976 teria perdido eficácia porque não fora objeto de ratificação pelo Congresso Nacional (art. 25, §1º, do Ato das Disposições Transitórias)." (MELO, José Eduardo Soares de. Sanções penais tributárias. In: MACHADO, Hugo de Brito (Coord.). *Sanções penais tributárias*. São Paulo: Dialética, 2005).

259. "Art. 25. Ficam revogados, a partir de cento e oitenta dias da promulgação da Constituição, sujeito este prazo a prorrogação por lei, todos os dispositivos legais que atribuam ou deleguem a órgão do Poder Executivo competência assinalada pela Constituição ao Congresso Nacional, especialmente no que tange a: (...) § 1º - Os decretos-lei em tramitação no Congresso Nacional e por este não apreciados até a promulgação da Constituição terão seus efeitos regulados da seguinte forma: I - se editados até 2 de setembro de 1988, serão apreciados pelo Congresso Nacional no prazo de até cento e oitenta dias a contar da promulgação da Constituição, não computado o recesso parlamentar; (...)"

260. "Admitimos que a jurisprudência do Supremo Tribunal Federal não afirma a inconstitucionalidade das normas da legislação ordinária que prescrevem a pena

dispositivos constantes dos decretos-leis citados, autorizadores da aplicação da penalidade de perdimento em sede de procedimento administrativo-fiscal.

Primeiro, porque a maioria das regras da legislação tributária que fixa essa espécie de sanção administrativa foi introduzida na ordem positiva sob o manto da Constituição de 1946 e mantida pela Constituição posterior, de 1967, cujo art. 150, §11, definia competência específica para a aplicação de sanção administrativa de perdimento de bens por danos causados ao Erário, disposição não repetida pelo constituinte de 1988:

> Art. 150. A Constituição assegura aos brasileiros e aos estrangeiros residentes no País a inviolabilidade dos direitos concernentes à vida, à liberdade, à segurança e à propriedade nos termos seguintes: (...)
>
> §11. Não haverá pena de morte, de prisão perpétua, de banimento, ou confisco, salvo nos casos de guerra externa psicológica adversa, ou revolucionária ou subversiva nos termos que a lei determinar. Esta disporá também, sobre o perdimento de bens por danos causados ao Erário, ou no caso de enriquecimento ilícito no exercício de cargo, função ou emprego na Administração Pública, Direta ou Indireta.

Atrelado a este posicionamento, segundo o qual com a Constituição adventícia de 1988 não haveria a sanção administrativa de perdimento de bens constitucionalmente autorizada, argumentam alguns que os incisos XLV e XLVI consubstanciariam dispositivos relativos a questões próprias de Direito Penal e, por conseguinte, não poderiam servir de fundamento de validade para a previsão de sanções de perdimento de bens em âmbito administrativo.

---

de perdimento de bens em processo administrativo, por autoridade administrativa. Mesmo assim, a tese não nos parece razoável, até porque a vigente Constituição não se reporta ao denominado dano ao erário, que autorizava a pena de perdimento. A nosso ver, a pena de perdimento de bens é validamente prevista pela lei penal e só pode ser validamente aplicada pela autoridade judiciária". (MACHADO, Hugo de Brito. A pena de perdimento de bens e a insubsistência do fato gerador da obrigação tributária. *Revista de Estudos Tributário* – RET, n. 57, set.-out. 2007, p. 10).

> Se admitirmos que as penas referidas no inciso XLVI possam ser aplicadas como sanções administrativas, teremos de admitir a prisão administrativa, o que é inteiramente inadmissível.[261]

A respeito do tema, José Eduardo Soares de Melo aduz com a propriedade que lhe é ínsita:

> O vigente ordenamento (CF/1988) não contém preceito específico sobre o 'perdimento de bens por danos causados ao Erário', a exemplo do que dispunha a Constituição anterior (art. 153, §11). A atual CF (art. 5º) contém o elenco de direitos e garantias individuais, estabelecendo que 'ninguém será privado da liberdade ou de seus bens sem o devido processo legal' (inciso LIV), em face do que sua aplicação poderia ser promovida pelo Judiciário, em caso de condenação criminal (inciso XLV, b) (...)
>
> Apenas se encontra prevista a decretação de perdimento de bens, nos termos da lei, em situações concernentes à pena criminal, que constitui matéria distinta da alfandegária, de cunho administrativo.[262]

Porém, não é o que observa-se na pragmática jurídica, aplicando-se os enunciados que dispõem sobre a sanção administrativa de perdimento sobre a região material de condutas, mesmo após o advento da Constituição Federal de 1988.

Nesse contexto, concebida a recepção desses preceitos legais editados sob a égide da ordem constitucional anterior, sua interpretação e sua aplicação merecem ser ajustada às garantias asseguradas pela Constituição de 1988, como bem observado por Heleno Taveira Tôrres:

> Enquanto perdurou essa Constituição de 1967, diversas regras foram editadas sob o pálio dessa competência, cuja disposição prevista no §11 não subordinava sua prática às modalidades de 'substantive due process of law' (...). Que fique claro, desde logo, que afirmar essa realidade vivenciada pelo passado na nossa ordem jurídica não significa nosso assentimento à sua mantença

---

261. MACHADO, Hugo de Brito. A pena de perdimento de bens e a insubsistência do fato gerador da obrigação tributária... cit., p. 15.

262. MELO, José Eduardo Soares de. Op. cit.

na ordem vigente, pois nunca poderíamos admitir algum recurso à exceção ao direito de propriedade sem prévio processo, judicial ou administrativo. (...)

Dessarte, nada impede que a lei proteja o estado contra 'danos ao Erário' e adote, como recurso sancionatório, a pena de perdimento; contudo, ao fazê-lo, sua aplicação será sempre inconstitucional, caso esta não venha acompanhada do devido processo, administrativo ou judicial, seguido de todas as garantias predispostas à preservação dos direitos individuais.[263]

5.4.3.1. A aplicação da sanção de perdimento de bens ajustada à garantia do devido processo legal

Consignadas essas ressalvas de caráter preambular, não se pode perder de vista que, em matéria de privação de bens à guisa de aplicação de sanção, a ordem constitucional de 1988 garantiu que "ninguém será privado da liberdade ou de seus bens sem o devido processo legal" (art. 5º, inciso LIV).

Deste modo, caso o sujeito passivo entenda indevida a privação pretendida pelo Fisco, após a apuração da infração em procedimento fiscalizatório, culminando na lavratura do respectivo Auto, tem o direito de recorrer à instância administrativa julgadora ou, se assim optar, diretamente ao Poder Judiciário, cujas autoridades respectivas incumbirão decidir pela (im)procedência da aplicação da sanção de perdimento.

Quando o constituinte assegurou a ampla defesa e o contraditório no art. 5º, inciso LV, corolários do devido processo legal, prescrevendo que "aos litigantes, em processo judicial ou administrativo, e aos acusados em geral são assegurados o contraditório e a ampla defesa, com os meios e recursos a ela inerentes", o fez em resguardo a outros direitos garantidos constitucionalmente, a saber: o direito de propriedade (art.

---

263. TÔRRES, Heleno Taveira. Op. cit., p. 55-76.

5º, inciso XXII, da CF), o direito de trabalho e livre iniciativa (art. 1º, inciso IV, da CF), bem assim o direito ao exercício da atividade empresarial (art. 170).

Com efeito, dados os reflexos deste tipo de sanção, atingindo preceitos jurídicos caros aos indivíduos, inclusive podendo vir a comprometer a atividade privada, a sanção administrativa de perdimento consubstancia medida de caráter excepcional e, como tal, é imperiosa sua aplicação conformada à garantia do devido processo legal.

Nesse sentido, registra novamente Heleno Taveira Tôrres:

> No nosso regime constitucional, em tudo coerente, como se vê, não se encontra qualquer espaço para recurso a sanção administrativa de perdimento de mercadoria sem prévio processo, haja vista o teor do inciso LV do art. 5º outorgar aos litigantes e aos acusados em geral em processo judicial ou administrativo, os incontrastáveis direitos ao contraditório e à ampla defesa, com os meios e recursos a ela inerentes. De fato, a Constituição não admite qualquer medida extrema relativa à perda de bens antes do trânsito em julgado, seja este penal, civil ou administrativo, no qual se tenha garantido o direito do sujeito passivo ao contraditório e à ampla defesa.[264]

Quer-se aqui assentar que, à luz da Magna Carta de 1988, devem ser conferidos ao sujeito passivo todos os recursos inerentes à defesa de seus direitos e interesses antes de se levar a cabo o perdimento da mercadoria.[265]

---

264. Idem, ibidem.

265. "PROCESSO ADMINISTRATIVO FISCAL. INFRAÇÃO TRIBUTÁRIA A QUE SE COMINA, ABSTRATAMENTE, PENA DE PERDIMENTO (...) 4. O Procedimento Administrativo é informado pelo princípio do due process of law. Se o ato eivado de ilegalidade não cumpriu sua finalidade, ocasionando prejuízo à parte, deve ser anulado, como anulados devem ser os atos subsequentes a ele. A garantia da plena defesa implica a observância do rito, as cientificações necessárias, a oportunidade de objetar a acusação desde o seu nascedouro, a produção de provas, o acompanhamento do iter procedimental, bem como a utilização dos recursos cabíveis. A Administração Pública, mesmo no exercício do seu poder de polícia e nas atividades *self executing* não pode impor aos administrados sanções que repercutam no seu patrimônio sem a preservação da ampla defesa, que in casu

AS SANÇÕES NO DIREITO TRIBUTÁRIO

Nessa senda, apesar dos julgadores administrativos insistirem, com fulcro nos arts. 27, §4º, do Decreto-lei nº 1.455/76; 774, §6º, do Decreto nº 4.543/2002 e 127, §5º, do Decreto nº 7.547/2011, na existência de rito próprio para a aplicação da sanção de perdimento de mercadoria, vinculado a julgamento realizado em instância única,[266] tais dispositivos violam a Constituição Federal de 1988, em especial o princípio do duplo grau de jurisdição, corolário da ampla defesa, consagrado também na esfera administrativa, nos moldes do art. 5º, LV, da CF.[267]

---

se opera pelas notificações apontadas no CTB." (BRASIL. Superior Tribunal de Justiça. *Recurso Especial nº 536.463/SC*. Relator: Ministro Luiz Fux. Julgamento: 25 nov. 2003. Órgão Julgador: Primeira Turma. Publicação: DJ 19 dez. 2003, p. 360).

266. A propósito, confira-se 1) Acórdão 3201-00.393, CARF – 3ª Seção – 1ª Turma da 2ª Câmara – Processo nº 10140.000217/2006-72, Recurso Voluntário nº 140.382, Sessão de 04/02/10; 2) Acórdão 3201-00.184, CARF – 3ª Seção – 1ª Turma da 2ª Câmara – Processo nº 12719.001346/2005-31, Recurso Voluntário nº 140.587, Sessão de 17/06/09.

267. "(...) 1. A norma que prevê o julgamento em instância única no âmbito do processo administrativo (art. 27, § 4º, do Decreto-lei nº 1.455/76) não foi recepcionada pela novel Carta Magna, porquanto seu art. 5º, LV, estabelece que: "aos litigantes, em processo judicial ou administrativo, e aos acusados em geral são assegurados o contraditório e ampla defesa, com os meios e recursos a ela inerentes". 2. Com efeito, a fim de que sejam assegurados aos litigantes, inclusive no processo administrativo, como na hipótese dos autos, o contraditório e a ampla defesa, deve, por previsão constitucional expressa, ser-lhes possibilitada a interposição dos competentes recursos." (BRASIL. Tribunal Regional Federal 1ª Região. *Apelação em Mandado de Segurança nº 0008278-81.2007.4.01.3200/AM*. Relator: Desembargador Federal Reynaldo Fonseca. Julgamento: 06 abr. 2010. Órgão Julgador: Sétima Turma. Publicação: e-DJF1 16 abr. 2010, p. 361).
(...) 1. A Administração Pública, no aplicar as regras impostas para a tramitação dos processos administrativos, está, também, obrigada a obedecer ao devido processo legal. 2. No âmbito dessa garantia está o direito das partes utilizarem-se de recursos para todas as instâncias administrativas, assegurando-se-lhes, assim, ampla defesa, contraditório e segurança do julgamento. (...)". (BRASIL. Superior Tribunal de Justiça. *Mandado de Segurança 7.225/DF*. Relator: Ministro José Delgado. Julgamento: 13 jun. 2001. Órgão Julgador: primeira Seção. Publicação: DJ 25 jun. 2001, p. 98).
Confira também: BRASIL. Tribunal Regional Federal 2ª Região. *Apelação em Mandado de Segurança nº 9802491160*. Relator: Desembargador Federal Frederico Gueiros. Julgamento: 04 jun. 2002. Órgão Julgador: Terceira Turma. Publicação: DJU 29 ago. 2002; BRASIL. Tribunal Regional Federal 2ª Região. *Apelação em Mandado de Segurança nº 9102079615*. Relator: Desembargador Federal Alberto Nogueira. Julgamento: 25 ago. 1992. Órgão Julgador: Segunda Turma. Publicação: 18 mar. 1993.

É preciso ter em conta que a sanção de perdimento já configura reprimenda bastante onerosa ao contribuinte, e não há subsídio no ordenamento que autorize a subtração do direito a recurso administrativo nestas hipóteses, enquanto as demais imposições de sanções, veiculadas por meio de Autos de Infração, fiquem sujeitas à apreciação pelo órgão julgador de segunda instância, na forma do art. 73 do Decreto nº 7.574/2011.

Portanto, caberá, sim, recurso ao Conselho Administrativo de Recursos Fiscais (CARF) contra decisão proferida em primeiro grau, submetendo-se ao rito processual previsto para o Processo Administrativo Fiscal (PAF) federal.

Diante de eventual inadmissibilidade de recurso voluntário interposto, o prejudicado poderá impetrar Mandado de Segurança perante a Justiça Federal, requerendo o processamento do recurso no competente Tribunal Administrativo.[268]

De outra parte, pendente de julgamento impugnação contra a sanção cominada e, ainda assim, efetivado, unilateralmente, o ato administrativo da perda das mercadorias, o prejudicado terá direito à indenização por perdas e danos diante de eventual decisão administrativa ou judicial posterior determinando a restituição das mercadorias perdidas

---

268. Acerca do tema, segue excerto do acórdão nº 3102-00.658 (Recurso Voluntário nº 343.814), julgado em 29/04/2010 pelo CARF: "Nos termos do §4º do referido preceito legal (art. 27), o julgamento administrativo do Auto de Infração relativo à pena de perdimento será realizado em instância única, portanto, sem previsão legal de recurso contra a decisão proferida em primeiro grau. A contrário senso, é sabido que este e. Conselho não tem competência legal para julgar as controvérsias atinentes à matéria em referência. Entretanto, no âmbito do referido Mandado de Segurança, entendeu o Juiz Federal da causa que, na parte que prevê julgamento em instância única, o art. 27 do Decreto-lei nº 1.455 de 1976, não fora recepcionado pela Constituição Federal de 1988. (...) em decorrência, deferiu a liminar requerida pela impetrante, ora recorrente, 'para suspender a aplicação da pena de perdimento e determinar o seguimento do recurso voluntário ao Conselho de Contribuintes, se apresentado no prazo (...)'."

(art. 37, 6º, da CF/88[269] e art. 30 do Decreto-Lei nº 1.455/76[270]).

A possibilidade de indenização justifica-se, com muito maior relevo, diante daqueles bens sujeitos a perecimento, cujo perdimento imediato está autorizado pela dicção do art. 29, § 1º, II, 'a', do Decreto-Lei nº 1.455/76.[271]

Pois bem, podemos afirmar, sem reservas, que, à luz do atual regime constitucional, a sanção tributária de perdimento desacompanhada de prévio processo judicial ou administrativo, sem as garantias processuais predispostas à preservação dos direitos fundamentais, não encontra qualquer apoio no direito posto, sendo vedada a adoção de um regime de autoexecutoriedade na aplicação das penalidades e o julgamento administrativo realizado em única instância.

Mas não basta que seja atendido o preceito do devido processo legal apenas sob sua perspectiva formal, porquanto a aplicação da sanção de perdimento de bens deve também estar de acordo com os demais valores positivados na Constituição Federal, especialmente os que informam o princípio da proporcionalidade (perspectiva material do devido processo legal).

O recurso à axiologia da proporcionalidade é adotado pelo Poder Judiciário, ponderando a aplicação da

---

269. "§ 6º. As pessoas jurídicas de direito público e as de direito privado prestadoras de serviços públicos responderão pelos danos que seus agentes, nessa qualidade, causarem a terceiros, assegurando o direito de regresso contra o responsável nos casos de dolo ou culpa."

270. "Art. 30. Na hipótese de decisão administrativa ou judicial que determine a restituição de mercadorias que houverem sido destinadas, será devida a indenização ao interessado, com recursos do Fundaf, tendo por base o valor declarado para efeito de cálculo do imposto de importação ou de exportação".

271. "(...) §1º As mercadorias que trata o *caput* poderão ser destinadas: (...) II- imediatamente após a formalização do procedimento administrativo-fiscal pertinente, antes mesmo do prazo definido no §1º do art. 27 deste Decreto-Lei (prazo para impugnar o Auto de Infração), quando se tratar de: a) semoventes, perecíveis, inflamáveis, explosivos ou outras mercadorias que exijam condições especiais de armazenamento; (...)".

providência sancionatória de perda do bem e afastando-a se desproporcional.²⁷²

Sintetizando, ainda que entenda-se pela recepção constitucional da sanção administrativa de perdimento de bens, as hipóteses previstas na legislação tributária devem ser interpretadas tendo-se sempre em conta as garantias constitucionais

---

272. Corroborando nosso entendimento é a doutrina de Marcelo Salomão: "Além disso, além de encarar, interpretar o devido processo legal, quando se fala em aplicação de pena o STF também já vem nos direcionando, assim como toda a doutrina, sobre a aplicação do princípio da proporcionalidade. Há que se procurar analisar, para a aplicação da pena, sua adequação e sua necessidade (...)" (SALOMÃO, Marcelo. Sanções tributárias – Pena de perdimento de mercadorias. *Revista de Direito Tributário*, São Paulo, Malheiros, n. 113, p. 99-104, 2011 (Originalmente apresentado no XXIV Congresso Brasileiro de Direito Tributário – IDEPE "Tributação e (in) segurança jurídica", 20-22 out. 2010, São Paulo)).
É também assim a direção tomada pelos Tribunais, a saber: "TRIBUTÁRIO. APREENSÃO DE MERCADORIAS IMPORTADAS. PENA DE PERDIMENTO PARCIAL. (...) PRINCÍPIOS PROPORCIONALIDADE E RAZOABILIDADE. OBSERVÂNCIA. APLICAÇÃO DA PENA (...). A pretensão de perdimento de toda a mercadoria importada, quando apenas parcela dela não era condizente com o que foi declarado, não atende aos princípios da razoabilidade e da proporcionalidade, que devem ser observados na aplicação da pena. - A legislação tributária que define infrações ou comina penalidades deve ser interpretada de maneira mais favorável ao acusado, em caso de dúvida quanto à natureza da penalidade aplicável, ou à sua gradação (CTN, art. 112, inciso IV). Recurso especial improvido". (BRASIL. Superior Tribunal de Justiça. *Recurso Especial nº 1.214.862/RS*. Relator: Ministro Cesar Asfor Rocha. Julgamento: 02 jun. 2011. Órgão Julgador: segunda Turma. Publicação: DJe 16 jun. 2011).
"ADMINISTRATIVO. PENA DE PERDIMENTO. EXCEDENTE NÃO DECLARADO. 1. A pena de perdimento deve incidir apenas sobre o excedente não declarado, não havendo restrição legal ao desembaraço aduaneiro da mercadoria regularmente declarada na guia de importação. 2. Observância dos princípios da razoabilidade e da proporcionalidade. 3. Agravo regimental não provido". (BRASIL. Superior Tribunal de Justiça. *Agravo Regimental no Agravo nº 1.198.194/SP*. Relatora: Ministra Eliana Calmon. Julgamento: 18 maio 2010. Órgão Julgador: segunda Turma. Publicação: DJe 25 maio 2010).
"RECURSO EXTRAORDINÁRIO. MATÉRIA TRIBUTÁRIA – (...) O Estado não pode legislar abusivamente, eis que todas as normas emanadas do Poder Público - tratando-se, ou não, de matéria tributária - devem ajustar-se à cláusula que consagra, em sua dimensão material, o princípio do "substantive due process of law" (CF, art. 5º, LIV). O postulado da proporcionalidade qualifica-se como parâmetro de aferição da própria constitucionalidade material dos atos estatais." (BRASIL. Supremo Tribunal Federal. *Agravo Regimental no Recurso Extraordinário nº 200844 /PR*. Relator: Ministro Celso de Mello. Julgamento: 24 jun. 2002. Órgão Julgador: Segunda Turma. Publicação: DJ 16 ago. 2002).

ao contraditório e à ampla defesa, com todos os recursos disponíveis ao sujeito passivo, combinadas com a observância ao princípio da proporcionalidade.

Daí porque faz-se oportuna uma breve incursão em algumas das prescrições de nosso direito positivo no tocante às hipóteses de perdimento de bens.

5.4.3.2. Exame da sanção de perdimento de bens no plano legislativo e jurisprudencial

Da legislação mencionada, especificamente no art. 23, *caput* e § 1°, do Decreto-lei n° 1.455/76 e no art. 689 do Regulamento Aduaneiro (Decreto n° 6.759/2009), elencam-se hipóteses em que o infrator é sancionado com a pena de perdimento de mercadorias em decorrência das infrações que causem "dano ao Erário".

À época da vigência da Constituição anterior, que previa expressamente a sanção administrativa de perdimento diante de "dano ao Erário" (art. 150, § 11, CF/67), o Supremo Tribunal Federal asseverou que a aludida expressão pressupõe:

> ação cujo objeto é a violação de leis em que se regula o exercício do poder de polícia de atividades econômico-financeiras, que é atribuição relevante da administração tributária.[273]

Atrelado a essa definição, o Supremo Tribunal Federal entendeu que a Súmula 560,[274] publicada em 05/01/77, não emprestaria respaldo para elidir a responsabilidade pelas infrações administrativas previstas no art. 23 do Decreto-lei n° 1.455/76.

---

273. Trecho extraído do acórdão: BRASIL. Supremo Tribunal Federal. Agravo de Instrumento n° 98.200-1 AgR/DF. Relatora: Ministra Néri da Silveira. Julgamento: 08 maio 1984. Órgão Julgador: Primeira Turma. Publicação: DJ 06 set. 1985.

274. Súmula 560 do STF: "A extinção as punibilidade, pelo pagamento do tributo devido, estende-se ao crime de contrabando ou descaminho, por força do art. 18, § 2°, do Decreto-lei n° 157/1967". (BRASIL. Supremo Tribunal Federal. *Súmula n° 560*. Aprovação: Sessão Plenária 15 dez. 1976. Publicação: DJ 03 jan. 1977).

Isso porque, além do enunciado sumular cuidar de matéria criminal, as referidas infrações que resultam em "dano ao Erário" têm como elemento tipificador uma conduta que contraria os interesses da Administração Fazendária no controle aduaneiro, prejudicando o exercício do *poder de polícia*.[275]

Nesse diapasão, a permanência ou não do "dano financeiro aos cofres públicos" seria irrelevante para que restassem tipificadas as infrações administrativas sujeitas à sanção de perdimento, não se confundindo com a expressão *dano ao Erário*, enunciada na Constituição de 1967 e no Decreto-Lei nº 1.455/76.

Tampouco o elemento volitivo na prática da conduta servia como circunstância criteriosa na aplicação das penalidades. Simplesmente, presumia-se o dano ao Erário, inclusive, em determinadas situações, nem ao menos a oportunidade de manifestar-se era conferida ao interessado.[276]

---

275. Trechos extraídos do inteiro teor do acórdão proferido no Ag (AgRg) nº 98.200-1/DF: "MANDADO DE SEGURANÇA. PERDIMENTO DE BENS. O pagamento de tributos, na importação ilícita, se afasta a punibilidade penal, não torna insubsistente o dano ao Erário, (...). a Súmula 560 não empresta respaldo à pretensão da recorrente, nem o aresto está em contrariedade com seu enunciado, 'pois trata de matéria criminal, ao passo que nestes autos se cuida de matéria tributária'. (...) Não se pode limitar o conceito de dano ao erário à simples elisão do imposto, pois pressupõe uma ação cujo objeto é a violação de leis financeiras, protetivas do comércio com o exterior, nas quais se regula larga margem ao poder de polícia econômico, que é atribuição relevante da administração tributária. A lei situou as infrações que resultam em dano ao erário não no campo de normas éticas, mas no da contrariedade a interesse da Administração, no controle da legitimidade da posse de bens provindos do exterior. Daí porque a infração administrativa é distinta do delito penal (...)".(BRASIL. Supremo Tribunal Federal. Agravo de Instrumento nº 98.200-1 AgR/DF. Relatora: Ministra Néri da Silveira. Julgamento: 08 maio 1984. Órgão Julgador: Primeira Turma. Publicação: DJ 06 set. 1985).

276. "TRIBUTÁRIO. DECRETO-LEI N. 1.455/77. IMPORTAÇÃO. MERCADORIAS IMPORTADAS E DESCARREGADAS NO PORTO, A CUJO RESPEITO NÃO SE INICIOU NO PRAZO LEGAL O PROCESSO DE DESPACHO ADUANEIRO. PERDA DE BENS EM FAVOR DA UNIÃO. 2.O SIMPLES DECURSO DE PRAZO CARACTERIZA O ABANDONO, NÃO HAVENDO NA LEI QUALQUER REGRA QUE OBRIGUE A PREVIA NOTIFICAÇÃO DO IMPORTADOR. 3.O DECRETO-LEI N. 1.455/77 NÃO TEM EIVA DE INCONSTITUCIONALIDADE, PORQUE FOI EDITADO NA CONFORMIDADE DO ART-55 DA CONSTITUIÇÃO DA REPUBLICA; E NÃO OFENDE O ART-153, PAR-11, QUE SE REFERE A

Nessa linha de pensamento, eventual pagamento posterior do tributo devido não teria o condão de afastar a punição, uma vez subsistente a infração administrativa obstaculizadora do exercício do *poder de polícia*.

Consoante a Corte Suprema, portanto, os pressupostos fácticos que subsumiriam-se ao conceito de "dano ao Erário" empregado no art. 23 do Decreto-lei nº 1.455/76, possibilitando a aplicação da sanção fiscal de perdimento de mercadorias, corresponderiam à existência de uma conduta tendente a burlar a fiscalização aduaneira, na forma caracterizada nos seus incisos.

Após a promulgação da Constituição de 1988, o Supremo Tribunal Federal ainda não se pronunciou, devidamente, acerca da constitucionalidade e dos limites da sanção administrativa de perdimento em função de "dano ao Erário".

Convém assentar que, na forma em que encontram-se redigidas as diversas hipóteses de cabimento da sanção de perdimento, o aplicador tem uma margem de liberdade extremamente ampla para justificar sua imposição, favorecendo uma arbitrariedade de difícil controle.

A esse respeito, leciona Hugo de Brito Machado:

> Alguém que pretenda ampliar o alcance das hipóteses de aplicação da pena de perdimento de mercadorias poderá dizer que a referida expressão define cada uma das aludidas hipóteses como situação da qual decorre dano ao Erário. Tal interpretação, todavia, é evidentemente equivocada porque não é razoável admitir-se a colocação de uma presunção absoluta como pressuposto essencial para aplicação de uma penalidade que somente é cabível em face de um dano efetivo.[277]

PERDIMENTO DE BENS POR DANOS CAUSADOS AO ERARIO OU NO CASO (...)" (BRASIL. Supremo Tribunal Federal. *Recurso Extraordinário nº 95.693*/RS, Relator: Ministro Alfredo Buzaid. Julgamento: 03 ago. 1982. Órgão Julgador: Primeira Turma. Publicação: DJ 03 set. 1982).

277. MACHADO, Hugo de Brito. A pena de perdimento de bens e a insubsistência do fato gerador da obrigação tributária. *Revista de Estudos Tributário* RET, n. 57, set.-out. 2007, p. 9.

Na mesma linha defendida pelo autor e em sentido contrário ao firmado pelo Supremo Tribunal Federal antes da CF/88, entendemos que a ocorrência efetiva de dano financeiro ao Erário é pressuposto material para ensejar a cominação da penalidade de perdimento, pois a expressão *dano ao Erário* indica infrações que, de alguma forma, tenham provocado uma lesão ao patrimônio público.

Igualmente, a existência de dolo, fraude ou má-fé influem na aplicação da perda de bens,[278] na medida em que uma mera irregularidade supostamente cometida (*v.g.* erro procedimental/inversão de carga em face do disposto no art. 105, inciso VI, do Decreto-Lei nº 37/66), sem a comprovação de conduta dolosa, impõe o afastamento da objetividade estrita na interpretação da penalidade de perdimento.

Em contrapartida, comprovada a intenção dolosa ou fraudulenta do sujeito passivo de importar bens sem o respectivo

---

[278] "ADMINISTRATIVO. PENA DE PERDIMENTO. ART. 23 DO DECRETO-LEI Nº 1455/76. DANO AO ERÁRIO INEXISTENTE. PRINCÍPIO DA PROPORCIONALIDADE. A jurisprudência desta Eg. Segunda Turma firmou o entendimento de que se deve flexibilizar a pena de perdimento de bens, quando ausente o elemento danoso. Recurso Especial conhecido, mas improvido". (BRASIL. Superior Tribunal de Justiça. *Recurso Especial nº 331548/PR*. Relator Ministro Francisco Peçanha Martins. Julgamento: 16 fev. 2006. Órgão Julgador: Segunda Turma. Publicação: DJ 04 maio. 2006, p. 154).
Trecho extraído do voto do Min. Francisco Falcão nos autos do REsp nº 408.701/RS: "(...) a pena de perdimento da mercadoria será imposta às hipóteses em que for configurado o dano ao Erário. Tais situações estão relacionadas à importações que envolvam grande monta de produtos, valores vultosos, procedimentos fraudulentos, entre outras condutas que realmente venham a trazer prejuízos ao Estado, (...)" (BRASIL. Superior Tribunal de Justiça. *Recurso Especial nº 408.701/RS*. Relator: Ministro Francisco Falcão. Julgamento: 18 nov. 2004. Órgão Julgador: Primeira Turma. Publicação: DJ 17 dez. 2004).
"PROCESSO CIVIL – TRIBUTÁRIO – ADUANEIRO – LIBERAÇÃO DE MERCADORIA SUSPEITA DE SUBFATURAMENTO – FRAUDE NÃO COMPROVADA – PENA DE PERDIMENTO – IMPOSSIBILIDADE – MULTA DO ART. 633 DO DECRETO N. 4543/2002 (...) 2. O subfaturamento de mercadorias importadas sem comprovação de fraude não enseja pena de perdimento de bens, mas sim a multa do art. 633 do Decreto n. 4543/2002 - Regulamento Aduaneiro. (...)" (BRASIL. Superior Tribunal de Justiça. *Agravo Regimental no Recurso Especial nº 1121145/RS*. Relator: Ministro Humberto Martins. Julgamento: 15 set. 2009. Órgão Julgador: Segunda Turma. Publicação: DJe 25 set. 2009).

pagamento dos tributos, a sanção de perdimento é medida que impõe-se.[279]

A despeito da tendência legislativa e da Administração à objetividade pela responsabilidade por infração, é assente no Superior Tribunal de Justiça, no tocante à sanção de perdimento de bens, o entendimento no sentido de que o juízo

---

279. "ADMINISTRATIVO. REGIME ADUANEIRO. IMPORTAÇÃO. AUTO DE INFRAÇÃO. MERCADORIAS DECLARADAS SIMILARES (MAS DIFERENTES) EM QUALIDADE E EM QUANTIDADE MUITO SUPERIOR ÀS INDICADAS NAS GUIAS DE IMPORTAÇÃO. ERRO VS. ARTIFÍCIO DOLOSO. PAGAMENTO DOS TRIBUTOS ALEGADAMENTE DEVIDOS. RESTANTE TRIBUTÁRIO NÃO PAGO, PORQUE NÃO DECLARADO. FRAUDE. PREJUÍZO FISCAL E CONCORRENCIAL. PENA DE PERDIMENTO. 1. Na espécie, observa-se que a parte recorrida informou para a aduana a importação de mercadorias de natureza similar (não idêntica) e em quantidade muito inferior daquelas efetivamente introduzidas em território nacional. (...) 3. Impossível, pois, compreender como válida a tese da origem, no sentido de que se tratou de mero erro de preenchimento na guia de importação e que, via de consequência, por ter a empresa importadora pago parte dos tributos, não haveria de se cogitar de má-fé." (BRASIL. Superior Tribunal de Justiça. *Recurso Especial nº 918043/SP*. Relator: Ministro Mauro Campbell Marques. Julgamento: 20 abr. 2010. Órgão Julgador: segunda Turma. Publicação: DJe 07 abr. 2010).
"PENA DE PERDIMENTO. VEÍCULO. MERCADORIAS ILICITAMENTE TRANSPORTADAS. PARTICIPAÇÃO DO PROPRIETÁRIO. (...) - PROPORCIONALIDADE DA SANÇÃO. (...) 4. Ausência de boa-fé do proprietário de veículo sistematicamente locado para transporte irregular de mercadorias para dentro do território nacional, somado ao fato de o proprietário ser por duas vezes reincidente. (...) (BRASIL. Superior Tribunal de Justiça. *Recurso Especial nº 963604/PR*. Relatora: Ministra Eliana Calmon. Julgamento: 21 out. 2008. Órgão Julgador: Segunda Turma. Publicação: DJe 18 nov. 2008).
Extrai-se do voto da Min. relatora o seguinte trecho, no qual resta manifesta a importância das particularidades que envolvem a prática do ilícito para a pretensão punitiva: "Quanto ao perdimento do veículo, observo que o Tribunal *a quo* logrou estabelecer a responsabilidade da recorrente pelo ingresso irregular das mercadorias no território nacional. Com efeito, o acórdão recorrido relata que o ônibus da recorrente objeto do perdimento foi flagrado 41 (quarenta e uma) vezes pelo sistema SINIVEM – Sistema Nacional de Identificação de Veículos em Movimento em menos de cinco meses no trajeto Foz do Iguaçu-Cidade del Este. Isso confirma a conclusão do Tribunal a quo, à luz do depoimento do locatário, no sentido de que o veículo era utilizado sistematicamente em 'viagens para introdução de mercadorias objeto de descaminho para o interior do país' (fl. 303). Ademais, o acórdão recorrido também constatou que a recorrente é reincidente, já tendo dois de seus veículos sido objeto de decretação de perdimento por prática semelhante (fl. 304). O reexame do valor probatório desses fatos, somado à falta de cautelas para não correr o risco de participar de ilícitos eventualmente praticados pelos passageiros, reitera a ausência de boa-fé do proprietário".

de proporcionalidade, com o exame do dano efetivo ao Erário e da culpabilidade na conduta, se faz imprescindível para autorizar a sua aplicação.

É o que constata-se no precedente a seguir:

> TRIBUTÁRIO. MANDADO DE SEGURANÇA. DELITO DE AUSÊNCIA DE REGISTRO EM DOCUMENTAÇÃO RELATIVA A MERCADORIA A SER EXPORTADA. PERDIMENTO. POSSIBILIDADE DE EXAME DA RAZOABILIDADE E PROPORCIONALIDADE DA MEDIDA. VALORAÇÃO DESSES ELEMENTOS SUBMETIDA AO TRIBUNAL A QUO. 1. Em procedimento de fiscalização de carga, a Receita Federal identificou divergência entre peso, volume e natureza das mercadorias apreendidas e daquelas declaradas para exportação. A recorrente afirma tratar-se de mera inversão de cargas. 2. O Tribunal de origem determinou o perdimento de mercadorias em razão de delito de ausência de registro em documentação relativa a bens direcionados à exportação. 3. Precedentes análogos do STJ indicam ser possível o exame a) da razoabilidade e da proporcionalidade da pena de perdimento em operações de importação, e b) do dano efetivo ao Erário, para a caracterização específica da pena de perdimento. Com mais razão, seria imprescindível a realização desse juízo em casos que envolvam operações de exportação. 4. Nos termos do art. 112, do CTN, a legislação tributária que comine sanção ao contribuinte deve ser interpretada de forma mais favorável ao acusado, conforme hipóteses ali previstas. 5. Recurso Especial parcialmente provido.[280]

Outra investigação requerida pelo estudo proposto diz respeito à delimitação do alcance semântico do termo *mercadoria*, empregado nos Decretos-leis n° 37/66 e 1.455/76.

De acordo com Roque Antonio Carrazza[281] e Paulo de Barros Carvalho,[282] somente o bem destinado à prática de operações mercantis é que assume a qualidade de mercadoria,

---

280. BRASIL. Superior Tribunal de Justiça. *Recurso Especial n° 1217885/RS*. Relator: Ministro Herman Benjamin. Julgamento: 22 fev. 2011. Órgão Julgador: Segunda Turma. Publicação: DJe 16 mar. 2011.

281. CARRAZZA, Roque Antonio. *ICMS*. 12. ed. São Paulo: Malheiros, 2007, p. 43.

282. CARVALHO, Paulo de Barros. *Direito tributário*: Linguagem e método... cit., p. 648.

sendo a destinação efetiva do objeto que lhe confere, ou não, esse caráter, figurando, portando, essencial que o bem tenha por propósito a venda ou a revenda.

Contudo, não é raro a jurisprudência perfilhar o entendimento no sentido de que a efetiva destinação comercial do bem não constitui requisito para a incidência da norma sancionatória de perdimento.

Bastaria, como pressuposto conceptual de 'mercadoria', que o bem denote coisa sujeita, eventualmente, a ato de comércio, alcançando a cominação da sanção de perdimento de bens pessoas alheias à figura do comerciante, industrial ou produtor, quem, efetivamente, pratica o negócio jurídico mercantil.

Não nos parece este caminho o mais adequado a ser trilhado, principalmente porque a amplitude significativa atribuída ao termo *mercadoria* acabaria por abranger também *bens de uso pessoal*, sem qualquer elo com *ato de comércio*.

É forçoso reconhecer "mercadoria" como coisa destinada à operação de compra e venda, sob pena de serem excedidos os limites impostos pela norma. Caso o legislador realmente pretendesse alcançar outros bens patrimoniais, além daqueles objetos de ato de mercancia, assim teria procedido, tal como o fez noutras ocasiões (*v.g.* arts. 150, inciso VI; 155, § 1º, inciso III, 'b'; e 156, inciso II, da CF).

5.4.3.3. Algumas hipóteses de aplicação da sanção de perdimento de bens

Convém, agora, destacar algumas hipóteses de aplicação de sanção de perdimento.

A primeira hipótese, consistente no abandono da mercadoria que presume-se pelo decurso do prazo de 90 dias sem ter início o processo do despacho aduaneiro, deve ser interpretada com as cautelas necessárias.

Isso porque a aplicação da penalidade de perdimento, para ser válida, deve ser precedida de notificação do interessado, já que ninguém será privado de seus bens sem o devido processo legal. A comprovação do ânimo de abandonar o bem afigura-se como elemento essencial para o aperfeiçoamento da infração tipificada.[283]

A segunda hipótese é aquela definida no art. 105, X, do Decreto-lei nº 37/66, segundo a qual está sujeita à sanção de perdimento a mercadoria "estrangeira, exposta à venda, depositada ou em circulação comercial no país, se não for feita prova de sua importação regular."

Ainda que entenda-se que a sanção de perdimento aplica-se a bens não destinados ao comércio, qualquer pretensão do Fisco embasada nesse dispositivo específico impede-o de sancionar, por meio da penalidade de perdimento, bens adquiridos para uso pessoal e encontrados na bagagem,[284] mesmo que

---

283. "PROCESSUAL E TRIBUTÁRIO. MANDADO DE SEGURANÇA. LIBERAÇÃO DE MERCADORIAS APREENDIDAS NA ALFÂNDEGA. PENA DE PERDIMENTO. COMPROVAÇÃO DO ÂNIMO DE ABANDONAR. NECESSIDADE. 1. Para que se decrete a pena de perdimento de bens, prevista no art. 23 do Decreto-lei 1.455/76, não basta que transcorram os 90 (dias) sem que tenha havido o desembaraço da mercadoria. É necessário que seja instaurado o processo administrativo-fiscal (art. 27 do Decreto 1.455/76) para que se verifique a intenção do agente de abandonar a mercadoria. 2. Recurso especial improvido". (BRASIL. Superior Tribunal de Justiça. *Recurso Especial nº 517790/CE*. Relatora: Ministra Eliana Calmon. Julgamento: 18 ago. 2005. Órgão Julgador: Segunda Turma. Publicação DJ 12 set. 2005, p. 270).
"(...) 4. A pena de perdimento de bens, no caso previsto no art. 23 do DL nº 1.455/76, não se dá automaticamente, podendo ser elidida a presunção juris tantum de ter havido o abandono. (...). Somente é cabível a pena de perdimento, quando comprovada a vontade de abandonar a mercadoria. (BRASIL. Superior Tribunal de Justiça. *Agravo Regimental no Agravo de Instrumento nº 849702/SP*. Relator: Ministro José Delgado. Julgamento: 03 maio 2007. Órgão Julgador: Primeira Turma. Publicação: DJ 28 maio 2007, p. 295).

284. Decreto nº 6.759/2009, "Art. 155. Para fins de aplicação da isenção para bagagem de viajante procedente do exterior, entende-se por: I - bagagem: os bens novos ou usados que um viajante, em compatibilidade com as circunstâncias de sua viagem, puder destinar para seu uso ou consumo pessoal, bem como para presentear, sempre que, pela sua quantidade, natureza ou variedade, não permitirem presumir importação com fins comerciais ou industriais" (BRASIL. Decreto nº 6.759, de 5 de fevereiro de 2009. Regulamenta a administração das

constatada alguma irregularidade na documentação.

Se o bem importado não é destinado à comercialização, resta afastada a penalidade de perdimento com fulcro no art. 105, X.[285]

Sobremais, a sanção de perdimento aplicada com base no referido inciso não pode alcançar indivíduo que adquire mercadoria posta à venda em estabelecimento regular e que procede à solicitação da nota fiscal correspondente.

Nessa hipótese, presume-se sua boa-fé, sob pena não só de punir pessoa desvinculada da prática da ilicitude, mas também de inviabilizar a própria atividade comercial de produtos importados no território nacional, já que obrigaria o adquirente no mercado interno a perquirir todo o percurso de

---

atividades aduaneiras, e a fiscalização, o controle e a tributação das operações de comércio exterior. Disponível em: < http://www.planalto.gov.br/ccivil_03/_ato2007-2010/2009/decreto/d6759.htm>. Acesso em: 29 mar. 2015).

285. Trecho extraído do voto do Min. Francisco Falcão no REsp nº 408.701/RS: "Como se observa, referido dispositivo legal prevê a aplicação da pena de perdimento de mercadorias estrangeiras se essas estiverem expostas à venda, depositadas ou em circulação comercial no país, o que não configura a hipótese dos autos, uma vez que o fac-símile, objeto da importação, fora adquirido para uso pessoal e encontrava-se na bagagem da recorrida (...)." (BRASIL. Superior Tribunal de Justiça. *Recurso Especial nº 408.701/RS*. Relator: Ministro Francisco Falcão. Julgamento: 18 nov. 2004. Órgão Julgador: Primeira Turma. Publicação: DJ 17 dez. 2004).
Trecho do voto da Min. Eliana Calmon no REsp nº 15.074/DF (DJ 06/12/99): "O art. 105 do DL 37/66 explicita as hipóteses em que se aplica a pena de perdimento e, naturalmente, como se trata de sanção, esgota-as, sendo, portanto, exaustivo na tipificação. (...) a hipótese não se configurou, porque a apreensão se deu no momento do desembaraço aduaneiro, não estando portanto expostas à venda, em depósito ou em circulação comercial. Estavam sendo desembaraçadas quando se percebeu não estarem acompanhadas da guia fornecida pela CACEX. A incidência não poderia ser do art. 105, X , do DL n. 37/66 e sim do art. 169 do mesmo diploma, (...) impondo somente sanção pecuniária." (BRASIL. Superior Tribunal de Justiça. *Recurso Especial nº 15.074/DF*. Relatora: Ministra Eliane Calmon. Julgamento: 04 out. 1999. Órgão Julgador: Segunda Turma. Publicação: DJ 06 dez. 99). O entendimento da Min. Relatora prospera na medida em que a simples entrada física da mercadoria não é condição suficiente para que a mercadoria integre-se na econômica nacional, porquanto, para a aplicação da pena de perdimento com suporte no art. 105, X, do DL nº 37/66 faz-se mister a nacionalização do bem, pois, somente quando nacionalizado, pode ser destinado à circulação comercial.

ingresso de bem no País e exigir a documentação referida a ela, fazendo as vezes de ente fiscalizado.[286]

A penalidade de perdimento não pode dissociar-se do elemento subjetivo, desconsiderando a boa-fé de terceiro.

> A pena de perdimento, neste caso, só é cabível contra o importador, ou contra quem tenha a posse da mercadoria sem a comprovação de sua regular aquisição.[287]

Outra hipótese de sanção de perdimento, cuja menção faz-se relevante, consiste naquela tipificada no art. 23, inciso V, da Lei nº 1.455/76, incluído pela Lei nº 10.637/2002 que passou a considerar dano ao Erário:

> (...) as infrações relativas às mercadorias: (...) V - estrangeiras ou nacionais, na importação ou na exportação, na hipótese de ocultação do sujeito passivo, do real vendedor, comprador ou de responsável pela operação, mediante fraude ou simulação, inclusive a interposição fraudulenta de terceiros.

---

286. "TRIBUTÁRIO. IMPOSTO DE IMPORTAÇÃO. AUTOMÓVEL. PRESUNÇÃO DE BOA-FÉ DO ADQUIRENTE. PENA DE PERDIMENTO. AFASTADA. 1. Não se pode exigir do adquirente de mercadoria estrangeira, no mercado interno, o cuidado de investigação antes de efetuar a compra, a respeito da legalidade da importação ou regularidade do alienante. 2. O sistema normativo e o poder judiciário devem assegurar ao adquirente de boa-fé, a garantia de que o negócio jurídico realizado, qual seja, compra e venda de automóvel importado, não seja frustrado em razão de irregularidade aferida pelo Fisco. 3. Presume-se a boa-fé do adquirente de mercadoria importada em estabelecimento regular, mediante nota fiscal. Embargos de divergência providos". (BRASIL. Superior Tribunal de Justiça. *Embargos de Divergência no Recurso Especial nº 535.536/PR*. Relator: Ministro Humberto Martins. Julgamento: 13 set. 2006. Órgão Julgador: Primeira Seção. Publicação: DJ 25 set. 2006, p. 216).
Outros julgados no mesmo sentido: AgRg no REsp 1061950/PR, Rel. Ministra DENISE ARRUDA, PRIMEIRA TURMA, julgado em 05/11/2009, DJe 27/11/2009 e AgRg no REsp 1220414/SC, Rel. Ministro HUMBERTO MARTINS, SEGUNDA TURMA, julgado em 19/05/2011, DJe 25/05/2011).

287. MACHADO, Hugo de Brito. A pena de perdimento de bens e a insubsistência do fato gerador da obrigação tributária... cit.

A inovação legislativa trazida pela Lei nº 10.637/2002 submeteu à penalidade de perdimento a indicação fraudulenta de dados falsos nos documentos necessários à instrução do despacho de importação (*v.g.* guia de importação, conhecimento de transporte, fatura comercial etc.), alargando o âmbito de sua incidência.

Frise-se que referida hipótese não há que ser confundida com a preconizada no art. 105, VI, do Decreto-Lei nº 37/66,[288] o qual contempla a falsificação ou adulteração de documentos.

Naquele primeiro caso, o infrator faz uso de informações falsas em documento oficial, vale dizer, o documento é formalmente perfeito, porém, a ideia nele contida é falsa.

Já no segundo, o tipo infracional não se cinge à veracidade do conteúdo do documento, mas sim à adulteração na sua forma, atribuindo aparência enganosa ao documento a fim de passá-lo por verdadeiro.

Por fim, outra hipótese de pena de perdimento é aquela disposta no art. 104, V, do Decreto-lei nº 37/66 e também no art. 688, V, do Regulamento Aduaneiro (Decreto 6.759/2009), segundo os quais se aplica a sanção de perda do veículo quando ele conduzir mercadoria sujeita à sanção de perda, se pertencente ao responsável por infração punível com aquela sanção.

A aplicação desse dispositivo, pelo Poder Judiciário, configura emblemática situação em que o aplicador, desvalendo-se de uma interpretação literal dos enunciados prescritivos, confere-lhe flexibilizações por meio da hermenêutica sistemática do Direito, ponderando valores em face do caso concreto.

---

288. "Art.105 Aplica-se a pena de perda da mercadoria: (...) VI - estrangeira ou nacional, na importação ou na exportação, se qualquer documento necessário ao seu embarque ou desembaraço tiver sido falsificado ou adulterado; (...)" (BRASIL. Decreto-Lei nº 37, de 18 de novembro de 1966. Dispõe sobre o imposto de importação, reorganiza os serviços aduaneiros e dá outras providências. Disponível em: < http://www.planalto.gov.br/ccivil_03/decreto-lei/del0037.htm >. Acesso em: 29 mar. 2015).

Nesse contexto, o Judiciário tem entendido, com fundamento no princípio da proporcionalidade, pela inaplicabilidade da sanção de perdimento do veículo quando, no transporte de bens irregularmente importados, constata-se uma flagrante desarmonia entre o valor do veículo e o valor das mercadorias nele transportadas.[289]

Assim, ainda que as mercadorias estejam desacompanhadas de documentação legal, comprovadora de seu regular ingresso no País, evidenciado que o valor de veículo é bem mais elevado do que o valor das mercadorias sujeitas à penalidade de perdimento, não há razão para também perder o veículo utilizado no transporte.

Paralelamente, embora a jurisprudência tenha sedimentado-se pela inaplicabilidade da sanção de perdimento diante da desproporção entre o valor da mercadoria e o valor do veículo que as transportou, cumpre aqui citar outro caso julgado pelo Superior Tribunal de Justiça, no qual esse entendimento foi flexibilizado em prol de outros valores caros à sociedade (proteção ao meio ambiente e direito à segurança), também consagrados no texto constitucional.

Nesse sentido, é o precedente da Corte Superior que manteve a penalidade de perdimento em função da potencialidade

---

289. "PROCESSUAL CIVIL. ADMINISTRATIVO. RECURSO ESPECIAL. ALEGADA VIOLAÇÃO DO ART. 535 DO CPC. NÃO-OCORRÊNCIA. APREENSÃO DE VEÍCULO. TRANSPORTE DE MERCADORIAS SUJEITAS À PENA DE PERDIMENTO. APLICAÇÃO DO PRINCÍPIO DA PROPORCIONALIDADE. (...) 2. A jurisprudência desta Corte já se firmou no sentido de que, embora seja possível a aplicação da pena de perdimento de veículo no caso de transporte de bens irregularmente importados, nos termos do Decreto-Lei 37/66, deve-se observar, no caso concreto, a proporcionalidade entre o valor das mercadorias importadas e o do veículo apreendido. 3. Na hipótese dos autos, revela-se flagrante a desproporcionalidade entre o valor das mercadorias transportadas (R$ 1.180,00) e o do veículo apreendido (R$ 35.000,00), razão pela qual deve ser mantido o acórdão recorrido que determinou a liberação do veículo. 4. Recurso especial desprovido". (BRASIL. Superior Tribunal de Justiça. *Recurso Especial nº 1022319/SC*. Relatora: Ministra Denise Arruda. Julgamento: 28 abr. 2009. Órgão Julgador: Primeira Turma. Publicação: DJe 03 jun. 2009).

lesiva da mercadoria importada que, conferindo à infração uma maior gravidade, acabou-se por não se vislumbrar a desproporcionalidade entre os valores das mercadorias e o veículo:

> ADMINISTRATIVO E TRIBUTÁRIO. RECURSO ESPECIAL. TRANSPORTE IRREGULAR DE MERCADORIAS QUE LEGITIMAM A PENA DE PERDIMENTO. PERDIMENTO DO VEÍCULO. DESPROPORÇÃO ENTRE O VALOR DAS MERCADORIAS E O VALOR DO VEÍCULO NÃO-RECONHECIDA PELO ACÓRDÃO RECORRIDO, FUNDADO EXPRESSAMENTE NO EXAME DOS ELEMENTOS DE PROVA. (...) 1. Trata-se de recurso especial (...) contra acórdão que, reformando a sentença, manteve a pena de perdimento aplicada a veículo apreendido ao transportar agrotóxicos, munições e outros bens. Em recurso especial, alega-se: a) violação do artigo 104, V, do DL 37/66, em razão da clara desproporção entre o valor do veículo apreendido, avaliado em R$ 18.000,00, e das mercadorias objeto de contrabando, estimadas em R$ 8.328,84; (...) 2. Todavia, a irresignação não merece acolhida, uma vez que o acórdão recorrido, reexaminando os elementos de prova constantes dos autos, conclui pela inexistência de desproporção entre o valor das mercadorias apreendidas e o valor de veículo objeto da pena de perdição. Nesse sentido, foi considerado a natureza das mercadorias ilicitamente transportadas - fungicidas e munições -, que caracterizou a gravidade da infração cometida. (...).[290]

Vê-se que a proporcionalidade não constitui um "princípio matemático" na medida em que as peculiaridades de cada situação, vale dizer, as circunstâncias fácticas que permeiam a prática da infração, influem na aplicação das respectivas penalidades, inexistindo uma fórmula infalível ou um critério único que cumprirá o papel de dosador da imposição sancionatória, dada a complexidade da região material das condutas. Afinal, "o real é irrepetível".

Em resumo, sob a égide da Constituição de 1988, na aplicação da sanção tributária de *perdimento de bens* há de ser

---

[290]. BRASIL. Superior Tribunal de Justiça. *Recurso Especial nº 1022550/RS*. Relator: Ministro José Delgado. Julgamento: 27 maio 2008. Órgão Julgador: Primeira Turma. Publicação: DJe 23 jun. 2008.

garantido o devido processo legal, conferindo oportunidade ao contribuinte de impugná-la caso aprovenha-lhe, mediante a instauração de um processo administrativo com os recursos a ele inerentes, à luz do contraditório e da ampla defesa.

Quando a legislação prevê a sanção de perda de *mercadorias* em decorrência de infrações que causem *dano ao Erário*, a norma primária sancionatória tem como pressuposto material a ocorrência efetiva de dano financeiro ao Erário, alcançando apenas bens destinados à operação de compra e venda, do contrário é exceder os limites semânticos da norma.

5.4.4. Apreensão de bens

Dentre as hipóteses de sanções administrativas não pecuniárias, a legislação aponta a *apreensão de bens*.

O estudo da interpretação e aplicação das normas que fixam essa espécie sancionatória revela-se tarefa difícil, porque sua legitimidade está adstrita a situações bem delimitadas, sob pena de seu uso pelo Fisco revestir-se de constrição oblíqua para o cumprimento das obrigações tributárias, rechaçada pela Corte Suprema desde a aprovação da Súmula nº 323,[291] em Sessão Plenária de 13/12/1963, conforme observado no item 5.4.2.1.

A matéria sumulada provoca-nos a investigar em quais situações é legítima a apreensão de bens e em que medida implicaria ato coercitivo de exigência de tributo por parte da autoridade administrativa.

Para tal desiderato cognoscente, faz-se necessária a interpretação da referida súmula em cotejo com o julgamento da ADI nº 395-0 pelo STF.

---

291. BRASIL. Supremo Tribunal Federal. Súmula 323: "É inadmissível a apreensão de mercadorias como meio coercitivo para pagamento de tributos". Disponível em: <http://www.stf.jus.br/portal/cms/verTexto.asp?servico=jurisprudenciaSumula&pagina=sumula_301_400>. Acesso em: 29 mar. 2015.

Isso porque, à primeira vista, a leitura do julgado proferido em controle abstrato de normas pode levar o intérprete a crer que aquela Corte teria alterado o seu entendimento sumular. Contudo, não nos parece acertada tal conclusão.

A ADI em comento, ajuizada pelo Conselho Federal da Ordem dos Advogados do Brasil, pretendeu a declaração de inconstitucionalidade do art. 163, inciso V e § 7º, da Constituição do Estado de São Paulo.[292]

Consoante o preceituado nesse dispositivo, poderá haver a apreensão de mercadorias quando desacompanhadas de documentação fiscal idônea, as quais ficam retidas até a comprovação da legitimidade de sua posse pelo proprietário, hipótese em que não configura limitação ao tráfego de bens por meio de tributo vedada pela Carta Republicana (art. 150, V, da CF).

No julgamento, o Pretório Excelso declarou a constitucionalidade do dispositivo, nos seguintes termos:

> AÇÃO DIRETA DE INCONSTITUCIONALIDADE. ART. 163, § 7º, DA CONSTITUIÇÃO DE SÃO PAULO: INOCORRÊNCIA DE SANÇÕES POLÍTICAS. AUSÊNCIA DE AFRONTA AO ART. 5º, INC. XIII, DA CONSTITUIÇÃO DA REPÚBLICA. 1. <u>A retenção da mercadoria, até a comprovação da posse legítima daquele que a transporta, não constitui coação imposta em desrespeito ao princípio do devido processo legal tributário.</u> 2. Ao garantir o livre exercício de qualquer trabalho, ofício ou profissão, o art. 5º, inc. XIII, da Constituição da República não o faz de

---

[292]. "Art. 163. Sem prejuízo de outras garantias asseguradas ao contribuinte, é vedado ao Estado: (...) V – estabelecer limitações ao tráfego de pessoas ou bens, por meio de tributo, ressalvada a cobrança de pedágio pela utilização de vias conservadas pelo Poder Público Estadual: (..) §7º. Para efeitos do inciso V, não se compreende como limitação ao tráfego de bens a apreensão de mercadorias, quando desacompanhadas de documentação fiscal idônea, hipótese em que ficarão retidas até a comprovação da legitimidade de sua posse pelo proprietário". (SÃO PAULO (ESTADO). Constituição Estadual. Disponível em:
<http://www.legislacao.sp.gov.br/legislacao/dg280202.nsf/a2dc3f553380ee-0f83256cfb00501463/46e2576658b1c52903256d63004f305a?OpenDocument>. Acesso em: 29 mar. 2015.

forma absoluta, pelo que a observância dos recolhimentos tributários no desempenho dessas atividades impõe-se legal e legitimamente. 3. A hipótese de retenção temporária de mercadorias prevista no art. 163, § 7°, da Constituição de São Paulo, é providência para a fiscalização do cumprimento da legislação tributária nesse território e consubstancia exercício do poder de polícia da Administração Pública Fazendária, estabelecida legalmente para os casos de ilícito tributário. Inexiste, por isso mesmo, a alegada coação indireta do contribuinte para satisfazer débitos com a Fazenda Pública. 4. Ação Direta de Inconstitucionalidade julgada improcedente.[293]

Façamos algumas considerações preliminares: (i) pela própria dicção do enunciado normativo da Constituição Estadual, verifica-se que a retenção das mercadorias está autorizada até o momento em que o proprietário comprove sua legítima posse, sem fazer referência a qualquer satisfação do crédito tributário como condicionante da liberação da mercadoria e (ii) com base na ementa transcrita, o Supremo Tribunal Federal entendeu pela validade da retenção da mercadoria até a comprovação de posse legítima daquele que a transporta, sem constituir coação imposta em desrespeito ao devido processo legal; justifica-se que referida retenção temporária consubstancia mera providência fiscalizatória, decorrente do exercício de *poder de polícia* pela Administração Pública Fazendária, com a finalidade de averiguar ilicitudes.

Nessa senda, a apreensão de mercadorias encontra suporte diante de documentação cuja inidoneidade impeça a fiscalização de aferir se aquele que transporta-as a faz legitimamente; não se trata de forçar, coercitivamente, o sujeito passivo a pagar o tributo. Possuir legitimamente o bem é detê-lo mediante prova do respectivo título de propriedade e cuja comercialização não ultrapasse as fronteiras da licitude.

---

293. BRASIL. Supremo Tribunal Federal. *Ação Direta de Inconstitucionalidade n° 395*. Relatora: Ministra Cármen Lúcia. Julgamento: 17 maio 2007. Órgão Julgador: Tribunal Pleno. Divulgação: DJe-082 16 ago. 2007. Publicação: DJ 17 ago. 2007 (Grifo nosso).

AS SANÇÕES NO DIREITO TRIBUTÁRIO

Comprovada a posse legítima, a mercadoria há de ser liberada, sendo certo que, constatado eventual débito tributário, a Fazenda terá à sua disposição os instrumentos necessários para lançar o tributo.

Caso contrário, se o Fisco retiver a mercadoria sob a condição do efetivo cumprimento da obrigação de pagar o tributo, equivale a abandonar o devido processo legal, exprimindo manifesta sanção política, visto que o "tributo seria devido, isto sim, nos termos da vontade da Fazenda, manifestada sob a forma de interpretação da lei tributária."[294]

No mesmo sentido entende Bernardo Ribeiro de Moraes:

> (...) a apreensão de mercadorias somente é legítima para a comprovação da irregularidade, ou para colher certos elementos necessários. Uma vez realizada, impõe-se a liberação das

---

294. MACHADO, Hugo de Brito. Apreensão de mercadoria como sanção política – Inteligência do Acórdão do STF na ADI 395-0. *Revista Dialética de Direito Tributário*, n. 146, p. 101-108, nov. 2007.
Neste mesmo artigo, o autor adverte que pagamento de tributo no desembaraço aduaneiro não se trata de "sanção política", porquanto "ao requerer o desembaraço aduaneiro o contribuinte declara os tributos devidos e faz o correspondente pagamento. O lançamento é feito por homologação, abrangendo os valores declarados e pagos pelo contribuinte, que obviamente declara e paga os tributos como entende serem devidos, e por isto mesmo há de pagar sem que possa invocar o direito de jurisdição. Entretanto, se a autoridade da Administração Tributante pretende cobrar tributo que o contribuinte considerou não ser devido, ou pretende cobrar valor maior, e o contribuinte se opõe porque entende ser essa cobrança indevida, a autoridade deve fazer, de ofício, o lançamento que considerar devido e promover a cobrança mediante a competente execução fiscal. A mercadoria deve ser liberada. Não pode a sua retenção funcionar como forma de execução forçada". Com as devidas escusas de estilo, não merece prosperar tal entendimento, pois revela certa contrariedade, já que neste caso também a Administração estaria cobrando, coercitivamente, a obrigação tributária, sem o devido processo legal, impondo verdadeira "execução administrativa". Se acolhido o ponto de vista explanado, as sanções políticas sempre se justificariam diante de tributos sujeitos a lançamento por homologação, em que o contribuinte declarou, mas não pagou. Com efeito, ainda que declarado o tributo, a constrição patrimonial de forma coercitiva é atuação exclusiva do Poder Judiciário. E se, por um equívoco contábil, houve erro no tocante à quantia declarada ou na classificação do produto, por exemplo? Somente em sede de processo judicial, com todos os meios de prova admitidos em Direito, serão declarados os direitos e deveres correlatos, garantidos o contraditório e a ampla defesa.

mercadorias, cabendo à Fazenda Pública os meios normais para a execução do crédito tributário.²⁹⁵

É preciso distinguir o exercício do *poder de polícia* da Administração Pública do poder estatal, dotado de executoriedade, designado para compelir, coercitivamente, o contribuinte ao adimplemento do dever jurídico de pagar o tributo.

O primeiro corresponde ao controle das atividades dos particulares no atendimento às prescrições legais em prol do interesse público, inclusive o controle do cumprimento dos deveres instrumentais destinados à correta apuração de eventual fato gerador de obrigação tributária e do dever de pagar o tributo (art. 78 do CTN), por parte das repartições fiscal-administrativas.

Já o segundo é de competência exclusiva do Poder Judiciário, dotado de poder coercitivo para constranger, coativamente, o sujeito passivo a efetuar o recolhimento da exação tributária, aplicando a sanção processual adequada.

A retenção apenas justificaria-se em função do *poder de polícia*, na primeira hipótese, pois existem regras específicas a que estão sujeitas as atividades privadas, instituídas em favor da coletividade e da manutenção da ordem posta, uma vez que as liberdades individuais não são absolutas.

Sem regras institucionalizadas, não há Estado de Direito.

No Direito Tributário, a apreensão de mercadorias não poderá ocorrer por período superior ao necessário à averiguação da infração fiscal e da autuação. Estender o ato de retenção, mesmo após a lavratura do Auto de Infração em que foram colhidas as provas da ilicitude tributária, apurados os valores do tributo devido e impostas as penalidades cabíveis, afigura ato abusivo, ilegal e inconstitucional, praticado pela Administração Fazendária.²⁹⁶

---

295. MORAES, Bernardo Ribeiro de. Op. cit., p. 572.
296. *Vide* RE n° 591.033, STF, Min. Rel. Joaquim Barbosa, Segunda Turma, julgado

AS SANÇÕES NO DIREITO TRIBUTÁRIO

Procedidas as diligências de conferência de bens e documentos, bem como a autuação – atos integrantes do *poder de polícia* do Estado –, a apreensão não tem respaldo, devendo a satisfação do crédito realizar-se por meio da instauração de procedimento administrativo ou de processo judicial.

Conveniente lembrar que a jurisprudência, diante de risco de perecimento, tem admitido sua liberação condicionada ao arrolamento de outros bens, à garantia em dinheiro no mesmo valor (caução) ou, ainda, à nomeação da empresa como depositária fiel.[297]

Destarte, o Fisco teria o direito de reter a mercadoria com o objetivo de averiguar irregularidades, ao passo que, constatadas a inscrição regular do contribuinte no respectivo cadastro, identificando-o para fins de submetê-lo à sujeição passiva tributária, e a ausência de produtos ilícitos, fazendo-se prova do título de propriedade, os bens devem ser liberados, porquanto não comprovada a posse ilegítima e, via de consequência, não materializada qualquer condição autorizadora da apreensão.

---

em 22/03/2011, DJe 05/04/2011; e REsp nº 1104228/TO, Rel. Min. Eliana Calmon, Segunda Turma, julgado em 01/12/2009, DJe 14/12/2009.

297. A título ilustrativo, seguem precedentes: "TRIBUTÁRIO. IMPORTAÇÃO DE MERCADORIAS. SUSPEITA DE PREÇO SUBFATURADO. RETENÇÃO. PRESTAÇÃO DE CAUÇÃO. URGÊNCIA. PERECIMENTO. POSSIBILIDADE DE LIBERAÇÃO. (...) Risco de perecimento das mercadorias, (...) - Uma vez retida a mercadoria, a liberação pode ser condicionada à prévia prestação de caução, consoante artigo II do artigo 80 da Medida Provisória nº 2158-35/2001, bem como segundo o artigo 69 da IN/SRF 206/2002. - Possibilidade de a empresa agravante a prestar caução no valor atribuído aos bens pela própria autoridade fiscal, como condição prévia à liberação das mercadorias." (BRASIL. Tribunal Regional Federal 3ª Região. *Agravo de Instrumento nº 88629/SP 200703000886298*. Relator: Juiz Rodrigo Zacharias. Julgamento: 26 jun. 2008. Órgão Julgador: Terceira Turma. Publicação: 08 jul. 2008).
"PERDIMENTO DE BEM. (...) Demonstrada também a presença do 'periculum in mora', consubstanciado na possibilidade de perecimento do veículo apreendido. 3. Impõe-se a entrega do ônibus apreendido à agravante, na condição de fiel depositária, até a prolação da sentença nos autos da ação principal." (BRASIL. Tribunal Regional Federal 4ª Região. Agravo de Instrumento nº 200404010012132. Relatora: Maria Lucia Luz Leiria. Julgamento: 24 mar. 2004. Órgão Julgador: Primeira Turma. Publicação: 12 maio 2004).

Nessas hipóteses, o fundamento jurídico da apreensão de bens consiste em impedir a formação da posse ilegítima de bens circulando no País ou que nele ingressaram, ilicitamente, sem o correspondente título de propriedade.

Hipótese distinta das meras "averiguações", fruto do *poder de polícia* administrativo, são exigências tributárias indiretas (as denominadas "sanções políticas") efetuadas pelo agente fiscal, que culminam na constrição do patrimônio do contribuinte, pois, ainda que devido tributo, faz-se indispensável observar o devido processo legal.[298]

Finalizando a temática em foco, Hugo de Brito Machado faz importante distinção entre a *perda como penalidade* e a *execução administrativa*.

A primeira refere-se à sanção de perdimento de bens, sobre a qual nos debruçamos anteriormente, aplicada como consequência legalmente prevista para determinado ilícito praticado. Quando a ilicitude é punida com pena de perdimento, na esteira do entendimento jurisprudencial,[299] é válida a retenção da mercadoria depois de instaurado o procedimento administrativo fiscal para apuração da infração sancionada pela perda do bem.

---

298. Sobre os limites a que está sujeita a sanção de apreensão de bens, leciona Ives Gandra da Silva Martins: "Semelhante atitude tem o Fisco quando apreende mercadorias para garantia de pagamento e inicia Auto de Infração. A Justiça tem declarado que uma vez estabelecida a ação fiscal, a apreensão não pode permanecer, sendo medida de coação inconciliável com a plena defesa do contribuinte. No contrabando, todavia, a apreensão é legítima." (MARTINS, Ives Gandra da Silva. *Da sanção tributária...* cit., p. 37).

299. *Vide* REsp nº 1.184.720/DF, Min. Rel. Mauro Campbell Marques, Segunda Turma, julgado em 05/08/2010; DJe 01/09/2010; REsp nº 114.178-5/RS, Min. Rel. Benedito Gonçalves, julgado em 02/03/2010, DJe em 10/03/2010; AgRg no REsp 1121145/RS, Rel. Min. Humberto Martins, Segunda Turma, julgado em 15/09/2009, DJe 25/09/2009; REsp nº 500.286/RS, Min. Rel. Teori Albino Zavascki, Primeira Turma, julgado em 15/03/2005, DJe 04/04/2005; e REsp nº 529.614/RS, Min. Rel. Luiz Fux, Primeira Turma, julgado em 20/11/2003, DJe 19/12/2003.

Desfecho diverso dá-se na *execução administrativa*, quando o bem, objeto de apreensão, permanece retido até efetuado o recolhimento do tributo.

Nesta situação, explica o autor que:

> a perda de mercadoria apreendida é uma forma de execução administrativa, tanto que, se o contribuinte efetuar o pagamento do crédito tributário que lhe esteja sendo cobrado, não se dará a perda da mercadoria.[300]

Aqui, o pressuposto autorizador da apreensão contínua do bem não decorre da posse ilegítima, cuja prova em contrário ainda não se produziu, tampouco de ilicitude punida com sanção de perdimento.

Na verdade, o "ilícito" que justificaria a retenção do bem seria o não pagamento do tributo, revelando nítida prática coercitiva por parte do Fisco, voltada, exclusivamente, ao adimplemento tributário, em flagrante violação aos cânones constitucionais do devido processo legal, da livre iniciativa e do direito à propriedade.

Enfim, figuraria inegável sanção política.

5.4.5. A recusa de expedição de Certidão Negativa de Débito: limites e efeitos

O tema é bastante oportuno dado sua importância não só de ordem jurídica como também político-social.

A recusa de expedição da Certidão Negativa de Débito (CND) traz efeitos concretos às esferas tributária e empresarial, figurando como verdadeiro obstáculo ao exercício, pelos contribuintes, do direito de contratar com o Poder Público, como também para atuar no âmbito privado em razão da necessidade de comprovar sua regularidade fiscal nas relações com particulares.

---

300. MACHADO, Hugo de Brito. A pena de perdimento de bens e a insubsistência do fato gerador da obrigação tributária... cit.

Como bem lembrado por Tácio Lacerda Gama, a dificuldade na obtenção de CNDs projeta também prejuízos

> ao próprio Poder Público que se vê, em muitas circunstâncias, privado da possibilidade de honrar seus compromissos e contratar empresas que ofereceriam os melhores serviços, pelos melhores preços, se tivessem CND.[301]

De acordo com a dicção do art. 205 do CTN,

> Art. 205. A lei poderá exigir que a prova de quitação de determinado tributo, quando exigível, seja feita por certidão negativa, expedida à vista de requerimento do interessado, que contenha todas as informações necessárias à identificação de sua pessoa, domicílio fiscal e ramo de negócio ou atividade e indique o período a que se refere o pedido.

Nota-se, a partir da leitura do art. 205, que a exigência de Certidão Negativa de Débito (CND) será legítima quando houver duas previsões legais: "uma obrigando a prova do pagamento de determinado tributo; outra, impondo que essa comprovação seja feita por meio de certidão negativa."[302]

Contrariamente, tem-se observado vários setores da Administração Pública exigindo-a sem fundamento em lei[303]

---

301. GAMA, Tácio Lacerda. Certidão de regularidade fiscal: Jurisprudência recente e casos de perecimento do direito contemplado no art. 207 do CTN. *Revista Internacional de Direito Tributário*. Belo Horizonte, Del Rey, p. 335-340, jul./dez. 2008. p. 335-340.

302. CARVALHO, Paulo de Barros. *Curso de direito tributário...* cit. 22. ed. p. 679.

303. "(...) Afigura-se ilegítima a exigência de certidões de regularidade fiscal para liberação de créditos provenientes do Programa da Política de Preço Nacional Equalizado - Açúcar e Álcool, em razão da ausência de previsão legal. (...)." (BRASIL. Tribunal Regional Federal 1ª Região. *Apelação em Mandado de Segurança 2000.34.00.029352-3/DF*, Relator: Desembargador Federal Souza Prudente. Julgamento: 07 out. 2010. Órgão Julgador: Oitava Turma. Publicação: e-DJF1 08 out. 2010, p. 416).
Vide também: AMS 1999.35.00.015354-8/GO, Rel. Desembargador Federal Luciano Tolentino Amaral, Conv. Juiz Federal Rafael Paulo Soares Pinto (conv.), Sétima Turma, DJ p. 130 de 21/09/2007; TRF4, AMS 2004.70.05.001418-0, Primeira Turma, Relator Wellington Mendes de Almeida, DJ 16/03/2005; Apelação em Mandado de Segurança nº 2000.61.00.009234-5; TRF3 - Sexta Turma; Rel. Desembargadora

ou, mesmo que regulada, ignorando o preceito do art. 206[304] do mesmo diploma legal, cuja norma, em certas circunstâncias (*v.g.* créditos não vencidos, execução fiscal garantida e crédito tributário com exigibilidade suspensa), atribui a certidões afirmativas de débitos os mesmos efeitos das certidões negativas.

Cabe consignar que a obtenção de certidão é direito assegurado pela Carta Republicana de 1988 (art. 5º, XXXIV, 'b'),[305] razão pela qual a recusa da Administração Fazendária em expedir a CND deve ser justificada, esclarecendo ao contribuinte sobre os débitos que obstaculizaram a negativa.

Com efeito,

> (...) somente pode ser indeferida quando a Administração tiver condições de relatar quais créditos possui contra o contribuinte, a que se referem e quais seus valores. Assim, do mesmo modo que a Administração tem o poder de exigir a apresentação de certidão negativa de débitos, tem o dever de fornecê-la caso não haja crédito tributário constituído.[306]

Um tema que merece nossa meditação concerne em ponderar o que se entende por "débito tributário", cuja certificação implica o indeferimento da expedição da CND.

"Débito tributário" consiste no dever jurídico do sujeito passivo de recolher o tributo em favor do sujeito ativo.

Federal Consuelo Yoshida; data do julgamento: 20/01/2011; e Apelação em Mandado de Segurança nº 2004.61.05.008181-6; TRF3 – Segunda Turma; Rel. Desembargador Federal Henrique Herkenhoff; data do julgamento: 27/05/2008.

304. "Art. 206. Tem os mesmos efeitos previstos no artigo anterior a certidão de que conste a existência de créditos não vencidos, em curso de cobrança executiva em que tenha sido efetivada a penhora, ou cuja exigibilidade esteja suspensa."

305. "(...) XXXIV – são a todos assegurados, independentemente do pagamento de taxas: (...) b) a obtenção de certidões em repartições públicas, para defesa de direitos e esclarecimentos de situações de interesse pessoal".

306. CARVALHO, Paulo de Barros. *Curso de direito tributário*. 23. ed. São Paulo: Saraiva, 2011, p. 681.

Tal dever somente nasce quando prescrito em linguagem reputada competente pelo ordenamento jurídico, seja por meio do ato administrativo do lançamento, seja pelo expediente do próprio particular, na hipótese dos tributos sujeitos a "lançamento por homologação", em que atribui-se ao sujeito passivo a tarefa de declarar os fatos e quantificar o valor devido, mediante a expedição de normas individuais e concretas constitutivas do fato jurídico tributário (*v.g.* declarações e guias de arrecadação).

Daí porque, nos tributos sujeitos a lançamento por homologação, se não há tributo declarado e não pago, reclama-se o ato administrativo do lançamento constituindo o débito tributário para embasar a negativa de certidão pretendida pelo contribuinte.

O mero atraso no pagamento de tributos, quando ainda pendentes a constituição e a formalização do débito, não enseja o indeferimento da expedição de CND, pois se não efetuado o lançamento, nem declarado o tributo, não se pode afirmar que existe dívida do contribuinte.

Não é por outra razão que a Advocacia Geral da União publicou a Súmula 18,[307] estipulando que "da decisão judicial que determinar a concessão de Certidão Negativa de Débito (CND), em face da inexistência de crédito tributário constituído, não se interporá recurso."

Em contrapartida, mantendo a coerência que todo discurso científico rigoroso tem de prezar, introduzida no ordenamento norma individual e concreta produzida pelo sujeito passivo, constituindo o evento hipoteticamente descrito no suposto da regra-matriz de incidência em fato jurídico tributário, surge o vínculo de cunho obrigacional,[308] merecendo

---

307. ADVOCACIA GERAL DA UNIÃO. Súmula 18. Publicada no DOU, Seção I, de 28/06, 1º/07 E 02/07/2002. Disponível em: < http://www.agu.gov.br/page/atos/detalhe/idato/9585>. Acesso em: 29 mar. 2015.

308. Sobre o tema, menciona-se Alexandre Rossato da S. Ávila, pela clareza conclusiva: "Diante disto, pode-se concluir que nos tributos sujeitos ao regime de

acolhida a prescrição sumular nº 446[309] do Superior Tribunal de Justiça, *in verbis*: "Declarado e não pago o débito tributário pelo contribuinte, é legítima a recusa de expedição de certidão negativa ou positiva com efeito de negativa."

Abstendo-se de uma investigação minuciosa, cumpre ressalvar que a jurisprudência da Corte Superior também pacificou entendimento no sentido de que o Fisco está vedado de recusar a expedição de CND enquanto ainda pendente a realização de ato administrativo homologando ou rejeitando a compensação realizada pelo contribuinte.

Segundo o Superior Tribunal de Justiça, o ato compensatório, feito pelo contribuinte na própria declaração, extingue o crédito tributário (art. 156, III, do CTN) sob condição resolutória de ulterior homologação; ao passo que o pedido de compensação, na esfera administrativa, submete-se aos efeitos do art. 151, III, do CTN.[310]

---

lançamento por homologação, em que seja obrigatório o preenchimento de declaração representativa do crédito tributário, omisso o sujeito passivo em adimplir o crédito declarado no prazo avençado em lei, não necessita a Fazenda Pública de nenhuma outra providência administrativa tendente a constituí-lo, por inteiro ou pelo saldo (no caso de pagamento parcial), bastando inscrevê-lo em dívida ativa para dar suporte à execução fiscal. Logo o contribuinte, não tem direito à obtenção de certidão negativa de débito. Se a declaração for obrigatório, mas não tiver sido apresentada, ou no caso de não haver exigência de sua apresentação, o crédito ainda não está constituído. Se não existe crédito da Fazenda, não há débito do contribuinte. Portanto, a certidão negativa de débito não pode ser recusada" (ÁVILA, Alexandre Rossato da S. Tributos lançados por homologação e Certidão Negativa de Débito. In: PAULSEN, Leandro (Org.). *Direito Tributário*: Certidões Negativas de Débito. Porto Alegre: Livraria do Advogado; ESMAFE, 1999, p. 175-197.

309. BRASIL. Superior Tribunal de Justiça. Súmula 446. Publicada no DJe em 13/05/2010. Disponível em:
<http://www.stj.jus.br/SCON/sumulas/toc.jsp?tipo_visualizacao=RESUMO&livre=%40docn&&b=SUMU&p=true&t=&l=10&i=71>. Acesso em: 29 mar. 2015.

310. "(...) 2. Se o contribuinte, por DCTF, comunica ao Fisco que quitou o débito mediante compensação, não há que se obstar o fornecimento da CND enquanto a compensação não for rejeitada com a formalização de um procedimento administrativo que possibilite ao contribuinte exercer a mais ampla defesa, porque inexistente crédito tributário devidamente constituído. (...)" (BRASIL. Superior Tribunal de Justiça. *Agravo Regimental no Agravo de Instrumento 848432/SC*.

Por ora, algumas afirmações já podemos assentar: (i) a exigência de regularidade fiscal por meio de certidões decorre de previsão legal (art. 205 do CTN); (ii) nas hipóteses de créditos não vencidos, objetos de cobrança em sede de execução fiscal garantida ou cuja exigibilidade esteja suspensa, as certidões positivas têm efeito de negativa (art. 206 do CTN) e (iii) a autoridade administrativa não pode, pura e simplesmente, recusar a expedição de Certidão Negativa de Débito, motivada pela afirmativa carimbada de que há "débito em aberto"; pelo contrário, o indeferimento deve ser devidamente justificado, relacionando a natureza e origem do(s) débito(s) constituído(s), bem assim o(s) respectivo(s) valor(es).[311]

Relator: Ministro José Delgado. Julgamento: 05 jun. 2007. Órgão Julgador: Primeira Turma. Publicação: DJ 29 jun. 2007, p. 502).
"(...) tendo o contribuinte declarado o tributo via DCTF e realizado a compensação nesse mesmo documento, também é pacífico que o Fisco não pode simplesmente desconsiderar o procedimento adotado pelo contribuinte e, sem qualquer notificação de indeferimento da compensação, proceder à inscrição do débito em dívida ativa, negando-lhe certidão negativa de débito. (...)" (BRASIL. Superior Tribunal de Justiça. *Agravo Regimental no Recurso Especial nº 1228660/RS*. Relator: Ministro Castro Meira. Julgamento: 15 set. 2011. Órgão Julgador: Segunda Turma. Publicação: DJe 27 set. 2011).
"(...) 2. Enquanto houver reclamação ou recurso administrativo, não se pode cobrar o tributo devido, como, por exemplo, no caso de pedido de compensação pendente de análise pela Receita Federal. Precedentes do STJ. 3. O STJ possui o entendimento de que a instauração do contencioso administrativo amolda-se à hipótese do art. 151, III, do CTN, razão pela qual perdurará a suspensão da exigibilidade até decisão final na instância administrativo. Agravo Regimental não provido." (BRASIL. Superior Tribunal de Justiça. *Agravo Regimental nos Embargos de Declaração no Agravo de Instrumento* nº 1396238/SC. Relator: Ministro Herman Benjamin. Julgamento: 06 set. 2011. Órgão Julgador: Segunda Turma. Publicação: DJe 12 set. 2011).
311. "PROCESSO CIVIL. MANDADO DE SEGURANÇA. CERTIDÃO NEGATIVA DE DÉBITO. EXTINÇÃO DO PROCESSO SEM JULGAMENTO DO MÉRITO. NÃO APONTADOS OS VALORES DOS DÉBITOS. 1. O impetrado indeferiu o pedido de expedição da CND, ao fundamento de que a impetrante apresenta "falhas nos recolhimentos das contribuições" e na entrega da GFIP. Porém, não foi apontado, sequer os valores dos débitos, o que evidencia não haver sequer lançamento fiscal realizado. 2. Apelação provida. Segurança concedida." (BRASIL. Tribunal Regional Federal 3ª Região. *Apelação em Mandado de Segurança nº 200261020045278*. Relator: Desembargador Federal Nelton dos Santos. Julgamento: 29 jun. 2004. Órgão Julgador: Segunda Turma. Publicação: DJF3 CJ2 24 set. 2009, p. 275).

5.4.5.1. A apresentação de CND como condição ao exercício de atos jurídicos

A prova de quitação fiscal mediante apresentação de CND é exigida como condição para a prática de diversos atos, inclusive, no próprio teor do CTN, apresenta-se como requisito para: (a) a extinção das obrigações do falido (art. 191);[312] (b) a concessão de recuperação judicial (art. 191-A);[313] (c) a sentença de julgamento de partilha ou adjudicação no tocante aos tributos relativos aos bens do espólio, ou às suas rendas (art. 192);[314] e (d) a celebração de contrato ou aceitação de proposta em concorrência pública, salvo quando a lei dispuser o contrário (art. 193).[315]

A apresentação de CND como condição para a execução de determinados atos jurídicos provoca discussões doutrinárias intensas.

Isso porque, embora o dispositivo do art. 206, já citado, tenha cuidado de conciliar a exigência de CND com os direitos e garantias do contribuinte, ele não conseguiu superar os conflitos que surgem entre

> (...) a proteção legalmente dispensada ao crédito tributário, mediante a exigência de certidão negativa de débitos tributários em certas situações, e os direitos do contribuinte, entre os quais o

---

312. "Art. 191. A extinção das obrigações do falido requer prova de quitação de todos os tributos."

313. "Art. 191-A. A concessão de recuperação judicial depende da apresentação da prova de quitação de todos os tributos, observado o disposto nos arts. 151, 205 e 206 desta Lei".

314. "Art. 192. Nenhuma sentença de julgamento de partilha ou adjudicação será proferida sem prova da quitação de todos os tributos relativos aos bens do espólio, ou às suas rendas."

315. "Art. 193. Salvo quando expressamente autorizado por lei, nenhum departamento da administração pública da União, dos Estados, do Distrito Federal, ou dos Municípios, ou sua autarquia, celebrará contrato ou aceitará proposta em concorrência pública sem que o contratante ou proponente faça prova da quitação de todos os tributos devidos à Fazenda Pública interessada, relativos à atividade em cujo exercício contrata ou concorre."

de não ser compelido a antecipar pagamentos e o de defender-se em face de exigências tributárias indevidas.[316]

Há uma grande dificuldade em harmonizar os valores positivados na Constituição Federal.

De um lado, prevalece o entendimento no sentido de que a exigência de regularidade fiscal visa a garantir o crédito tributário, em prol do interesse público, cuja supremacia paira sobre os interesses privados.

Por outro lado, refuta-se a sua exigência, sob o manto dos direitos assegurados pela ordem constitucional, especialmente o livre exercício de qualquer trabalho, ofício ou profissão, da livre iniciativa empresarial, do devido processo legal com a garantia da ampla defesa e do contraditório e da proporcionalidade.

Contra os extremos, sejam daqueles que apenas tutelam os direitos da Administração, sejam daqueles que somente valorizam os direitos do contribuinte, a sujeição da prática de atos jurídicos à regularidade perante a Fazenda Pública há de ser analisada mediante a ponderação dos princípios constitucionais, sob pena de converter a apresentação de certidões negativas em instrumento indireto para a arrecadação de tributos, ou melhor, em uma verdadeira sanção política.

Desde já, anunciamos o modesto efeito do buscado pelo art. 207 do CTN, segundo o qual, independentemente de disposição legal permissiva, será dispensada a prova de quitação de tributos, ou o seu suprimento, quando tratar-se de prática de ato indispensável para evitar a caducidade do direito (o que verificaria-se, por exemplo, nos casos de impedimento de participar de licitações, concluir contratos, obter empréstimo junto a instituição financeira etc.).

---

316. MACHADO, Hugo de Brito. Certidão positiva com efeito de negativa e a crescente arbitrariedade do Fisco. *Revista Dialética de Direito Tributário* – RDDT, São Paulo, Dialética, n. 118, jul. 2005, p. 63.

AS SANÇÕES NO DIREITO TRIBUTÁRIO

A inocuidade prática do dispositivo legal é reflexo da ressalva contida na parte final do próprio enunciado prescritivo, no sentido de que todos os participantes no ato jurídico responderão pelo tributo porventura devido e demais encargos.

Ou seja, ainda que autorizada a dispensa da apresentação de CND na iminência de perda de determinado direito, referida autorização tem repercussão inepta no plano pragmático, porquanto o contratante, por ter contratado contribuinte em débito com o Fisco, poderá ser responsabilizado pelo montante da dívida.

A pergunta que impõe-se é: até que ponto o exercício de um ato jurídico pode estar condicionado ao estado de adimplência tributária, comprovado pela apresentação da Certidão Negativa de Débito?

Na busca por uma resposta a esse questionamento, é imprescindível distinguir *quitação fiscal* de *regularidade fiscal*, bem como trazer à baila casos concretos apreciados pelo Poder Judiciário, mormente aqueles julgados pelo Supremo Tribunal Federal que, em contato com os pormenores e as circunstâncias de cada um, pode melhor harmonizar os valores em conflito, reduzindo, ao mínimo, possível o alcance de cada um e preservando, ao máximo, os bens jurídicos tutelados.

(i) Distinção entre "regularidade fiscal" e "quitação de tributos"

Regularidade significa estrita observância às regras, ao passo que *quitação* é o ato pelo qual alguém desobriga-se do que deve.[317] A partir desta breve distinção já podemos aferir que prova de *regularidade fiscal* difere de prova de *quitação fiscal* enquanto condicionantes, eleitas pela lei, à prática de atos jurídicos.

---

317. "QUITAR. *Direito Civil*. 1. Tornar quite. 2. Cumprir, voluntariamente, obrigação, desonerando-se do débito; 3. Liberar." e "REGULAR. 1. *Teoria Geral do Direito*. a) O que está conforme a norma estatuída; o que é legal; b) aquilo que está governado por lei; (...)". (DINIZ, Maria Helena. *Dicionário jurídico*. v. 4 – Q-Z. São Paulo: Saraiva, 1998).

De acordo com a legislação tributária, a Certidão Negativa de Débito (CND) atesta a *ausência* de débito ou pendências formais em relação ao contribuinte, tais como entrega de declarações na forma da lei (*v.g.* DIPJ, DCTF, DIRF, DAI e DIRPF). Ou seja, a CND serve para demonstrar que determinado contribuinte está quite com a Fazenda Pública.

Já a prova de regularidade fiscal, nos termos dos arts. 205 e 206 do CTN, dá-se por meio tanto da CND como também por intermédio da Certidão Positiva com Efeitos de Negativa (CPD-EN).

Esta será emitida quando não existirem pendências formais/cadastrais exigíveis em nome do sujeito passivo e constar, em seu nome, somente débitos com exigibilidade suspensa ou cujo lançamento encontre-se no prazo legal para impugnação ou recurso (Decreto n° 7.574/2011) ou, se inscritos em Dívida Ativa, garantidos mediante penhora de bens.

Reiterando a prescrição do art. 206 do CTN, a CPD-EN tem os mesmos efeitos da CND de modo que, sempre que esta for requisitada, poderá ser apresentada aquela com efeitos de Negativa, uma vez que o legislador complementar imprimiu a ambas idêntica eficácia probatória de regularidade fiscal.

A CPD-EN, por sua vez, indicando a existência de pendências tributárias relativamente ao sujeito passivo, demarca situação de irregularidade fiscal do contribuinte, impedindo-o de realizar atos jurídicos, cujo exercício está legalmente submetido à apresentação de CND.

Nestes casos, cabe ao contribuinte promover sua regularização, seja saldando seus deveres tributários, seja enquadrando-se nas situações previstas para o deferimento da CPD-EN.

Enfim, verifica-se uma grande diferença entre exigir a quitação de tributos, a qual corresponde à ausência de débitos e de pendência formal, e a regularidade fiscal, cuja comprovação faz-se não só pela inexistência de qualquer pendência tributária, como também mediante a CPD-EN.

O quadro, minimamente acima exposto, delimita como a legislação tributária[318] disciplina a prova de quitação e regularidade fiscal. Porém, nada impede que, consideradas as particularidades do caso concreto, determinada situação fáctica acabe por não se subsumir àquela prevista pela letra fria da lei, enquanto interpretada isoladamente, sob pena de ferir garantias e direitos constitucionais.

É o que veremos a seguir com o exame de alguns julgados sobre o assunto.

(ii) Análise de alguns julgados e o entendimento do Supremo Tribunal Federal

Primeiramente, apontamos entendimento dos Tribunais que, considerando a situação excepcional, beneficia o sujeito passivo que possui débitos ínfimos ou pouco significativos perante o Fisco.[319]

Compara-se o estado da irregularidade fiscal com a saúde econômico-financeira do contribuinte; assim, comprovado que o valor do débito não irá comprometer as suas finanças, o indeferimento da CND não poderá impedir o exercício

---

318. Portaria Conjunta PGFN/SRF n° 3/2007 (BRASIL. Portaria Conjunta PGFN/SRF n° 3, de 02 de maio de 2007. Dispõe sobre a prova de regularidade fiscal perante a Fazenda Nacional e dá outras providências. Disponível em: < http://sijut.fazenda.gov.br/netacgi/nph-brs?s1=P0000000032007050201$.CHAT.%20E%20 P G F N . O R G A . & l = 0 & p = 1 & u = / n e t a h t m l / P e s q u i s a . htm&r=0&f=S&d=SIAT&SECT1=SIATW3>. Acesso em: 29 mar. 2015).

319. "TRIBUTÁRIO. CND. PAGAMENTO. EXISTÊNCIA DE DÉBITO. VALOR IRRISÓRIO. LEI 9.469/97. CERTIDÃO NEGATIVA DE DÉBITOS Não obstante a existência de débito, entendo que ele não pode obstar a expedição da certidão almejada por se tratar de valor irrisório em face do disposto na Lei 9.469/97 Conforme o princípio da razoabilidade, excepcionalmente não se deve obstar o regular exercício de atividade da pessoa jurídica, com base em débito de valor irrisório." (BRASIL. Tribunal Regional Federal 3ª Região. *Apelação em Mandado de Segurança n° 200361000105110*. Relator: Juiz Convocado Em Auxílio Miguel Di Pierro. Julgamento: 20 set. 2006. Órgão Julgador: Sexta Turma. Publicação: DJU 04 dez. 2006, p. 528).
Outros julgados no mesmo sentido: AMS 200561000145633, Juiz Federal Convocado Claudio Santos, TRF3 - Terceira Turma, DJF3 Data: 22/07/2008; e AC 200461000254661, Desembargador Federal Márcio Moraes, TRF3 - Terceira Turma, DJF3 Data: 16/09/2008.

regular da atividade econômica e profissional, à luz dos preceitos constitucionais.

Privilegia-se a proporcionalidade em detrimento do rigorismo formal.[320]

Tal posicionamento já prospera há muito tempo na Corte Suprema, conforme trecho extraído do acórdão proferido nos autos do Mandado de Segurança n° 19.903/DF,[321] no qual restou consignado que:

> a ausência de certidão negativa só pode justificar a inabilitação do concorrente (na licitação) quando o débito fiscal apurado puder comprometer a eficácia das provas de idoneidade financeira produzidas pela concorrente.

Assim, não obstante a imposição da certidão negativa justifique-se em prol do interesse público, ela deve seguir os parâmetros da proporcionalidade, evitando distorções entre a exigência de regularidade fiscal e a possibilidade de prejuízo ao Erário, em decorrência da prática de determinado ato jurídico.

Ao abrigo da Constituição anterior, o Supremo Tribunal Federal admitia a quitação de tributos condicionando determinados atos jurídicos.

---

[320]. "RECURSO ESPECIAL. (...) A falta de apenas uma, dentre 578 certidões de regularidade fiscal perante a Previdência, não é fato bastante para macular a recorrida como particular inidôneo ao cumprimento do contrato, principalmente quando se comprova que a certidão faltante já existia na época da fase de habilitação, não tendo sido criada extemporaneamente, pós-certame, conforme provado nas instâncias ordinárias. 6. O Superior Tribunal de Justiça tem entendimento jurisprudencial sobre a necessidade de se temperar o rigorismo formal de algumas exigências do edital licitatório, a fim de manter o caráter competitivo do certame, selecionando-se a proposta mais vantajosa à Administração Pública, caso não se verifique a violação substancial aos demais princípios informadores deste procedimento. Precedentes.7. Recurso especial conhecido parcialmente e, nesta parte, não provido." (BRASIL. Superior Tribunal de Justiça. *Recurso Especial n° 997.259/RS*. Relator: Ministro Castro Meira. Julgamento: 17 ago. 2010. Órgão Julgador: Segunda Turma. Publicação: DJe 25 out. 2010).

[321]. BRASIL. Supremo Tribunal Federal. Mandado de Segurança n° 19.093/DF. Relator: Ministro Djaci Falcão. Julgamento: 03 jun. 1971. Órgão Julgador: Tribunal Pleno. Publicação: Dje 03 set. 1971.

Adotou esse entendimento ao julgar a exigência de certidão negativa de débito como condição para outorga de escritura de transmissão de imóveis,[322] para renovação de alvará de estacionamento de táxi[323] e para a habilitação em certame licitatório com o escopo de comprovar a idoneidade financeira do contribuinte.[324]

Com a promulgação da Constituição de 1988, fruto do processo de abertura política, asseguraram-se direitos e garantias fundamentais em defesa aos valores democráticos, permitindo ao indivíduo recorrer ao Poder Judiciário sempre que houver lesão ou ameaça de lesão de direito e estipulando a observância do devido processo legal na privação da liberdade e dos bens, dentre diversas outras garantias do extenso rol positivado pelo constituinte.

Sob a égide da atual Carta Magna, o entendimento do Supremo Tribunal Federal modificou-se substancialmente.

A título ilustrativo, convém mencionar, primeiro, o levantamento de precatório condicionado à apresentação de certidões negativas, previsto no art. 19 da Lei nº 11.033/2004.[325]

---

322. Recurso Extraordinário nº 89.175-7/GO, publicado no DJ em 12/08/1980 e Recurso Extraordinário nº 72010/SP, publicado em 03/09/1971.

323. Recurso Extraordinário nº 83503/SP, publicado em 13/05/1977 e Recurso Extraordinário nº 83790, publicado em 17/05/1977.

324. Mandado de Segurança nº 19.903-DF, publicado em 03/09/1971.

325. "Art. 19. O levantamento ou a autorização para depósito em conta bancária de valores decorrentes de precatório judicial somente poderá ocorrer mediante a apresentação ao juízo de certidão negativa de tributos federais, estaduais, municipais, bem como certidão de regularidade para com a Seguridade Social, o Fundo de Garantia do Tempo de Serviço – FGTS e a Dívida Ativa da União, depois de ouvida a Fazenda Pública." (BRASIL. Lei nº 11.033/2004. Altera a tributação do mercado financeiro e de capitais; institui o Regime Tributário para Incentivo à Modernização e à Ampliação da Estrutura Portuária – REPORTO; altera as Leis nºs 10.865, de 30 de abril de 2004, 8.850, de 28 de janeiro de 1994, 8.383, de 30 de dezembro de 1991, 10.522, de 19 de julho de 2002, 9.430, de 27 de dezembro de 1996, e 10.925, de 23 de julho de 2004; e dá outras providências. Disponível em: < http://www.planalto.gov.br/ccivil_03/_ato2004-2006/2004/lei/l11033.htm >. Acesso em: 29 mar. 2015).

Nos autos da ADI nº 3.453/DF,[326] o Supremo Tribunal Federal declarou a inconstitucionalidade do dispositivo, porquanto violador dos arts. 5º, inciso XXXVI, e 100 da CF, uma vez que desnecessária a comprovação de quitação e regularidade fiscal para a satisfação de direito do jurisdicionado a recebimento de créditos, reconhecido pela Justiça e garantido constitucionalmente, acrescentando, ainda, o fato de que a Fazenda Pública possui meios próprios para cobrar os débitos tributários.

Com a publicação da Lei nº 11.033/2004, o legislador infraconstitucional impôs restrições e condições para o levantamento dos valores do precatório, que não aquelas constantes de dispositivo constitucional. Isto acabou por restringir a eficácia das decisões judiciais, em afronta ao direito à efetividade da jurisdição, à coisa julgada e ao princípio da separação dos poderes.

Deveras, os requisitos e o procedimento concernentes ao regime de precatórios, disciplinados no art. 100 da CF, somente podem ser fixados e alterados por: Emenda Constitucional e, desde que observadas as cláusulas pétreas, ou por uma nova Assembleia Constituinte.

---

326. Nos autos da ADI/DF 3453-7, o STF declarou a inconstitucionalidade do art. 19 citado, nos seguintes termos da ementa: "AÇÃO DIRETA DE INCONSTITUCIONALIDADE. PRECATÓRIOS. ART. 19 DA LEI NACIONAL Nº 11.033, DE 21 DE DEZEMBRO DE 2004. AFRONTA AOS ARTS. 5º, INC. XXXVI, E 100 DA CONSTITUIÇÃO DA REPÚBLICA. 1. O art. 19 da Lei n. 11.033/04 impõe condições para o levantamento dos valores do precatório devido pela Fazenda Pública. 2. A norma infraconstitucional estatuiu condição para a satisfação do direito do jurisdicionado - constitucionalmente garantido - que não se contém na norma fundamental da República. (...) 7. A determinação de condicionantes e requisitos para o levantamento ou a autorização para depósito em conta bancária de valores decorrentes de precatórios judiciais, que não aqueles constantes de norma constitucional, ofende os princípios da garantia da jurisdição efetiva (art. 5º, inc. XXXVI) e o art. 100 e seus incisos, não podendo ser tida como válida a norma que, ao fixar novos requisitos, embaraça o levantamento dos precatórios. 8. Ação Direta de Inconstitucionalidade julgada procedente". (BRASIL. Supremo Tribunal Federal. *Ação Direta de Inconstitucionalidade nº 3453*. Relatora: Ministra Cármen Lúcia. Julgamento: 30 nov. 2006. Órgão Julgador: Tribunal Pleno. Publicação: DJ 16 mar. 2007).

Ressalva-se que a Emenda Constitucional nº 62/2009 alterou o art. 100 mencionado, incluindo 10 parágrafos em sua redação.

Dentre as diversas aberrações cometidas pelo constituinte derivado, foram incluídos os §§ 9º e 10º, determinando, respectivamente, que,

> § 9º No momento da expedição dos precatórios, independentemente de regulamentação, deles deverá ser abatido, a título de compensação, valor correspondente aos débitos líquidos e certos, inscritos ou não em dívida ativa e constituídos contra o credor original pela Fazenda Pública, incluídas parcelas vincendas de parcelamentos, ressalvados aqueles cuja execução esteja suspensa em virtude de contestação administrativa ou judicial.
>
> § 10 Antes da expedição dos precatórios, o Tribunal solicitará à Fazenda Pública devedora, para resposta em até 30 (trinta) dias, sob pena de perda do direito de abatimento, informação sobre débitos que preencham as condições estabelecidas no § 9º, para os fins nele previstos.[327]

Basicamente, de acordo com a nova redação, a Fazenda deverá ser notificada para que informe, no lapso temporal de 30 dias, eventuais valores que possam ser descontados e compensados no pagamento de precatórios, sob pena de perda do direito deste abatimento.

Não é preciso muito esforço para apreender a nítida inconstitucionalidade destes dispositivos que, introduzidos pelo poder constituinte derivado, feriram cláusulas pétreas, impedindo o contribuinte de receber integralmente os precatórios a que faz jus e obrigando-o à quitação total de eventuais débitos tributários.

---

327. BRASIL. Constituição da República Federativa do Brasil de 1988. Disponível em: <http://www.planalto.gov.br/ccivil_03/constituicao/Constituicao.htm#art100.>. Acesso em: 29 mar. 2015.

Em conformidade com o asseverado à época do julgamento da ADI nº 3.453-7, a Emenda Constitucional nº 62/2009 desnatura o Estado Democrático de Direito, consagrado constitucionalmente, pois sobrepõe o aparato estatal à ordem jurídica, excluindo o Estado do controle jurisdicional efetivo e ferindo direitos fundamentais.

Deveras, ela suprimiu a eficácia das decisões judiciais, feriu o devido processo legal e a *res judicata,* ignorou a tripartição dos Poderes, chancelando, com isso, a impunidade da Fazenda.

Daí porque os §§ 9º e 10º foram declarados inconstitucionais, pelo Supremo Tribunal Federal, nas Ações Diretas de Inconstitucionalidade nºs 4.425 e 4.357.[328]

Na esteira jurisprudencial da Corte Suprema, um precedente sobre a exigência de Certidão Negativa de Débito para a prática de determinados atos jurídicos merece atenta e minuciosa atenção, em razão do ineditismo do julgado e da qualidade dos argumentos expedidos para embasar a decisão.

Em sede de controle concentrado de normas, na ADI nº 173,[329] o STF considerou inconstitucional o art. 1º, incs. I, III e IV, e §§1º, 2º e 3º da Lei nº 7.711/88,[330] na parte em que con-

---

328. (...) 4. A compensação dos débitos da Fazenda Pública inscritos em precatórios, previsto nos §§ 9º e 10 do art. 100 da Constituição Federal, incluídos pela EC nº 62/09, embaraça a efetividade da jurisdição (CF, art. 5º, XXXV), desrespeita a coisa julgada material (CF, art. 5º, XXXVI), vulnera a Separação dos Poderes (CF, art. 2º) e ofende a isonomia entre o Poder Público e o particular (CF, art. 5º, caput), cânone essencial do Estado Democrático de Direito (CF, art. 1º, caput). (BRASIL. Supremo Tribunal Federal. *Ação Direta de Inconstitucionalidade* nº 4357. Relator: Ministro Ayres Britto, Relator p/ acórdão: Ministro Luiz Fux. Órgão Julgador: Tribunal Pleno, Publicação: DJ 26 set. 2014).

329. BRASIL. Supremo Tribunal Federal. Ação Direta de Inconstitucionalidade nº 173. Relator: Ministro Joaquim Barbosa. Órgão Julgador: Tribunal Pleno, Publicação: DJ 20 mar. 2009.

330. "Art. 1º. Sem prejuízo do disposto em leis especiais, a quitação de créditos tributários exigíveis, que tenham por objeto tributos e penalidades pecuniárias, bem como contribuições federais e outras imposições pecuniárias compulsórias, será comprovada nas seguintes hipóteses: I - transferência de domicílio para o exterior; (...) III - registro ou arquivamento de contrato social, alteração contratual e

dicionavam a prática de atos da vida civil e empresarial (*v.g.* transferência de domicílio para o exterior; registro ou arquivamento de contrato social; alteração contratual e distrato social perante o registro público competente; registros em Cartórios de Títulos e Documentos e de Registro de Imóveis; e operações de empréstimo e financiamento junto à instituição financeira, exceto quando destinada a saldar dívidas tributárias) à prova de quitação de créditos tributários, abarcando tributos e penalidades, sobre o fundamento de que estaria caracterizada verdadeira sanção política.

O reconhecimento da inconstitucionalidade foi basilado, primordialmente, na distinção entre quitação e regularidade fiscal, concluindo-se, ao final, pela caracterização de nítida sanção política.

Segundo o Pretório Excelso, os dispositivos impugnados elegiam a *quitação de créditos tributários* como pressuposto para a prática de determinados atos jurídicos, ignorando sumariamente o direito do contribuinte de rever, em âmbito administrativo ou judicial, a legitimidade desses créditos tributários e violando também o art. 170, parágrafo único, da Constituição Federal, que garante o exercício de atividades profissionais ou econômicas lícitas.

---

distrato social perante o registro público competente, exceto quando praticado por microempresa, conforme definida na legislação de regência; IV - quando o valor da operação for igual ou superior ao equivalente a 5.000 (cinco mil) obrigações do Tesouro Nacional - OTNs: a) registro de contrato ou outros documentos em Cartórios de Registro de Títulos e Documentos; b) registro em Cartório de Registro de Imóveis; c) operação de empréstimo e de financiamento junto a instituição financeira, exceto quando destinada a saldar dívidas para com as Fazendas nacional, Estaduais ou Municipais; § 1º Nos casos das alíneas a e b do inciso IV, a exigência deste artigo é aplicável às partes intervenientes. § 2º Para os fins de que trata este artigo, a Secretaria da Receita Federal, segundo normas a serem dispostas em Regulamento, remeterá periodicamente aos órgãos ou entidades sob a responsabilidade das quais se realizarem os atos mencionados nos incisos III e IV relação dos contribuintes com débitos que se tornarem definitivos na instância administrativa, procedendo às competentes exclusões, nos casos de quitação ou garantia da dívida. § 3º. A prova de quitação prevista neste artigo será feita por meio de certidão ou outro documento hábil, emitido pelo órgão competente."

Extrai-se do teor da decisão do Supremo que a vinculação de atos civis e empresariais à inexistência de relação jurídico-tributária desafia o controle de validade da própria causa da restrição, transgredindo

> o direito de acesso ao Estado, seja no exercício de suas funções Administrativa ou Judicial, para que ele examine tanto a aplicação de penalidade como a validade de tributo [e] o *substantive due process of Law* na medida em que implica o abandono dos mecanismos previstos no sistema jurídico para apuração de cobrança de créditos tributários (*e.g.*, ação de execução fiscal), em favor de instrumentos oblíquos de coação e indução.

Pois bem, a partir do momento em que é exigida a quitação dos créditos tributários, impede-se de discutir administrativa ou judicialmente a legalidade e constitucionalidade das normas que instituem tributos e deveres instrumentais.

Embora o art. 1º, inciso II, da Lei nº 7.711/88, no qual exigia-se a CND para habilitação nas licitações, também tenha sido objeto da ADI nº 173-6/DF, os Ministros do STF não examinaram sua constitucionalidade, sobre o fundamento de que estaria revogado pela Lei de Licitações. Porém, a ausência de decisão de mérito definitiva naquele momento não impede de debruçarmos sobre a regra prevista na Lei nº 8.666/93 e, com isso, examinar sua harmonia com o ordenamento jurídico vigente, especialmente com a Carta Republicana.

(iii) A exigência de regularidade fiscal na celebração de atos jurídicos com o Poder Público

Ao contrário do previsto na Lei nº 7.711/88, na qual prescrevia-se a exigência de quitação de tributos, a Lei nº 8.666/93, nos arts. 27, inciso IV, e 29, incisos III e IV e 116,[331] exige a com-

---

331. "Art. 27. Para a habilitação nas licitações exigir-se-á dos interessados, exclusivamente, documentação relativa a: (...) IV - regularidade fiscal e trabalhista; (...) Art. 29. A documentação relativa à regularidade fiscal e trabalhista, conforme o caso, consistirá em: (...) III - prova de regularidade para com a Fazenda Federal, Estadual e Municipal do domicílio ou sede do licitante, ou outra equivalente, na forma da lei; IV - prova de regularidade relativa à Seguridade

provação de regularidade fiscal, na forma da lei, para a habilitação nas licitações e celebração de contratos, convênios, acordos e outros instrumentos congêneres com a Administração Pública, imposição esta menos restritiva do que a revogada.

Enquanto a quitação de tributos, comprovada somente mediante a apresentação de CND, pressupõe a ausência de débito perante o Fisco, a regularidade fiscal é mais abrangente, alcançando a quitação, e pode também ser comprovada pela apresentação da CPD-EN, certificando de que há pendências, mas as mesmas não "são" exigíveis em virtude de processo administrativo em curso, parcelamento, liminar concedida etc.

Nesta senda, o contribuinte teria o direito de participar da licitação ou de praticar qualquer ato para com o Poder Público, seja apresentando a CND, seja oferecendo a CPD-EN.

Acerca da distinção entre "quitação" e "regularidade" e seus efeitos jurídicos, são majestosos os esclarecimentos registrados pelo Ministro Menezes Direito, no julgamento da ADI nº 173-6/DF:[332]

Social e ao Fundo de Garantia por Tempo de Serviço (FGTS), demonstrando situação regular no cumprimento dos encargos sociais instituídos por lei. (...) Art. 116. Aplicam-se as disposições desta Lei, no que couber, aos convênios, acordos, ajustes e outros instrumentos congêneres celebrados por órgãos e entidades da Administração." (BRASIL. Lei nº 8.666, de 21 de junho de 1993. Regulamenta o art. 37, inciso XXI, da Constituição Federal, institui normas para licitações e contratos da Administração Pública e dá outras providências. Disponível em: < http://www.planalto.gov.br/ccivil_03/leis/l8666cons.htm >. Acesso em: 29 mar. 2015).

332. Neste ponto, cabe aqui uma breve digressão. A eficácia contra todos e o efeito vinculante da ADI, previstos no art. 102, § 2º, da CF, estão limitados pelo alcance da coisa julgada, seja da parte dispositiva, seja dos fundamentos determinantes. Necessário frisar que a jurisprudência do Pretório Excelso sugere que sejam separados os fundamentos da decisão em duas espécies: i) os *motivos determinantes da deliberação*, os quais incluem as principais razões jurídicas pelas quais se concluiu pela (in)constitucionalidade de determinado dispositivo e ii) os *motivos secundários*, considerações marginais ditas apenas de passagem para embasar as teses principais, esclarecer os assuntos tratados ou delimitar as especificidades do caso julgado. Feita a distinção, consideram-se somente os primeiros (fundamentos determinantes), ao lado do dispositivo, abrangidos pela coisa julgada.
Esclarecida a eficácia da *res judicata*, cumpre observar que as ponderações feitas pelo Ministro Menezes Direito cumprem a função de motivos secundários no

(...) a diferença é a seguinte: se prevalecer essa ideia, de que é preciso comprovar a quitação, o fato de o contribuinte, por exemplo, estar em juízo com o mandado de segurança ou uma liminar impede que ele se habilite para a licitação. Ao passo que se se entender, como está na lei das licitações, a regularidade fiscal, pode-se considerar regular quando ele está na Justiça e obtém liminar. E aí, ele não tem a quitação fiscal, mas ele está em situação regular, porque está questionando o débito na Justiça.

Especificamente no campo das licitações, o constituinte de 1988 dispôs, de forma expressa no art. 195, § 3º, da Carta Magna, que:

(...) A pessoa jurídica em débito com o sistema da seguridade social, como estabelecido em lei, não poderá contratar com o Poder Público nem dele receber benefícios ou incentivos fiscais ou creditícios.

Se não bastasse, é extenso o tratamento jurídico dado pelo constituinte no que tange à contratação com o Poder Público, delimitando, em diversas oportunidades, que caberá à lei estabelecer as condições de contratação, harmonizando-as com os princípios que regem a Administração Pública.

Assim o faz logo no art. 22, inciso XXVII, de acordo com o qual

Art. 22. Compete privativamente à União legislar sobre: (...) XXVII - normas gerais de licitação e contratação, em todas as modalidades, para as administrações públicas diretas, autárquicas e fundacionais da União, Estados, Distrito Federal e Municípios, obedecido o disposto no art. 37, XXI, e para as empresas públicas e sociedades de economia mista, nos termos do art. 173, § 1º, III.[333]

Por sua vez, os arts. 37, inciso XXI,[334] e 173, § 1º, inciso

---

julgamento na ADI nº 173-6/DF e, por conseguinte, não estão abarcados pela coisa julgada.

333. Idem.

334. "Art. 37. A administração pública direta e indireta de qualquer dos Poderes da

III,[335] deixam em evidência que a Administração Pública direta e indireta, observados os princípios da legalidade, impessoalidade, moralidade, publicidade e eficiência, deverão contratar obras, serviços, compras e alienações mediante processo de licitação, cujas condições e exigências estarão especificadas em lei.

No mesmo sentido, também, prescrevem os §§ 1º e 2º, inciso II, do art. 177,[336] determinando que a

> União poderá contratar com empresas estatais ou privadas a realização das atividades previstas nos incisos I a IV deste artigo observadas as condições estabelecidas em lei, [cujo teor deverá dispor sobre os requisitos de contratação].

Como vê-se, a Constituição Republicana confere à pessoa

União, dos Estados, do Distrito Federal e dos Municípios obedecerá aos princípios de legalidade, impessoalidade, moralidade, publicidade e eficiência e, também, ao seguinte: (...) XXI - ressalvados os casos especificados na legislação, as obras, serviços, compras e alienações serão contratados mediante processo de licitação pública que assegure igualdade de condições a todos os concorrentes, com cláusulas que estabeleçam obrigações de pagamento, mantidas as condições efetivas da proposta, nos termos da lei, o qual somente permitirá as exigências de qualificação técnica e econômica indispensáveis à garantia do cumprimento das obrigações

335. "Art. 173. Ressalvados os casos previstos nesta Constituição, a exploração direta de atividade econômica pelo Estado só será permitida quando necessária aos imperativos da segurança nacional ou a relevante interesse coletivo, conforme definidos em lei. § 1º A lei estabelecerá o estatuto jurídico da empresa pública, da sociedade de economia mista e de suas subsidiárias que explorem atividade econômica de produção ou comercialização de bens ou de prestação de serviços, dispondo sobre: (...) III - licitação e contratação de obras, serviços, compras e alienações, observados os princípios da administração pública; (...)"

336. "Art. 177. Constituem monopólio da União: I - a pesquisa e a lavra das jazidas de petróleo e gás natural e outros hidrocarbonetos fluidos; II - a refinação do petróleo nacional ou estrangeiro; III - a importação e exportação dos produtos e derivados básicos resultantes das atividades previstas nos incisos anteriores;
IV - o transporte marítimo do petróleo bruto de origem nacional ou de derivados básicos de petróleo produzidos no País, bem assim o transporte, por meio de conduto, de petróleo bruto, seus derivados e gás natural de qualquer origem;
1º A União poderá contratar com empresas estatais ou privadas a realização das atividades previstas nos incisos I a IV deste artigo observadas as condições estabelecidas em lei. § 2º A lei a que se refere o § 1º disporá sobre: (...) II - as condições de contratação; (...)."

jurídica de direito público o direito subjetivo de definir, em lei, os critérios para contratações com o ente público, dentro dos quais podemos incluir a exigência de regularidade fiscal que servirá como importante elemento para a qualificação econômica.

Quando a legislação impõe que seja verificada a idoneidade fiscal do particular para sua contratação com a Administração Pública, além de ir ao encontro dos ditames constitucionais supratranscritos, está respaldada na supremacia do interesse público sobre os interesses privados.

O direito ao exercício de atividade econômica ou de qualquer profissão não é ilimitado, devendo ser sopesado com outros princípios basilares da atividade pública, tais como a legalidade, a impessoalidade, a moralidade, a eficiência, a probidade administrativa e a continuidade do serviço público.

Assim, a lei, com fundamento na Constituição Federal, pode restringir a livre iniciativa quando o seu exercício for tido como incompatível com outros enunciados axiológicos, igualmente prescritos na Carta Política.

Com a finalidade de proteger os interesses e os recursos públicos, à Administração cabe proceder todas as diligências necessárias para averiguar a capacidade econômica do interessado para cumprir o objeto da contratação, imprimindo segurança jurídica à decisão a ser proferida pelo órgão administrativo.

Dentre essas diligências, a consulta prévia ao CADIN, pelos órgãos e entidades da Administração Pública Federal, direta e indireta, para a realização dos atos estatuídos no art. 6º da Lei nº 10.522/2002, serve a este propósito, auxiliando o Estado na gerência dos recursos públicos e garantindo o retorno de capital eventualmente mutuado.

Mas não é só.

O procedimento de contratação pública também deve conferir tratamento igualitário entre os participantes, garantindo-lhes a competitividade, de tal sorte que, em função da gravidade do estado de inadimplência fiscal de determinado contribuinte, o necessário caráter competitivo poderá restar prejudicado.

Aquele que age de acordo com as regras tributárias, cumprindo com suas obrigações fiscais ou impugnando-as administrativa ou judicialmente, arcará com maiores despesas, refletindo no preço ofertado, em comparação com o participante que vê, na inadimplência desenfreada, um vantajoso instrumento concorrencial.[337]

Ademais, a Lei nº 8.666/93 não viola, em termos absolutos, o devido processo legal, o contraditório, a ampla defesa, tampouco o acesso ao Poder Judiciário, visto que a condição de regularidade fiscal permite ao sujeito passivo discutir na

---

337. A propósito, seguem precedentes do Superior Tribunal de Justiça:
"RECURSO ESPECIAL (...) 4. A prova de regularidade fiscal, perante a Previdência Social, exigida para a contratação administrativa do particular, segundo os artigos 195, § 3º, da CF, 4º, da Lei n.º 10.520/2002, e 3º, 27, inciso IV, e 29, inciso IV, da Lei n.º 8.666/93, deve ser interpretada teleologicamente, a fim de garantir o equilíbrio financeiro da seguridade social e evitar a contratação de pessoas inidôneas, que possam tornar-se inaptas economicamente para os encargos contratuais, à vista das dívidas fiscais não pagas, resguardando-se, outrossim, a isonomia no procedimento licitatório, ao expurgar concorrentes que tendem a apresentar custos mais reduzidos, justamente devido ao fato de não honrar com suas obrigações. (...)." (BRASIL. Superior Tribunal de Justiça. *Recurso Especial nº 997.259/RS*. Relator: Ministro Castro Meira. Julgamento: 17 ago. 2010. Órgão Julgador: Segunda Turma. Publicação: DJe 25 out. 2010).
"(...) 3. Inexiste qualquer impedimento ao acréscimo de outras exigências pertinentes às finalidades da licitação, notadamente uma que salvaguarde o ente federado de celebrar avenças com concorrente que possui idoneidade questionável em razão do histórico de dívidas com a seguridade social e o FGTS, protegendo o erário de eventuais novas pendências nas quais seria devedor solidário, como também afastando do certame empresa que não recolhe contribuições intrinsecamente ligadas a direitos de seus empregados e, em última análise, da coletividade. 4. Não há violação ao princípio federativo e à repartição de competências tributárias, mas simplesmente uma defesa do Estado-membro para evitar responder a dívidas futuras combinada com o repúdio a empresas que não realizam o pagamento oportuno de quantias de manifesta importância para seus empregados e para a sociedade em geral, tudo com respaldo na Lei nº 8.666/93 e na própria Carta Magna. 5. Recurso ordinário não provido." (BRASIL. Superior Tribunal de Justiça. *Recurso Ordinário em Mandado de Segurança nº 30.320/SE*. Relator: Ministro Castro Meira. Julgamento: 04 maio 2010. Órgão Julgador: Segunda Turma. Publicação: DJe 21 maio 2010).

esfera administrativa, bem como na esfera judicial.

Portanto, a norma da Lei das Licitações (Lei nº 8.666/93) revela-se compatível com os preceitos constitucionais, ao passo que a interpretação do artigo 193 do CTN, introduzido no sistema jurídico quando ainda vigente a ordem constitucional anterior, deve ser harmonizada com a atual Constituição de 1988, conferindo ao suporte físico "quitação de todos os tributos" a significação de "regularidade fiscal".

Por outro lado, cabe aqui ressalva feita logo no início deste item acerca da flexibilização da exigência formal de CND.

A mitigação do formalismo no procedimento licitatório, em prol da proporcionalidade, justifica-se e muito, porquanto busca-se, em última instância, eleger a melhor oferta disponível no mercado sem, contudo, prejudicar a coletividade.

Ora, sob a bandeira exclusiva da idoneidade, a mera ausência do documento fiscal, ainda que estipulado como requisito habilitatório no edital, não pode embaraçar a conclusão do melhor contrato que permita obter os melhores resultados econômicos, outorgando eficiência às funções estatais.

Com o escopo de acolher, efetivamente, a melhor e mais vantajosa proposta existente no mercado, faz-se necessário o exame de diversos elementos que demonstrem a qualificação técnico-econômica do participante, dentre os quais a regularidade fiscal.

Esta, se inexistente, poderá não afetar a capacidade econômico-financeira do interessado que acabe por preencher as outras condições indispensáveis para contratar com o Estado e garantir o cumprimento das obrigações, ponderando-se a moralidade, a idoneidade e a legalidade cruas em favor da busca da melhor proposta para a Administração, à luz da proporcionalidade.[338]

---

338. A respeito, Carlos Fernando Souto tece suas considerações: "Parâmetro aceitável talvez possa ser o resultante de comparação entre o montante do débito e os documentos relativos à comprovação de sua qualificação econômico-financeira

É preciso ter em mente que a restrição examinada neste tópico circunscreve-se a relações jurídicas estabelecidas com a Administração Pública, não alcançando as convenções firmadas exclusivamente no âmbito do direito privado, assunto este que também merece escrupulosa atenção.

(iv) A exigência de CND nas relações firmadas sob o manto do direito privado

Ainda voltado ao tema proposto, mister faz-se examinar a exigência de CND nas relações jurídicas firmadas no interior do direito privado.

Na própria ADI n° 173, o Supremo Tribunal Federal adotou posicionamento no sentido de que é vedado ao legislador impor a quitação de tributos para a prática de atos civis e empresariais. Contudo, a dúvida remanesce relativamente à prova de regularidade fiscal na celebração de vínculos em que figuram como parte os particulares.

Em outros termos, indaga-se se a Certidão Positiva de Débitos, atestando irregularidade fiscal, teria o condão de embaraçar a celebração de negócios jurídicos e de cercear a liberdade de exercício da atividade econômica ou do trabalho livre, na esfera da iniciativa privada.

Relembrando nossas assertivas quanto tratamos das sanções políticas, entendemos que estas constituem instrumentos restritivos de direitos, empregados pela Administração Fazendária, voltados a forçar o sujeito passivo, pela via oblíqua, a adimplir sua obrigação tributária, sem a observância do devido processo legal.

(...). Demonstrando que aquele valor é absorvível pela empresa, sem risco para a execução do objeto da licitação, caso lhe seja adjudicado, a Comissão não terá fundamento para inabilitá-lo." (SOUTO, Carlos Fernando. Exigência de Certidões Negativas de Débitos para participar em licitações e contratar com a Administração Pública. In: PAULSEN, Leandro (Org.). *Direito tributário*: Certidões Negativas de Débito. Porto Alegre: Livraria do Advogado; ESMAFE, 1999, p. 164).

Ora, muitas vezes a Certidão Positiva de Débito é a única concedida ao contribuinte, mesmo que os débitos ali certificados sejam objeto de discussão judicial. Isso porque a concessão de CPD-EN está submetida a hipóteses legais específicas.

Ao ingressar em juízo para contestar determinada exigência fiscal, caso o contribuinte não seja beneficiado por uma liminar ou por uma antecipação de tutela, nem proceda à garantia do juízo, estará sujeito ao indeferimento da CPD-EN.

Seria justo e proporcional, bem como condizente com a garantia do devido processo legal, impedir o contribuinte de praticar atos jurídicos privados, completamente alheios à relação jurídico-tributária, por querer contestar a legitimidade de deveres que são-lhes unilateralmente atribuídos, sendo que, ao final do litígio, poderá ter sucesso na sua empreitada processual?

Além do que, se extremamente vantajoso o negócio jurídico privado, o contribuinte, a fim de obter a certidão requisitada em lei para a sua prática, terá que quitar sua dívida e renunciar ao seu direito de exercer o contraditório e a ampla defesa, implicando nítida sanção política.

Frise-se que os particulares, ao convencionarem entre si, podem exigir a apresentação de certidões na medida em que são livres para estabelecer as condições para contratar, porém à lei tributária não é dado interferir nesta manifestação volitiva.

Já, assim o faz quando o particular tem a intenção de contratar com o Poder Público, pois, nestas hipóteses, fundadas na supremacia do interesse público, quer-se salvaguardar o efetivo cumprimento do objeto contratual e os recursos públicos despendidos, mediante a contratação de contribuinte dotado de capacidade econômico-financeira e reputação ilibada.

Agora, se um particular quer contratar, ciente dos débitos da outra parte, a autonomia da vontade deve aqui prevalecer.

É preciso ter em mente, consoante asseverado no item 5.4.2, que a Fazenda já dispõe de instrumentos suficientes para cobrar a dívida fiscal, gozando, inclusive, de diversas prerrogativas e privilégios.

No mais, se aberta a chancela para o legislador tributário restringir a execução de atos jurídicos, por parte dos particulares, à comprovação de situação regular perante a Fazenda Pública, com certeza a fúria arrecadatória inviabilizaria a atividade econômica e a prática de atos da vida civil, essenciais para dar continuidade ao desenvolvimento da sociedade.

5.4.6. Regime especial de controle e fiscalização

Não é sem qualquer propósito que cedemos o último tópico ao regime especial de controle e fiscalização.[339]

Isso porque este consubstancia providência sancionatória abrangente, compreendendo mais de uma medida restritiva de direito e justificando-se, conforme previsto na lei, pelo desrespeito reiterado da legislação tributária, ou pelo simples indício de infrações tributárias, ou, ainda, pela mera suspeita de crimes contra a ordem tributária, submetendo o sujeito passivo a regime de apuração de tributos e de cumprimento de deveres instrumentais com condições e critérios específicos, distintos daqueles aplicados genericamente aos demais contribuintes.

---

339. O regime especial sobre o qual iremos tratar neste tópico é de natureza sancionatória, não se confundindo com o regime diferenciado de apuração de tributo previsto na LC 87/96, fixado em função de peculiaridades da atividade exercida pelo contribuinte. Nesse sentido, esclarece Raquel Cavalcanti Ramos Machado: "apesar de a Lei Complementar nº 87/96 autorizar a mudança no regime de recolhimento do ICMS, permitindo que o mesmo seja exigido no momento da operação, e em relação a cada mercadoria especificamente, é de se observar que essa autorização não permite a mudança no regime como sanção. Até porque não existe relação entre a operação sobre a qual se exige o recolhimento imediato do ICMS (efeito do regime) e a obrigação que teria sido descumprida no passado (motivo para a aplicação do regime)." (MACHADO, Raquel Cavalcanti Ramos. Algumas considerações sobre o regime especial de fiscalização. *Revista Dialética de Direito Tributário* – RDDT, São Paulo, Dialética, n. 100, jan. 2004, p. 104).

Frise-se que o legislador prevê, inclusive, o cabimento do regime especial sem prejuízo da aplicação de outras penalidades cabíveis.

Trata-se de regramento variável conforme o ente tributante sancionador, mas que pode ser definido como um "pacote" de medidas interventivas e restritivas aleatórias que dão lugar a novo modo de recolhimento do tributo e à imposição de uma fiscalização mais rigorosa, com exigências formais peculiares.

Dentre as legislações que preveem o regime especial de controle e fiscalização, encontramos, especialmente nas regras estaduais que regulam o ICMS, a instituição das seguintes restrições por ele abrangidas: dever de prestar informações periódicas sobre operações e prestações de serviços, fornecendo diariamente todos os livros, documentos e arquivos comerciais e fiscais aos servidores incumbidos da aplicação do regime; impressão de documentos especificamente determinados pela Administração Fazendária; presença constante de agentes fiscais no estabelecimento ou fora dele, acompanhando a atividade realizada pelo contribuinte; cancelamento de benefícios fiscais de que goze o contribuinte; antecipação da data de vencimento para recolhimento do tributo;[340] apuração do tributo devido em cada operação ou prestação de serviço; execução pelo órgão competente, em caráter prioritário, de todos os débitos fiscais etc.[341]

---

340. O recolhimento antecipado de ICMS, nesta hipótese, consubstancia sanção tributária, distinto, portanto, daquele verificado nas operações sujeitas à substituição tributária, autorizada na Constituição (art. 150, § 7º) e segunda a qual o recolhimento antecipado do imposto estadual ocorre com base em fato gerador presumido. Sem adentrar nos meandros da (in)constitucionalidade desse instituto jurídico, pretende-se aqui apenas asseverar que a substituição tributária constitui regime de arrecadação do ICMS que não se confunde com sanções impostas a devedor remisso.

341. Exemplificando, colacionamos alguns textos legais relativos à disciplina do ICMS, a saber: (i) Arts. 779 a 784 do Decreto nº 1.090-R /2002, regulamentando o art. 67 da Lei do Estado do Espírito Santo nº 7.000/2001: "Art. 779. O sujeito passivo que reiteradamente infringir a legislação de regência do imposto, ou contra o qual houver evidência ou fundada suspeita da prática de crime contra a ordem tributária

ou de sonegação fiscal, poderá ser submetido a regime especial de fiscalização. § 1.º A medida consistirá na vigilância constante dos agentes do Fisco sobre o sujeito passivo, inclusive mediante plantão permanente de fiscais em seu estabelecimento. § 2.º O prazo de duração do regime especial será fixado pelo Gerente Fiscal na intimação mencionada no art. 780. Art. 780. A aplicação do regime especial será determinada pelo Gerente Fiscal, mediante intimação escrita, da qual constarão as exigências a serem cumpridas pelo contribuinte. Art. 781. O não atendimento de qualquer das exigências contidas na intimação acarretará a prorrogação do prazo, para aplicação do regime especial, por período igual ao anteriormente determinado. Art. 782. Enquanto perdurar o regime especial de fiscalização, os livros, documentos, arquivos, papéis e efeitos comerciais e fiscais destinados ao registro de operações e prestações, antes de serem usados pelos contribuintes, serão visados pelos servidores incumbidos da aplicação do regime especial. Art. 783. O regime especial de fiscalização poderá constituir-se na exigência de que o contribuinte forneça à fiscalização, no final de cada dia, os valores correspondentes às entradas e às saídas de mercadorias, ou aos serviços prestados, ocorridos naquele dia, considerando-se como omissão de receita qualquer diferença apurada. Art. 784. O Gerente Fiscal poderá baixar instruções complementares relativamente à modalidade de ação fiscal a ser exercida no curso da aplicação do regime especial de fiscalização." (ESPÍRITO SANTO. Decreto nº 1.090-R, de 25 de outubro de 2002. Aprova o Regulamento do Imposto sobre Operações Relativas à Circulação de Mercadorias e sobre Prestações de Serviços de Transporte Interestadual e Intermunicipal e de Comunicação – RICMS/ES que consolida e atualiza a legislação do imposto e dá outras providências. Disponível em: <http://www.sefa.es.gov.br/arquivos/ricms/ricms_1090R.pdf>. Acesso em: 29 mar. 2015). (ii) Lei do Estado de Sergipe nº 3.796/96: "Art. 76. Caberá a aplicação de regime especial de fiscalização nas hipóteses de descumprimento de obrigação prevista na legislação tributária estadual, sem prejuízo de aplicação das penalidades cabíveis. § 1º. O Regime Especial de Fiscalização será aplicado ao contribuinte que, praticar qualquer ato tipificado como infração no art. 72 desta Lei, ou quando julgado necessário pela Administração Tributária, e consistirá em: I - obrigação de prestação de informações periódicas sobre operações e prestações de serviço realizada pelo estabelecimento; II - obrigação de uso de livros ou quaisquer documentos cujos modelos sejam especialmente determinados pela Administração Tributária Estadual; III - manutenção de constante vigilância por agente fiscal, em sistema de rodízio, com o fim de acompanhar todas as operações, prestações e negócios do contribuinte, no estabelecimento ou fora dele, qualquer hora do dia ou e da noite, durante o período fixado no ato que instituir o Regime Especial de Fiscalização; IV – fixação de prazo especial e sumário para recolhimento do imposto devido, inclusive o devido por substituição tributária; (NR) V - execução, pelo órgão competente, em caráter prioritário, de todos os débitos fiscais. § 2º. A sujeição a Regime Especial de Fiscalização será aplicada por ato do Secretário de Estado da Fazenda, sempre que necessário ou conveniente para a Fazenda Estadual, podendo ser adotadas, isoladas ou cumulativas, as providências previstas no § 1º deste artigo. (iii) Lei do Estado do Ceará nº 12.670/96: "Art. 96. Nos casos de prática reiterada de desrespeito à legislação com vastas ao descumprimento de obrigação tributária, é facultado ao Secretário da Fazenda aplicar ao contribuinte faltoso regime especial de fiscalização e controle, sem prejuízo de outras

Enfim, são inúmeras as restrições contempladas pelo regime especial de controle e fiscalização, a ponto de Clélio Chiesa caracterizá-lo como

> `plantão permanente no estabelecimento`, também conhecido como `fiscalização boca-de-caixa`, com ou sem recolhimento de ICMS, no encerramento diário das atividades da empresa, submetendo os proprietários do estabelecimento a um constrangimento perante seus fornecedores e clientes; proibição do contribuinte emitir documentos fiscais, obrigando-o a usar os livros e os documentos que o Fisco determinar; a imposição do dever não imputado a outros contribuintes de prestar informações periódicas sobre as operações realizadas em seu estabelecimento para fins de comprovação de recolhimento do ICMS; enfim, normalmente inúmeras são as restrições que o denominado regime especial de controle e fiscalização contempla.[342]

Caracterizado o regime especial como da espécie sanção não pecuniária multiface, passível de estarem nele inseridas diferentes penalidades restritivas de direito, as mesmas observações feitas neste Capítulo acerca dessa espécie sancionatória também são válidas para o regime especial de controle e fiscalização, especialmente no que diz respeito à importância

---

penalidades cabíveis, que compreenderá o seguinte: I - execução, pelo órgão competente, em caráter prioritário, de todos os débitos fiscais; II - fixação de prazo especial e sumário para recolhimento dos tributos devidos; III - manutenção de agente ou grupo fiscal, em constante rodízio, com o fim de acompanhar todas as operações ou negócios do contribuinte faltoso, no estabelecimento ou fora dele, a qualquer hora do dia e da noite, durante o período fixado no ato que instituir o regime especial; IV - cancelamento de todos os benefícios fiscais de que, porventura, goze o contribuinte faltoso. V - recolhimento antecipado do ICMS incidente sobre as operações e prestações internas e interestaduais." (CEARÁ. Lei nº 12.670, de 30 de dezembro de 1996. Dispõe acerca do Imposto sobre Operações relativas à Circulação de Mercadorias e sobre Prestações de Serviços de Transporte Interestadual e Intermunicipal e de Comunicação - ICMS -, e dá outras providências. Disponível em: <http://www.al.ce.gov.br/legislativo/legislacao5/leis96/12670.htm>. Acesso em: 29 mar. 2015).
Vide também Lei do Estado de São Paulo nº 6.374/89 (art. 71) e RICMS/SP (art. 488).

342. CHIESA, Clélio. Processo administrativo: sanções políticas e penais de perdimento de bens e mercadorias. In: SALOMÃO, Marcelo Viana; PAULA JÚNIOR, Aldo de (Orgs.). *Processo administrativo tributário*. São Paulo: MP, 2005, p. 89-103.

do exame do caso concreto para averiguar a legitimidade da imposição punitiva, se traduzida em uma verdadeira "sanção política".

Em que pese apliquem-se ao regime especial as mesmas advertências tecidas neste Capítulo destinadas às sanções não pecuniárias, cujo exame crítico aprofundado faz-se, portanto, prescindível sob pena de rendermos-nos a um discurso repetitivo, observações complementares, ainda que retomando brevemente o já afirmado, mostram-se necessárias.

É que propor-se a estudar as sanções no Direito Tributário torna indispensável abordar esse regramento especial em tópico próprio, confrontando-o com o uso da linguagem jurídica pelo Poder Judiciário.

A inclinação de alguns pela defesa do regime especial de controle e fiscalização, sobretudo daqueles que defendem os interesses fazendários, funda-se na antiga bandeira de que os "fins justificam os meios", na medida em que representa uma sanção extremamente eficaz no plano concreto.

Igualmente, sob uma falsa invocação do princípio da isonomia, defendem a sua adoção por

> colocar empresas que reiterada e abusivamente deixam de recolher tributos em situação de igualdade com aquelas que cumprem com suas obrigações tributárias, tratando-se de medida acautelatória adotada pelo Estado para coibir ações evasivas fiscais.[343]

Embora não seja atribuição da Administração Fazendária coibir abuso do poder econômico, acrescentam, também, à defesa do regime especial, a absoluta necessidade de sua aplicação contra contribuintes que têm como política a demasiada inadimplência tributária, em prol da igualdade de condições

---

343. ZUFFO, Max; AREND, Márcia Aguiar. Regime especial de recolhimento do ICMS: Imposição justa e garantidora da igualdade dos contribuintes. *Revista Dialética de Direito Tributário* – RDDT, São Paulo, Dialética, n. 82, p. 77-88, jul. 2002.

concorrenciais no mercado relativamente às empresas que estão em dia com seus deveres tributários.

Pensamos que a eficácia social de uma norma, por si só, não pode servir como fundamento para legitimar a aplicação de penalidades, a qual deve obediência à integralidade do ordenamento.

Conforme já dito alhures, qualquer sanção tributária, inclusive os regimes especiais de controle e fiscalização, decorre de sua submissão aos princípios da legalidade e do devido processo legal. Observadas sua instituição por lei e as regras da ampla defesa e do contraditório, essas imposições de natureza especial também devem estar apoiadas no cânone da proporcionalidade, sob pena de converter-se à figura típica de "sanção política".

A consagração do tratamento isonômico mediante a aplicação do regime especial, defendida pela Fazenda, é ilusória, pois parte-se da premissa errônea de que a obrigação tributária prevista na lei e o crédito lançado sempre coadunam-se com o ordenamento jurídico vigente.

Na verdade, o regime especial de controle e fiscalização presta-se também a viabilizar, de forma coercitiva, débitos tributários inexigíveis.

Neste particular, acaba por conferir tratamento diferenciado a contribuintes que encontram-se em situação de regularidade fiscal, uma vez que um sujeito passivo que impugna administrativamente uma autuação, exercendo um direito seu, será tratado como inadimplente com eventual sujeição a regime especial de controle e fiscalização, ao passo que outro sujeito passivo, contra o qual não foi exigido adimplir dever que reputou indevido, recolhendo o tributo, jamais estará sujeito a essa providência sancionatória.

Com a devida vênia, merece repúdio igualar o contribuinte que exerce seu direito de defesa ao que propositalmente não cumpriu a lei tributária, tampouco impugnou a exigência.

O arrepio ao princípio da igualdade fica mais evidente quando o suposto fáctico para a imposição do regime especial consiste em crédito inscrito em dívida ativa e não garantido (art. 33, III, alínea 'e', da Lei Estadual de Santa Catarina n° 10.297/96[344]), aplicando o regime àqueles que não têm capacidade econômica para efetuar a garantia.

Não se pode perder de vista que a inadimplência tributária ou simples suspeita de sonegação fiscal não dá ensejo ao constrangimento de um regime de recolhimento e fiscalização diferenciado, impondo deveres que acabem por dificultar o desenrolar natural da atividade empresarial e do livre ofício profissional e cuja vigilância permanente e ostensiva sobre o estabelecimento acabe por colocar o contribuinte em posição vexatória perante seus clientes.

A *ratio essendi* das súmulas 70, 323 e 547 do STF demonstram, por si só, a rejeição da jurisprudência às formas oblíquas de cobrança de tributo empregadas, coercitivamente, pela Administração Fazendária.

Não se quer aqui subestimar a relevância das normas jurídicas serem eficazes no plano concreto, principalmente daquelas que fixam sanções materiais. Porém, a busca por tal qualidade deve ocorrer pelos meios reputados válidos e legítimos pela linguagem competente do direito positivo.

Em um Estado Democrático de Direito, os direitos e garantias do Estado no cumprimento da obrigação tributária devem conviver com os direitos e garantias do contribuinte.

---

344. "Art. 33. Em substituição ao regime de apuração mencionado no art. 32, a apuração poderá ser feita: (...) III - por operação ou prestação: (...) e) realizada por contribuinte que tiver crédito tributário de sua responsabilidade inscrito em dívida ativa não garantida. Parágrafo único. Na hipótese prevista no inciso III, 'e', a critério da administração tributária, o imposto poderá ser apurado diariamente pelo confronto entre os débitos e créditos ocorridos no período". (SANTA CATARINA. Lei n° 10.297, de 26 de dezembro de 1996. Dispõe sobre o Imposto sobre Operações Relativas à Circulação de Mercadorias e sobre Prestações de Serviços de Transporte Interestadual e Intermunicipal e de Comunicação – ICMS e adota outras providências. Disponível em: <http://legislacao.sef.sc.gov.br/html/leis/1996/lei_96_10297.htm>. Acesso em: 29 mar. 2015).

Como é sabido, o Fisco dispõe de diferentes instrumentos para obrigar o sujeito passivo a cumprir seus deveres.

Consoante o art. 194 e ss. do CTN, tem o direito de fiscalizar o contribuinte com a regularidade que lhe aprouver, sendo-lhes proibido embaraçar a atividade fiscalizatória, podendo também esse órgão arbitrar a base de cálculo quando a documentação for imprestável ou inidônea.

Ademais, o ritmo do processo administrativo é ditado pela própria Administração, que pode tomar medidas de celeridade, logo entenda que o trâmite processual esteja sendo-lhe desvantajoso, bem como dispõe a Procuradoria da Fazenda da ação de Execução Fiscal do crédito tributário, ao qual são atribuídos garantias e privilégios nos termos da legislação.

Todavia, o regime especial de controle e fiscalização ignora referidos princípios e procedimentos estatuídos pela ordem vigente, decretando ao contribuinte a ele sujeito duas opções: cumprir o dever tributário na forma como estipulado em lei e exigido pelo Fisco, ou ficar à mercê das restrições cominadas pelo regramento.

Outra questão de extrema relevância consiste na vaguidade da expressão *reiterada violação à legislação tributária*, muitas vezes arrolada pela lei para aplicar o regime especial.[345]

---

345. Robson Maia Lins aponta a necessidade de uma *norma procedimental* que fixe os critérios que permitam alcançar os traços fundamentais de uma "conduta reiterada", quais sejam: *"individualização* (mesmo sujeito), *pluralidade* (ou de movimentos, ou de condutas), sucessividade (que intervalo mínimo e máximo deve ser considerado para que se possa dizer que uma sucedeu a outra) e *semelhança* (que normas e abstratas devem servir de base para o juízo de similitude das condutas". Sobre a ausência dessa norma procedimental, adverte: "A falta de dispositivos que possibilitem sua construção culmina na própria inexistência do instituto e impossibilidade de sua aplicação. O reconhecimento de que uma conduta é reiterada, a despeito da inexistência desta norma geral que a defina, abre margem à perigosa arbitrariedade que é coibida pelo nosso sistema jurídico em disposição muitas vezes expressa pelo brocardo *nullum crime, nulla poena sine praevia legge* (cf. Constituição Federal, art. 5º, II e XXXIX)". (LINS, Robson Maia. A reiteração e as normas jurídicas tributárias sancionatórias – A multa qualificada da Lei nº 9.630/96. SOUZA, Priscila de (Coord.); CARVALHO, Paulo de Barros (Pres.). *VII Congresso Nacional de Estudos Tributários* – Direito Tributário e os conceitos de

No que baseia-se a autoridade administrativa para concluir essa reiteração?

Na falta de pagamento na data do vencimento; na não entrega de documentos fiscais; na lavratura de um, dois ou mais autos de infração; na quantidade de débitos inscritos em Dívida Ativa e/ou na existência de processos executivos fiscais?

Há um critério seguro nessa expressão para estabelecer o regime especial para determinado contribuinte e não impor a outro que também deixou de adimplir obrigações tributárias?

Aliás, em grande parte da legislação que o institui, a lei autoriza sua aplicação a critério do Secretário da Fazenda ou por quem lhe faça as vezes.[346]

Por falar na "vaguidade das prescrições", o RICMS do Estado de Minas Gerais (Decreto 43.080/2002), por sua vez, estabelece como hipótese de incidência para a aplicação do regime especial:

> o indício de infração da legislação tributária, ainda que o débito não tenha sido provado por lhe faltar elemento probatório suficiente ao reconhecimento de sua liquidez e certeza (art. 197, inciso X).

Direito Privado. São Paulo: Noeses, 2010).

346. Conferir Lei Estadual do Rio de Janeiro nº 2.657/96, cujo art. 76 estabelece "o contribuinte pode ser submetido a sistema especial de controle, fiscalização e pagamento, na forma e condições fixadas pela Poder Executivo" (RIO DE JANEIRO. Lei Estadual nº 2.657, de 26 de dezembro de 1996. Dispóe sobre o imposto sobre circulação de mercadorias e serviços e dá outras providências. Disponível em:
< alerjln1.alerj.rj.gov.br/CONTLEI.NSF/f25571cac4a61011032564fe0052c89c/01c-c04eee53b3b30032564fb005c2ddf?OpenDocument>. Acesso em: 29 mar. 2015); e o Decreto nº 27.427/2000 (RIO DE JANEIRO. Decreto nº 27.427/2000. Aprova o Regulamento do Imposto sobre Operações Relativas à Circulação de Mercadorias e sobre Prestações de Serviços de Transporte Interestadual e Intermunicipal e de Comunicação. Disponível em: < http://www.legiscenter.com.br/minha_conta/bj_plus/direito_tributario/atos_legais_estaduais/rio_de_janeiro/decretos/2000/22d27427_doerj112000.htm>. Acesso em: 29 mar. 2015).

A norma em questão autoriza o agente fiscal competente a agir com arbitrariedade, bastando afirmar que a conduta do sujeito passivo representa "indício de infração tributária", em total descompasso com o exercício vinculado da atividade administrativa e com o princípio da tipicidade fechada. Ora, qualquer conduta do contribuinte poderia representar "indício de infração tributária".

É certo que há leis estaduais, como a do Estado da Bahia (art. 46 da Lei nº 7.014/96) que propõem arrolar hipóteses que poderiam caracterizar a "reiterada inobservância da legislação tributária".

Contudo, independentemente do critério eleito e das hipóteses autorizadoras do regime especial de controle e fiscalização, a mera verificação de alguma dessas situações não enseja a imposição de uma sanção, a qual deve ser precedida de um processo administrativo específico, que não impeça o contribuinte de recorrer ao Poder Judiciário, garantindo-lhe o exercício do contraditório e da ampla defesa e que não estorve o exercício livre da profissão e da atividade econômica.

Corroborando nosso entendimento, o Supremo Tribunal Federal, em várias oportunidades, manifestou-se contrariamente ao regime especial de controle e fiscalização.

Sustentou que a legislação é vaga ao prever o regime especial, sem delimitar hipóteses específicas, correlacionando-as às cominações punitivas. Pelo contrário, a legislação entrega a imposição do regime sancionatório ao exclusivo arbítrio da autoridade fiscal, a quem incumbe, por meio de atos administrativos, estabelecer as normas do regime especial a que submeter-se-á o contribuinte.

Por oportuno, é esclarecedor o seguinte julgado:

> A imposição de um sistema de sanções administrativas e fiscais, por mero ato administrativo, caso a caso, não se compadece com a indispensável segurança que há de ter o contribuinte, no que concerne a suas relações com o Fisco e as obrigações que lhe advêm dos tributos. As sanções a serem impostas ao contribuinte

faltoso não poderão pender do arbítrio da autoridade fiscal, mas resultar de expressa disposição de lei.³⁴⁷

Na discussão acerca da constitucionalidade da submissão das atividades do contribuinte ao regime especial de fiscalização e controle, o Supremo Tribunal Federal³⁴⁸ condena-o por configurar verdadeira sanção política ao arrepio dos preceitos constitucionais.

Ainda que autorizado por lei, segundo a Corte Suprema, esta espécie de sanção impõe limitações à atividade econômica do contribuinte, em ofensa à liberdade do trabalho (art. 5º, inciso XIII, da CF) e à liberdade do comércio (art. 170), constituindo forma oblíqua de cobrança de tributo, sem a observância do devido processo legal.

Algumas vezes, ao impor restrições ao crédito, determinando o recolhimento diário do tributo com emissão de nota fiscal a cada negócio realizado, entende o Pretório Excelso que o regime especial também conflita com o princípio da não cumulatividade.³⁴⁹

---

347. Trecho extraído da ementa do RE nº 100919, Relator(a): Min. Néri da Silveira, Primeira Turma, julgado em 07/02/1986.

348. *Vide* RE nº 216.983 (Min. Rel. Carlos Velloso, julgado em 06/10/1998); RE nº 231.543-0 (Min. Rel. Sydney Sanches, julgado em 02/02/1999); RE nº 195.621-6 (Min. Rel. Marco Aurélio, julgado em 07/11/2000); RE nº 195.927-4 (Min. Rel. Moreira Alves, julgado em 13/03/2001); e Ag. Reg. no RE nº 567.871 (Min. Rel. Carmem Lúcia, julgado em 23/03/2011).

349. A propósito, é de muita valia o pronunciamento do Min. Marco Aurélio no RE nº 195.621-6, *in verbis*: "Ao Fisco incumbe, na hipótese de infração fiscal, autuar, exercendo, assim, a fiscalização. Daí vir a introduzir sistema diferenciado no tocante ao recolhimento do tributo, chegando à determinação do recolhimento diário, quando se tem sistema geral de crédito e débito para ajuste nos primeiros dias do mês subsequente, é passo demasiadamente largo, que se mostra desproporcional e discrepante com a razoabilidade, tendo em vista o objetivo perseguido. Até mesmo o princípio da não-cumulatividade fica solapado. É que, obrigada ao recolhimento diário, não terão os Recorrentes como implementá-lo consideradas as entradas de mercadoria e, portanto, os créditos relativos ao Imposto sobre Circulação de Mercadorias e Serviços recolhido na origem, passando a satisfazer o tributo conforme notas fiscais expedidas. Como ciência, em Direito, o meio justifica o fim, mas não este, àquele". (BRASIL. Supremo Tribunal Federal. *Recurso Extraordinário nº 195.621-6*. Relator: Ministro Marco Aurélio. Órgão Julgador: Segunda Turma. Publicação:

Ao cabo do exposto, há de concluir-se que o *poder de polícia* do Estado, na aplicação de sanções consistentes em regime especial de controle e fiscalização, não pode prejudicar a manutenção e o desenvolvimento natural do funcionamento da atividade empresarial, cuja preservação foi erigida ao nível de garantia constitucional.

A jurisprudência é implacável no desiderato de condenar as providências administrativas que interferem na atividade diuturna do contribuinte, principalmente, se tiver em conta que a Fazenda Pública tem à sua disposição meios e condições próprias de perquirir a dívida tributária.

5.5. As sanções tributárias pecuniárias

Analisamos acima a interpretação e a aplicação das sanções administrativas não pecuniárias no Direito Tributário. A partir de agora, voltaremos nossa atenção a outra espécie sancionatória, aquela provida de conteúdo pecuniário.

O estudo das sanções pecuniárias tributárias importa sublime desafio a qualquer cientista que sobre ele debruce-se. A uma, porque um mesmo fato ilícito é eleito para figurar no antecedente de variadas normas jurídicas, originando relações jurídicas diversas e, muitas vezes, concomitantes.[350]

---

01 nov. 2000).
Igualmente, observou o Min. Nelson Jobim: "na hipótese em que se obrigue um contribuinte a recolher, caso a caso, o tributo, com base na nota fiscal avulsa, inviabiliza-se o lançamento para efeito de compensação. Ou seja, esse modelo inviabiliza a possibilidade de se exercer a compensação feita num livro de ICM, onde se lançam os créditos e os débitos e se recolhe, no final, a totalidade. Lança-se, na nota, o valor correspondente ao ICM daquela operação para debitar-se no livro correspondente, e no final do período – num período X -, recolhe-se o saldo, se existir. Ora, se se exigir que haja a expedição de nota a nota, e tem de se pago quando anota, é impossível fazer-se a compensação do crédito." (BRASIL. Supremo Tribunal Federal. Recurso Extraordinário nº 413.782. Relator: Min. Marco Aurélio. Julgamento: 17 mar. 2005. Órgão Julgador: Tribunal Pleno. Publicação: 03 jun. 2005).

350. "Compensar, indenizar, remunerar, recompor e sancionar são relações jurídicas, alojadas nos consequentes de normas jurídicas. (...) As divergências

AS SANÇÕES NO DIREITO TRIBUTÁRIO

A duas, porque desta diversidade de relações jurídicas advém a celeuma em definir a respectiva natureza, assume-se a feição reparadora (ou indenizatória), punitiva (ou repressiva), remuneratória ou, ainda, atualizadora da moeda.

Na *práxis* tributária, deparamo-nos, a todo o momento, com a aplicação, além dos juros e da correção monetária, de multas variadas, não obstante frutos de um mesmo substrato fático.

As multas fiscais, por receberem do legislador, do aplicador do Direito e também da doutrina, nomenclatura diversificada – multa de mora, multa punitiva, multa de ofício, multa isolada, multa agravada, multa qualificada –, exigem um intento investigativo que percorra os campos sintático, semântico e pragmático, alicerçado no direito positivo.

O eminente jurista Geraldo Ataliba, debatendo em aula ministrada no VI Curso de Especialização em Direito Tributário, na PUC-SP, em 1975, advertiu que o nome, posto no texto de lei, não figura como um critério seguro para delimitar a natureza dos institutos jurídicos:

> Sabemos que em Direito, as questões da dogmática jurídica não se resolvem pela taxinomia (...); não é o nome atribuído pelo legislador que vai dar a entidade da coisa. A entidade da coisa temos de descobrir e, vejam, nunca podemos confundir, confiar no nome que o legislador adote, nunca! Então, ou temos um critério que seja abonado pela Constituição e tenha amparo científico ou nunca vamos poder resolver este tipo de problema.[351]

---

começam a surgir quando um só fato jurídico ilícito é tomado no lugar sintático de várias normas jurídicas, fazendo surgir nos consequentes relações jurídicas distintas e, muitas delas, concomitantes. Nesses casos, são comuns as ingentes buscas pela 'natureza jurídica' da relação jurídica, se compensatória, indenizatória, remuneratória ou sancionatória, quando, em verdade, embora estejamos trabalhando com o mesmo jurídico ilícito, as relações jurídicas dele decorrentes são as mais variadas possíveis". (LINS, Robson Maia. *A mora no direito tributário...* cit., p. 85).

351. ATALIBA, Geraldo. Curso de Especialização em Direito Tributário (Aulas e Debates). In: ATALIBA, Geraldo; CARVALHO, Paulo de Barros (Coords.). *VI Curso de Especialização em Direito Tributário* – Notas taquigráficas das aulas e debates. v. II. São Paulo, Pontifícia Universidade Católica de São Paulo. São Paulo: Resenha

Após o pronunciamento do Professor Geraldo Ataliba, igualmente advertiu o Professor Hector Villegas: "não importa a designação de uma pena, não importa que diga moratória. O que importa é a essência da pena; e qual é a essência?"[352]

Anotamos, desde já, a existência de doutrinadores que identificam, na classe das sanções tributárias pecuniárias, as multas com função repressiva e os juros com função reparadora.[353]

Outros, a contrario sensu, distinguem as multas de mora com função reparadora das multas punitivas,[354] compreenden-

---

Tributária, 1978, p. 752.

352. VILLEGAS, Hector. Curso de Especialização em Direito Tributário (Aulas e Debates). In: ATALIBA, Geraldo; CARVALHO, Paulo de Barros (Coords.). *VI Curso de Especialização em Direito Tributário* – Notas taquigráficas das aulas e debates. v. II. São Paulo, Pontifícia Universidade Católica de São Paulo. São Paulo: Resenha Tributária, 1978, p. 753.

353. Nesse sentido, leciona o jurista Sacha Calmon Navarro Coêlho, segundo o qual: "De nossa parte, não temos a mais mínima dúvida quanto à natureza sancionatória, punitiva, não indenizatória da multa moratória. (...) A função da multa é sancionar o descumprimento das obrigações, dos deveres jurídicos. A função da indenização é recompor o patrimônio danificado. Em direito tributário é o juro que recompõe o patrimônio estatal lesado pelo tributo não recebido a tempo. A multa é para punir, assim como a correção monetária é para garantir, atualizando-o, o poder de compra da moeda. Multa e indenização não se confundem. É verdade que do ilícito pode vir da obrigação de indenizar. Isto, todavia, só ocorre quando a prática do ilícito repercute no patrimônio alheio, inclusive o estatal, lesando-o. O ilícito não é a causa da indenização; é a causa do dano. E o dano é o pressuposto, a hipótese, a que o direito liga o dever de indenizar. Nada tem a ver com a multa que é sancionatória". (COÊLHO, Sacha Calmon Navarro. Infração tributária e sanção. In: MACHADO, Hugo de Brito (Coord.). *Sanções administrativas*. São Paulo: Dialética, 2004, p. 72-73).
Também adota esse entendimento Paulo Roberto Coimbra, de acordo com o qual: "Dentre as sanções pecuniárias de natureza tributária, i.e., sanções tributárias não-delituosas, podem ser identificadas duas subespécies com funções peculiares, a saber: a multa, com função preponderantemente repressiva; e os juros, com função essencialmente ressarcitória." (SILVA, Paulo Roberto Coimbra. *Direito tributário sancionador*. São Paulo: Quartier Latin, 2007, p. 117).

354. Geraldo Ataliba sustenta a natureza mista das sanções pecuniárias no Direito Tributário: "Sustentamos, além dessas (sanção punitiva/retributiva e sanção indenizatória/compensatória), que existem as sanções mistas. Insistindo mais neste ponto queremos assinalar que a sanção típica de direito tributário é a pecuniária chamada multa e que participa de ambos os caracteres. É retributiva enquanto

do os juros de mora como uma espécie sancionatória autônoma[355] ou, ainda, como uma entidade jurídica distinta, de natureza remuneratória, que não se confunde com a sanção.[356]

A fim de demarcar as feições das multas tributárias, importante realizar breves esclarecimentos sobre a distinção entre prestações pecuniárias reparadora/indenizatória e aquelas de natureza sancionatória/punitiva/repressiva, para, ao depois, estudá-las sob o enfoque do regime jurídico-tributário, quando do descumprimento dos deveres fiscais.

Os juros e a correção monetária, por sua vez, serão abordados em tópico próprio mais adiante.

5.5.1. Breve distinção entre natureza indenizatória (ou reparadora) e sancionatória (ou punitiva ou repressiva) das prestações pecuniárias

Na esfera do direito privado, os civilistas denominam de "indenização" as consequências do inadimplemento da obrigação, atribuindo ao termo sentido bastante amplo, porquanto

---

castiga e é compensatória quando tende, de alguma forma, ressarcir o Fisco" (ATALIBA, Geraldo. Elementos de direito tributário: notas taquigráficas. _____. (Coord.). III *Curso de Especialização em Direito Tributário* – Notas taquigráficas das aulas e debates. São Paulo, Pontifícia Universidade Católica de São Paulo. São Paulo: Revista dos Tribunais, 1978, p. 283).

355. Paulo de Barros Carvalho distingue as seguintes espécies sancionatórias: (i) as *sanções de caráter punitivo;* (ii) as *sanções pecuniárias de índole não-punitiva ou multas de mora;* e (iii) os *juros de mora.* (CARVALHO, Paulo de Barros. *Direito tributário*: Linguagem e método... cit., p. 722).

356. Angela Maria da Motta Pacheco não qualifica os juros de mora como sanção pelas seguintes razões: "Quanto aos juros de mora, entendemos nós, que não consistem em sanção. São apenas o rendimento do ativo financeiro que deveria estar nos cofres públicos e lá não está em virtude do inadimplemento por parte do contribuinte. Como o contribuinte está usufruindo de um ativo que não seria seu, deverá pagar aos cofres públicos o rendimento." (PACHECO, Angela Maria da Motta. Op. cit., p. 80).

Nessa esteira, também é magistério de Robson Maia Lins, para quem "juros no direito brasileiro é apenas remuneração pela utilização da moeda, portanto, têm função remuneratória. (LINS, Robson Maia. Op. cit., p. 140).

incluem nessa amplitude semântica valores de natureza e de finalidade distintas que devem ser particularizadas.

Não é por outra razão que Fábio Ulhoa Coelho, solucionando ambiguidades, adota uma acepção ampla e outra estrita.

No sentido largo, indenização pode significar "até cinco consectários: perdas e danos, juros, correção monetária, multa convencional e honorários advocatícios".

Indenização *stricto sensu* é, segundo o autor,

> 'perdas e danos (que é, aliás, a expressão da lei)', caracterizados como 'recomposição patrimonial, isto é, o ressarcimento das parcelas efetivas e dos razoáveis ganhos não realizados.'[357]

Para os propósitos do presente trabalho, ficamos com a significação em sentido estrito, compreendida a indenização como a prestação tendente a recompor o patrimônio lesado.

Também não faremos distinção entre indenização, reparação e ressarcimento, tratando referidos vocábulos como sinônimos.

No mesmo sentido, é o parecer de Maria Helena Diniz, para quem "indenizar é ressarcir o dano causado, cobrindo todo o prejuízo experimentado pelo lesado (...)".[358]

Seguidamente, completa a jurista que a indenização deve ser

> Entendida como remédio sub-rogatório, de caráter pecuniário, do interesse atingido. (...) Pela indenização (...) se compensa o menoscabo patrimonial sofrido em razão do dano, restabelecendo o equilíbrio patrimonial em função do valor que representa o prejuízo. Tanto a determinação do conteúdo do dano como de

---

357. COELHO, Fábio Ulhoa. *Curso de Direito Civil*. Obrigações. Responsabilidade Civil. v. 2. 3. ed. São Paulo: Saraiva, 2009, p. 178-179, 181.

358. DINIZ, Maria Helena. *Curso de direito civil* brasileiro. Responsabilidade Civil. 7. v. 16. ed. São Paulo: 2002, p. 118.

sua medida, quando a reparação é pecuniária, supõe a avaliação dos prejuízos (...).[359]

As sanções pecuniárias (multas), por sua vez, implicam penalidade àquele que descumpre ou retarda o implemento da prestação devida.

As multas, precedidas por uma ilicitude, não constituem pré-avaliação do exato prejuízo suportado pelo credor, tampouco sub-rogam-se no lugar da obrigação inadimplida, cuja exigência subsiste independentemente da cominação de sanções.[360]

Deveras, as multas visam a punir a conduta ilícita e, preventivamente, a constranger o devedor a efetuar a prestação.

Diferem, assim, da indenização, a qual prescinde de um ato ilícito precedente,[361] legitimando sua aplicação nas situações em que comprovados o dano e o nexo de causalidade entre o ato e a lesão.

Nessa senda, a lesividade consubstancia condição essencial para a aplicação da norma indenizatória, enquanto o mesmo não se observa em relação à ilicitude que, impreterivelmente, consubstancia pressuposto para a incidência das normas prescritoras de sanções pecuniárias.

Destarte, quando a relação jurídica, cujo antecedente contemple a existência de dano, é dimensionada na exata

---

359. Idem, p. 119-120.

360. Ao propósito do tema, interessantes as observações de Fábio Ulhoa Coelho quando debruçou-se sobre a cláusula penal no Direito Civil: "Nas obrigações pecuniárias, destaco a multa convencional que não tem a função de prefixar o valor das perdas e danos na hipótese de inadimplemento. (...) Isso em razão da expressa previsão na lei no sentido de que a indenização, no inadimplemento das 'obrigações de pagamento em dinheiro', é devida 'sem prejuízo da pena convencional' (art. 404 do CC)." (COELHO, Fábio Ulhoa. Op. cit., p. 189).

361. Há casos excepcionais, não obstante lesionarem direito de outrem, em que o ato lesivo está legitimado em lei. Exemplificando, temos a desapropriação de bens imóveis decorrente do exercício regular do direito do Estado de tomá-los em prol do interesse público.

proporção dos efeitos danosos, recompondo o patrimônio lesado, o termo correto a ser empregado é *indenização*, não se revelando apropriada, nestas hipóteses, a escolha pelas expressões *multa reparadora* ou *multa indenizatória*.

5.5.2. A função repressiva da multa no Direito Tributário: a dicotomia equivocada entre multa de mora e multa punitiva

Ao tratar das modalidades das sanções pecuniárias que o legislador tributário costuma associar aos ilícitos fiscais, o eminente Professor Paulo de Barros Carvalho destaca as *sanções pecuniárias de caráter punitivo*, consistindo no "modo por excelência de punir o infrator", agravando, "sensivelmente, o débito fiscal e aparecem como percentagem do montante do tributo devido ou em valores fixos", bem como as *sanções pecuniárias de índole não punitiva ou multas de mora* "em que predomina o intuito indenizatório, pela contingência de o poder público receber seu crédito a destempo, com as inconveniências que isso normalmente acarreta".[362]

De forma distinta entendem os autores Robson Maia Lins,[363] Sacha Calmon Navarro[364] e Edmar Oliveira Andrade

---

362. CARVALHO, Paulo de Barros. *Direito tributário*: Linguagem e método... cit., p. 772.

363. "(...) o exame mais atilado dos planos sintático, semântico e pragmático revela que tanto as denominadas estipulativamente, em nível legislativo, 'multa punitiva' quanto 'multa de mora' são espécies sancionatórias. Uma elucidação se faz necessária: o termo 'sancionatório' aqui utilizado está em oposição ao 'indenizatório' ou 'ressarcitório'. (...)
A essa conclusão chegamos através do exame do antecedente normativo das referidas normas: lá há apenas o fato jurídico consistente no descumprimento do dever de pagar o tributo. E nada mais. Não há, por exemplo, referência alguma a suposto dano ao erário, que, se houvesse, deveria ser utilizado como forma de indenizar – isto é – reparar o dano." (LINS, Robson Maia. Op. cit., p. 244, 266-267).

364. "(...) já que a multa moratória no direito tributário não substitui a obrigação principal – pagar o tributo – coexistindo com ela, conclui-se que a sua função não é aquela típica da multa compensatória, indenizatória do direito privado (por isso que seu objeto é tão somente punir). Sua natureza é estritamente sancionante, punitiva". (COÊLHO, Sacha Calmon Navarro. Infração tributária e sanção... cit., p. 72-73).

Filho,³⁶⁵ anotando que nas multas tributárias não se conjectura sobre o caráter reparador/indenizatório.

O primeiro autor, mediante o exame do antecedente normativo, justifica a assertiva pela falta de correlação entre a dimensão econômica da multa fiscal com eventual prejuízo imputado aos cofres públicos, bastando, para sua aplicação, a comprovação do ilícito tributário.

Já os outros dois reforçam a ausência de caráter indenizatório, sobre o fundamento de que as multas fiscais não substituem a obrigação descumprida.

Merece guarida o entendimento dos autores mencionados.

As multas fiscais, tanto aquelas intituladas de "multa punitiva" (usualmente conhecidas como "multa de ofício") quanto as denominadas de "multa de mora" devem ser satisfeitas juntamente com o débito tributário inadimplido, não figurando, como pressuposto na composição fáctica do antecedente da norma primária sancionatória,³⁶⁶ eventual dano efetivo ao Erário, bastando estar comprovado o ilícito.

> Tanto é assim que as multas tributárias não serão necessariamente equivalentes ao eventual prejuízo do Erário, devendo,

---

365. "(...) há o fato incontestável de que a multa de mora não visa à obtenção de uma reparação econômica equivalente ao dano sofrido porque o principal (o tributo) continua a ser exigido, nada havendo de reparar." (ANDRADE FILHO, Edmar Oliveira. Op. cit., p. 119).

366. De forma semelhante, são as conclusões de Alberto Pinheiro Xavier: "Penalidade moratória não quer dizer outra coisa senão isto muito simples: é a penalidade medida em função do atraso no pagamento de uma determinada quantia. (...) qualquer penalidade tem natureza punitiva. A penalidade moratória é também punitiva." (XAVIER, Alberto Pinheiro. Curso de Especialização em Direito Tributário (Aulas e Debates). In: ATALIBA, Geraldo; CARVALHO, Paulo de Barros (Coords.). *VI Curso de Especialização em Direito Tributário* – Notas taquigráficas das aulas e debates. v. II. São Paulo, Pontifícia Universidade Católica de São Paulo. São Paulo: Resenha Tributária, 1978, p. 745).
Distinto é o entendimento de Professor Rui Barbosa Nogueira, para o qual a multa de mora "não tem caráter de punição, mas antes o de indenização pelo atraso no pagamento." (NOGUEIRA, Rui Barbosa. *Direito financeiro...* cit., p. 168).

isso sim, guardar fiel proporcionalidade ao grau de repúdio da ilicitude da conduta por elas punidas(...).[367]

Quando, por exemplo, a RMIT é descumprida, o dano é intrínseco ao ilícito tributário tipificado na norma primária sancionatória.

Se não há recolhimento do tributo, atinge-se diretamente as contas públicas. Porém, à multa tributária não é atribuída a função de reparar os danos causados. Se assim realmente fosse, sua base de cálculo deveria, exatamente, medir o dano causado, *i.e.*, o quanto de tributo deixou de ser recolhido e, via de consequência, a obrigação principal não mais subsistiria.

Todavia, nos moldes do art. 157 do CTN, "a imposição de penalidade não ilide o pagamento integral do crédito tributário", sendo que as multas fiscais são calculadas mediante a aplicação de uma alíquota sobre o valor do tributo devido, variando conforme a gravidade da infração cometida.

A finalidade punitiva das multas fiscais manifesta-se ao exprimir um ônus a mais, além do cumprimento da obrigação principal, a ser arcado pelo sujeito passivo que transgrediu o mandamento da regra-matriz de incidência tributária.

Este ônus a recair sobre o seu patrimônio provoca, indireta e preventivamente, o comportamento do contribuinte de agir dentro dos limites da lei. O efetivo resultado danoso ao Erário servirá como critério de medida de gravidade da ilicitude cometida, refletindo, assim, na dimensão do *quantum punitivo*, ou seja, na graduação das sanções.

Firmadas as premissas neste estudo sobre as sanções pecuniárias – quais sejam: as multas fiscais (i) não são dimensionadas na exata proporção do dano causado, cumprindo este o papel de dosador da gravidade da infração, bem como (ii) não substituem a obrigação principal, pelo contrário são sempre exigidas junto com o tributo no caso de descumprimento da RMIT –, podemos concluir que as multas tributárias não

---

367. SILVA, Paulo Roberto Coimbra. *Direito tributário sancionador...* cit., p. 124-125.

cumprem a função de reparar/indenizar o dano, configurando verdadeira sanção repressiva, com a finalidade primordial de punir, reprimir e repreender o ilícito tributário.

Enfim, independentemente da denominação – multa de ofício, multa de mora, multa punitiva, multa isolada, multa agravada, multa qualificada –, a "multa tributária" apresenta-se como uma medida repressiva (ou punitiva) pelas razões que acabamos de destacar.[368]

5.5.3. Multa de mora *versus* multa de ofício

De acordo com a nomenclatura de Eurico Diniz de Santi,[369] extremamente útil à presente explanação, são três as normas primárias sancionatórias: (i) a *regra-matriz da mora* (RMM); (ii) a *regra-matriz da multa pelo não pagamento* (RMMNP); e (iii) a *regra-matriz da sanção instrumental* (RMSI).

As duas primeiras estão imbricadas à regra-matriz de incidência tributária, ao passo que a última, à regra-matriz de dever instrumental.

---

368. No mesmo sentido explanado neste trabalho é o entendimento do Superior Tribunal de Justiça: "(...) Relativamente à natureza da multa moratória, esta Corte já se pronunciou no sentido de que o CTN não distingue entre multa punitiva e multa moratória; já que a multa moratória constitui penalidade resultante de infração legal (...). (AgRg no Ag 1045157/MG, Rel. Ministro Castro Meira, Segunda Turma, julgado em 16/09/2008, DJe 21/10/2008).
"(...) A expressão 'multa punitiva' é até pleonástica, já que toda multa tem por objetivo punir, seja em razão da mora, seja por outra circunstância, desde que prevista em lei. (...) (BRASIL. Superior Tribunal de Justiça 2ª Turma. *Recurso Especial nº 957036/SP*. Relator: Ministro Castro Meira. Julgamento: 26 ago. 2008. Órgão Julgador: Segunda Turma. Publicação: DJe 25 set. 2008).
Nessa esteira, também conclui Robson Maia Lins: "(...) ficamos autorizados a dizer que as multas de mora são também multas punitivas, assim como, numa outra perspectiva, a multa punitiva também é moratória. (...). Dessa forma, embora com nomes distintos, o pressuposto de ambas as multas é um descumprimento de um dever jurídico e o consequente é o pagamento de uma quantia em dinheiro. Não importa o nome: multa punitiva e multa moratória têm a mesma configuração normativa de sanção" (LINS, Robson Maia. Op. cit., p. 245).

369. SANTI, Eurico Marcos Diniz de. *Lançamento tributário...* cit., p. 130-135

De forma semelhante são as lições de Robson Maia Lins[370] identificando a *regra-matriz de incidência da multa de mora* (RMIMM) e a *regra-matriz de incidência da multa de ofício* (RMIMO).

A RMIMO, engloba a RMMNP e a RMSI.

Num primeiro momento, adotaremos a terminologia do primeiro autor para delinear sobre as diferentes normas tributárias prescritoras de multas, valendo-nos, ao final, dos termos empregados pelo segundo autor mencionado, empreendendo nossa conclusão.

Na RMM, o atraso no adimplemento da obrigação tributária pelo sujeito passivo, sem ater-se ao prazo estipulado em lei, figura o fato jurídico da mora, instaurando a relação jurídica sancionatória cujo objeto prestacional é a denominada "multa de mora".

Exemplificando, referida sanção pecuniária encontra-se prevista no art. 61 da Lei nº 9.430/96,[371] relativamente aos tributos de competência da União; no art. 87 da Lei nº 6.374/89[372] (art. 528 do RICMS), relativamente ao ICMS de competência

---

370. Idem, p. 143-152.

371. "Art. 61. Os débitos para com a União, decorrentes de tributos e contribuições administrados pela Secretaria da Receita Federal, cujos fatos geradores ocorrerem a partir de 1º de janeiro de 1997, não pagos nos prazos previstos na legislação específica, serão acrescidos de multa de mora, calculada à taxa de trinta e três centésimos por cento, por dia de atraso. § 1º A multa de que trata este artigo será calculada a partir do primeiro dia subseqüente ao do vencimento do prazo previsto para o pagamento do tributo ou da contribuição até o dia em que ocorrer o seu pagamento. § 2º O percentual de multa a ser aplicado fica limitado a vinte por cento (...)."

372. "Art. 87. O valor do imposto declarado ou transcrito pelo fisco, nos termos dos artigos 56 e 58 desta lei, quando não recolhido no prazo estabelecido na legislação, fica sujeito a multa moratória, calculada sobre o valor do imposto ou da parcela, de: I - 2% (dois por cento), até o 30º (trigésimo) dia contado da data em que deveria ter sido feito o recolhimento; II - 5% (cinco por cento), do 31º (trigésimo primeiro) ao 60º (sexagésimo) dia contado da data em que deveria ter sido feito o recolhimento; III - 10% (dez por cento), a partir do 60º (sexagésimo) dia contado da data em que deveria ter sido feito o recolhimento. IV - 20% (vinte por cento), a partir da data em que tiver sido inscrito na Dívida Ativa."

do Estado de São Paulo; e no art. 12 da Lei nº 13.476/2002,[373] relativamente ao ISS de competência do Município de São Paulo.

Importante é o enobrecimento científico de Santi no estudo acerca da RMM:

> É interessante observar que decurso de dado lapso de tempo é tomado como um dos aspectos da hipótese-fáctica desta norma. Assim, a norma incidirá juridicizando cada lapso temporal como fato jurídico de mora autônomo, do qual decorrerá (sic) as respectivas relações jurídicas de mora. Por exemplo: se o valor do débito fiscal é 100 e a alíquota da regra-matriz da mora é 2% ao mês, passados oito meses verificar-se-ia que esta regra incidiu oito vezes, engendrando, cada qual, desses oito fatos jurídicos da mora diversos, oito relações jurídicas de mora distintas e cumulativas.[374]

Observamos a incidência da RMM, por exemplo, quando o contribuinte declara o fato gerador e apura o *quantum* tributário constituindo o débito, porém, efetua o seu pagamento somente após o decurso do respectivo prazo de vencimento, mas antes de qualquer procedimento fiscalizatório.

Nesta hipótese, o sujeito passivo irá efetuar o recolhimento da exação tributária, em atraso, acrescida da multa e dos juros de mora.

---

373. "Art. 12. A partir do primeiro dia do exercício seguinte ao da publicação desta lei, a falta de recolhimento ou o recolhimento a menor do Imposto Sobre Serviços de Qualquer Natureza - ISS, pelo prestador do serviço ou responsável, nos prazos previstos em lei ou regulamento, e desde que não iniciado o procedimento fiscal, implicará a incidência de multa moratória, calculada à taxa de 0,33% (trinta e três centésimos por cento), por dia de atraso, sobre o valor do imposto, até o limite de 20% (vinte por cento). § 1º - A multa a que se refere o *caput* será calculada a partir do primeiro dia subseqüente ao do vencimento do prazo previsto para o recolhimento do imposto até o dia em que ocorrer o efetivo recolhimento. § 2º - A multa não recolhida poderá ser lançada de ofício, conjunta ou isoladamente, no caso de não-recolhimento do Imposto com esse acréscimo. (...)".

374. SANTI, Eurico Marcos Diniz de. *Lançamento tributário*. 2. ed. São Paulo: Max Limonad, 1999, p. 132.

Neste ponto, cabe lembrar que a RMM não se aplica diante do benefício da denúncia espontânea que lhe confere ineficácia técnico-sintática.

De acordo com o art. 138 do CTN, o contribuinte denuncia espontaneamente o tributo inadimplido quando, antes de qualquer procedimento fiscalizatório, constitui o débito e, ato contínuo, efetua o pagamento do tributo com juros.

Na esteira do entendimento jurisprudencial, nos tributos submetidos a lançamento por homologação, não se mostra espontânea a denúncia quando o tributo é declarado regularmente, mas pago a destempo, uma vez que o procedimento de constituição do crédito já havia sido iniciado.

Nesse sentido, a denúncia espontânea somente aperfeiçoa-se, dela beneficiando-se o contribuinte, quando realizam, em momento concomitante, (i) declaração do tributo; (ii) pagamento do tributo, acrescido dos juros e (iii) ausência de procedimento fiscalizatório.[375]

---

375. TRIBUTÁRIO. TRIBUTO DECLARADO PELO CONTRIBUINTE E PAGO COM ATRASO. DENÚNCIA ESPONTÂNEA. NÃO CARACTERIZAÇÃO. SÚMULA 360/STJ. 1. Nos termos da Súmula 360/STJ, "O benefício da denúncia espontânea não se aplica aos tributos sujeitos a lançamento por homologação regularmente declarados, mas pagos a destempo". É que a apresentação de (...) – DCTF, de (...) GIA, ou de outra declaração dessa natureza, prevista em lei, é modo de constituição do crédito tributário, dispensando, para isso, qualquer outra providência por parte do Fisco. Se o crédito foi assim previamente declarado e constituído pelo contribuinte, não se configura denúncia espontânea (art. 138 do CTN) o seu posterior recolhimento fora do prazo estabelecido. 2. Recurso especial desprovido. Recurso sujeito ao regime do art. 543-C do CPC e da Resolução STJ 08/08. (BRASIL. Superior Tribunal de Justiça. *Recurso Especial nº 962.379/RS*. Relator: Ministro Teori Albino Zavascky, Julgamento 22 out. 2008. Órgão Julgador: Primeira Seção. Publicação: DJ 28 out. 2008)
(...) 3. Inexistindo prévia declaração e ocorrendo o pagamento integral da dívida com os juros de mora, configurada esta a denúncia espontânea (...).(BRASIL. Superior Tribunal de Justiça. *Recurso Especial nº 1.094.945/MG*. Relatora: Ministra Eliana Calmon, Julgamento 09 dez. 2008. Órgão Julgador: Segunda Turma. Publicação: DJ 26 fev. 2009)
(...) A denúncia espontânea resta configurada na hipótese em que o contribuinte, após efetuar a declaração parcial do débito tributário (sujeito a lançamento por homologação) acompanhado do respectivo pagamento integral, retifica-a (antes de qualquer procedimento da Administração Tributária), noticiando a existência de diferença a maior, cuja quitação se dá concomitantemente. (...) 4. Destarte, quando

A RMMNP, por sua vez, consiste na norma primária sancionatória a incidir "perante a ocorrência do fato jurídico do não pagamento, *i.e.*, do inadimplemento da relação jurídica tributária."[376]

Trata-se de norma veiculada por meio de ato administrativo, pois somente a autoridade fiscal tem competência para *ex officio* positivar a RMMNP.

Trata-se de uma das formas de incidência da "multa de ofício", dentre cujos exemplos podemos citar o art. 44 da Lei nº 9.430/96,[377] relativamente aos tributos de competência da União; o art. 85 da Lei nº 6.374/89 (art. 527 do RICMS), relativamente ao ICMS de competência do Estado de São Paulo; e o art. 13 da Lei nº 13.476/2002,[378] relativamente ao ISS de competência do Município de São Paulo.

---

o contribuinte procede à retificação do valor declarado a menor (integralmente recolhido), elide a necessidade de o Fisco constituir o crédito tributário atinente à parte não declarada (e quitada à época da retificação), razão pela qual aplicável o benefício previsto no artigo 138, do CTN. (...) Acórdão submetido ao regime do artigo 543-C, do CPC. (BRASIL. Superior Tribunal de Justiça. *Recurso Especial nº 1.149.022/SP*. Relator: Ministro Luiz Fux, Julgamento: 09 jun. 2010. Órgão Julgador: Primeira Turma. Publicação: DJ 24 jun. 2010).

376. SANTI, Eurico Marques Diniz de. Op. cit., p. 131.

377. "Art. 44. Nos casos de lançamento de ofício, serão aplicadas as seguintes multas: I - de 75% (setenta e cinco por cento) sobre a totalidade ou diferença de imposto ou contribuição nos casos de falta de pagamento ou recolhimento, de falta de declaração e nos de declaração inexata; II - de 50% (cinqüenta por cento), exigida isoladamente, sobre o valor do pagamento mensal: (...) § 1º O percentual de multa de que trata o inciso I do caput deste artigo será duplicado nos casos previstos nos arts. 71, 72 e 73 da Lei nº 4.502, de 30 de novembro de 1964, independentemente de outras penalidades administrativas ou criminais cabíveis.".

378. "Art. 13. Independentemente das medidas administrativas e judiciais cabíveis, iniciado o procedimento fiscal, a falta de recolhimento ou o recolhimento a menor do Imposto Sobre Serviços de Qualquer Natureza - ISS, pelo prestador do serviço ou responsável, nos prazos previstos em lei ou regulamento, implicará a aplicação, de ofício, das seguintes multas: I - de 50% (cinqüenta por cento) do valor do Imposto devido e não pago, ou pago a menor, nos prazos previstos em lei ou regulamento, pelo prestador do serviço ou responsável, excetuada a hipótese do inciso II; (...)".

A "multa de ofício", segundo Paulo de Barros Carvalho,

> (...) é a expressão que indica o procedimento para a constituição do consequente sancionatório verificado no bojo de um lançamento de ofício. Nessa medida, significa que é uma espécie de sanção aplicada pela autoridade administrativa, mediante lançamento de ofício ou Auto de Infração e imposição de multa (AIIM).[379]

Para a configuração da multa de ofício não basta a inércia do devedor em cumprir a prestação tributária que é devida ao credor, pressupondo também o procedimento administrativo *ex officio* de incidência da norma.

Em alentado estudo doutrinário sobre as sanções tributárias, Edmar Oliveira Andrade Filho distingue as expressões *multas de mora* e *multas de ofício*, previstas na lei tributária:

> A legislação tributária prevê a incidência de multas de mora quando constatada a falta de cumprimento da obrigação tributária e o dever jurídico de pagar seu débito antes que o sujeito ativo adote alguma providência de fiscalização ou de cobrança, ou de alguma forma, efetua o lançamento do valor da dívida. Por outro lado, a multa de ofício é usualmente imposta quando as autoridades fiscais tomam o conhecimento da falta de recolhimento em procedimento de fiscalização.[380]

Em tempo, cabe advertir que a multa denominada de ofício também é fruto da mora.

> O 'ofício' da multa faz clara e evidente alusão ao nome do processo de produção no produto. É referência ao nome do procedimento de produção, que é o lançamento de ofício.[381]

---

379. CARVALHO, Paulo de Barros. Tema IX – Cúmulo de multa isolada e multa de ofício – Estudo sobre as estruturas normativas e impossibilidade de cúmulo das multas isolada e de ofício, previstas na Lei n. 9.430/96. In: _____. *Derivação e positivação no Direito Tributário*. São Paulo: Noeses, 2011, p. 300.

380. ANDRADE FILHO, Edmar Oliveira. Op. cit., p. 118.

381. LINS, Robson Maia. Op. cit., p. 151.

A demora no pagamento do tributo, culminada com a lavratura do Auto de Infração, constitui requisito para sua aplicação, porém, costuma intitular-se "multa de mora" aquela devida no adimplemento tardio do débito tributário pelo contribuinte, antes de qualquer ato fiscalizatório, sendo que, permanecendo inerte o sujeito passivo, a denominada "multa de ofício", prevista na lei de forma mais gravosa, substitui a denominada "multa de mora".

Relativamente ao descumprimento da RMIT, as multas de ofício acabam por ser mais elevadas do que as multas de mora, na medida em que o contribuinte não deu continuidade ao processo de positivação, seja declarando e pagando o tributo nos tributos sujeitos ao lançamento por homologação, seja quitando a obrigação tributária nos tributos submetidos ao lançamento de ofício.

As multas constituídas mediante a lavratura de Auto de Infração exprimem maior ônus ao sujeito passivo, pois este não cumpriu seus deveres tributários no ínterim do prazo de vencimento, nem após seu decurso, tampouco valeu-se dos benefícios da denúncia espontânea, mantendo-se inerte quanto ao adimplemento do tributo desde o termo final do prazo fixado na lei até o ato administrativo fiscalizatório.

Cotejando as regras-matrizes de incidência da multa de mora (RMIMM) e de incidência da multa de ofício (RMIMO), quando decursivas do descumprimento da RMIT, algumas colocações distintivas são necessárias:

1. A RMIMM tem como fato jurídico, situado no seu antecedente, o adimplemento tardio da obrigação tributária pelo sujeito passivo, sem recorrer ao benefício da denúncia espontânea, ao passo que, no antecedente da RMIMO, descreve-se o inadimplemento da obrigação tributária (o não pagamento do tributo) até o início do procedimento fiscalizatório;

2. A imposição das multas de ofício é sempre precedida por um procedimento de produção normativa realizado pela Administração, enquanto que as multas, usualmente nominadas de multas de mora, consubstanciam, em tese, objeto da relação jurídico-sancionatória positivada pelo próprio sujeito passivo. Dissemos "em tese", pois é possível a constituição da multa de mora *ex officio* quando o sujeito passivo, embora tenha declarado o tributo, realiza o seu pagamento em atraso, antes de iniciado o procedimento fiscalizatório, mas sem os encargos moratórios devidos. Nesta hipótese, como não foram observados, cumulativamente, tributo declarado e pago, acrescido de juros, antes de ato fiscalizatório, não há que falar em denúncia espontânea, de tal sorte que, no adimplemento tardio da obrigação tributária, o contribuinte deveria ter efetuado o pagamento do tributo, acrescido da multa de mora (art. 43 da Lei nº 9.430/96). Não o fazendo, a multa de mora poderá ser exigida por meio da lavratura de Auto de Infração;

3. A última colocação concerne aos critérios de gradação das alíquotas: mais severos quando fixados para compor o critério quantitativo da RMIMO, *i.e.*, para o cálculo da multa de ofício pela falta de recolhimento do tributo.

Confirmando nossa assertiva, complementa Edmar Oliveira Andrade Filho que

> a penalidade aplicada de oficio é sempre mais gravosa que a aplicada em caso de recolhimento feito antes do início da ação fiscal incidindo, no caso, o princípio que a infração mais grave absorve a menos grave, sob pena de *bis in idem*.[382]

É preciso ter em mente que, se a exigibilidade do crédito tributário estiver suspensa na forma da lei, não caberá lançamento de multa de ofício na constituição de crédito

---

382. ANDRADE FILHO, Edmar Oliveira. Op. cit., p. 121.

tributário, pelo Fisco, destinada a prevenir a decadência (art. 63 da Lei nº 9.430/96).

Da mesma forma, a multa de mora não incide durante a vigência de causa suspensiva de exigibilidade do crédito tributário, restando indevida a multa moratória quando os efeitos dessa suspensão propagaram-se desde antes do termo final do prazo de vencimento.

Acerca da eficácia técnico-sintática da RMIMM, trazemos novamente os ensinamentos de Robson Maia Lins, exemplificando normas que mutilam os efeitos jurídicos da mora no Direito Tributário:

> Além de deixar de cumprir a conduta, para que esse fato seja um fato jurídico moratório é preciso que não ocorra: (i) consulta tributária formulada; (ii) causas de suspensão ou impedimento à exigibilidade do tributo ou da norma que estipula dever instrumental; (iii) denúncia espontânea; (iv) medida cautelar em controle de constitucionalidade que prescreve a inconstitucionalidade da norma tributária; (v) Súmula Vinculante; (vi) Resolução do Senado Federal, enfim, qualquer veículo introdutor de normas que impeçam a existência da mora no Direito Tributário.[383]

Outras situações em que também verificamos multas aplicadas *ex officio* pela Administração Fazendária são aquelas decorrentes da incidência da RMSI.

---

383. LINS, Robson Maia. Op. cit., p. 265.
O autor faz também importante observação sobre a incidência da norma moratória entre o lançamento constitutivo do crédito, realizado com erro formal (art. 173, II, CTN), e a data da prática de novo lançamento do mesmo crédito, depois que reconhecido o erro formal em decisão administrativa definitiva: "(...) pensamos que a suposta mora do sujeito passivo não é tão evidente quanto se pensa. Entre a constituição do crédito tributário pelo lançamento, que violou alguma norma de procedimento, incorrendo em erro formal, e a data da constituição do novo crédito tributário, o sujeito passivo do tributo não contribui para a ausência da norma individual e concreta. Por isso, as relações jurídicas que poderiam surgir diante da ausência de pagamento do tributo não podem surgir, visto que de mora do sujeito passivo não se trata. (...) esse período, que vai do lançamento realizado com erro formal e decisão definitiva que o reconhece, não há mora. Não há, portanto, fato jurídico moratório. Sem fato jurídico moratório não há multa de mora nem juros de mora." (Idem, p. 199).

Com efeito, se desatendidas as formalidades prescritas em lei, consistentes em emitir notas fiscais, entregar declarações, fornecer documentos contábeis à fiscalização etc., então caberá ao agente fiscal proceder à autuação, constituindo a multa pela não observância de dever instrumental.

Igualmente são cominadas de ofício as multas provenientes da prática de infrações subjetivas, conhecidas como multas qualificadas, e aquelas decorrentes de circunstâncias agravantes, incidindo as denominadas multas agravadas.

5.5.3.1. Síntese analítica das regras-matrizes de incidência da multa de mora (RMIMM) e da incidência da multa de ofício (RMIMO)

Com base nos ensinamentos de Eurico Diniz de Santi, tecidos na sua obra "Lançamento Tributário", e de Robson Maia Lins, ao estudar a "Mora no Direito Tributário", expomos nossas conclusões sintéticas acerca das normas prescritoras de multas tributárias, compondo as estruturas das regras-matrizes da incidência da multa de mora e da incidência da multa de ofício que, embora caracterizem-se como formas mais simplificadas para a análise do objeto cognoscente, são extremamente úteis para facilitar sua compreensão:

1) **Regra-matriz da incidência da multa de mora (RMIMM)** – aplicável em decorrência do pagamento do tributo após o vencimento (adimplemento tardio).[384]

- *Critério material*: deixar de pagar, no prazo de vencimento, débito tributário e pagá-lo após o respectivo decurso.

- *Critério temporal*: termo final do prazo de vencimento para o adimplemento do débito tributário.

---

384. Desde que a eficácia técnico-sintática da RMIMM não esteja comprometida por outra norma (*v.g.* denúncia espontânea e suspensão da exigibilidade do crédito tributário).

- *Critério espacial*: lugar do pagamento.

- *Critério pessoal*: (i) sujeito ativo – titular do direito subjetivo de exigir o tributo – e (ii) sujeito passivo – titular do dever jurídico de pagar o tributo.

- *Critério quantitativo*: (i) base de cálculo – valor do tributo adimplido em atraso ou valor da base de cálculo do próprio tributo (*vide* item 5.5.6.1) e (ii) alíquota – percentagem aplicada ao dia ou ao mês ou ao ano (conforme período estabelecido em lei) sobre a base de cálculo, sujeita ao limite percentual legalmente fixado; ou, ainda, valores fixos.

2) **Regra-matriz da incidência da multa de ofício (RMIMO)** – aplicável em decorrência do não pagamento do tributo, do descumprimento de dever instrumental e, ainda, da prática de infrações subjetivas assim qualificadas pelo não pagamento doloso do tributo ou pelo descumprimento doloso de dever instrumental.

- *Critério material*: não pagar (ou não pagar dolosamente) o tributo ou descumprir (ou descumprir dolosamente) o dever instrumental.

- *Critério temporal*: átimo em que ocorreu o inadimplemento.

- *Critério espacial*: lugar em que ocorreu o inadimplemento.

- *Critério pessoal*: (i) sujeito ativo: titular do direito subjetivo de exigir a multa mediante a lavratura do Auto de Infração; e (ii) sujeito passivo: titular do dever jurídico de pagar a multa constituída por meio de ato administrativo.

- *Critério quantitativo*: (i) base de cálculo – valor do tributo inadimplido ou valor da base de cálculo do próprio tributo (*vide* item 5.5.6.1) e (ii) alíquota – percentagem aplicada sobre a base de cálculo; ou, ainda, valores fixos.

5.5.4. Multa isolada

Não nos cansamos de repetir que a atribuição de significados aos objetos do mundo da vida é realizada pelo intérprete.

Um nome é uma convenção humana relativa a determinado fenômeno e, nessa medida, pode assumir sentidos variados circunscritos ao sistema de referência do ser cognoscente.

O nome *multa isolada*, no estudo dos fenômenos tributários, revela essa discricionariedade que marca a doação de sentidos.

Conforme veremos, a expressão *multa isolada* é utilizada sob perspectivas semânticas diferentes, referindo-se a fenômenos jurídicos distintos.

Buscaremos, nesse tópico, abordar algumas de suas acepções.

De uma maneira geral, o caráter "isolado" atribuído à multa decorre daquelas sanções pecuniárias cuja exigência é desacompanhada da cobrança do valor devido a título de tributo. Cobra-se, isoladamente, a multa (art. 43 da Lei nº 9.430/96).

Não pagar tributo, portanto, não pode ser fato jurídico da norma primária sancionatória prescritora de multa isolada. Se assim fosse, a denominação revelar-se-ia inadequada.

Uma acepção de multa isolada refere-se àquela que estava prevista no art. 44, § 1º, II, da Lei nº 9.430/96,[385] revogado,

---

385. "§1º As multas de que trata este artigo serão exigidas: (...) II - isoladamente, quando o tributo ou a contribuição houver sido pago após o vencimento do prazo previsto, mas sem o acréscimo de multa de mora; III - isoladamente, no caso de

que tinha como pressuposto o não pagamento da multa de mora.

Tal situação fáctica verificava-se quando o contribuinte pagava o tributo em atraso sem incidir a norma da denúncia espontânea, oportunidade em que o contribuinte declara o tributo, mantendo-se, porém, omisso quanto ao pagamento do tributo e apenas fazendo-o em momento posterior sem, contudo, computar a multa de mora.

De acordo com a literalidade do então vigente dispositivo, em razão da ausência do pagamento da multa moratória, aplicava-se a multa de ofício de 75% sobre o valor do tributo.

Acerca da base de cálculo eleita, à época, pelo legislador federal, pronunciou-se Robson Maia Lins:

> Pensemos que o 'isolado' desta multa refere-se ao tributo devido e pago, ainda que depois de expirado o prazo de pagamento. Fica, então, vigente e eficaz no sistema de direito. Tenhamos em mente que o fato jurídico moratório que dá causa à relação jurídica sancionatória denominada multa isolada é o "não pagamento da multa de mora". A esta altura já podemos concluir que a base de cálculo desta multa isolada somente pode ser uma: o valor da multa de mora que deixou de ser adimplida. Não há como sustentar a inclusão do valor do tributo que, repita-se, fora pago, embora a destempo, na base de cálculo da referida multa isolada.[386]

A conotação de "multa isolada" mais empregada faz referência às penalidades previstas no ordenamento jurídico para o descumprimento de deveres instrumentais pelo

---

pessoa física sujeita ao pagamento mensal do imposto (carnê-leão) na forma do art. 8º da Lei nº 7.713, de 22 de dezembro de 1988, que deixar de fazê-lo, ainda que não tenha apurado imposto a pagar na declaração de ajuste; IV - isoladamente, no caso de pessoa jurídica sujeita ao pagamento do imposto de renda e da contribuição social sobre o lucro líquido, na forma do art. 2º, que deixar de fazê-lo, ainda que tenha apurado prejuízo fiscal ou base de cálculo negativa para a contribuição social sobre o lucro líquido, no ano-calendário correspondente."

386. LINS, Robson Maia. Op. cit., p. 155.

sujeito passivo. São exemplos dessa acepção as multas aplicadas pelo atraso na entrega da DCTF[387] e as sanções pecuniárias cominadas à pessoa jurídica que, submetida ao regime de apuração do Imposto de Renda pelo lucro real, descumpre o dever instrumental de antecipar os valores mensais por estimativa, bem como aquelas aplicadas à pessoa física que deixou de obedecer à sistemática do carnê-leão, nos moldes do art. 44, inciso II, alíneas 'a' e 'b', da Lei n° 9.430/96,[388] respectivamente.

Igualmente o legislador federal faz referência à multa isolada ao cominar penalidades ao contribuinte diante da compensação não declarada e compensação não homologada, consoante preceituam o art. 18[389] da Lei n° 10.833/2003 e o art. 74, § 17, da Lei n° 9.430/96.

Sobre referidas multas, dispensaremos especial destaque nos itens 5.5.8.1 e 5.5.8.2.

---

387. "(...) A entrega da DCTF fora do prazo legal constitui infração administrativa, devendo o contribuinte ser responsabilizado por sua negligência, ficando sujeito à multa isolada. (...)." (BRASIL. Tribunal Regional Federal 1ª Região. *Apelação Cível n° 200201990369932/AC*. Relatora: Juíza Federal convidada Anamaria Reys Resende. Julgamento: 21 nov. 2006. Órgão Julgador: Sétima Turma. Publicação: e-DJF1 20 fev. 2009, p. 384).

388. "Art. 44. Nos casos de lançamento de ofício, serão aplicadas as seguintes multas: (...) II - de 50% (cinqüenta por cento), exigida isoladamente, sobre o valor do pagamento mensal: a) na forma do art. 8º da Lei nº 7.713, de 22 de dezembro de 1988, que deixar de ser efetuado, ainda que não tenha sido apurado imposto a pagar na declaração de ajuste, no caso de pessoa física; b) na forma do art. 2º desta Lei, que deixar de ser efetuado, ainda que tenha sido apurado prejuízo fiscal ou base de cálculo negativa para a contribuição social sobre o lucro líquido, no ano-calendário correspondente, no caso de pessoa jurídica. (...)"

389. "Art. 18. O lançamento de ofício de que trata o art. 90 da Medida Provisória nº 2.158-35, de 24 de agosto de 2001, limitar-se-á à imposição de multa isolada em razão de não-homologação da compensação quando se comprove falsidade da declaração apresentada pelo sujeito passivo. (...) § 4º Será também exigida multa isolada sobre o valor total do débito indevidamente compensado quando a compensação for considerada não declarada nas hipóteses do inciso II do § 12 do art. 74 da Lei nº 9.430, de 27 de dezembro de 1996, aplicando-se o percentual previsto no inciso I do caput do art. 44 da Lei nº 9.430, de 27 de dezembro de 1996, duplicado na forma de seu § 1º, quando for o caso".

5.5.5. Multa qualificada e multa agravada

Dentre as multas de ofício, as multas qualificadas e agravadas, como os próprios nomes revelam, pressupõem, respectivamente, um qualificativo ou um agravante na situação fáctica ensejadora da sanção pecuniária.

As multas qualificadas decorrem da aplicação das normas primárias sancionatórias que prevêem, em seus antecedentes, infrações subjetivas, derivadas da vontade consciente (dolo) na prática da ilicitude.

Rememorando assunto já abordado neste trabalho, o legislador, segundo os critérios que irão compor o antecedente normativo da norma primária sancionatória, poderá prescrever a responsabilidade objetiva ou subjetiva.

Será subjetiva, se o dolo participar da descrição do ilícito tributário situado no suposto normativo. Presente o intuito doloso na conduta infringente, a relação sancionatória será qualificada na exata proporção desta culpabilidade.

Com efeito, o grau de culpabilidade do contribuinte na prática da infração irá medir a intensidade da sanção aplicada.

São exemplos de infrações tributárias, integradas pelo elemento volitivo doloso, a sonegação, a fraude e o conluio, tipificados, respectivamente, nos arts. 71, 72 e 73 da Lei nº 4.502/64.[390]

---

390. "Art. 71. Sonegação é tôda ação ou omissão dolosa tendente a impedir ou retardar, total ou parcialmente, o conhecimento por parte da autoridade fazendária: I - da ocorrência do fato gerador da obrigação tributária principal, sua natureza ou circunstâncias materiais; II - das condições pessoais de contribuinte, suscetíveis de afetar a obrigação tributária principal ou o crédito tributário correspondente. Art. 72. Fraude é tôda ação ou omissão dolosa tendente a impedir ou retardar, total ou parcialmente, a ocorrência do fato gerador da obrigação tributária principal, ou a excluir ou modificar as suas características essenciais, de modo a reduzir o montante do imposto devido a evitar ou diferir o seu pagamento. Art. 73. Conluio é o ajuste doloso entre duas ou mais pessoas naturais ou jurídicas, visando qualquer dos efeitos referidos nos arts. 71 e 72."

A título ilustrativo, a Lei nº 9.430/96, no art. 44, § 1º, prevê multa qualificada de 150%, se caracterizada alguma dessas infrações subjetivas.

Se o pressuposto dessa regra sancionatória é a ocorrência de sonegação, fraude ou conluio, a norma individual e concreta produzida pelo agente fiscal deve individualizar e comprovar qual dessas condutas restou materializada, como bem advertido por Edmar Oliveira Andrade Filho:

> (...) é necessária a produção de provas inequívocas de que tenha ocorrido pelo menos uma das condutas referidas nos arts. 71, 72 ou 73 da Lei nº 4.502/64. A indicação, pura e simples, do preceito normativo citado, sem a correspondente prova, sem a sua qualificação e individualização da conduta, implica cerceamento do direito de defesa e torna ilegítima a aplicação da multa qualificada.[391]

Em relação às multas agravadas, estas são aplicadas quando presente circunstância agravante tipificada em lei, seja diante de infração objetiva ou subjetiva. Exemplificando, constituem pressupostos de multa agravada o desatendimento à ordem, no prazo delimitado na intimação, para apresentação de documentos (art. 44, § 2º, da Lei 9.430/96),[392] bem como as circunstâncias previstas no art. 68, § 1º, da Lei nº 4.502/64[393] e no art. 558 do Regulamento do IPI (Decreto nº 7.212/2010),[394]

---

391. ANDRADE FILHO, Edmar Oliveira. Op. cit., p. 121.

392. BRASIL. Lei nº 4.502, de 30 de novembro de 1964. Dispõe Sôbre o Impôsto de Consumo e reorganiza a Diretoria de Rendas Internas. Disponível em: < http://www.planalto.gov.br/ccivil_03/leis/l4502.htm>. Acesso em: 29 mar. 2015.

393. "§ 1º São circunstâncias agravantes: I - a reincidência; II - o fato de o impôsto, não lançado ou lançado a menos, referir-se a produto cuja tributação e classificação fiscal já tenham sido objeto de decisão passada em julgado, proferida em consulta formulada pelo infrator; III - a inobservância de instruções dos agentes fiscalizadores sôbre a obrigação violada, anotada nos livros e documentos fiscais do sujeito passivo; IV - qualquer circunstância que demonstre a existência de artifício doloso na prática da infração, ou que importe em agravar as suas conseqüências ou em retardar o seu conhecimento pela autoridade fazendária. § 2º São circunstâncias qualificativas a sonegação, a fraude e o conluio".

394. "Art. 558. São circunstâncias agravantes: I - a reincidência específica; II - o fato

dentre as quais a reincidência na prática da infração e o fato de o tributo, não lançado ou lançado a menor, referir-se a produto, cuja tributação e classificação fiscal tenham sido objeto de consulta formulada pelo infrator.

5.5.6. A função da base de cálculo no consequente das normas primárias que prescrevem sanções pecuniárias

A base de cálculo na RMIT, situada no critério quantitativo do consequente normativo, consiste na grandeza eleita pelo legislador que, combinada com a alíquota, serve para compor o *quantum* devido a título de tributo pelo sujeito passivo.

Paulo de Barros Carvalho, no estudo da RMIT, identificou as seguintes funções da base de cálculo: (i) medir a intensidade do núcleo factual descrito pelo legislador, isto é, dimensionar as reais proporções do fato; (ii) definir o valor exato da prestação, vale dizer, o *debitum* tributário a ser exigido pelo sujeito ativo e pago pelo sujeito passivo e (iii) confirmar, infirmar ou afirmar a materialidade da hipótese normativa.

Expliquemos cada uma delas:

- *Função mensuradora*: a hipótese normativa prevê um fato, ensejador da incidência tributária, cuja intensidade deverá ser dimensionada. A ocorrência do fato jurídico ensejará uma relação obrigacional (patrimonial), e, como tal, sua prestação deverá ser em pecúnia, daí porque a necessidade de uma grandeza com a finalidade de mensurar o fato gerador. Enfim, a base de cálculo irá

---

de o imposto, não destacado, ou destacado em valor inferior ao devido, referir-se a produto cuja tributação e classificação fiscal já tenham sido objeto de solução em consulta formulada pelo infrator; III - a inobservância de instruções dos Auditores-Fiscais da Receita Federal do Brasil sobre a obrigação violada, anotadas nos livros e documentos fiscais do sujeito passivo; IV - qualquer circunstância, não compreendida no art. 559, que demonstre artifício doloso na prática da infração; V - qualquer circunstância que importe em agravar as consequências da infração ou em retardar o seu conhecimento pela autoridade fazendária."

mensurar o êxito econômico do fato. Essa mensuração pode ocorrer sob diversas formas: a) o legislador vale-se de índices valorativos (o valor da operação, o valor do serviço, o valor venal do imóvel etc.) ou b) o legislador cria realidades jurídicas (exemplo: renda líquida tributável – IRPF).

- *Função objetiva*: após definida a perspectiva dimensível do fato, aplica-se à base de cálculo a alíquota, definindo-se, então, o valor específico da dívida tributária. Realiza-se, nessa etapa funcional, um mero cálculo matemático.

- *Função comparativa*: a base de cálculo serve como instrumento eficiente para verificar se, no exercício da competência tributária, o ente tributante respeitou o aspecto material da hipótese tributária determinado na Constituição da República. Verificar-se-á se, ao instituir o tributo, a pessoa política extravasou os limites de sua competência tributária. A base de cálculo, portanto, confirma, infirma ou afirma o verdadeiro critério material do tributo, conforme ensinamentos do Professor:

> Confirmando, toda vez que houver perfeita sintonia entre o padrão de medida e o núcleo do fato dimensionado. Infirmando, quando for manifesta a incompatibilidade entre a grandeza eleita e o acontecimento que o legislador declara como a medula da previsão fáctica. Por fim, afirmando, na eventualidade de ser obscura a formulação legal, prevalecendo, então, como critério material da hipótese, a ação-tipo que está sendo avaliada.[395]

Trazendo esses ensinamentos para o estudo das sanções pecuniárias, adequando-os à norma primária sancionatória, temos: (i) a *função mensuradora* servindo para medir a gravidade da infração tributária – núcleo factual do antecedente normativo; (ii) a *função objetiva*, determinando o valor

---

395. CARVALHO, Paulo de Barros. *Curso de direito tributário*... cit., 22. ed. p. 398-399.

específico da multa cominada ao sujeito passivo e (iii) a *função comparativa* com o escopo de verificar se, ao eleger a base de cálculo da sanção pecuniária, o legislador observou o aspecto material descrito no antecedente da norma primária sancionatória, *i.e.*, o dever descumprido.

A função mensuradora, por exemplo, evidencia-se quando, diante do descumprimento da RMIT, a base de cálculo eleita é o valor que deixou de ser recolhido em favor dos cofres públicos.

Na hipótese de infrações formais, a eleição da base de cálculo, definida em valores fixos ou sobre o valor do tributo devido, dependerá se a ausência do dever instrumental obstaculizou o exercício efetivo da fiscalização, prejudicando arrecadação e, com isso, acarretando dano ao Erário.

Especificamente sobre as sanções pecuniárias formais, abordaremos mais a frente.

Dentre as funções colacionadas acima, a comparativa interessa-nos neste momento, uma vez que, a depender da grandeza econômica eleita, restará infirmada a materialidade da infração tributária.

É o que veremos a seguir, denunciando aquelas situações em que o legislador elege a base de cálculo do próprio tributo para compor o critério quantitativo da norma primária sancionatória, sobressaindo incompatibilidade entre o enunciado da hipótese no antecedente e o enunciado da base de cálculo no consequente.

5.5.6.1. A dimensão econômica do fato jurídico tributário a título de base de cálculo da sanção pecuniária

Não raro deparamo-nos com legislações tributárias fixando, a título de base de cálculo da sanção pecuniária, percentuais calculados sobre a base de cálculo do próprio tributo.[396]

A conduta do legislador causa maior perplexidade na seara jurídica, especialmente porque assim procede para punir os deveres instrumentais.

A primeira consideração a ser feita é que, na quantificação das multas pecuniárias, sejam decorrentes do descumprimento da RMIT, sejam em função de não observância a deveres instrumentais, o legislador não pode eleger, a título de base de cálculo da multa, a dimensão econômica do fato jurídico tributário, isto é, a base de cálculo *in concreto* do tributo (por exemplo: valor da operação).

As multas, na qualidade de penalidades pelo desatendimento a deveres fiscais, devem ser dimensionadas em função da gravidade da infração cometida pelo sujeito passivo e não em razão do êxito econômico do fato gerador da obrigação tributária, o qual, frise-se, serve de suporte para fixar a base de cálculo da RMIT, caso contrário, a base de cálculo eleita infirmará a materialidade da norma primária sancionatória.

Conforme já frisado no item sobre a distinção entre sanção e tributo, a relação tributária não se confunde com a relação sancionatória.

Na primeira, o valor da prestação (*quantum* do tributo) há de ser calculado na proporção do fato lícito, à luz da capacidade contributiva.

Na segunda, o valor da prestação (multa) deve ser calculado na proporção do fato ilícito, segundo a gravidade da infração, sob pena de incompatibilidade entre o aspecto

---

396. *Vide* (i) art. 123, inciso III, *a, d, l* e *m*, da Lei do Estado do Ceará n° 12.670/96 e art. 876, inciso II, do RICMS/CE (Decreto n° 24.569/97); (ii) art. 59, incisos XIX, *b*, e XX, *b*, da Lei do Estado do Rio de Janeiro n° 2.657/96, com a redação dada pela Lei n° 6.140/2011; (iii) art. 527, *I, g* e *h*, III, *a* e *b*, V, *a* até *g*, do RICMS/SP (Decreto n° 45.490/2000); (iv) art. 216 do RICMS/MG (Decreto n° 43.080/2002) e (v) art. 39, II, da Lei do Estado de Alagoas n° 6.555/2004, que dispõe sobre o IPVA.

material da norma primária sancionatória e a grandeza eleita no aspecto quantitativo.

A base de cálculo deve mensurar sempre o fato descrito no suposto normativo: o fato lícito na norma-padrão de incidência tributária e o fato ilícito na norma primária sancionatória.

No que tange ao descumprimento da conduta prescrita no consequente da RMIT, a gravidade da infração afere-se, **diretamente**, pelo *quantum* de tributo que deixou de ser recolhido aos cofres públicos.

O prejuízo sofrido pelo Fisco, isto é, o valor de tributo que deixou de ser arrecadado ao Erário imprime maior ou menor gravidade à infração, servindo como dosador, por excelência, para quantificar a sanção pecuniária nessas hipóteses.

Relativamente às infrações pela violação a deveres instrumentais, a multa formal calculada sobre a base de cálculo do próprio tributo revela-se ainda mais absurda, se tivermos em conta que tais deveres não se confundem com a obrigação tributária principal, sendo que eventual prejuízo decorrente da ilicitude formal dar-se-á apenas de forma **indireta**.

A gravidade da infração formal deverá ser medida em função das dificuldades enfrentadas pelo Fisco para fiscalizar e arrecadar o tributo.

Daí porque a relevância do dever instrumental prescrito, no papel de permitir ao Fisco aferir a ocorrência do fato jurídico tributário, a sua dimensão econômica e, por conseguinte, o correto valor recolhido aos cofres públicos influirá na fixação das multas formais.

Sobre elas reservamos uma atenção especial no próximo tópico.

Nem alegue que o art. 113, § 3º, do CTN, autoriza eleger a própria materialidade do tributo devido como base para o cálculo da multa decorrente de irregularidade formal, pois, de acordo com a literalidade desse dispositivo legal, nos casos de descumprimento de "obrigação acessória", o *quantum* sancionatório converteria-se no valor da prestação principal tributária.

Já denunciamos a impropriedade lógico-semântica contida neste dispositivo da lei complementar, cabendo ao intérprete do Direito corrigir os equívocos do legislador e mensurar o fato ilícito praticado de modo que a multa não funcione como instrumento eminentemente arrecadatório, dando a correta solução jurídica à situação fáctica delimitada.

A despeito deste entendimento, é corriqueira a aplicação de sanções pecuniárias decorrentes do descumprimento de deveres instrumentais sobre a base de cálculo do próprio tributo, sem observar a estrutura lógica das normas sancionatórias, como podemos aferir da ementa do *decisum* proferido pela 4ª Câmara do Conselho de Contribuintes da Secretaria da Fazenda do Rio de Janeiro, *in verbis*:

> ICMS. Arquivo magnético. Obrigação acessória, falta de apresentação. Multa formal proporcional. Período de atraso. Cálculo da multa. (...). A falta de entrega, ou da remessa eletrônica, do arquivo magnético relativo a determinado período, implica multa formal proporcional à receita das operações não informadas, pelo simples descumprimento da obrigação acessória (....).[397]

Extrai-se do teor do voto do relator:

> Na forma do art. 113, § 3º, 'a obrigação acessória, pelo simples fato de sua inobservância, converte-se em obrigação principal relativamente à penalidade pecuniária'. Isto posto, está certa a imposição de multa ao contribuinte, não importando, para o caso sob análise, a regular situação, ou não, quanto ao pagamento do imposto.[398]

---

[397]. BRASIL. Acórdão nº 6.275. Recurso nº 503.439. Relator: Conselheiro Antonio de Pádua Pessoa de Mello. Julgamento: 03 out. 2007. Órgão Julgador: 4ª Câmara do Conselho de Contribuintes/RJ.

[398]. Idem.

Não podemos consentir com o entendimento esboçado na decisão administrativa mencionada, pois fundamenta a legitimidade da exigência da multa formal sobre o valor da operação, alicerçada em uma interpretação literal do art. 113, § 3º, do CTN, tomando como base de cálculo para a quantificação da multa fiscal aquela definida na regra-matriz de incidência, cujo papel consiste em mensurar o fato jurídico-tributário, dando lugar ao crédito devido.

O dever instrumental consiste em uma obrigação de fazer e, quando descumprido, dá origem a uma relação sancionatória cujo objeto pecuniário – a multa – deve medir a gravidade do fato ilícito – a infração formal.

Ao analisar, sob um enfoque crítico, a enunciação do art. 113, § 3º, do CTN, pelo legislador complementar, Sacha Calmon Navarro, constatou as seguintes impropriedades elucidativas:

> Por primeiro, pretender que uma prestação de fazer (obrigação acessória) possa se transformar em prestação de dar (obrigação principal);
>
> Em segundo lugar, admitir que esta obrigação acessória só porque descumprida entre em processo de metamorfose;
>
> Em terceiro lugar, não perceber que o descumprimento da obrigação acessória é justamente a hipótese de incidência de outra norma, a sancionante, prevendo a penalidade a ser cominada ao infrator do dever;
>
> Finalmente, incidindo em irremediável contradição, querer que a prestação pecuniária compulsória chamada penalidade ou multa, tenha a mesma natureza de tributo somente porque resultam em prestações de dar (o que importa, em verdade, é a causa jurídica de uma e outro).[399]

---

399. COÊLHO, Sacha Calmon Navarro. *Infrações tributárias e suas sanções*. São Paulo: Resenha Tributária, 1982, p. 45-46 (Grifos do autor).

Entender de forma contrária é autorizar o enriquecimento sem causa por parte do Estado, advertindo o jurista Luciano Amaro que:

> a multa não pode ser transformada em instrumento de arrecadação; pelo contrário, deve-se graduar a multa em função da gravidade da infração.[400]

5.5.7. A graduação das sanções pecuniárias formais

Retomando elucidações feitas no Capítulo sobre os princípios constitucionais que influem na interpretação e aplicação das sanções tributárias, atestamos que os valores da igualdade e da justiça melhor efetivam-se no exercício da potestade punitivo-tributária quando colocam-se, em termos jurídicos, as diversas classes de infrações tributárias e circunstâncias fácticas distintivas que atendam às especificidades das hipóteses sujeitas à aplicação de penalidades.

Este item propõe a fornecer diretrizes na aplicação e graduação das sanções pecuniárias impostas em razão do descumprimento de deveres instrumentais, *i.e.*, aqueles deveres impostos ao sujeito passivo que não figuram como a obrigação tributária principal.

Assim faremos com o intento de delimitar algumas circunstâncias fácticas afetas à prática das infrações formais, sem a pretensão de exaurir eventuais particularidades a serem consideradas pelo intérprete no exame do caso concreto.

O jurista Hugo de Brito Machado entende que, independentemente da situação fáctica verificada, todo e qualquer descumprimento de dever instrumental enseja a aplicação de multas com valores fixos:

> As penas pecuniárias, ou multas, podem ser divididas em dois grupos, a saber, as proporcionais ao valor da operação tributável,

---

400. AMARO, Luciano. Op. cit.

ou do imposto sonegado, e as fixas. Estas últimas geralmente estabelecidas em número de Unidades Fiscais, prática que se implantou em face da infração monetária em elevados índices.

As multas proporcionais são cabíveis nos casos em que tenha havido inadimplemento de obrigação principal, vale dizer, falta ou insuficiência do pagamento do imposto. As fixas são cabíveis nos casos de inadimplemento de obrigações tributárias acessórias. Na determinação da multa aplicável, em cada caso, portanto, é de grande importância saber se a infração consubstancia inadimplemento de obrigação tributária principal, ou apenas de obrigação tributária acessória.[401]

A nosso ver, as sanções pecuniárias formais podem refletir tanto valores fixos quanto proporcionais ao valor do tributo, razão pela qual não compartilhamos do entendimento do autor de que qualquer sanção decorrente de descumprimento de deveres instrumentais seja quantificada em quantias fixas.

Analisemos algumas situações fácticas, a fim de melhor demonstrar nossas assertivas.

1. Mero descumprimento do dever instrumental, cuja infração não impede o conhecimento do fato gerador e a respectiva dimensão econômica

Nos casos de isenção e imunidade em que não há incidência do tributo e, via de consequência, eventual descumprimento de meros deveres instrumentais não prejudicará o Erário, a ilicitude cometida deve ser sancionada mediante a aplicação de multas com valores fixos, pré-determinados.

Assim também deve ser quando, não obstante o contribuinte absteve-se de realizar as formalidades, sua ausência não está relacionada à dificuldade enfrentada pelo Fisco de fiscalizar o evento tributário e seu aspecto dimensível.

São exemplos de infrações formais, cuja prática não prejudicaria, em princípio, o Fisco de aferir a correta dimensão

---

401. MACHADO, Hugo de Brito. *Aspectos fundamentais do ICMS*. São Paulo: Dialética, 1997, p. 225.

econômica do evento tributário, podendo-lhes ser imputadas sanções fixas: infrações relativas à atualização da inscrição cadastral do contribuinte,[402] descumprimento, pelo fabricante, de exigências de rotulagem de produtos de origem brasileira,[403] permanência de livro fiscal ou contábil fora do estabelecimento ou em local não autorizado;[404] confecção de livro fiscal ou de impressos sem prévia autorização do Fisco, nos casos em que seja exigida tal providência[405] etc.

Uma multa sobre o valor do tributo devido em decorrência da mera falta da providência formal que não impediu o Fisco de tomar conhecimento de fatos geradores e de quantificar o tributo, desprovida, portanto, de qualquer relação com eventual prejuízo arcado pelo Erário, não merece prosperar, mas somente naqueles casos em que o não pagamento do tributo ou de sua insuficiência possam estar relacionados com a ausência das formalidades.

2. *Descumprimento de dever instrumental, cuja prática colabora para o Fisco conhecer o fato gerador e seu aspecto dimensível*

Nestas situações, é possível a dimensão da multa tributária em proporção ao valor do tributo.

---

402. O regulamento do ISS do Município de São Paulo (Decreto nº 50.896/2009), no art. 147, incisos I e II; bem como o art. 527, inciso VI, alínea *a*, do RICMS/SP estabelecem multas fixas para infrações relativas ao cadastro do sujeito passivo.

403. *Vide* art. 549 do Regulamento do IPI (Decreto nº 7.212/2010).

404. Confira art. 527, inciso V, alínea *p*, do RICMS/SP (Decreto nº 45.490/2000): "V - infrações relativas a livros fiscais, contábeis e registros magnéticos: p) permanência de livro fiscal ou contábil fora do estabelecimento ou em local não autorizado – multa equivalente ao valor de 15 (quinze) UFESPs por livro".

405. Confira art. 527, inciso XI, alínea b, do RICMS/SP (Decreto nº 45.490/2000): "(...) XI – outras infrações: (...) b) confecção de livro fiscal ou de impressos sem prévia autorização do Fisco, nos casos em que seja exigida tal providência – multa no valor de 150 (cento e cinquenta) UFESP's, aplicável ao impressor. (...)" (SÃO PAULO (ESTADO). Aprova o Regulamento do Imposto sobre Operações Relativas à Circulação de Mercadorias e sobre Prestações de Serviços de Transporte Interestadual e Intermunicipal e Comunicação – RICMS. Disponível em: < http://www.al.sp.gov.br/repositorio/legislacao/decreto/2000/decreto-45490-30.11.2000.html>. Acesso em: 29 mar. 2015).

Isso porque uma mera omissão ou um ato que contraria, de forma efetiva, os interesses arrecadatórios da Fazenda, pode, sim, ser sancionado com uma multa graduada em função do valor devido a título de tributo.

Salienta-se que a aplicação de multa proporcional ao valor do tributo não se confunde com a punição pela infração à RMIT; pelo contrário, visa a punir infração formal, cujo patamar da gravidade é *intensificado*, pois, além do descumprimento do dever instrumental, a conduta ilícita formal pode provocar, ainda que de forma mediata, *lesão à atividade de fiscalização e arrecadação tributárias*.

Com efeito, o castigo deve ser computado em proporção às dificuldades enfrentadas pelo Fisco para fiscalizar os fatos e arrecadar o tributo diante da ausência do dever instrumental.

Nessas hipóteses, a autoridade administrativa deverá comprovar a relação de causalidade, ainda que indireta, entre o fato infringente formal e a eventual lesão a ser suportada pelo Fisco, vale dizer, a falta ou a erronia das informações prestadas pelo sujeito passivo à Administração Fazendária devem estar, intimamente, relacionadas com os embaraços e os obstáculos ao ato fiscalizatório e, por conseguinte, com o não pagamento do tributo ou a sua insuficiência, em detrimento da arrecadação.

Frise-se que o descumprimento de determinadas obrigações acessórias desprovê o Fisco de meios necessários para fiscalizar, o que poderia abrir porta para outras infrações.

Semelhante é entendimento do aclamado tributarista Geraldo Ataliba:

> Mediante o descumprimento de um dever formal, se obsta a tarefa do Estado de controlar devidamente o cumprimento das obrigações tributárias substanciais, também há o conteúdo patrimonial, ainda que seja indiretamente. Por quê? Porque a falta de controle diminuirá a arrecadação e, definitivamente, o

descumprimento desse dever formal também prejudicará, economicamente, o Estado.[406]

Ao propósito do tema, Robson Maia Lins acusa uma "intersecção entre sanção por descumprimento de dever instrumental e sanção por inadimplemento no pagamento do tributo", conferindo à legislação tributária tratamento sancionatório distinto entre a infração formal que não teve qualquer consequência em relação ao objeto da RMIT – pagar o tributo – e a infração cujos efeitos impliquem redução ou não pagamento de tributo:

> O fato jurídico moratório em relação a normas que prescrevem deveres instrumentais pode ou não implicar redução de tributo. E este critério 'redução de tributo' e 'não redução de tributo' é tomado fato juridicamente relevante para a constituição da relação jurídica moratória denominada 'multa isolada', modificando a alíquota incidente sobre a base de cálculo.
>
> (...) há uma divisão vidente entre as classes das possibilidades de descumprimentos das obrigações acessórias: (i) descumprimento de obrigações acessórias de que decorra repercussão na órbita do tributo e (ii) descumprimento de obrigações acessórias de que não decorra repercussão na orbita do tributo.[407]

Diante dessa constatação, o autor afirma que somente nas hipóteses em que o descumprimento de dever instrumental repercute no adimplemento tributário "é que o critério quantitativo da multa aplicada pode usar como base de cálculo o valor do tributo devido e inadimplido."[408]

Temos como hipóteses de infrações formais que prejudicam a arrecadação, ainda que indiretamente, na medida em que são imprescindíveis para a Administração Fazendária

---

406. ATALIBA, Geraldo. Elementos de direito tributário: notas taquigráficas.
_____. (Coord.). III Curso de Especialização em Direito Tributário – Notas taquigráficas das aulas e debates. São Paulo, Pontifícia Universidade Católica de São Paulo. São Paulo: Revista dos Tribunais, 1978, p. 283.

407. LINS, Robson Maia. Op. cit., p. 219 e 254.

408. Idem, p. 221.

tomar conhecimento dos eventos tributários e de sua dimensão econômica: a não antecipação de valores tributários; a declaração errônea e insuficiente dos fatos e valores; falta de emissão de documento fiscal para acompanhar a mercadoria; a não apresentação de livros fiscais destinados, especificamente, à escrituração da atividade exercida e à discriminação dos valores dos serviços/operações realizadas e dos tributos devidos etc.

Quer-se aqui firmar, exemplificando, que a infração formal pela falta da entrega da declaração ou da emissão de notas e de guias, por serem estas imprescindíveis na aferição dos fatos e dos valores pelo Fisco, pode ser sancionada, em nível geral e abstrato, por uma multa calculada com base no valor do tributo devido.

Contudo, se ausente o efetivo prejuízo ao Erário, nada impede que o aplicador dimensione o *quantum* punitivo dadas as peculiaridades do caso concreto, reduzindo a multa aplicada.

No Regulamento do ISS do Município de São Paulo (Decreto nº 50.896/2009), vislumbra, no art. 147, inciso X e alíneas *a, b* e *c*, a graduação de sanções formais aplicadas em decorrência de "infrações relativas às declarações que devam conter os dados referentes aos serviços prestados ou tomados de terceiros, ou valor do imposto", a saber: (i) na alínea *a*, nos casos em que não houver sido recolhido integralmente o imposto correspondente ao período da declaração, aplica-se multa de 50% (cinquenta por cento) do valor do imposto devido, referente aos serviços não declarados ou declarados com dados inexatos ou incompletos; (ii) na alínea *b*, nos casos em que houver sido recolhido integralmente o imposto correspondente ao período da declaração, aplica-se multa de 20% (vinte por cento) na mesma forma da alínea anterior e, por fim, (iii) na alínea *c*, nos casos em que não houver imposto a ser recolhido (por exemplo: imunidade e isenção) no período da declaração, aplica-se multa fixa equivalente a R$ 67,07 (sessenta e sete reais e sete centavos) por declaração, uma vez que inexistente a obrigação tributária, não é possível aplicar a multa proporcional ao valor da exação tributária.

Observamos neste dispositivo o tratamento justo, isonômico e proporcional, no plano geral e abstrato, conferido pelo legislador municipal à disciplina das sanções tributárias, pois preocupou-se em distinguir suportes fácticos de ilicitudes e em graduar as sanções a ela cominadas, ajustadas à gravidade de cada infração.

Como pode-se perceber, se apenas fosse admitida a imposição de multas formais fixas, sem correlação com o valor do tributo não pago, o respeito ao princípio da proporcionalidade restaria mitigado.

Essa possibilidade repugna ao senso jurídico na medida em que um sujeito passivo, que deixe de cumprir um dever instrumental sem implicar substanciosos embaraços à fiscalização e falta de pagamento do tributo, sofrerá a mesma penalidade a que sujeitou-se outro contribuinte, cuja omissão no dever causou dano efetivo aos interesses fazendários.

Aceitar tal realidade é também negar os ditames principiológicos da igualdade e da justiça.

Além do mais, fixando-se apenas valores sancionatórios fixos, o respeito à máxima "quanto maior for a lesão arcada pela Fazenda Pública em decorrência do descumprimento da formalidade, mais grave será a infração" realizar-se-á com extrema dificuldade.

Quais seriam os limites mínimos e máximos previamente fixados?

Exemplificando: um contribuinte "A" deixa de cumprir o dever instrumental de entregar a declaração, obstaculizando a atividade da fiscalização e prejudicando o Erário em torno de R$ 1.000.000,00 (hum milhão de reais), enquanto que o contribuinte "B", infrator da mesma conduta formal, traz dificuldades ao procedimento fiscal e acarreta prejuízo em torno de R$ 5.000.000,00 (cinco milhões de reais).

A despeito do grau de gravidade de cada infração, a multa pecuniária aplicada, se fixa, será a mesma caso atingido o limite máximo estabelecido na lei.

Há, na hipótese, observância à proporcionalidade, à igualdade e à justiça?

Com certeza não, pois a sujeição ao mesmo sacrifício sancionatório diante de condutas delitivas com consequências gravosas díspares é negar a isonomia garantida na Carta Republicana.

Assim, retemos na memória a seguinte conclusão: o cálculo da multa formal, tomando como ponto de partida o valor devido a título de tributo, vai ao encontro do tratamento isonômico e proporcional, especialmente naquelas hipóteses em que eventual prejuízo a ser arcado pelo Erário é reflexo dos embaraços e obstáculos causados ao ato fiscalizatório, em função do dever instrumental descumprido pelo sujeito passivo.

3. Descumprimento de dever instrumental, comprovada a intenção dolosa de prejudicar o Fisco

Da mesma maneira, a ausência de informação ou esta prestada de forma incorreta pelo sujeito passivo, sem intenção dolosa de recolher menos tributo, não pode ser punida com a mesma intensidade em relação ao descumprimento de deveres instrumentais por aquele que o fez de má-fé, também em respeito aos cânones constitucionais da igualdade e da proporcionalidade.

No próprio art. 562 do Regulamento do ICMS paulista, aprovado pelo Decreto Estadual nº 45.490/2000,[409] está prevista a possibilidade de redução ou relevação da multa quando a infração é praticada sem dolo, fraude ou simulação e não implique falta de pagamento de imposto.

---

409. "Art. 562. A multa aplicada nos termos do artigo 527 poderá ser reduzida ou relevada por órgão julgador administrativo, desde que a infração tenha sido praticada sem dolo, fraude ou simulação, e não implique falta de pagamento do imposto".

Com base nesse dispositivo, há vários julgados administrativos[410] que reduzem as multas pelo descumprimento do dever instrumental quando a conduta ilícita não foi praticada pelo sujeito passivo dolosamente.

Acompanhando o mesmo entendimento, o Superior Tribunal de Justiça confirma a possibilidade de relevar a multa quando ausente o elemento volitivo doloso.[411]

Se a não materialização de infração subjetiva serve como critério para graduar a sanção pecuniária em favor do contribuinte infrator, da mesma forma, a fixação da multa há de ser elevada diante de ilícitos dolosos que repercutem contra os interesses da arrecadação.[412]

---

410. "ICMS. DEVER INSTRUMENTAL. FALTA DE COMUNICAÇÂO DE MUDANÇA DE SEDE DE ESTABELECIMENTO. I – A mudança de sede do estabelecimento comercial deve ser comunicada à Administração no prazo estabelecido pelo ICMS. Trata-se de dever instrumental cujo descumprimento importa na aplicação de multa. II – Infração cuja ocorrência não importou lesão aos cofres públicos, nem se mostrou maculada de fraude, nem de simulação, nem de dolo. Contribuinte a respeito de cujo passado fiscal nada se disse. Aplicação do art. 92 da Lei 6.374/89. III – Recurso provido a fim de reduzir o valor da multa." (BRASIL. *DRTC-I-497509/00*. Relator: Antônio Augusto Silva Pereira de Carvalho. Órgão Julgador: 7ª Câmara Efetiva. Publicação: DJ 06 jul. 06).
Confiram-se outros julgamos: DRTC-III n° 6314/95; DRT-6-362131/2007 e DRT-VI268809/2004.

411. "(...) A par da legislação sancionadora (art. 44, I, da Lei 9.430/96 e art. 526, II, do Decreto 91.030/85), a própria receita preconiza a dispensa da multa, quando não tenha havido intenção de lesar o Fisco, estando a mercadoria corretamente descrita, com o só equívoco de sua classificação (Atos Declaratórios Normativos Cosit n°s 10 e 12 de 1997). 3. Recurso especial improvido." (BRASIL. Superior Tribunal de Justiça. *Recurso Especial n° 660682/PE*. Relatora: Ministra Eliana Calmon. Julgamento: 21 mar. 2006. Órgão Julgador: Segunda Turma. Publicação: DJ 10 maio 2006, p. 174).

412. Nesse sentido, já se manifestou o Tribunal Regional Federal da 4ª Região: "(...) o percentual de 150% a título de multa, nos casos de sonegação, fraude ou conluio é razoável, justamente porque se dirige a reprimir condutas evidentemente contrárias não apenas aos interesses fiscais, mas aos interesses de toda a sociedade. 6. Argüição de inconstitucionalidade do inciso II do art. 44 da Lei n° 9.430/96, na redação original, rejeitada" (BRASIL. Tribunal Regional Federal 4ª Região. *Arguição de Inconstitucionalidade n° 2005.72.06.001070-1*. Relator: Joel Ilan Pciornik. Julgamento: 27 ago. 2009. Órgão Julgador: Corte Especial. Publicação: D.E. 14 set. 2009).

Nestas hipóteses, em que resta comprovada a intenção dolosa, as sanções pecuniárias podem atingir nível de confisco, em prol da supremacia do interesse público sobre o particular, conforme já esclarecemos quando do estudo das multas confiscatórias.

Não se trata de um simples descumprimento de um dever, mas conjugado com a vontade do sujeito passivo de burlar o Fisco e, em última instância, contrariar o interesse público.

O autor do ilícito assume o resultado provocado, pois contribuiu, conscientemente, para que ele seja efetivado.

Por fim, mister salientar que as considerações aqui explanadas não têm a intenção de estabelecer suportes fácticos exaustivos para a dimensão econômica da relação formal-sancionatória; pelo contrário, buscou-se, unicamente, fornecer diretrizes e subsídios fáctico-jurídicas que, quando criteriosamente utilizados, revelam-se extremamente úteis na aplicação das sanções pecuniárias pelo descumprimento de deveres instrumentais, à luz da proporcionalidade, da isonomia e da justiça no Direito Tributário sancionador.

5.5.8. Casos concretos na imposição de multas no Direito Tributário

Tendo em conta as considerações feitas até o momento sobre as multas no Direito Tributário e com o escopo de aproximarmos, ainda mais, a teoria da prática, impende neste momento analisar, com base nas premissas firmadas, situações que têm gerado maiores debates na seara fiscal.

5.5.8.1. As multas isoladas decorrentes de compensação não homologada e ressarcimento indevido

A celeuma que envolve a compensação e a restituição no Direito Tributário concerne, dentre outras controvérsias, à imposição de multa isolada em decorrência de compensações não homologadas e de ressarcimentos indevidos.

Antes de refletirmos sobre esse assunto específico, façamos uma síntese da evolução legislativa disciplinadora das sanções pecuniárias aplicadas nessa conjuntura.

A Lei nº 10.833/2003 estabelece, no art. 18, a cominação de multa isolada sobre o valor do débito indevidamente compensado na seguinte conformidade: (i) 150% em razão de não homologação quando comprovada falsidade da declaração apresentada pelo sujeito passivo (art. 18, *caput* e § 2º); (ii) 75% quando a compensação for considerada não declarada,[413] duplicado este percentual, elevando-o para 150%, nas hipóteses em que comprovada conduta dolosa caracterizada como sonegação, fraude ou conluio (art. 18, § 4º).

Com o advento da Lei nº 12.249/2010, foram instituídas as multas isoladas (i) de 50% sobre o valor do crédito objeto de pedido de ressarcimento indeferido ou indevido; (ii) de 100% na hipótese de ressarcimento obtido com falsidade no pedido do sujeito passivo e (iii) de 50% sobre o valor do crédito objeto de declaração de compensação não homologada, nos termos do art. 74, §§15, 16 e 17, da Lei nº 9.430/96, respectivamente.

Por meio da Medida Provisória nº 656, de 07 de outubro de 2014 (art. 56, I), o Governo Federal havia revogado os §§ 15 e 16 do art. 74 da Lei nº 9.430/96, relativos às multas por ressarcimento indevido. Porém, ao ser convertida na Lei nº 13.097, de 19 de janeiro de 2015 (art. 169, I), foi vetada sua revogação.

---

[413]. § 12. Será considerada não declarada a compensação nas hipóteses: I - previstas no § 3º deste artigo; II - em que o crédito: a) seja de terceiros; b) refira-se a "crédito-prêmio" instituído pelo art. 1º do Decreto-Lei nº 491, de 5 de março de 1969; c) refira-se a título público; d) seja decorrente de decisão judicial não transitada em julgado; ou e) não se refira a tributos e contribuições administrados pela Secretaria da Receita Federal - SRF. f) tiver como fundamento a alegação de inconstitucionalidade de lei, exceto nos casos em que a lei: 1 – tenha sido declarada inconstitucional pelo Supremo Tribunal Federal em ação direta de inconstitucionalidade ou em ação declaratória de constitucionalidade; 2 – tenha tido sua execução suspensa pelo Senado Federal; 3 – tenha sido julgada inconstitucional em sentença judicial transitada em julgado a favor do contribuinte; ou 4 – seja objeto de súmula vinculante aprovada pelo Supremo Tribunal Federal nos termos do art. 103-A da Constituição Federal.

Já, no tocante à multa de 50% por declaração de compensação não homologada, enunciada no § 17 do art. 74, a MP nº 656/2014, convertida na Lei nº 13.097/2015, manteve o seu percentual de 50%, alterando apenas sua base de cálculo, que passou a ser o valor do débito e não mais o valor do crédito.

Finalmente, com a edição da MP nº 668, de 30 de janeiro de 2015 (art. 4º), restaram revogadas as multas pelo ressarcimento indevido previstas nos §§ 15 e 16 citados.

O quadro abaixo sintetiza as sanções pecuniárias aplicadas na compensação e no ressarcimento, em conformidade com a disciplina legal acima traçada:

Hipótese normativa	Alíquota	Base de cálculo da multa isolada	Legislação
Compensação não homologada quando verificada falsidade na declaração	150%	"Valor do débito indevidamente compensado"	Art. 18, caput e §2º, da Lei nº 10.833/2003 combinado com os arts. 44, I, e art. 74, parte final, da Lei nº 9.430/96
Compensação não declarada	75%	"Valor do débito indevidamente compensado"	Art. 18, §4º, da Lei nº 10.833/2003, combinado com o art. 44, I, da Lei nº 9.430/96
Compensação não declarada quando verificada falsidade na declaração	150%	"Valor do débito indevidamente compensado"	Art. 18, §4º, da Lei nº 10.833/2003 combinado com o art. 44, I, §1º, da Lei nº 9.430/96

Compensação não homologada	50%	"Valor do débito objeto de declaração de compensação não homologada"	Art. 74, §17, da Lei nº 9.430/96, com a redação dada pela Lei nº 13.097/2015
Ressarcimento indeferido ou indevido	50%	"Valor do crédito objeto de pedido de ressarcimento"	Art. 74, §15, da Lei nº 9.430/96, revogado pela MP nº 688/2015
Ressarcimento indeferido ou indevido quando verificada falsidade no pedido	100%	"Valor do crédito objeto de pedido de ressarcimento"	Art. 74, §16, da Lei nº 9.430/96, revogado pela MP nº 688/2015.

Inicialmente, já adiantamos que, encontrando-se revogadas as multas pelo ressarcimento indeferido/indevido, há de ser aplicado o art. 106, inciso II, alíneas *a* e *b*, do CTN, uma vez que o fato deixou de ser tipificado como infração na legislação tributária, atraindo, assim, a retroatividade benéfica (vide item 4.6.2.1).

Contudo, remanesce objeto de nossos estudos a inovação legislativa trazida pela Lei nº 12.249/2010, com a redação dada pela Lei nº 13.097/2015, relativamente à aplicação de multa isolada à alíquota de 50% nas hipóteses de compensação não homologada.

A multa de 50% imposta pela não homologação da declaração de compensação viola direitos e garantias do contribuinte, porquanto representa, em última análise, penalidade exigida em razão do exercício de um direito do sujeito passivo e não em função de uma ilicitude.

Com efeito, ao contribuinte é assegurado, por meio da entrega de Declaração de Compensação (PER-DCOMP), o direito de compensar créditos na esfera administrativo-federal, nos moldes do art. 170 do CTN e no art. 74, *caput*, da Lei nº 9.430/96, alicerçado no direito constitucional de petição (art.

5º, inciso XXXIV, da CF).

Todavia, a simples ameaça da imposição de uma multa isolada de 50% obstaculiza o exercício desse direito na medida em que o contribuinte, receoso de sofrer tais penalidades abusivas, não buscará compensar seus débitos com créditos tributários.

Corroborando nosso entendimento, leciona Hugo de Brito Machado:

> O pedido dirigido pelo contribuinte à Fazenda Pública não pode, portanto, ser qualificado como ilícito. Muito pelo contrário, o pedido feito pelo contribuinte é, na verdade, o exercício de um direito fundamental constitucionalmente assegurado. (...) Se o contribuinte tem um crédito junto à Fazenda, tem um direito e em defesa deste é que formula seu pedido. Da mesma forma, se em vez de pedir o ressarcimento o contribuinte utiliza seu crédito para compensar com débito junto à Fazenda, também está exercitando um direito e não pode ser punido por isto.[414]

A hipótese criada pela Lei nº 12.249/2010, ensejadora da multa isolada de 50%, é demasiadamente genérica, abrangendo qualquer pedido de compensação que seja simplesmente negado em decorrência de interpretações dissonantes.

O contribuinte, ao entregar a PER-DCOMP pratica um ato jurídico que lhe é de direito e, caso o Fisco, contrapondo créditos líquidos e certos com débitos vencidos ou vincendos, entenda pela ausência do encontro de contas na forma pretendida pelo sujeito passivo, a decisão pela não homologação não significa que houve um descumprimento de um dever, vale dizer, uma infração tributária, o que seria verificada nos casos de compensação não declarada ou nas hipóteses de compensação não homologada quando comprovada a falsidade do pedido.

---

414. MACHADO, Hugo de Brito. O ilícito como pressuposto essencial da penalidade e as multas por requerimento indeferido ou compensação não homologada. *Revista Dialética de Direito Tributário* – RDDT, São Paulo, Dialética, n. 193, out. 2011, p. 71-72.

A lei federal veda expressamente a compensação quando comprovada a intenção dolosa do contribuinte de levar o Fisco ao erro, mediante declarações falsas, e, ainda, nas hipóteses de compensação não declarada (por exemplo: crédito de terceiros, crédito-prêmio, valores não tributários, crédito reconhecido em decisão ainda não transitada em julgado, saldo a restituir apurado em DIRPF, débitos devidos no registro da DI, débitos encaminhados para a inscrição na DAU, débito parcelado, débito objeto de compensação não homologada e valor objeto de restituição indeferida). Aqui, o contribuinte age contrário à lei, pleiteando compensações de débitos/créditos expressamente vedadas pelo legislador.

Situação diversa ocorre quando a compensação não é homologada, fruto de interpretações divergentes sobre a norma tributária realizadas pelo Fisco e pelo contribuinte,[415] da existência de erros formais ou da falta de provas que demonstrem o direito creditório.[416]

É preciso ter em mente que o art. 170 do CTN combinado com o art. 74 da Lei nº 9.430/96 confere ao sujeito passivo o direito de compensar, estabelecendo para tanto um procedimento específico, que é a PER-DCOMP.

O contribuinte efetua o pedido administrativo justamente para que a Administração Fazendária dê a autorização, sem

---

415. Acerca da atribuição de sentidos aos textos jurídicos, afirma Paulo de Barros Carvalho: "A interpretação é difícil, porque depende da atribuição de sentido que nós damos, que não está no texto, pois o texto é o mesmo para todos nós e, no entanto, nossas opiniões, muitas vezes, são bem diferentes" (CARVALHO, Paulo de Barros. O papel discursivo dos princípios na retórica jurídico-tributária... cit.).

416. "Imposto sobre a Renda de Pessoa Jurídica. IRPJ. RESTITUIÇÃO. INDEFERIMENTO. Indefere-se a restituição ao crédito de IRRF, quando a contribuinte não logra comprovar o oferecimento total das receitas financeiras correspondentes. COMPENSAÇÃO NÃO HOMOLOGADA. Não se homologa as compensações declaradas quando não há comprovação do direito ao crédito de IRRF. Ano-calendário: 01/01/2001 a 31/12/2001". (BRASIL. Secretaria da Receita Federal do Brasil. *Delegacia da Receita Federal de Julgamento em São Paulo I*. Julgamento: 16-15795 11 dez. 2007. Órgão Julgador: 5ª Turma. Publicação: DOU 11 dez. 2007).

a qual a compensação não se efetivará.

Se desautorizada, vale dizer, não homologada a compensação em função de motivos que não aqueles vedados pela lei, o contribuinte deverá arcar com o pagamento do crédito tributário.

A ausência de compensação ilícita é confirmada pelo próprio legislador quando estatui como hipótese de compensação não declarada a compensação de débito já objeto de compensação não homologada.

Não é por outra razão que referida multa é questionada no Supremo Tribunal Federal, na Ação Direta de Inconstitucionalidade nº 4.905.

A Confederação Nacional de Indústria (CNI), autora da demanda, sustenta que a aplicação da multa, calculada à razão de 50% do débito objeto de declaração não homologada, viola:

> a) o direito de petição aos poderes públicos, na medida em que impõe barreira relevante aos pedidos de compensação (art. 5º, XXXIV, da CF); b) o direito ao contraditório e à ampla defesa (art. 5º, LV, da CF); c) a vedação do uso de tributo com efeito confiscatório (art. 150, IV, da CF); d) os princípios da razoabilidade e da proporcionalidade e) a proibição do estabelecimento de sanções políticas.[417]

Deveras, a multa isolada, assim prevista, ameaça contribuintes por exercerem regularmente seu direito constitucional e legal de pedir. Admitir tal disparate é também aceitar a aplicação de penalidades para todos os casos em que a tutela jurisdicional pleiteada, mediante o exercício do direito de ação, é julgada improcedente, inclusive, quando o próprio sujeito ativo decide executar uma dívida tributária não reconhecida pelo Poder Judiciário.

Enfim, admitir a multa isolada estatuída na Lei nº 12.249/2010 é legitimar a imposição de sanções materiais pelo simples fato de

---

417. BRASIL. Supremo Tribunal Federal. *ADI/MC nº 4905*. Relator: Ministro Joaquim Barbosa. Julgamento: 31 jan. 2013. Orgão Julgador: Presidente do STF. Publicado: DJE 05 fev. 2013.

determinado sujeito exercer seus direitos.

Diante do mero indeferimento do pedido de compensação, sem restar, portanto, comprovadas a má-fé do contribuinte ou qualquer das situações previstas para a homologação não declarada, não se confirma o suposto fáctico para a incidência da RMIMO, vale dizer, não se materializa o inadimplemento da obrigação tributária, nem o desatendimento a deveres instrumentais, tampouco a prática de infrações subjetivas.

Em eventual pedido de compensação simplesmente não homologado, vislumbramos, ao máximo, a ocorrência da hipótese de incidência da RMIMM (adimplemento em atraso), de tal sorte que será exigido do sujeito passivo o crédito indevidamente compensado juntamente com a multa de mora prevista no art. 61 da Lei nº 9.430/96, acrescido também dos juros e correção monetária.

Pelo exposto, queremos deixar assentada a inconstitucionalidade e ilegalidade perpetradas pela Lei nº 12.249/2010 com a redação dada pela Lei nº 13.097/15, pois, ao instituir multa isolada aplicada *ex officio*, em virtude da não homologação de compensação de tributos, não pretendeu sancionar o descumprimento de um dever descrito no antecedente da RMIMO; pelo contrário, visa a punir o exercício de um direito que a lei tributária outorga ao contribuinte, tendo em vista o mero entendimento da Fazenda pelo não reconhecimento do direito creditório ou de sua insuficiência.

5.5.8.2. A aplicação concomitante da multa isolada por falta de recolhimento das estimativas mensais com a multa de ofício, exigida pela ausência de pagamento do IRPJ e da CSLL apurados no final do ano-calendário

Quando desdobramos algumas situações de multa isolada previstas pela legislação tributária, citamos a estatuída no art. 44, inciso II, alínea 'b', da Lei nº 9.430/96, *in verbis*:

Art. 44. Nos casos de lançamento de ofício, serão aplicadas as seguintes multas:

(...)

II – de 50% (cinquenta por cento), exigida isoladamente, sobre o valor do pagamento mensal:

(...)

b) na forma do art. 2º desta Lei, que deixar de ser efetuado, ainda que tenha sido apurado prejuízo fiscal ou base de cálculo negativa para a contribuição social sobre o lucro líquido, no ano-calendário correspondente, no caso de pessoa jurídica.

O art. 2º, por sua vez, determina que a pessoa jurídica, sujeita à tributação pelo lucro real e optante pelo recolhimento da estimativa mensal, tem o dever de antecipar o tributo, calculando-o sobre base de cálculo estimada, mediante a aplicação do percentual previsto em lei sobre a receita bruta auferida mensalmente.[418]

Como vê-se, o recolhimento antecipado de IRPJ e de CSLL, adotando-se bases de cálculo estimadas, consubstancia uma opção do contribuinte. Porém, optado por realizá-lo, a antecipação traduz-se num dever, sob pena de sujeitar-se à sanção prescrita em lei.

O preceito legal em comento provoca intensos debates na seara tributária, especialmente no que tange à cumulação desta multa isolada com a multa de ofício, prevista no art. 44, inciso I,[419] aplicada pela falta de recolhimento do tributo apurado ao final do exercício.

Primeiramente, é imprescindível distinguir referidas normas primárias sancionatórias:

---

418. Idem.

419. "Art. 44. Nos casos de lançamento de ofício, serão aplicadas as seguintes multas: I – de 75% (setenta e cinco por cento) sobre a totalidade ou diferença de imposto ou contribuição nos casos de falta de pagamento ou recolhimento, de falta de declaração e nos de declaração inexata. (...)".

- *Norma primária da multa isolada*: (i) antecedente – o descumprimento do dever instrumental de antecipar valores sob o regime de estimativa; (ii) consequente – pagamento da multa isolada à alíquota de 50% incidente sobre o valor mensal que deixou de ser antecipado.

- *Norma primária da multa de ofício*: (i) antecedente – o descumprimento da RMIT do IRPJ ou da CSLL; (ii) – pagamento da multa de ofício à alíquota de 75% incidente sobre o tributo apurado no final do exercício.

Percebe-se que as aludidas normas sancionatórias possuem pressupostos fácticos distintos: em uma, tem-se um dever formal descumprido consistente na antecipação de valores no decorrer do ano-calendário, enquanto, em outra, uma infração à obrigação tributária principal, cujo evento ocorre em 31 de dezembro de cada ano.

As bases de cálculo também são distintas, mensurando as respectivas materialidades descritas no suposto normativo: a multa isolada é calculada sobre o valor não antecipado no mês e a multa de ofício, sobre o tributo apurado no final do exercício.

De forma distinta, entende Paulo de Barros Carvalho que, partindo da premissa de que tratam-se de deveres indissociáveis, ambos decorrentes do inadimplemento do tributo, *i.e.*, do descumprimento da obrigação tributária principal, conclui que,

> (i) se for identificada a falta de recolhimento do IRPJ por estimativa antes do encerramento do período de apuração anual, cabe a exigência de multa isolada, incidente sobre os valores que deixaram de ser recolhidos; (ii) se a não-antecipação do IRPJ e da CSLL por estimativa for verificada depois de encerrado o período de apuração anual, têm-se por exigíveis o imposto e a contribuição suplementares, acompanhados de multa de ofício, não havendo mais que falar da aplicação de multa isolada.[420]

---

420. CARVALHO, Paulo de Barros. Tema IX... cit., p. 320.

Segundo o entendimento do ilustre Professor, só há que falar em aplicação da multa isolada havendo autuação pela Receita Federal do Brasil (RFB) antes de encerrado o exercício fiscal, sendo que, em eventual fiscalização após finalizado o ano-calendário,

> ou seja, depois da data prevista para a entrega da declaração de ajuste do IRPJ e da CSLL, aplica-se a multa de ofício, tendo por base de cálculo o valor do tributo devido ao final do respectivo exercício financeiro.[421]

Com a devida vênia discordamos de que a multa de ofício e multa isolada decorram da mesma situação fáctica: descumprimento da obrigação tributária principal.

A antecipação de valores sobre bases estimadas não se confunde com a obrigação tributária principal. Se assim fosse, o pagamento antecipado teria o condão de extinguir o crédito tributário, nos termos do art. 156, inciso I, do CTN,[422] bem como a aplicação da multa não seria de forma isolada, pois, nas hipóteses de infrações à RMIT, a multa é exigida juntamente com o tributo.

A antecipação por estimativa funciona como um dever instrumental de declarar e antecipar valores, facilitando a fiscalização, de tal sorte que, ao final do exercício, cumprido este dever instrumental, ainda subsiste o dever de realizar a declaração de ajuste anual, a fim de dimensionar a efetiva relação tributária, sendo que, constatado eventual saldo remanescente, a obrigação tributária principal deverá ser adimplida.

Somente o cálculo da renda e do lucro líquido no final do exercício, após a ocorrência do evento tributário (31 de dezembro) e, ato contínuo, o pagamento dos tributos sobre eles incidentes ou a inexistência de saldo devedor têm o condão de extinguir a relação jurídico-tributária. A mera antecipação

---

421. Idem, p. 321.
422. "Art. 156. Extinguem o crédito tributário: I – o pagamento; (...)"

de valores surte apenas efeitos extintivos sobre a vínculo jurídico-instrumental.[423]

Robson Maia Lins, embora reconheça uma interseção entre os deveres na medida em que a não antecipação pode levar a uma redução de tributo, distingue os ilícitos:

> (...) há perfeita separação entre a sanção aplicada pelo descumprimento do dever instrumental de recolher o tributo antecipadamente e a sanção pelo descumprimento do dever de pagar o tributo final.[424]

A antecipação por estimativa se assemelha ao Imposto de Renda Retido na Fonte (IRRF), caracterizado também como dever instrumental de antecipar valores, valendo aqui mencionar o Parecer Normativo nº 1/2002 da RFB,[425] no qual fizeram-se os seguintes esclarecimentos: (i) se verificada a falta de retenção na fonte antes de encerrado o exercício fiscal, serão exigidos da fonte pagadora o imposto, a multa de ofício e os juros de mora; (ii) se verificada a falta de retenção após o encerramento do ano-calendário, exigem-se da fonte pagadora os juros e a multa isolados e do contribuinte o imposto, multa de ofício e os juros de mora, caso ele não tenha submetido tais rendimentos à tributação.

Na hipótese estudada neste tópico, conquanto imputados a um mesmo sujeito passivo, os deveres de antecipar o tributo e a obrigação de submeter os rendimentos à incidência

---

423. Na mesma linha de pensamento, o ex-conselheiro do CARF José Oleskovicz faz importante ressalva: "O pagamento do tributo definitivo apurado na declaração extingue o crédito tributário, ao contrário do recolhimento da antecipação, que sendo, uma obrigação acessória, não tem esse efeito, por ser esse o recolhimento provisório e precário e estar sujeito ao ajuste na declaração, podendo, inclusive, resultar em restituição, parcial ou integral." (OLESKOVICZ, José. *Decisões administrativas que afastam as multas isoladas por falta de recolhimento de antecipação de tributo e contribuição*. Disponível em: <www.fiscosoft.com.br>. Acesso em: 20 jan. 2012).

424. LINS, Robson Maia. Op. cit., p. 223.

425. Publicado no Diário Oficial da União em 25/09/2002. (RECEITA FEDERAL DO BRASIL. Parecer Normativo nº 1/2002.

do IR e da CSLL ao final do exercício, se descumpridos, deverão seguir o mesmo procedimento sancionatório aplicado pelo IRRF, ou seja, ainda que findo o exercício fiscal, a pessoa jurídica que deixou de antecipar o tributo deverá pagar multa isolada sobre o valor mensal não antecipado. Essa é a previsão legal contida no art. 44, II, *b*, da Lei n° 9.430/96.

Adentrando-se no campo da pragmática jurídica, faz-se indispensável elucidar o entendimento do Conselho Administrativo de Recursos Fiscais (CARF).

O Tribunal Administrativo há tempo entende pela impossibilidade da cumulação da multa de ofício e da multa isolada, amparado nos seguintes subsídios argumentativos: (i) a cumulação configura dupla penalização com a incidência de mesma alíquota sobre uma mesma base de cálculo[426] (esse argumento embasava, principalmente, as decisões proferidas antes de alterada a redação do art. 44,[427] por meio do qual,

---

426. "SALDO NEGATIVO DE 2003. AUSÊNCIA DE RECOLHIMENTO DE PARCELA DE ESTIMATIVA EM JUNHO DE 2003. APLICAÇÃO DO ARTIGO 2° DA LEI N° 9.430/96. (...) MULTA ISOLADA. CONCOMITÂNCIA E ABSORÇÃO PELA MULTA DE OFÍCIO. RECONHECIMENTO. A multa isolada, a despeito de possuir base de cálculo distinta da multa de ofício, foi absorvida por esta, mostrando se ainda concomitante quanto ao mesmo fato levado a cabo para punir o contribuinte. (ACÓRDÃO 1201-00.441, publicado em 21/06/2011).
MULTA ISOLADA. ESTIMATIVA MENSAL. IMPOSSIBILIDADE DE DUPLA INCIDÊNCIA SOBRE O MESMO FATO. A multa isolada prevista no inciso 11(b) do art. 44 da Lei n° 9.430/96 não é aplicável na hipótese de lançamento de oficio de tributo. Se aplicada a multa de oficio ao tributo apurado em lançamento de oficio, a ausência de anterior recolhimento por estimativa mensal do referido imposto não deve ocasionar a aplicação cumulativa da multa isolada, já que esta somente é aplicável de forma isolada, de modo a se evitar a dupla penalidade sobre a mesma base de incidência. (Acórdão n° 9101-00, publicado em 08/07/2010).
Outros julgados no mesmo sentido: Acórdãos n°s 102-46931; 102-46375; 104-21094; 106-13145; e 107-08001.

427. "Art. 44 Nos casos de lançamento de ofício, serão aplicadas as seguintes multas, calculadas sobre a totalidade ou diferença de tributo ou contribuição: I - de setenta e cinco por cento, nos casos de falta de pagamento ou recolhimento, pagamento ou recolhimento após o vencimento do prazo, sem o acréscimo de multa moratória, de falta de declaração e nos de declaração inexata, excetuada a hipótese do inciso seguinte; (...) § 1° As multas de que trata este artigo serão exigidas: (...) IV - isoladamente, no caso de pessoa jurídica sujeita ao pagamento do imposto de renda e da contribuição social sobre o lucro líquido, na forma do art. 2°, que deixar

além da exigência de multa de ofício nos casos de falta de recolhimento anual, à alíquota de 75% sobre a totalidade ou diferença de tributo ou contribuição, determinava-se a incidência da mesma multa, isoladamente, quando não recolhido o valor antecipado por estimativa); (ii) as multas isoladas não podem mais ser reclamadas após encerrado o ano-calendário, pois neste momento apenas são exigíveis o imposto e a contribuição efetivamente apurados na declaração de rendimentos, revelando-se ainda mais improcedente sua aplicação quando verificado prejuízo no ano-calendário, ou seja, quando o descumprimento da obrigação acessória não repercutiu na órbita do tributo[428] e (iii) a multa de ofício prevalece por sancionar a infração-fim, a qual absorve a infração-meio (etapa preparatória), reprimida pela multa isolada.[429]

---

de fazê-lo, ainda que tenha apurado prejuízo fiscal ou base de cálculo negativa para a contribuição social sobre o lucro líquido, no ano-calendário correspondente". (Redação alterada pela Lei nº 11.488/2007)

428. "ESTIMATIVA MENSAL. FALTA DE RECOLHIMENTO. MULTA ISOLADA. A multa isolada constante no art. 44 da Lei n" 9.430/96 tem como objetivo obrigar o sujeito passivo ao recolhimento mensal de antecipações de um possível imposto de renda e contribuição devidos ao final do ano-calendário, de modo que a penalidade somente se justifica quando cobrada durante aquele ano-calendário. Ao final do exercício, desaparece a base imponível daquela penalidade (antecipações), surgindo uma nova base, que corresponde à contribuição efetivamente apurada, cabendo tão-somente a cobrança da multa de oficio, que é devida caso a contribuição não seja paga no seu vencimento e apurada *ex-officio* E se inexiste saldo de contribuição a pagar, sequer a base de cálculo da multa de oficio persistirá. (Acórdão nº 9101-00.634, publicado em 06/07/2010).
Outros julgados no mesmo sentido: Acórdão nº 103-2103, publicado em 08/11/2002 e Acórdão CSRF 01-04.263, publicado em 08/08/2003.

429. A propósito, a divergência sobre a legitimidade do cúmulo de multa isolada com a multa de ofício também é constatada no Poder Judiciário: "(...) MULTA ISOLADA. CUMULAÇÃO COM MULTA DE OFÍCIO. IMPOSSIBILIDADE. CARÁTER CONFISCATÓRIO. (...). Em se tratando de medidas sancionatórias, aplica-se a lógica do princípio penal da consunção, em que a infração mais grave abrange aquela menor que lhe é preparatória ou subjacente. (...) (AC 200770000196330, JOEL ILAN PACIORNIK, TRF4 - PRIMEIRA TURMA, D.E. 26/10/2011).
(...) 6. Não há óbice à cumulação da multa de ofício com a isolada, por serem penalidades distintas. Uma diz respeito ao atraso no pagamento do crédito tributário, enquanto a outra é imposta pelo descumprimento de obrigação formal, apurada no carnê-leão. (...) (AC 200470020020644, MARCOS ROBERTO ARAUJO

AS SANÇÕES NO DIREITO TRIBUTÁRIO

O entendimento pela impossibilidade de aplicar-se concomitantemente referidas multas encontra-se atualmente sumulado no CARF:

> Súmula CARF nº 105: A multa isolada por falta de recolhimento de estimativas, lançada com fundamento no art. 44 § 1º, inciso IV da Lei nº 9.430, de 1996, não pode ser exigida ao mesmo tempo da multa de ofício por falta de pagamento de IRPJ e CSLL apurado no ajuste anual, devendo subsistir a multa de ofício.[430]

Examinando alguns dos julgados paradigmas vertidos no posicionamento sumulado, verifica-se que a não cumulação das multas fundamenta-se no princípio da consunção (ou princípio da absorção), emprestado do Direito Penal, de acordo com o qual o crime-meio é absorvido pelo crime-fim:

> (...) a infração relativa ao não recolhimento da estimativa mensal caracteriza etapa preparatória do ato de reduzir o imposto ao final do ano. Pelo critério da consunção, a primeira conduta é meio de execução da segunda. O bem jurídico mais importante é sem dúvida a efetivação da arrecadação tributária, atendida pelo recolhimento do tributo apurado ao fim do ano-calendário, e o

---

DOS SANTOS, TRF4 - SEGUNDA TURMA, DJ 26/07/2006 PÁGINA: 719). (...). MULTA ISOLADA. NATUREZA PUNITIVA E CARÁTER PREVENTIVO. FORNECIMENTO DE CND OU CPD-EN. POSSIBILIDADE. HONORÁRIOS ADVOCATÍCIOS. ART. 20, PARÁGRAFO 4º, DO CPC. 1. O autor visa à declaração de nulidade dos débitos relativos a autos de infração de cobrança de multas isoladas por conta da existência de diferenças apuradas entre os valores declarados e os pagos a título de IRPJ e CSLL. (...). 5. Sem fundamentação legal a alegação da empresa de que seria indevida a cobrança pelo fato de, mesmo tendo efetuado pagamentos a menor em alguns meses, pagou tributos a maior ao final do exercício fiscal. 6. Além de possuir natureza punitiva, a multa de ofício tem notório caráter preventivo, porque objetiva, principalmente, compelir o contribuinte a cumprir as obrigações acessórias, cuja importância reside justamente no fato de que propiciam ao Fisco a verificação do adequado cumprimento da obrigação tributária principal. (...)" (BRASIL. Tribunal Regional Federal 5ª Região. *Apelação/Reexame Necessário nº 200781000050327*. Relator: Desembargador Federal Francisco Cavalcanti. Julgamento: 26 maio 2011. Órgão Julgador: Primeira Turma. Publicação: DJE 03 jun. 2011, p. 173).

430. Publicada em 08/12/2014, resultante dos seguintes acórdãos paradigmas: 9101-001.261, de 22/11/2011; 9101-001.203, de 17/10/2011; 9101-001.238, de 21/11/2011; 9101-001.307, de 24/04/2012; 1402-001.217, de 04/10/2012; 1102-00.748, de 09/05/2012; 1803-001.263, de 10/04/2012.

bem jurídico de relevância secundária é a antecipação do fluxo de caixa do governo, representada pelo dever de antecipar essa mesma arrecadação.[431]

A consunção, na esfera criminal, fundada nos valores da justiça e da proporcionalidade, visa a punir apenas o delito-fim quando caracterizada a exaustão da potencialidade lesiva do delito-meio.

Contudo, no Direito Tributário, a aplicação desse princípio, na forma como compreendida pelo CARF, não nos parece acertada.

Primeiro, porque os deveres instrumentais e a obrigação tributária principal recebem tratamento autônomo pela legislação tributária. Sem mencionar que, caso prevalecente essa tese, o princípio da absorção deveria ser aplicado em muitos casos em que, embora descumprido o dever instrumental, a obrigação tributária principal foi adimplida.

Ora os deveres formais, pois instituídos para auxiliar a fiscalização e a arrecadação de tributos, podem ser identificados, se desatendidos, como uma infração-meio para a prática da infração-fim, que é o descumprimento da RMIT, restando, com isso, inócua a previsão de obrigações acessórias.

Ademais, além deste princípio concernir ao ramo do Direito Penal e não ter correspondência a suporte físico na legislação tributária, a tão aclamada justiça, bem assim a isonomia e a proporcionalidade, conforme as circunstâncias do caso concreto, não serão atendidas se aplicada a absorção, senão vejamos:

A aplicação do art. 44 da Lei nº 9.430/96 poderá resultar em uma multa isolada bem mais gravosa do que a multa de ofício, apesar desta, segundo o CARF, sancionar o descumprimento de uma conduta de maior relevância, pois encerra a efetivação da arrecadação tributária.

---

431. Acórdão nº 1803-001.263.

Frise-se que na relação consuntiva entre a infração formal e a infração à RMIT, nos moldes do firmado pelo Tribunal Administrativo, a sanção desta irá prevalecer sobre aquela quando concomitantes, independentemente das respectivas graduações.

Assim, imaginemos as seguintes situações: dois contribuintes, que deixaram de antecipar R$ 100.000,00 de tributo no regime de estimativa e, no encerramento do exercício financeiro, subsista imposto a pagar no valor de R$ 1.000,00:

Contribuinte A

Não efetua o recolhimento do IR ao final do ano-calendário, sendo-lhe exigidos o crédito tributário juntamente com a multa de ofício de R$ 750,00 (75% X R$ 1.000,00). Segundo o entendimento do CARF, a multa de ofício absorve a multa isolada, de tal sorte que, em face do contribuinte A, não poderá ser exigida a multa isolada de R$ 50.000,00 (50% X R$ 100.000,00).

Contribuinte B

Efetua o recolhimento do IR ao final do ano-calendário, inexistindo, portanto, a infração ensejadora da multa de ofício por descumprimento da RMIT. Nesta hipótese, inexistindo concomitância de multa isolada com multa de ofício, não há que falar na aplicação do princípio da absorção, subsistindo a multa isolada no valor de R$ 50.000,00 por falta de recolhimento antecipado no regime de estimativa.

Nesses termos, o contribuinte B que, ao contrário do contribuinte A, procedeu corretamente quanto à conduta prescrita na RMIT, efetuando o recolhimento do imposto federal após findo o exercício fiscal, estará sujeito à multa isolada de R$ 50.000,00, ao passo que o contribuinte A, incorrendo tanto na infração formal quando na infração à RMIT, apenas submeter-se-á à multa de ofício no valor de R$ 750,00.

Daí porque a absorção da multa isolada pela multa de ofício, de forma generalizada, merece severas críticas, conferindo aos contribuintes tratamento discriminatório, em ofensa à isonomia, e desproporcional.

Tal providência pune de forma mais gravosa o contribuinte que descumpriu apenas o dever instrumental, sem acarretar prejuízo efetivo ao Erário no final do exercício fiscal, em detrimento do sujeito passivo que, a despeito de ter descumprido ambas as condutas – dever instrumental e obrigação tributária principal –, provocando prejuízo aos cofres públicos após encerrado o ano-calendário, apenas será sancionado pela multa de ofício.

Buscando uma graduação da multa isolada afinada ao caso concreto, justamento atenta a essas situações em que é devida a multa isolada pela não antecipação, porém o tributo apurado ao final do exercício é recolhido, a Câmara Superior de Recursos Fiscais decidiu que, nessas hipóteses, a quantificação da multa isolada fica limitada ao "valor do tributo definitivamente apurado":

> Se o lançamento é efetuado antes do fim do exercício, (...) a base para imposição da sanção é aquela devida por antecipação e calculada até aquele momento. (...) De outra feita, em momento posterior ao encerramento do ano calendário, já existe quantificação do tributo devido definitivamente pelos ajustes determinados em legislação de regência, então esta é a limitação ao critério quantitativo da imposição de multa isolada.[432]

Em pronunciamentos anteriores ao entendimento agora sumulado no Conselho Administrativo, é possível identificar julgados pela exigência de ambas as multas, com base na assertiva de que a multa pelo descumprimento do dever instrumental (relativo à apuração antecipada) é distinta da multa pelo inadimplemento do tributo devido ao final do exercício, devendo incidir a multa isolada sobre o total que deixou de ser recolhido antecipadamente.[433]

---

432. Acórdão nº 9101-001.993, publicado em 14/10/2014.
433. "MULTA ISOLADA. FALTA/INSUFICIÊNCIA DE RECOLHIMENTO DE

Referido entendimento coaduna-se com o disposto no art. 44, especialmente com a redação conferida pela Lei n° 11.448/2007, que delimitou, no inciso II, a aplicação de multa isolada por falta ou insuficiência de antecipações, sem mais estar atrelada ao inciso I que disciplina a multa de ofício pelo descumprimento da obrigação principal.

Firmadas nossas premissas de que a multa isolada e a multa de ofício têm como pressupostos infrações tributárias distintas, bem como as críticas à aplicação do princípio da absorção adotado pelas Câmaras do CARF de forma genérica ao suporte fáctico "cúmulo de multa isolada com multa de ofício", importa agora examinar se a exigência da multa isolada nas hipóteses em que a falta do dever instrumental de antecipar por estimativa não repercute na órbita do tributo, sem trazer prejuízos ao Erário, ou a repercussão não é significativa se comparada ao valor não antecipado, estaria de acordo com os valores consagrados na Constituição Federal, especialmente com o princípio da proporcionalidade, bem como com os arts. 108 e 112 do CTN.

ESTIMATIVA, ENCERRAMENTO DO PERÍODO DE APURAÇÃO. IRRELEVÂNCIA. Inexistente no preceptivo legal óbice ao lançamento da multa pela falta de recolhimento de antecipações obrigatórias (estimativas) após o encerramento do período de apuração, há que se manter a exação." (ACÓRDÃO 1302-00.265, publicado em 20/04/2011).
"MULTA ISOLADA. Aplica- se a multa isolada no caso de pessoa jurídica sujeita ao pagamento de contribuição social por estimativa mensal deixar de fazê-lo, ainda que tenha apurado base de cálculo negativa no ano-calendário correspondente." (ACÓRDÃO 1401-00.376, Publicado no DOU em: 18/10/2011).
"MULTAS ISOLADAS. FALTA DE RECOLHIMENTO DO IRPJ SOBRE BASE DE CÁLCULO ESTIMADA. Cabível lançamento de oficio da multa isolada por falta de recolhimento do IRPJ sobre a base estimada, quando o sujeito passivo não efetuar o pagamento ou recolhimento integral da antecipação do imposto.
(...) MULTA ISOLADA E MULTA ACOMPANHADA DE TRIBUTO. CONCOMITÂNCIA. Por se referirem a infrações distintas, a multa de oficio exigida isoladamente sobre o valor do imposto apurado por estimativa no curso do ano-calendário, que deixou de ser recolhido, é aplicável concomitantemente com a multa de oficio calculada sobre o imposto devido com base no lucro real." (Acórdão n° 1401-00.095, publicado em 37/08/2009).
Outros julgados no mesmo sentido: Acórdãos 101-95.171; 108-06.004 e 108-06.571.

Rememorando nossas assertivas, a antecipação por estimativa constitui um dever instrumental do contribuinte, cujo descumprimento está sujeito à sanção, uma vez que impede o Fisco de tomar conhecimento dos fatos e valores que deveriam ter sido antecipados mensalmente, embaraçando a fiscalização.

Ora, quanto mais frequente é a informação disponibilizada à Administração Fazendária, especialmente quando o dado informativo pressupõe antecipação de valores, melhor restará assegurada a arrecadação tributária.

Não podemos esquecer que a referida multa isolada pune o contribuinte infrator que, espontaneamente, abandonou a regra geral da tributação pelo lucro real trimestral, sem, contudo, cumprir os requisitos da sistemática das estimativas mensais antecipatórias.

Todavia, ainda que a multa isolada seja devida, uma vez que a imputação da infração é objetiva, nada impede que o aplicador do Direito gradue o consequente normativo de acordo com as circunstâncias do caso concreto, adotando como critério de gravidade a repercussão do ilícito formal na órbita do tributo.

Quando abordamos os princípios aplicáveis na interpretação e aplicação das normas primárias sancionatórias, não cansamos de demonstrar como os valores positivados no texto constitucional influem na graduação das penalidades.

Nesse contexto, a ausência de prejuízo ao final do ano-calendário não exime o contribuinte de submeter-se à multa isolada, principalmente nessas hipóteses em que a obrigação acessória consiste em antecipações de valores, porém, em prol da proporcionalidade, o respectivo valor poderá ser reduzido. Vale dizer, a sanção formal faz-se *adequada*, pois há ilicitude, daí porque prevista no plano geral e abstrato, mas, dentre as possíveis graduações da penalidade, é preciso decidir pela menos onerosa e tão eficaz, dadas as circunstâncias fáctico-jurídicas no plano individual e concreto, atendendo, com isso, ao requisito da *necessidade*.

A título ilustrativo, mencionamos julgado do Poder Judiciário que reduziu o patamar de 50% (cinquenta por cento), previsto na lei, para 20% (vinte por cento), quando descumprida a antecipação do IRPF pelo carnê-leão, porém sem ter repercutido substancialmente na esfera do próprio tributo:

> (...) 2. Nas hipóteses de falta de pagamento mensal devido pela pessoa física a título de carnê-leão, a alteração do art. 44 da Lei nº 9.430/96, promovida pela Lei nº 11.488/2007, apenas reduziu o percentual da multa de 75 (I e parágrafo 1º, III) para 50% (art. 44, II, a). 3. A teor do art. 106, II, c, do CTN, deve ser aplicada a lei que comine penalidade menos severa que a prevista na lei vigente ao tempo da sua prática. 4. O Pleno deste Tribunal já se posicionou (ArgInc na AC nº 303007) no sentido de que a natureza confiscatória da multa não pode ser atestada em sede de controle abstrato de constitucionalidade, devendo tal exame ser realizado nos casos concretos. 5. In casu, a CDA que embasa a execução engloba créditos de IRPF, juros de mora, e multa proporcional no montante de R$ 14.639,12, mais a multa exigida isoladamente, no importe de R$ 104.633,43, totalizando R$ 119.272,55. Reduzir a multa isolada para 50% sobre o valor do pagamento mensal reduziria o valor total cobrado para R$ 84.394,74, sendo R$ 69.755,62 referente à multa isolada, ferindo o disposto no 150, IV, da Constituição Federal, ante o caráter manifestamente excessivo, dessumível da desproporção existente entre o desrespeito à norma tributária e sua consequência jurídica. 6. Uma vez que a atuação do Fisco deve se pautar por critérios rígidos, mas que não atentem contra a propriedade do contribuinte a título de tributação, tem-se razoável a redução do percentual da multa isolada para 20%. (...).[434]

Por todo o explicitado, vislumbra-se uma grande polêmica em torno desta temática, inexistindo uma solução genérica e infalível.

Contudo, deixamos aqui nossas considerações conclusivas: (i) o dever de antecipar valores por bases de cálculo

---

434. BRASIL. Tribunal Regional Federal 5ª Região. *Apelação/Reexame Necessário nº 200985000034017*. Relator: Desembargador Federal Francisco Cavalcanti. Julgamento: 03 fev. 2011. Órgão Julgador: Primeira Turma. Publicação: DJE 11 fev. 2011.

estimadas configura dever instrumental, ao passo que o pagamento do tributo, apurado no final do ano-calendário, caracteriza-se como a obrigação tributária principal, extintiva do crédito tributário; (ii) a aplicação genérica do princípio da consunção, aplicado pelo CARF diante do cúmulo da multa isolada e da multa de ofício, fazendo com que esta, por reprimir ilícito-fim, absorva aquela repressora do ilícito-meio, não serve aos seus propósitos no Direito Tributário, na medida em que, além da obrigação tributária principal e os deveres instrumentais receberem tratamento autônomo pelo legislador tributário, inclusive quando descumpridos, a absorção poderá punir de forma mais gravosa o contribuinte que apenas descumpriu um dever formal (infração-meio) relativamente àquele que incorreu nesta infração e também na infração pelo desatendimento à RMIT (infração-fim) e, (iii) não obstante as multas isolada e de ofício sancionarem ilícitos distintos, subsistindo a relação de adequação (compatibilidade entre meio e fim) de forma independente, nada impede que o aplicador conforme a relação sancionatório-formal às particularidades fácticas, formulando o *juízo da necessidade*.

À luz desse subprincípio da proporcionalidade, o julgador, verificando que a infração formal não repercutiu substancialmente na órbita do tributo, decida por uma sanção pecuniária menos onerosa, porém tão eficaz, reduzindo a multa de 50% prevista no art. 44, inciso II, alínea *b*, da Lei nº 9.430/96 e quantificando-a ajustada ao caso concreto.

5.5.8.3. A multa isolada aplicada por descumprimento de deveres instrumentais: matéria com repercussão geral reconhecida pelo Supremo Tribunal Federal

Neste trabalho, abordaram-se a todo momento os princípios e as garantias que influem na imposição sancionatória no Direito Tributário, especialmente a equidade e o princípio da proporcionalidade, bem como a base econômica a ser eleita para o cálculo das sanções pecuniárias e a relevância das peculiaridades fácticas que circundam a infração praticada, a fim de graduar, no caso concreto, a multa harmonizada à gravidade do ilícito.

Dada a relevância do tema e a multiplicidade de "multas isoladas" instituídas pelos entes federados, o Supremo Tribunal Federal reconheceu, nos autos do Recurso Extraordinário nº 640.452, a repercussão geral na aplicação dessas multas decorrentes do descumprimento de deveres instrumentais.[435]

O Ministro Joaquim Barbosa, ao declarar a repercussão geral da matéria, afirmou que as multas tributárias devem ser graduadas de acordo com a intensidade da conduta ilícita, porém fez a ressalva sobre a dificuldade de estabelecer critérios genericamente aplicáveis às hipóteses, diante do potencial de variações dos quadros fáctico-jurídicos.[436]

Ao final de sua decisão, com o escopo de melhor demonstrar a relevância da matéria envolvida, lembrou que

---

435. "CONSTITUCIONAL. TRIBUTÁRIO. PUNIÇÃO APLICADA PELO DESCUMPRIMENTO DE OBRIGAÇÃO ACESSÓRIA. DEVER INSTRUMENTAL RELACIONADO À OPERAÇÃO INDIFERENTE AO VALOR DE DÍVIDA TRIBUTÁRIA (PUNIÇÃO INDEPENDENTE DE TRIBUTO DEVIDO). "MULTA ISOLADA". CARÁTER CONFISCATÓRIO. PROPORCIONALIDADE. RAZOABILIDADE. QUADRO FÁTICO-JURÍDICO ESPECÍFICO. PROPOSTA PELA EXISTÊNCIA DA REPERCUSSÃO GERAL DA MATÉRIA CONSTITUCIONAL DEBATIDA. Proposta pelo reconhecimento da repercussão geral da discussão sobre o caráter confiscatório, desproporcional e irracional de multa em valor variável entre 40% e 05%, aplicada à operação que não gerou débito tributário." (BRASIL. Supremo Tribunal Federal. *Recurso Extraordinário 640.452 RG*. Relator: Ministro Joaquim Barbosa. Julgamento: 06 out. 2011. Órgão Julgador: Plenário Virtual. Divulgação: 06 dez. 2011. Publicação: DJe-232 07 dez. 2011).

436. Extrai-se do teor da decisão proferida pelo Ministro Joaquim Barbosa: "(...) é altamente improvável que se possa firmar precedente genérico que reconheça como constitucionais ou inconstitucionais, em todo e qualquer caso, multas fixadas em patamares inferiores a 100% do valor das operações (5%, 10%, 40% etc.). As violações constitucionais, se existentes, costumam estar ligadas às circunstâncias específicas de cada caso, nem sempre bem retratadas. (...)" (BRASIL. Supremo Tribunal Federal. *Recurso Extraordinário 640.452 RG*. Relator: Ministro Joaquim Barbosa. Julgamento: 06 out. 2011. Órgão Julgador: Plenário Virtual. Divulgação: 06 dez. 2011. Publicação: DJe-232 07 dez. 2011).

"a literatura especializada tem constantemente registrado o aumento da complexidade e da quantidade de obrigações acessórias".

No caso analisado, o contribuinte impugna a exigência de multa isolada pelo descumprimento de deveres instrumentais (emissão de notas fiscais), à alíquota de 40% sobre o **valor da operação**, sobre o fundamento de que a multa assume caráter confiscatório e viola a proporcionalidade, infringindo os arts. 5º, incisos XXII e XXIV, e 150, inciso VI, da CF, como também o acórdão do SupremoTribunal Federal proferido no julgamento da ADI nº 442.

Acrescenta à argumentação, i) o fato do valor da multa isolada atingir o dobro do valor do ICMS, sendo que este não é devido em decorrência da substituição tributária, ou seja, a despeito da falta formal, esta não implicou prejuízo financeiro expressivo ao Estado, bem como ii) a onerosidade impingida ao contribuinte, na prática das providências formais, o que, inclusive, motivou a solicitação de regime especial de escrituração de documentos fiscais.[437]

A Procuradoria Geral da República, ao manifestar-se nos autos, opinou pelo provimento do recurso do contribuinte, registrando que o valor da multa pela não emissão de nota fiscal (inicialmente fixado em 40%), mesmo que reduzido para o percentual de 5% sobre o valor total da operação afigura-se excessivo, eis que supera o valor de R$ 22.000.000,00 (vinte e dois milhões de reais).

Ao final, conclui seu parecer evocando que

> a jurisprudência do Supremo Tribunal Federal é pacífica quanto à possibilidade de redução, pelo Poder Judiciário, de multas, à luz dos princípios constitucionais da razoabilidade e da vedação de confisco.

---

437. Notícia do STF publicada em 17 nov. 2011: "*Multa isolada* por descumprimento de obrigação tributária". (SUPREMO TRIBUNAL FEDERAL, 2011).

Dito isso, já podemos aferir algumas questões controversas que estão submetidas à apreciação pelo Supremo Tribunal Federal a fim de concluir pela (in)constitucionalidade da multa isolada aplicada, a saber: a eleição da base de cálculo do próprio tributo para o cálculo da multa formal (*vide* item 5.5.6.1.); a (des)proporcionalidade da alíquota/multa fixada por mero descumprimento de dever formal e a influência das condições fácticas, circundantes à infração formal cometida, na dimensão econômica da sanção pecuniária, quais sejam, ausência de prejuízo efetivo ao Erário, inexistência de intuito doloso na prática da infração e a circunstância específica alegada pelo contribuinte relativa à complexidade no cumprimento da escrituração contábil-fiscal e a solicitação de regime especial (*vide* itens 4.7.1 e 5.5.7).

Trata-se de um julgamento de extrema importância para a interpretação e aplicação das normas prescritoras de penalidades tributárias, pois a Corte Suprema terá que definir critérios e parâmetros para a quantificação das multas cominadas pelo desatendimento aos deveres formais, sendo que o posicionamento final irá servir de precedente para todos os demais casos que envolvam a fixação do montante dessas "multas isoladas".

Enfim, será mais um passo em busca da tão aclamada segurança jurídica.

5.5.9. Juros de mora e correção monetária

Após o exame das multas fiscais, curvemos nossa atenção a outras prestações – os juros de mora e a correção monetária – que, tal como as sanções pecuniárias, consubstanciam objeto prestacional de relação jurídica que tem como pressuposto a infração tributária.

Contudo, referidas prestações pecuniárias não assumem natureza sancionatória.

Neste item, estudaremos, primeiramente, os juros de mora no Direito Tributário, que fomentam maiores discussões nas searas doutrinária e jurisprudencial, para, em seguida, analisarmos a correção monetária.

Consoante já adiantado quando iniciamos o estudo das sanções pecuniárias, a doutrina diverge quanto à natureza dos juros de mora.

De um lado, identificam alguns os juros como espécie de sanção, caminhando neste rumo parte expressiva da doutrina, como Paulo de Barros Carvalho, Sacha Calmon Navarro Coêlho, Paulo Roberto Coimbra e Edmar Oliveira de Andrade Filho.[438]

Divergindo deste entendimento doutrinam Robson Maia Lins e Angela Maria Motta Pacheco.

Compartilhamos a corrente científica que desqualifica os juros de mora como sanção, senão vejamos.

"A composição do antecedente normativo dos juros de mora não revela a existência do critério culpabilidade;"[439] caso contrário, os juros, previstos no consequente normativo, seriam graduados segundo a gravidade do ilícito tributário.

Deveras, independentemente da existência de conduta dolosa, o cálculo dos juros é o mesmo para as infrações objetivas e subjetivas. Tal assertiva é corroborada a partir da literalidade do art. 161, § 1º, do CTN, segundo o qual, "se a lei não dispuser de modo diverso, os juros de mora serão calculados à taxa de 1% (um por cento) ao mês".

O próprio Código Tributário Nacional distingue os juros de mora das sanções pecuniárias quando, no art. 161, prescreve que

---

438. "Os juros de mora, por sua vez, representam uma penalidade por ato ilícito em face do retardamento culposo do pagamento devido fora dos casos autorizados pelo ordenamento jurídico." (ANDRADE FILHO, Edmar Oliveira. Op. cit., p. 135).

439. LINS, Robson Maia. *A mora no direito tributário...* cit., p. 157.

o crédito não integralmente pago no vencimento é acrescido de juros de mora, seja qual for o motivo determinante da falta, sem prejuízo das penalidades cabíveis (...).

Também faz a distinção no art. 138 do CTN, ao condicionar a exclusão da responsabilidade por infrações à denúncia espontânea da infração, acompanhada do pagamento do tributo devido e dos juros de mora. Ora, se os juros de mora se caracterizassem como penalidades, também deveriam estar excluídos pelo legislador complementar.[440]

Esmiuçadas as razões pelas quais os juros de mora, no Direito Tributário, não desempenham qualquer papel de sancionar o devedor, remanesce a dúvida quanto à sua natureza, oscilando os intérpretes da linguagem do direito positivo entre as feições indenizatória[441] ou remuneratória.

Interessante ao tema, trazemos à baila julgado do Superior Tribunal de Justiça que, por meio do rito de "recursos repetitivos", ao analisar a possibilidade de incidência do Imposto sobre a Renda (IR) sobre os juros de mora acrescidos às verbas pagas em virtude de decisões trabalhistas, entendeu, por maioria, que os juros moratórios têm função indenizatória ampla.[442]

---

440. Dissonando do nosso entendimento, pontua Bernardo Ribeiro de Moraes: "Do ponto de vista do direito tributário, a natureza jurídica dos juros de mora é de *sanção pecuniária* em razão da impontualidade do sujeito passivo no cumprimento da obrigação, objetivando não retardar o recolhimento da respectiva dívida. Os juros de mora são devidos independentemente da prova de prejuízo do credor pela demora do devedor." (MORAES, Bernardo Ribeiro de. Op. cit., p. 578).

441. Pela defesa da feição indenizatória dos juros, afirma Hector Villegas: "Quais são os objetivos dos juros? Simplesmente restabelecer a ordem jurídica alterada à mesma situação de ordem, porém nada mais. Voltar a quem não cumpriu em termo, em forma, voltar à mesma situação que tinha antes do não cumprimento, porém não é (...) castigo, porque somente pretende indenizar ou compensar e nada mais." (VILLEGAS, Hector. Curso de Especialização em Direito Tributário (Aulas e Debates). In: ATALIBA, Geraldo; CARVALHO, Paulo de Barros (Coords.). *VI Curso de Especialização em Direito Tributário* – Notas taquigráficas das aulas e debates. v. II. São Paulo, Pontifícia Universidade Católica de São Paulo. São Paulo: Resenha Tributária, 1978, p. 717).

442. "RECURSO ESPECIAL. REPRESENTATIVO DE CONTROVÉRSIA. JUROS

A fim de definir a natureza dos juros de mora decorrentes de um ilícito, o acórdão proferido pelos Ministros da Primeira Seção do Superior Tribunal de Justiça distingue-os dos juros remuneratórios, que são produto do capital investido ou mutuado e, portanto, fruto da utilização consentida do capital alheio.

Analisemos alguns votos, de forma individualizada, diante dos diversos argumentos trazidos pelos Ministros, sem, contudo, adentrar no mérito da decisão afeto à possibilidade de incidência do IR sobre os valores pagos a título de juros de mora, devidos no contexto de rescisão de contrato de trabalho, mas apenas restringindo nossa análise à respectiva natureza desses valores, se indenizatória ou remuneratória.

Segundo o voto vencedor do Ministro Cesar Asfor Rocha, que entendeu pela feição indenizatória, a exigência dos juros de mora parte da presunção de um dano necessariamente ocorrido em função da privação, pelo credor, de uma soma de dinheiro.

O prejuízo a ser ressarcido pelos juros de mora é devido, presumidamente, em razão dos rendimentos que poderiam ter sido auferidos pelo credor, caso não estivesse sido privado de seu capital.

> As justificativas (...) para a percepção de juros moratórios, como se pode verificar, estão vinculadas ao valor que a importância principal objeto da inadimplência poderia render durante o período em que o credor permaneceu privado do que lhe seria devido."[443]

DE MORA LEGAIS. NATUREZA INDENIZATÓRIA. NÃO INCIDÊNCIA DE IMPOSTO DE RENDA. - Não incide imposto de renda sobre os juros moratórios legais em decorrência de sua natureza e função indenizatória ampla. Recurso especial, julgado sob o rito do art. 543-C do CPC, improvido." (BRASIL. Superior Tribunal de Justiça. *Recurso Especial nº 1227133/RS*. Relator: Ministro Teori Albino Zavascki. Relator para Acórdão: Ministro Cesar Asfor Rocha. Julgamento: 28 set. 2011. Órgão Julgador: primeira Seção. Publicação: DJe 19 out. 2011).

443. Trecho extraído do teor do voto do Min. Cesar Asfor Rocha (voto-vista vencedor), p. 18.

A simples privação da posse do bem resulta, presumidamente, em prejuízo para o credor, a ser ressarcido pelos juros moratórios.

Conclui o Ministro que os juros de mora são "um substitutivo (indenizatório) da renda que não se pôde auferir diante da inadimplência do devedor,"[444] acrescentando ao final a possibilidade de o credor, com fulcro no art. 404, parágrafo único, do Código Civil, acionar o Poder Judiciário pleiteando seu direito de complementar a indenização, quando comprovado que os juros de mora não cobrem o prejuízo efetivo.

Também, de acordo com o voto do Ministro Mario Campbell Marques, os juros moratórios possuem natureza indenizatória, porém não estão destinados à cobertura de qualquer espécie de *dano emergente*, mas compreendidos na condição de *lucros cessantes*:[445]

> (...) os juros moratórios permanecem com a natureza jurídica autônoma de indenização pela indisponibilidade indevida do capital no momento oportuno. Trata-se de um ressarcimento dos lucros que poderiam ter sido auferidos pelo titular do capital se o tivesse podido empregar, sendo, portanto, uma espécie de indenização por lucros cessantes (...).[446]

No que tange à seara do Direito Tributário e contrapondo-se à conclusão da Corte Superior, Angela Maria da Motta Pacheco atribui natureza remuneratória aos juros de mora,

---

444. Trecho extraído do teor do voto do Min. Cesar Asfor Rocha (voto-vista vencedor), p. 21.

445. Segundo a doutrina civilista, a indenização possui a função de repor perda patrimonial, consistindo na reparação dos *danos emergentes*, e, além desta finalidade, o pagamento de indenização pode objetivar a reparar ganhos que o credor deixou de auferir, ou seja, *lucros cessantes*.

446. Trecho extraído do teor do voto do Min. Mauro Campbell Marques, p. 33. Discordando deste entendimento, os Ministros Teori Zavascki e Benedito Gonçalves consideraram que, por terem os juros de mora relação de acessoriedade com o valor principal, assumem idêntica natureza do valor que remuneram, ou seja, só seriam objeto de tributação do IR caso este fosse incidente sobre a parcela trabalhista à qual estariam atrelados.

qualificando-os como rendimentos, pago pelo contribuinte inadimplente, do ativo financeiro que deveria estar nos cofres públicos.

Nessa esteira, os juros visam a remunerar as prestações de caráter pecuniário não realizadas no tempo/espaço delimitados, em favor do credor que foi privado do valor que era-lhe de direito e não o recebeu.

Assinalando que os juros não se confundem com indenização, porquanto desservem para recompor o dano, não refletindo seu valor a lesão efetivamente causada, Robson Maia Lins nega a feição indenizatória dos juros de mora no Direito Tributário:

> Outro forte argumento que confirma a natureza remuneratória dos juros de mora no direito tributário está no limite fixado pelo art. 161, CTN, que é de 1% (um por cento) ao mês. Ora, conspiraria contra a natureza indenizatória dos juros de mora sua fixação prévia, sem ao menos se dar a possibilidade de prova em contrário, naquelas hipóteses em que os juros de mora não cobrissem os prejuízos sofridos pelo credor.[447]

Para que fique demonstrada a natureza indenizatória de determinada parcela, o valor fixado tem que servir para ressarcir o patrimônio lesado, vale dizer, é preciso verificar, primeiro, se o credor experimentou lesão patrimonial, seja em função do que perdeu com o ato danoso (danos emergentes), seja em função do que deixou de ganhar pelo inadimplemento (lucros cessantes), e, em seguida, se essa perda foi efetivamente ressarcida pelo pagamento do valor fixado.

Todavia, como bem elucidado por Robson Maia Lins, na esfera do Direito Tributário, os juros de mora são previamente fixados sem levar em conta o dano causado ao bem jurídico, seja no plano legislativo, seja em sede de processo administrativo ou judicial, assumindo feição remuneratória.[448]

---

447. LINS, Robson Maia. Op. cit., p. 160.

448. "(...) 2. A taxa SELIC tem natureza remuneratória, sendo reclamada pela

AS SANÇÕES NO DIREITO TRIBUTÁRIO

Deveras, os juros de mora no Direito Tributário visam, simplesmente, a remunerar o credor pelo tempo em que ficou privado do dinheiro que lhe era devido, sem qualquer relação dimensível com eventuais danos efetivamente causados ao Erário.

Em consonância com o afirmado supra e tendo em conta o esclarecido quando abordamos a dicotomia equivocada "multa de mora/multa punitiva", podemos concluir que, na incidência das normas prescritoras de sanções pecuniárias, bem como nas de juros de mora, a infração tributária é o pressuposto suficiente para implicar, respectivamente, a relação sancionatória e a relação remuneratória.

Desfecho diverso ocorre quando a norma é de natureza indenizatória, identificada pela previsão de um dano descrito no antecedente normativo e pela quantificação, no consequente normativo, da prestação representativa do dano e/ou prejuízo causado.

Enquanto os juros de mora finalizam remunerar recursos do Poder Público que não foram repassados ao Erário até a data do vencimento, incidindo durante o período em que o devedor ficou na posse do capital, a "correção monetária", por sua vez, serve para ajustar, periodicamente, certos valores, tendo como base o valor da inflação neste período, objetivando compensar a perda de valor da moeda.

---

necessidade de conferir uma compensação ao fisco, pelo recebimento, com atraso e a prazo, do montante que não foi pago na ocasião oportuna, com base em índices praticados no mercado financeiro, a fim de que o sistema permaneça em equilíbrio. 3. (...)". (BRASIL. Tribunal Regional Federal 5ª Região. *Apelação em Mandado de Segurança nº 76032/PE*. Processo: 199983000141028. Relator: Desembargador Federal convocado Élio Wanderley de Siqueira Filho. Julgamento: 18 jun. 2002. Órgão Julgador: Segunda Turma. Publicação: DJ 28 mar. 2003, p. 1261).

"(...) a Taxa Selic contém, embutida, juros remuneratórios, não se tratando de taxa de juros simples ou puros, mas de forma de remuneração, a princípio, de títulos de dívida pública. Assim sendo, não pode ser cumulada com correção monetária V.V.P." (TJMG. *Apelação Cível nº 1.0024.03.042183-8/001*. Relator: Exmo. Sr. Desembargador Gouvêa Rios. Julgamento: 26 out. 2004. Órgão Julgador: 1ª Câmara Cível. Publicação: 05 nov. 2004).

Visa, assim, a atualizar o valor da moeda nacional corroído pelo decurso do tempo inflacionário, garantindo o seu poder aquisitivo.[449]

A correção monetária implica simples atualização do valor da moeda, tendo em vista as flutuações do sistema monetário.

Nada acrescenta, apenas preserva o poder aquisitivo da moeda depreciado pelo processo inflacionário. Em um País acometido pela constante redução do valor monetário real, a ausência de índices de correção dá lugar à perda de dinheiro em detrimento do credor e ao enriquecimento sem causa em favor daquele que tem o dever de quitar a dívida.

---

[449]. Em sede de repercussão geral, o Supremo Tribunal Federal entendeu pela legitimidade da aplicação da Taxa SELIC na cobrança de débitos tributários, a saber: "1. Recurso extraordinário. Repercussão geral. 2. Taxa Selic. Incidência para atualização de débitos tributários. Legitimidade. Inexistência de violação aos princípios da legalidade e da anterioridade. Necessidade de adoção de critério isonômico. No julgamento da ADI 2.214, Rel. Min. Maurício Corrêa, Tribunal Pleno, DJ 19.4.2002, ao apreciar o tema, esta Corte assentou que a medida traduz rigorosa igualdade de tratamento entre contribuinte e fisco e que não se trata de imposição tributária. (...)" (BRASIL. Supremo Tribunal Federal. *Recurso Extraordinário nº 582461*. Relator: Ministro Gilmar Mendes. Julgamento: 18 maio 2011. Órgão Julgador: Tribunal Pleno. Repercussão Geral - Mérito DJe-158. Divulgação: 17 ago. 2011. Publicação: 18 ago. 2011).
Acerca na natureza da taxa SELIC, pontuou Fábio Ulhoa Coelho: "observo que a correção monetária não é exigível como consectário independente dos juros, quando estes são os legais calculados pela taxa SELIC. Como a SELIC embute percentual correspondente à perda do poder aquisitivo da moeda, a cobrança dos juros legais e da correção monetária representaria anatocismo." (COELHO, Fábio Ulhoa. *Curso de Direito Civil*. Obrigações, Responsabilidade Civil. v. 2, 3. ed. São Paulo: Saraiva, 2009, p. 188).
Nesta esteira, trazemos precedente do STJ, julgado pelo rito dos recursos repetitivos, no sentido de que a Taxa SELIC é utilizada para remunerar e também atualizar débitos tributários, composta, assim, não apenas pela taxa de juros, mas também pelo percentual equivalente à desvalorização da moeda nacional, *in verbis*: "PROCESSUAL CIVIL E TRIBUTÁRIO. RECURSO ESPECIAL SUBMETIDO À SISTEMÁTICA PREVISTA NO ART. 543-C DO CPC. (...) 2. Aplica-se a taxa SELIC, a partir de 1º.1.1996, na atualização monetária do indébito tributário, não podendo ser cumulada, porém, com qualquer outro índice, seja de juros ou atualização monetária.(...) (BRASIL. Superior Tribunal de Justiça. *Recurso Especial nº 1111175/SP*. Relatora: Ministra Denise Arruda. Julgamento: 10 jun. 2009. Órgão Julgador: Primeira Seção. Publicação: DJe 01jul. 2009).

AS SANÇÕES NO DIREITO TRIBUTÁRIO

Por exemplo, se o contribuinte deve 100 (cem) reais a título de tributo no ano 01 e a inflação nesse ano foi de 5%, a correção monetária que atualiza o valor do débito tributário no ano 02 é de 5 (cinco) reais. Se a inflação inexistir, não subsiste o mecanismo de atualização monetária.[450]

De nossa parte, para os deslindes da relação sancionatório-pecuniária no Direito Tributário, é manifesta a distinção conclusiva: quem recompõe o patrimônio lesado é a indenização; quem sanciona, sem se preocupar com eventual lesão, é a sanção, graduada em função do grau de gravidade da conduta ilícita; quem remunera o credor que ficou privado do capital são os juros; e, por fim, quem atualiza o valor da moeda corroído pela inflação, preservando o seu poder de compra, é a correção monetária.

5.5.9.1. O não pagamento da multa de ofício como hipótese de incidência dos juros de mora e a impossibilidade de anatocismo na cobrança de dívidas tributárias

Há um grande debate doutrinário e jurisprudencial concernente à aplicação dos juros de mora em caso do descumprimento da relação sancionatória, isto é, se os juros incidem sobre os valores devidos a título de multa de ofício não quitados até a data do vencimento.

Indaga-se se o inadimplemento das sanções tributárias pecuniárias, aplicadas *ex officio*, compõe o antecedente da norma jurídica remuneratória, instituidora dos juros de mora.

Ao examinarmos o art. 161, *caput*, do CTN, constatamos que o referido dispositivo faz menção a "crédito" não integralmente pago no vencimento, o qual deverá ser acrescido de juros de mora.

---

450. Por ser pertinente aos limites cognoscitivos de nosso objeto, colacionamos a Súmula nº 45 do extinto Tribunal Federal de Recursos (TFR), a saber: "As multas fiscais, sejam moratórias ou punitivas, estão sujeitas a correção monetária".

O termo *crédito* foi utilizado de forma ampla, inclusive sem a ele estar imbricado o termo *tributário*, o que poderia dar margem a dúvidas. Destarte, a expressão positivada *crédito não integralmente pago no vencimento*, para fins de incidência de juros de mora, abrange não só a relação jurídico-tributária descumprida, decorrente da incidência da RMIT, como também a relação jurídico-sancionatória constituída *ex officio* e não adimplida no prazo de vencimento fixado no Auto de Infração.

Se os juros de mora visam a remunerar prestação pecuniária cumprida a destempo e se a multa de ofício consubstancia uma prestação pecuniária, então, se referida sanção não for paga dentro do lapso temporal fixado no Auto de Infração, serão devidos juros de mora incidentes sobre o respectivo valor sancionatório.[451]

A Lei nº 9.430/96, na Seção V – "Normas sobre o lançamento de tributos e contribuições, Auto de Infração sem tributo", no art. 43, parágrafo único, prevê a incidência dos juros de mora, a partir do vencimento do prazo para pagamento, sobre o crédito constituído, correspondente a multa ou juros de mora, isolada ou conjuntamente. De forma semelhante é a previsão do art. 61, § 3º, da mesma lei.[452]

---

451. Neste mesmo rumo colacionamos os seguintes precedentes: REsp 1129990/PR, Rel. Min. Castro Meira, 2ª Turma do STJ, julgado em 01/09/2009, publicado em 14/09/2009; REsp 1146859/SC, Rel. Min. Eliana Calmon, 2ª Turma do STJ, julgado em 27/04/2010 e publicado em 11/05/2010; AMS 2004.51.01.009369-5, TRF2, Rel. Desembargadora Federal Salete Maccaloz, Terceira Turma Especializada, julgado em 9/10/2010; AMS 2004.51.01.017499-3; TRF2; Rel. Desembargador Federal Paulo Barata; Terceira Turma Especializada, julgado em 01/12/2009; AG 2004.04.01.037922-2, TRF4 - Primeira Turma, Relator Wellington Mendes de Almeida, publicado em 11/05/2005; AC 2002.71.08.004787-8, TRF4- Segunda Turma, Relator Otávio Roberto Pamplona, publicado em 30/09/2009; AC 2006.71.13.002787-5, TRF4 - Segunda Turma, Relatora Vânia Hack de Almeida, publicado em 13/01/2010; e AC 200780000068573 - TRF5 Des. Federal Francisco Cavalcanti, Primeira Turma, julgado em 03/03/2011, publicado em 21/03/2011.

452. BRASIL. Lei nº 9.430, de 27 de dezembro de 1996. Dispõe sobre a legislação tributária federal, as contribuições para a seguridade social, o processo administrativo de consulta e dá outras providências. Disponível em: < www.planalto.gov.br/ccivil_03/leis/l9430.htm>. Acesso em: 29 mar. 2015.

Embora cabível a incidência dos juros de mora sobre o valor da multa, o mesmo não se aplica quanto aos juros de mora devidos, em função do atraso no recolhimento do tributo, e não pagos.

Isso porque é vedada a incidência de juros compostos (juros capitalizados) para determinar o *quantum* devido, caracterizando a prática do anatocismo, *i.e.*, incidência de juros sobre juros vencidos, incorporando-se ao capital desde o dia do vencimento.

Embora a Súmula 121[453] do Supremo Tribunal Federal faça alusão expressa à vedação de capitalização dos juros no âmbito dos contratos privados, são vários os julgados que decidem com base no entendimento sumular para exigir dívidas tributárias, determinando que os juros de mora devam ser aplicados sobre o valor principal (tributo e multa) corrigido, proibindo computar juros sobre juros na cobrança dos débitos fiscais.[454]

---

453. BRASIL. Supremo Tribunal Federal. Súmula 121. "É vedada a capitalização de juros, ainda que expressamente convencionada". (Disponível em: <http://www.stf.jus.br/portal/cms/verTexto.asp?servico=jurisprudenciaSumula&pagina=sumula_101_200>. Acesso em: 29 mar. 2015). Publicada em 13/12/1963.

454. "PROCESSUAL CIVIL E TRIBUTÁRIO. (...) - A aplicação da SELIC de modo composto configura anatocismo (juros sobre juros), o que não se admite (art. 4.º do Decreto n. 22.626/33 - Lei da Usura - e Súmula n. 121 do STF) (...)" (BRASIL. Superior Tribunal de Justiça. *Agravo Regimental no Recurso Especial 1.098.728/DF*. Relator: Ministro Francisco Falcão. Julgamento: 19 fev. 2009. Órgão Julgador: Primeira Turma. Publicação: DJe 11 mar. 2009).
"AGRAVO DE INSTRUMENTO. EXECUÇÃO DE SALDO REMANESCENTE. ABATIMENTO DO IRRF. JUROS DE MORA. (..) No cálculo de saldo remanescente, a incidência de juros somente é autorizada sobre a diferença atualizada do principal devido ao credor, descabendo computar juros sobre juros." (BRASIL. Tribunal Regional Federal 4ª Região. *Agravo de Instrumento nº 2001.04.01.012267-2*. Relator: Ricardo Teixeira do Valle Pereira. Julgamento: 14 maio 2003. Órgão Julgador: Quinta Turma. Publicação: DJ 28 maio 2003).
"TRIBUTÁRIO. IMPORTAÇÃO DE AUTOMOTIVO. IPI. (...) É vedada a capitalização de juros sobre juros na atualização de débitos fiscais. Precedentes jurisprudenciais. – (...)" (BRASIL. Tribunal Regional Federal 5ª Região. *Apelação Cível nº 379486/AL*. Processo: 200280000027810. Relator: Desembargador Federal convocado Manoel Erhardt. Julgamento: 26 set. 2006. Órgão Julgador: Segunda Turma. Publicação: DJ 19 out. 2006, p. 880).

CONCLUSÕES

(CAPÍTULO 1 – A LINGUAGEM DO DIREITO POSITIVO: NOÇÕES FUNDAMENTAIS)

1. O Direito manifesta-se por meio de linguagem, selecionando os fatos sociais relevantes que irão compor as hipóteses normativas, juridicizando os comportamentos humanos.

2. O sistema do direito positivo é definido como um conjunto de normas jurídicas válidas em um dado país, que visa a disciplinar as relações intersubjetivas, motivando-as e alterando-as. Neste desiderato regulador, a linguagem jurídico-prescritiva encontra na sanção um instrumento eficaz para que suas unidades normativas regulem as condutas humanas, conduzindo-as dentro do campo da licitude.

3. Todo sistema normativo é dotado de força coativa, mediante a previsão de sanções. O que diferencia o direito positivo é a forma como a coação é exercida, cuja força é institucionalizada, resultante da organização do poder estatal. Isso porque somente o ordenamento jurídico prevê a *coercitividade*, ou seja, o emprego da sanção pelo Estado-juiz, garantindo o efetivo cumprimento das regras jurídicas por meio da privação de bens dos jurisdicionados.

(CAPÍTULO 2 – A NORMA PRIMÁRIA SANCIONATÓRIA)

4. A norma jurídica, na qualidade de expressão linguística, sofre do vício da polissemia. *Norma jurídica em sentido amplo* compreende tanto os enunciados prescritivos (dado físico do Direito, textos de lei) quanto as significações construídas, isoladamente, a partir dos enunciados (proposições), como também as significações estruturadas com sentido deôntico completo, que é a *norma jurídica em sentido estrito*. Em sua acepção estrita, a norma jurídica assume a forma lógica de juízo hipotético-condicional: (i) no antecedente, tem-se uma proposição de natureza descritiva, descrevendo um evento de possível ocorrência e (ii) no consequente, localiza-se a proposição de natureza prescritiva, prescrevendo a relação jurídica que irá instaurar-se quando o evento for constituído, mediante linguagem competente, em fato jurídico.

5. A norma jurídica, em sua completude, assume caráter dúplice, desmembrando-se em *norma jurídica primária* e *norma jurídica secundária*. A primária, de natureza material, estatui direitos e deveres correlatos e, conectada logicamente a esta, temos a secundária, de cunho processual, prescrevendo uma sanção mediante a atuação coercitiva do Estado-juiz.

6. Definidas as acepções de normas jurídicas, não se pode tomar como absoluta a afirmação de que *toda norma jurídica é dotada de sanção coercitiva*. As normas secundárias apenas associam-se a outras normas jurídicas prescritoras de deveres e direitos correlatos, de tal sorte que só podemos assentir com a afirmativa se considerarmos a expressão *norma jurídica* em sua acepção estrita. Não é a sanção coercitiva que faz uma norma, tomada nos planos S1, S2, S3 e S4, ser jurídica. O seu critério de juridicidade é a sua relação de pertinencialidade com o sistema, vale dizer, se foi introduzida nele por órgão competente mediante procedimento previsto em lei.

7. Em razão da complexidade afeta à construção das normas primárias (seja porque, presentes nos planos S3 e S4, o intérprete poderá estruturar as mais variadas normas jurídicas, entre as quais poderá estabelecer diferentes vínculos de subordinação e coordenação, seja porque do desenvolvimento incessante das relações sociais sobrevém a necessidade de novas leis, sujeitas a novas interpretações, num ciclo perene), torna difícil a operação lógica de classificá-las e sua submissão às regras que presidem o processo de divisão. Dentre os obstáculos, temos a dificuldade em delimitar a diferença específica a ser agregada ao conceito divisível, possibilitando que as espécies conservem todos os atributos do gênero, e a nossa resistência em atribuir nome ao gênero, cuja significação-base não prejudique assimilar as espécies por ele abrangidas. Assim, sob pena de expor ao insucesso a classificação das normas primárias, decidimos por não fazê-la apenas adentrando ao campo investigativo das normas primárias que interessam ao objeto científico proposto (*v.g.* norma primária tributária, norma primária sancionatória, norma primária remuneratória e norma primária atualizadora do valor real da moeda).

8. A *norma primária tributária* compreende tanto a norma-padrão de incidência do tributo (RMIT), que estatui a obrigação tributária principal, como também a norma prescritora de deveres instrumentais. Os *deveres instrumentais* têm como objeto as prestações, positivas ou negativas, previstas em prol do interesse da arrecadação e da fiscalização do tributo e que não configuram a obrigação principal. A *obrigação tributária principal*, por sua vez, consiste na obrigação de pagar o tributo, com a constituição em fato jurídico do evento tributário ocorrido no momento estipulado no critério temporal da RMIT, extinguindo a relação jurídico-tributária entre sujeito passivo e sujeito ativo, nos moldes do art. 156, I, do CTN. A conduta prescrita na RMIT somente existirá quando todos os

seus elementos pressupostos (aspectos material, temporal e espacial) estejam relatados em linguagem competente, antes disso não há que falar-se na existência da obrigação tributária principal.

9. A *norma primária sancionatória* corresponde às normas prescritoras de sanções materiais, positivadas pelo próprio sujeito passivo ou aplicadas *ex officio* pelo sujeito ativo, em decorrência do descumprimento ao preceituado nas normas primárias tributárias.

10. Tanto a norma secundária como a norma primária sancionatória introduzem no ordenamento relações jurídicas sancionatórias. Contudo, no consequente da primeira, estão previstas as providências a serem aplicadas pelo Estado-juiz, pois somente a norma secundária é dotada de eficácia coercitiva. Frise-se: na norma primária sancionatória prescreve-se relação jurídica de direito material (diádica), ao passo que, na norma secundária, relação jurídica de cunho processual (triádica).

11. Na estrutura lógica da norma primária sancionatória, temos: (i) no antecedente, a descrição do fato ilícito, denominado de *infração tributária*, a qual pode consubstanciar o descumprimento da obrigação tributária principal ou das providências formais destinadas a auxiliar na arrecadação e na fiscalização e, (ii) no consequente, a prescrição de uma relação sancionatória vinculando o sujeito ativo, titular do direito subjetivo de exigir a penalidade cabível, e o sujeito passivo, titular do dever jurídico de adimpli-la (critério pessoal). O critério quantitativo é composto pela base de cálculo da sanção pecuniária e a percentagem (alíquota) sobre ela aplicada ou por quantias fixas (variáveis segundo a gravidade do ilícito) ou, ainda, nas sanções não pecuniárias, pelas delimitações do dever jurídico, hipótese em que a prestação é um fazer ou não fazer, incluindo nesta rubrica, além da prática de atos impostos ao contri-

buinte (*v.g.* regime de controle e fiscalização), eventuais proibições/restrições impostas pela Administração Fazendária (*v.g.* recusa de expedição de CND e apreensão de mercadorias).

(CAPÍTULO 3 – A SANÇÃO NO DIREITO TRIBUTÁRIO)

12. *Sanção* é nome que experimenta variações de sentidos na área jurídica, compreendida em mais de uma classe semântica, a saber: como instituto jurídico; como reação a uma conduta indesejável; como penalidade material prescrita na norma primária sancionatória, como relação jurídico-processual prescrita na norma secundária, por meio da qual o Estado-juiz exerce a coercitividade; como ato do chefe do Poder Executivo que encerra o processo legislativo; como prêmio àquele que atendeu à prescrição normativa; e também como responsabilidade tributária. A escolha de uma classe em detrimento da outra varia em função do intérprete e o contexto em que o termo *sanção* é utilizado.

13. A gnosiologia deve ser sempre o ponto de partida do cientista que pretende aprimorar seus estudos. Ao discorrermos sobre as teorias pertinentes às sanções jurídicas, enquanto resposta a uma norma violada, construídas por grandes jusfilósofos da Teoria Geral do Direito, reconhecemos: i) de Beccaria, a importância de identificar as salvaguardas diante do poder repressivo do Estado, mormente a legalidade, a publicidade, a justiça, a igualdade, a imparcialidade e a proporcionalidade na aplicação das sanções; ii) de Kelsen, a fundamental distinção entre o plano do "ser" e o plano do "dever-ser" e a bimembridade normativa, concebendo a norma jurídica completa, composta pela norma primária e pela norma secundária; iii) de Bobbio, a sanção jurídica como sanção institucionalizada, pois previamente determinada e graduada à gravidade da violação, e como sanção externa, pois confiada sua aplicação a

um órgão competente, distinta, portanto, da sanção moral (interna) e da sanção social (incerta e desproporcional); e, por fim, iv) de Vilanova, a presença da sanção também na norma primária, como expressão de pretensão material, carente de eficácia coercitiva, e que também reclama, caso descumprida, a aplicação da norma secundária.

14. A divisão do sistema do direito positivo em ramos autônomos é realizada apenas para fins didáticos, resultante de um processo de especialização do Direito, para disciplinar relações semelhantes e conexas entre si diante da multiplicidade heterogênea das condutas intersubjetivas.

15. A natureza jurídica da sanção decorre da natureza do ilícito que lhe é pressuposto e este qualifica-se, juridicamente, em razão da natureza jurídica da norma que o veicula, identificada pela natureza da relação intersubjetiva por ela regulada. Por conseguinte, a sanção jurídica será tributária para os ilícitos tipificados na lei fiscal, reguladora da instituição, arrecadação e fiscalização dos tributos, disciplinando a relação jurídica entre sujeito passivo – titular do dever jurídico de recolher o tributo e cumprir os deveres instrumentais – e sujeito ativo – titular do direito subjetivo de exigir referidos deveres.

16. O reconhecimento da sanção tributária como de natureza penal não merece prosperar. A uma porque desprovida de características próprias do Direito Penal (reserva jurisdicional, ausência da responsabilidade objetiva e competência privativa da União para legislar sobre crimes). A duas porque a sanção penal objetiva punir, de forma imediata, o crime tributário praticado contra a sociedade como um todo que tem o direito de uma Administração incólume na sua estrutura e em seus bens (interesse público primário), enquanto que a sanção tributária visa a punir a violação do direito subjetivo da Administração receber os tributos e controlar, mediante

o cumprimento dos deveres instrumentais, o atendimento às obrigações tributárias (interesse público secundário). Igualmente, as sanções tributárias merecem autonomia didática relativamente àquelas de cunho administrativo por sujeitarem-se a um regime jurídico próprio, derivativo do *ius tributandi* do Estado. O Direito Tributário disciplina a relação entre Administração enquanto credora de tributos e administrado enquanto devedor tributário.

17. Aceitar a distinção da natureza jurídica dos ilícitos e suas sanções, em razão da natureza jurídica da norma violada, não implica negar a existência de uma Teoria Geral do Direito sancionatório, construída a partir dos dispositivos constitucionais, voltada a disciplinar o poder repressivo geral do Estado e cujos princípios gerais são comuns a todos os fatos lesivos, aplicando-os quando manifestada a potestade repressiva do Estado e adequando-os às especificidades das condutas reguladas.

18. O art. 113 do CTN peca no rigor analítico-semântico ao enunciar que a obrigação tributária principal tem como objeto "penalidade pecuniária". Não obstante as semelhanças de caráter pecuniário e procedimental entre tributo e sanção, à luz do art. 3º do mesmo diploma legal, o tributo jamais poderá constituir sanção decorrente de ato ilícito. O pagamento de tributo e o pagamento de penalidade pecuniária compreendem relações jurídicas distintas: a primeira, relação jurídica tributária (oriunda de fato lícito), situada na norma primária de incidência tributária e dimensionada de acordo com a grandeza econômica do evento; e a segunda, relação jurídica sancionatória (oriunda de fato ilícito), situada na norma primária sancionatória e dimensionada segundo a gravidade da infração.

19. A *sanção tributária*, em uma acepção ampla, pode ser definida como norma jurídica, relação jurídica e objeto prestacional da relação jurídica. Em sentido estrito, a sanção

tributária compreende a relação jurídica situada na proposição-tese da norma primária sancionatória, vinculando o sujeito ativo e sujeito passivo em torno da prestação (penalidade).

20. No plano teleológico das sanções tributárias, estas assumem natureza *preventiva* na medida em que, sob a ameaça de seus transtornos, servem de desestímulo à prática de infrações, atuando tanto sobre a sociedade como um todo (prevenção geral) quanto sobre o próprio contribuinte (prevenção específica) e, natureza *punitiva*, visando a reprimir a conduta infringente, sendo esta a finalidade por excelência das sanções.

21. O enunciado do art. 136 prescreve, como regra geral, que tanto a culpa como o dolo do responsável ou agente são prescindíveis para a responsabilidade, significando o termo "intenção", positivado pelo legislador, todo e qualquer aspecto da vontade e exigindo apenas o nexo de causalidade entre a conduta e o resultado;

22. São fatores que influem em favor da responsabilidade objetiva por infrações tributárias como regra geral: a) valorações subjetivas da conduta não vão ao encontro do interesse público buscado pelas normas tributárias, seja porque, a.1) diante da heterogeneidade e complexidade da região material das condutas, seria praticamente impossível apurar quais fatos levaram o sujeito a descumprir a prestação tributária, seja porque, a.2) sendo possível aduzir o desconhecimento da lei fiscal, a boa-fé na prática da conduta ou a ausência de condições econômico-financeiras para pagar o tributo, restaria obstaculizada a arrecadação dos tributos e, b) a culpabilidade (dolo e culpa), ínsita à responsabilidade penal, atrelada à pessoa humana e à consciência na prática de ilicitudes, não se revela adequada ao Direito Tributário, cujos comandos dirigem-se, em grande parte, às pessoas jurídicas;

AS SANÇÕES NO DIREITO TRIBUTÁRIO

23. A objetividade na fase da constatação da infração, isto é, na tarefa de verificar se a conduta transgressora de um dever tributário restou, materialmente, tipificada, subsumindo-se o evento ilícito ao fato infracional descrito na hipótese da norma primária sancionatória, não interfere, impreterivelmente, na graduação da relação sancionatória, prescrita no consequente normativo, cuja construção é passível de atenuações autorizadas pelo próprio ordenamento vigente, mediante a ponderação de valores envolvidos no caso concreto, à luz de princípios e regras ditadas pelo ordenamento (v.g. princípio da proporcionalidade, da individualização das "penas", equidade e o princípio do *in dubio pro reo*);

(CAPÍTULO 4 – OS PRINCÍPIOS CONSTITUCIONAIS E AS SANÇÕES NO DIREITO TRIBUTÁRIO)

24. Os princípios podem aparecer na forma de a) *enunciado* específico quando encontram suporte material em prescrições jurídicas pontuais (por exemplo: princípio da legalidade, art. 5º, II); b) *proposição* construída na nossa mente com base em um enunciado específico (por exemplo: princípio da irretroatividade, art. 5º, XXXVI) ou a partir do labor interpretativo sobre mais de um enunciado (por exemplo: princípio da segurança jurídica); ou na forma de c) *norma jurídica em sentido estrito*, com estrutura hipotético-condicional definida (por exemplo: princípio da anterioridade tributária, H – Se instituir ou majorar tributos, então deve ser C – proibida a sua cobrança no mesmo exercício financeiro).

25. O termo *princípio* comporta as seguintes significações: a) como norma jurídica de posição hierárquica relevante e de forte caráter axiológico; b) como norma jurídica de posição hierárquica relevante que estabelece limites-objetivos; c) como valor inserto em regra jurídica de forte hierarquia; ou d) como limite-objetivo estipulado em regra de

alta hierarquia. Independentemente da significação que lhe for atribuída, o princípio, situado em patamar hierárquico privilegiado no ordenamento, influi na construção, estruturação e aplicação de todas as unidades normativas.

26. Os "sobreprincípios" constituem normas jurídicas que são construídas a partir da conjunção de outros valores ou limites-objetivos positivados no ordenamento.

27. Se princípio é norma jurídica, não há que falar em sobreposição de princípios às regras e o contrário também vale. O aplicador do Direito, ao produzir a norma individual e concreta, aplica uma regra em detrimento de outra, mediante um ato valorativo. Na tarefa de dirimir o conflito entre princípios, alojados no mesmo nível sintático-hierárquico do ordenamento jurídico, realiza-se um ato de valoração das normas principiológicas, buscando preservar ao máximo os princípios conflitantes e o bem jurídico tutelado.

28. A Constituição Federal cumpre papel de norma da mais alta hierarquia, servindo as regras ali positivadas de fundamento de validade a todas as normas jurídicas, condicionando a atuação do Poder Público em suas funções estatais: o Poder Legislativo, o Poder Executivo e o Poder Judiciário.

29. Os princípios constitucionais, enquanto regra de alta conotação axiológica da Carta Republicana, servem de diretriz e de fundamento às outras regras pertencentes à ordem posta, e, via de consequência, o exame e a solução de qualquer questão jurídica devem ser conduzidos tendo em conta as prescrições principiológicas, a fim de verificar se as normas que regulam o dado-fato estão em consonância com a Ordem Suprema.

30. Embora assumam naturezas jurídicas diferentes, os ilícitos fiscais aproximam-se dos ilícitos penais em razão de

sua identidade ontológica e das consequências jurídicas a eles imbricadas assemelharem-se no aspecto teleológico, emanando uma sujeição simultânea de ambos a *princípios comuns da repressão, construídos a partir da Constituição Federal*. A permeabilidade do Direito Tributário sancionador a princípios gerais da repressão decorre do próprio regime jurídico-constitucional, cuja observância faz-se imperativa sempre que aplicada qualquer sanção como consequência da prática de um ilícito, sob pena de restringir a ampla proteção constitucional contra o *ius puniendi* ao âmbito da aplicação das regras de Direito Penal e, por conseguinte, prover o legislador tributário de extensos poderes para a imposição de sanções.

31. O primado da *segurança jurídica* é um valor de sobrenível por excelência, uma vez que realiza-se por meio da aplicação de outros princípios, tais como, a coisa julgada, a legalidade, a irretroatividade e a anterioridade. Visa, em última análise, a conferir previsibilidade aos efeitos jurídicos decorrentes da aplicação das regras sobre as condutas humanas.

32. A legislação tributária determina a observância dos princípios da legalidade e da tipicidade no exercício do poder impositivo-fiscal. O *princípio da legalidade* determina que somente à lei cabe estabelecer a cominação de sanções para as infrações nela definidas, e, por decorrência lógica, os enunciados prescritivos que correspondem à norma geral e abstrata, com base na qual produziu-se a norma individual e concreta sancionatória, devem estar apontados no Auto de Infração e Imposição de Multa (fundamentação jurídica). O *princípio da tipicidade* determina que a lei especifique de maneira clara e inequívoca os elementos descritores do fato "infração" e os dados prescritores da relação jurídica sancionatória, permitindo, com isso, aferir, no caso concreto, se o conceito do *fato jurídico ilícito* subsumiu-se completamente ao conceito do *fato ilícito da*

hipótese normativa. Daí porque os motivos que deram origem ao ato administrativo constitutivo da infração e veiculador da sanção devem estar descritos de maneira clara (motivação) e comprovados por meio de provas (justificação fáctica), com o fito de permitir ao contribuinte aferir, com segurança e certeza, o gravame a que está sujeito.

33. No campo das penalidades tributárias, o tratamento *isonômico* e *justo* torna-se mais efetivo quando elenca-se, na lei, fatos distintivos que atendam às especificidades das hipóteses sujeitas à aplicação de penalidades, as quais, por sua vez, serão graduadas segundo essas especificidades. Achando-se, porém, os destinatários das normas jurídicas em situações distintas e ausentes, na norma geral e abstrata, critérios discriminatórios para disciplinar as particularidades fácticas do ilícito, vislumbra-se a importância do aplicador, na edição da norma individual e concreta, de graduar a sanção proporcional à infração praticada, realizando os valores da isonomia e da justiça.

34. Os princípios da *individualização das penas* (art. 5º, inciso XLVI, da CF) e da *equidade* (art. 108, IV, CTN) cumprem papel instrumental indispensável na realização dos sobrevalores da justiça e da igualdade, pois determinam que a dosimetria da sanção não seja necessariamente aquela padronizada em lei, mas afinada à concreção objetiva e subjetiva do dado empírico "infração tributária", correspondendo às expectativas do ordenamento jurídico em sua integralidade.

35. A individualização das sanções e o recurso à equidade não estão situados em polo diametralmente oposto ao da segurança jurídica, pois delimitar parâmetros na cominação das sanções, orientando a atividade do legislador infraconstitucional, prima também pela segurança nas relações intersubjetivas. Quanto mais o legislador buscar, no nível normativo geral e abstrato, a individualização criteriosa das infrações,

cominando-lhes sanções a elas ajustadas, exigir-se-á menos recurso à equidade e maior será a conquista no campo da segurança jurídica.

36. O *princípio da capacidade contributiva* funciona como um medidor da carga tributária a recair sobre determinado contribuinte, sem aplicação no campo das sanções tributárias. Na relação tributária, o valor da prestação (*quantum* do tributo) há de ser calculado na dimensão econômica do fato lícito, à luz da capacidade contributiva. Na relação sancionatória, o valor da prestação (a multa pecuniária) deve ser calculado na proporção do fato ilícito, segundo a gravidade da infração. A base de cálculo deve mensurar sempre o fato descrito no suposto normativo: o fato lícito na norma de incidência tributária e o fato ilícito na norma sancionatória.

37. O *princípio do devido processo legal* (art. 5°, incisos LIV e LV, da CF) é interpretado sob duas vertentes axiológicas: (i) o *devido processo legal adjetivo* (ou formal), do qual derivam a *ampla defesa* e o *contraditório*, está intrinsecamente associado à forma em que o processo deve ser estruturado, atendendo a uma série de requisitos procedimentais que permitam ao julgador decidir com imparcialidade, segundo as provas e as alegações apresentadas, em igualdade de condições, pelas partes no processo e (ii) o *devido processo legal substantivo* (ou material), inerente ao Estado de Direito, é decorrência lógica da estrutura dos direitos e garantias fundamentais assegurados na Constituição, determinando que não basta apenas salvaguardar o aspecto procedimental nas decisões jurídicas, pois deve-se primar também pelo direito material do contribuinte de modo que o conteúdo da norma jurídica esteja ajustado aos princípios constitucionais. Sob essa perspectiva substantiva, ao Poder Judiciário impõe-se, no exame processual, a ponderação de valores e interesses que foram, antes, pesados pelo Poder Legislativo e pelo Poder Executivo na produção

de decisões jurídicas, conformando-as, eventualmente, a uma interpretação mais adequada aos preceitos constitucionais.

38. O *princípio da proporcionalidade*, cujo fundamento jurídico-positivo encontra-se no devido processo legal substantivo, enunciado no art. 5º, LIV, da CF, almeja que nenhum ato estatal restrinja direitos de forma desproporcional, sujeito, por conseguinte, ao exame da *adequação*, da *necessidade* e da *proporcionalidade em sentido estrito*. Na cominação de sanções tributárias, a proporcionalidade impõe uma sanção *adequada* para promover a finalidade pretendida – prevenir e punir infrações –, e *necessária* para assegurar, eficazmente, o direito violado, sacrificando, ao menor custo, os bens jurídicos do sujeito passivo. E, ainda que a sanção seja adequada (compatibilidade entre meios e fins) e necessária (mais eficaz e menos onerosa dentre as possíveis alternativas), a sanção deve obedecer à *proporcionalidade em sentido estrito*, visto que as causas que deram ensejo à censura (a realização de um direito) devem ter relevância suficiente para justificar a restrição do direito atingido, sob pena da sanção restringir mais os direitos do que efetivamente promovê-los (ponderação entre as vantagens dos meios e as desvantagens dos fins).

39. Em termos técnico-jurídicos, a proporcionalidade não se identifica com a razoabilidade, por esta corresponder tão-somente a um dos subprincípios daquela, especificamente ao requisito da adequação, não se revelando, portanto, um instrumento tão rigoroso quanto à proporcionalidade, cujos requisitos de adequação, necessidade e proporcionalidade em sentido estrito permitem um exame mais atilado e racional do caso concreto.

40. Na esfera das infrações e sanções tributárias, não se cogita da aplicação do art. 150, inciso IV, da Magna Carta, seja porque o texto constitucional expressamente determinou

que a vedação ao confisco constitui uma limitação ao poder estatal na instituição e cobrança de tributos, cuja ontologia (derivar de licitudes) não se identifica com a das sanções (deriviar de ilicitudes), seja pelo próprio aspecto teleológico das sanções – desestimular e punir condutas contrárias à lei.

41. A supremacia do interesse público sobre o do particular que age com finalidades ilícitas justifica, em casos extremos, a aplicação de multa severa, ainda que subtraia o patrimônio de forma confiscatória, sob pena de fomentar a impunidade em detrimento da arrecadação feita em prol da coletividade. No entanto, a multa com efeito de confisco será inconstitucional quando ultrapassar os limites do princípio da proporcionalidade, excedendo os parâmetros de gravidade da infração.

42. Não há uma fórmula certa e infalível para caracterizar uma multa confiscatória e seu respeito à proporcionalidade, tendo em vista a variedade de formas e percentuais para o cálculo das sanções pecuniárias e a heterogeneidade dos suportes fácticos ocorridos no plano fenomênico que demarcam as infrações tributárias. A aferição de uma multa com efeito de confisco e sua proporcionalidade é muito mais segura para o sujeito passivo quando analisadas as peculiaridades do caso concreto.

43. O *princípio da presunção de inocência* determina que todo contribuinte ao qual o Fisco imputou a prática de um ilícito, lavrando o competente Auto de Infração, presume-se *inocente* até que comprovada, definitivamente, a ilicitude. Entrelaçado a este princípio desponta o princípio *in dubio pro reo*, uma vez que, quando a Constituição Federal erigiu a presunção de inocência à garantia constitucional, concedeu ao acusado o benefício da dúvida. Não é diferente a previsão do art. 112, inciso IV, do CTN, segundo o qual, diante da dúvida sobre a sanção cabível e da sua graduação, a incerteza

acerca da aplicação da norma sancionatória geral e abstrata sobre o caso concreto impede sua interpretação em prejuízo ao contribuinte acusado. Pelo contrário, impõe a construção da norma individual e concreta sancionatória que seja-lhe mais favorável, adaptada às circunstâncias objetivas e subjetivas do caso concreto.

(CAPÍTULO 5 – CLASSIFICAÇÃO E ESPÉCIES DE SANÇÕES TRIBUTÁRIAS)

44. Edificamos a classificação das sanções tributárias decorrentes do descumprimento da obrigação de pagar tributo ou da inobservância dos deveres instrumentais, adotando como critério classificador o seu caráter pecuniário, dividindo-as, com isso, nas seguintes subclasses: a das *sanções tributárias pecuniárias* (multas) e a das *sanções tributárias não pecuniárias* (conhecidas como sanções restritivas de direitos ou interventivas).

(sanções tributárias não pecuniárias)

45. A caracterização das *sanções políticas* pressupõe, cumulativamente, a presença dos seguintes elementos: (i) forma "coercitiva" da Administração Fazendária exigir do contribuinte o cumprimento da obrigação tributária principal (pagamento do tributo), em afronta ao devido processo legal e (ii) limitação ou ofensa a direito fundamental, notadamente ao direito à propriedade, à liberdade de trabalho e/ou ao livre exercício da atividade econômica.

46. As sanções políticas revelam-se inconstitucionais por desatendimento, em grande parte, ao subprincípio da proporcionalidade em sentido estrito. Sem dúvida, a medida punitiva de cunho político é adequada e necessária, uma vez que, respectivamente, promove o objetivo previsto pela norma sancionatória, consistente em evitar a prática de infrações tributárias e punir as já praticadas, bem como nenhuma outra sanção material alternativa possuiria tamanha eficácia

sobre os contribuintes. Contudo, mediante o sopesamento racional que a proporcionalidade em sentido estrito exige, verificar-se-á que a sanção política é desproporcional, porquanto, ponderando valores positivados no texto constitucional, não há como deixar de privilegiar princípios tão caros ao contribuinte, como o devido processo legal adjetivo, a liberdade profissional, a livre iniciativa e a propriedade privada, ainda que tal decisão venha a resultar em uma menor arrecadação tributária. Por mais reprovável que seja a conduta de um contribuinte, violadora do direito subjetivo do sujeito ativo de cobrar tributo, uma ilicitude não legitima a prática de medidas que mais visam a restringir direitos do que efetivamente fomentá-los.

47. A legislação tributária prevê procedimentos próprios para a persecução da dívida fiscal, a qual goza de certas prerrogativas, dispondo o sujeito ativo de diversos instrumentos eficientes para a cobrança do débito tributário, quais sejam: (i) lavratura do Auto de Infração; (ii) inscrição do débito na Dívida Ativa do ente tributante; (iii) garantias e privilégios do crédito tributário (arts. 183 e ss. do CTN) e (iv) ajuizamento de Execução Fiscal.

48. No curso da construção jurisprudencial sobre as sanções políticas, o Supremo Tribunal Federal conferiu ao instituto novas delimitações em nível semântico e pragmático, não caracterizando hipótese de sanção política, ainda que a medida configure meio coercitivo de cobrança de tributos, se as restrições à atividade econômica objetivam combater a prática desenfreada e contínua de infrações tributárias, dando lugar à situação típica de concorrência desleal. A orientação jurisprudencial não procede, uma vez que não cabe à Administração Fazendária combater práticas empresariais que configurem comportamento anticoncorrencial e, mesmo que, diante de inadimplemento tributário sucessivo e desenfreado, o sujeito ativo dispõe de meios legítimos para exigir os deveres, lembrando aqui a função típica do Poder Judiciário.

49. O *protesto da Certidão de Dívida Ativa*, não figurado como instrumento formal a ser observado na cobrança de dívidas tributárias, tendo em vista não encontrar previsão na Lei de Execução Fiscal, e o fato deste título extrajudicial já gozar de presunção de certeza e liquidez, constitui providência irrazoável da Administração Fazendária, uma vez que protestar a CDA não obedece a relação entre o meio adotado (protesto do título) e a finalidade objetivada pela norma instituidora do protesto (servir como prova oficial de recusa de pagamento). A Administração, ao fazer uso desse recurso inadequado, acaba por infligir mais transtornos ao contribuinte, almejando, em última análise, coagir indiretamente o sujeito passivo a recolher o débito tributário constante do título protestado.

50. A *consulta prévia ao CADIN*, tal como o Serviço de Proteção ao Crédito (SPC) no âmbito do direito privado, funciona como instrumento de caráter informativo, à disposição do Estado, sobre todos os créditos não quitados do setor público federal para que seus órgãos possam avaliar e decidir, rigorosa e seletivamente, sobre a celebração de relações jurídicas com a iniciativa privada que envolvem recursos públicos. Trata-se de um dever de cautela imposto ao administrador para proteger interesses públicos, mediante avaliação prévia da idoneidade econômico-financeira do particular.

51. À luz da Constituição de 1988, a sanção tributária de *perdimento de bens* deve ser conformada à garantia do devido processo legal, conferindo oportunidade ao contribuinte de impugná-la, instaurando processo administrativo com os recursos a ele inerentes, na forma do contraditório e da ampla defesa. Daí porque o regime de autoexecutoriedade aplicado às penalidades de perdimento, bem como o julgamento administrativo realizado em única instância não encontram respaldo no Direito posto.

52. Quando a legislação prevê a sanção de perda de *mercadorias* em decorrência de infrações que causem *dano ao Erário*, a norma primária sancionatória tem como pressuposto material a ocorrência efetiva de dano financeiro ao Erário, alcançando apenas bens destinados à operação de compra e venda, do contrário é exceder os limites semânticos da norma.

53. A *sanção de apreensão de bens* apenas está autorizada (i) até a comprovação da posse legítima daquele que a transporte, isto é, até a prova do respectivo título de propriedade e da ausência de produtos ilícitos e (ii) diante de infrações submetidas à sanção de perdimento de bens. Na primeira hipótese, a apreensão corresponde à retenção temporária decorrente do *poder de polícia* sobre as atividades dos particulares, a fim de averiguar eventuais irregularidades. Procedidas as diligências de conferência de bens e documentos, comprovando-se a posse legítima, e colhidas as informações para eventual lavratura de Auto de Infração e imposição de multa, a apreensão não tem mais respaldo, devendo a cobrança do crédito realizar-se por meio de procedimento administrativo ou de processo judicial.

54. O direito à obtenção de CND está assegurado pela Constituição Federal (art. 5º, inciso XXXIV, 'b'), de tal sorte que eventual recusa, pela Administração, em expedi-la deverá ser justificada, relacionando a natureza e a origem do(s) débito(s) constituído(s), bem assim o(s) respectivo(s) valor(es);

55. A prova de *quitação de tributos* faz-se mediante a apresentação de CND, atestando *ausência* de pendências tributárias em relação a determinado contribuinte, ao passo que a prova de *regularidade fiscal* poderá ser feita por meio tanto da CND como também através da CPD-EN, que, por sua vez, atesta existência de débitos, porém, com a respectiva

exigibilidade suspensa. Empreendida tal distinção, afere-se que a prova de quitação fiscal condicionando atos jurídicos não encontra abrigo na vigência da Constituição de 1988, a qual assegura ao contribuinte o direito de recorrer ao Poder Judiciário diante de lesão ou ameaça de lesão de direito e a observância do devido processo legal.

56. A Carta Constitucional, em diversos dispositivos, confere à pessoa jurídica de direito público o direito subjetivo de definir, em lei, os requisitos para contratações com o Poder Público, dentre os quais inclui-se a prova de regularidade fiscal. A prova de regularidade fiscal, nessas hipóteses, está respaldada na supremacia do interesse público sobre os interesses privados, uma vez que averiguar a capacidade econômica do interessado para cumprir o objeto da contratação não só consagra os princípios basilares da atividade pública (legalidade, impessoalidade, moralidade, eficiência, probidade administrativa e continuidade do serviço público), como também imprime maior segurança jurídica à decisão a ser proferida pelo órgão administrativo licitante.

57. Não obstante válida a exigência de certidões negativas para a prática de atos jurídicos com o Poder Público, ela deve seguir os parâmetros da proporcionalidade em detrimento do rigorismo formal, especialmente se tivermos em conta que o procedimento licitatório busca, em última instância, eleger efetivamente a melhor oferta disponível no mercado. Assim, comprovado que o valor do débito certificado não irá comprometer a idoneidade econômico-financeira da empresa, demonstrando o particular aptidão para cumprir o objeto licitatório, então o estado de irregularidade fiscal não poderá impedir o exercício regular da atividade econômica.

58. No âmbito do direito privado, a exigência de CND não merece prosperar. Ainda que os particulares, ao convencionarem

entre si, possam exigir a apresentação de certidões na medida em que são livres para estabelecer as condições para contratar, à lei não é dado interferir nesta manifestação volitiva. Se um particular, ciente dos débitos da outra parte, quer contratar, a autonomia da vontade deve aqui prevalecer.

59. O regime especial de controle e fiscalização consiste numa sanção multiface, passível de estarem nele inseridas diferentes penalidades restritivas de direitos e justificada pelo desrespeito reiterado da legislação tributária, pelo simples indício de infrações tributárias ou, ainda, pela suspeita de crimes contra a ordem tributária, conforme previsto na lei. Com a sua aplicação, o contribuinte fica submetido a regime de fiscalização diferenciado, apurando tributos e procedendo a deveres instrumentais com condições e critérios específicos, distintos daqueles aplicados, genericamente, aos demais contribuintes. A imposição de um regime especial não se compadece com a Constituição Federal, revelando verdadeira sanção política, uma vez que (i) referido regime sancionatório, marcado pela vigilância fiscal permanente e ostensiva sobre o contribuinte, acaba por afetar o desenrolar natural da atividade empresarial e do livre ofício profissional; (ii) o sujeito ativo dispõe de instrumentos suficientes para fiscalizar e cobrar deveres tributários e, por fim, (iii) a vaguidade presente na lei que institui o regime especial entrega ao arbítrio da autoridade fiscal estabelecer, por meio de ato administrativo, o cabimento e as especificidades do regime.

(sanções tributárias pecuniárias)

60. *Indenização* não se confunde com *sanção*. Na norma indenizatória, o antecedente contempla a exigência de um dano, e a relação jurídica, situada no consequente, é dimensionada na exata proporção deste dano, recompondo o patrimônio lesado. A norma sancionatória, por sua vez, prescreve uma penalidade precedida por uma ilicitude,

sem a pretensão de pré-avaliar o exato prejuízo causado, mas com a finalidade de punir a conduta ilícita.

61. As multas no Direito Tributário exprimem um ônus a mais, de cunho punitivo, a ser arcado pelo sujeito passivo que transgrediu a norma primária tributária, não vislumbrando feição indenizatória, uma vez que (i) não são dimensionadas na exata proporção do dano causado, *i.e.*, sua quantificação não reflete a efetiva lesão aos cofres públicos, a qual servirá como critério medidor da gravidade da infração e (ii) não substituem a obrigação principal, pelo contrário são sempre exigidas junto com o tributo no caso de descumprimento da RMIT.

62. Desenhando a *regra-matriz da incidência da multa de mora* (RMIMM) – aplicável em decorrência do adimplemento tardio –, temos, no ANTECEDENTE, i) *critério material*: pagar o tributo após o decurso do prazo de vencimento; ii) *critério temporal*: termo final do prazo de vencimento para o adimplemento do débito tributário; iii) *critério espacial*: lugar do pagamento e, no CONSEQUENTE, iv) *critério pessoal*: sujeito ativo – titular do direito subjetivo violado de exigir o tributo – e sujeito passivo – titular do dever jurídico descumprido de pagar o tributo; v) *critério quantitativo*: base de cálculo – valor do tributo adimplido em atraso e, alíquota – percentagem aplicada ao dia ou ao mês ou ao ano (conforme período estabelecido em lei) sobre a base de cálculo, sujeita ao limite percentual legalmente fixado; ou, ainda, valores fixos.

63. Desenhando a *regra-matriz da incidência da multa de ofício* (RMIMO) – aplicável em decorrência do não pagamento do tributo, do descumprimento de dever instrumental e da prática de infrações subjetivas assim qualificadas pelo não pagamento doloso do tributo ou pelo descumprimento doloso de dever instrumental –, temos, no ANTECEDENTE, i) *critério material*: não pagar (ou não pagar dolosamente) o

tributo ou descumprir (ou descumprir dolosamente) o dever instrumental; ii) *critério temporal*: átimo em que ocorreu o inadimplemento; iii) *critério espacial*: lugar em que ocorreu o inadimplemento; e, no CONSEQUENTE, iv) *critério pessoal*: sujeito ativo – titular do direito subjetivo de exigir a multa mediante a lavratura do Auto de Infração; e sujeito passivo – titular do dever jurídico de pagar a multa constituída por meio de ato administrativo; v) *critério quantitativo*: base de cálculo – valor do tributo inadimplido ou valor da base de cálculo do próprio tributo e, alíquota – percentagem aplicada sobre a base de cálculo; ou, ainda, valores fixos.

64. A *multa de ofício* é a expressão que indica o procedimento administrativo *ex officio* de incidência da norma. É referência ao processo de produção da norma sancionatória individual e concreta, que é o Auto de Infração. A multa denominada de ofício também é fruto da mora, porém, costuma intitular-se *multa de mora* aquela devida no adimplemento tardio do débito tributário pelo contribuinte, sendo que, permanecendo inerte o sujeito passivo, a denominada *multa de ofício*, prevista na lei de forma mais gravosa, substitui a chamada *multa de mora*.

65. A eficácia técnico-sintática das RMIMM e RMIMO fica comprometida diante da produção de efeitos de outras normas, como as regras que dispõem sobre as causas de suspensão da exigibilidade do crédito, a denúncia espontânea e a consulta tributária, por exemplo.

66. Dentre as multas de ofício, temos a *multa isolada*, usualmente, denominada como a sanção pecuniária cuja exigência não é acompanhada da cobrança do valor devido a título de tributo e empregada para fazer referência às penalidades previstas para o descumprimento dos deveres instrumentais. Há também a *multa qualificada* e *multa agravada*, que, como o próprio nome revela, pressupõe,

respectivamente, um qualificativo e um agravante na situação fáctica ensejadora da sanção pecuniária.

67. Na base de cálculo da norma primária sancionatória, alojada no critério quantitativo do consequente normativo, identificam-se as seguintes funções: (i) a *função mensuradora*, servindo para medir a gravidade da infração tributária – núcleo factual do antecedente normativo; (ii) a *função objetiva*, determinando o valor específico da multa cominada ao sujeito passivo; e (iii) a *função comparativa* com o escopo de verificar se, ao eleger a base de cálculo da sanção pecuniária, o legislador observou o aspecto material descrito no antecedente da norma primária sancionatória, *i.e.*, o dever descumprido.

68. Na norma primária sancionatória, há incompatibilidade entre o enunciado da hipótese no antecedente e o enunciado da base de cálculo no consequente quando o legislador elege a base de cálculo do próprio tributo para compor o critério quantitativo. É inconcebível a aplicação de multas fiscais calculadas com base na dimensão econômica do fato jurídico tributário, pelos seguintes motivos: (a) as multas devem ser dimensionadas de acordo com a gravidade da infração, não em razão do êxito econômico do fato gerador da obrigação tributária, o qual serve de suporte para fixar a base de cálculo da RMIT; (b) a relação tributária não se confunde com a relação sancionatória, de modo que, dada a função mensuradora da base de cálculo, esta deve medir o fato lícito na RMIT e o fato ilícito na norma sancionatória. Do contrário, a multa transformaria-se em instrumento de arrecadação.

69. De uma maneira geral, no que tange ao descumprimento da conduta prescrita no consequente da RMIT, a gravidade da infração afere-se, diretamente, pelo *quantum* de tributo que deixou de ser recolhido aos cofres públicos. Já a gravidade da infração formal deverá ser medida em função

das dificuldades enfrentadas pelo Fisco na atividade de fiscalizar e arrecadar o tributo. Daí porque a relevância do dever instrumental no papel de permitir ao Fisco aferir a ocorrência do fato jurídico tributário, a respectiva dimensão econômica e, por conseguinte, a exatidão do valor recolhido aos cofres públicos, influirá na gravidade de seu descumprimento e, por conseguinte, na fixação das multas respectivas.

70. No intento de fornecer subsídios e delimitar diretrizes para a aplicação e graduação das sanções instrumentais à luz da proporcionalidade, demarcamos suportes fácticos para a dimensão econômica da relação formal-sancionatória, sem a pretensão de exaurir outros afinados ao caso concreto: (i) nas hipóteses de mero descumprimento de dever instrumental, cuja ausência formal não impede o Fisco de tomar conhecimento de eventos tributários e de aferir a correta dimensão econômica respectiva, a ilicitude deve ser sancionada mediante valores fixos; (ii) nas hipóteses em que o descumprimento de dever instrumental impede o Fisco de conhecer o evento tributário e seu aspecto dimensível, ou quando acompanhada esta infração formal do inadimplemento efetivo do tributo, ou quando comprovada a intenção dolosa por parte do sujeito passivo de burlar a fiscalização, a sanção pecuniária pode ser calculada sobre o valor do tributo. Assim, admite-se a imposição de multas formais calculadas sobre o valor do tributo quando a falta ou a erronia das informações prestadas pelo sujeito passivo à Administração Fazendária estão, intimamente, relacionadas com os embaraços e os obstáculos ao ato fiscalizatório e, por conseguinte, com o não pagamento do tributo ou a sua insuficiência, em detrimento da arrecadação.

71. A multa isolada instituída na Lei nº 12.249/2010, com a redação dada pela Lei nº 13.097/2015, derivada da não homologação da declaração de compensação, não merece

vingar no nosso ordenamento jurídico, pelos seguintes motivos: (i) a hipótese de incidência da multa isolada é demasiadamente genérica, abrangendo qualquer pedido de compensação, incluindo a não homologação por meras interpretações dissonantes acerca da lei tributária, a decorrente da existência de erros formais ou da falta de provas que demonstram o direito creditório; nestes casos, a multa isolada não é aplicada em decorrência de ilicitude, o que se verificaria nos casos de compensação não declarada ou nas hipóteses de compensação não homologada quando comprovada a falsidade do pedido; (ii) a simples ameaça de imposição de multa isolada obstaculiza o exercício do direito, assegurado ao sujeito passivo, de compensar créditos na esfera administrativo-federal, nos moldes do art. 170 do CTN e 74, *caput*, da Lei nº 9.430/96, uma vez que a lei impõe ao contribuinte a prévia autorização fazendária por meio do procedimento específico da PER-DCOMP e, por fim, (iv) admitir a subsistência dessa multa no ordenamento é também aceitar a aplicação de penalidades para todos os casos em que a parte exerça seu direito de petição, inclusive quando exerce seu direito de ação, porém o Estado-juiz julga improcedente seu pleito.

72. Relativamente à multa isolada, prevista no art. 44, inciso II, *b*, da Lei nº 9.430/96, decorrente da não antecipação de valores mensais por estimativa pela pessoa jurídica submetida ao regime de tributação pelo lucro real, deixamos aqui nossas considerações conclusivas: (i) o dever de antecipar valores por bases de cálculo estimadas configura dever instrumental, ao passo que o pagamento do tributo, apurado no final do ano-calendário, se caracteriza como a obrigação tributária principal, extintiva do crédito tributário; (ii) a aplicação do princípio da consunção, aplicado pelo CARF diante do cúmulo da multa isolada e multa de ofício, fazendo com que esta, por reprimir ilícito-fim, absorva aquela repressora do ilícito-meio, não serve aos

seus propósitos no Direito Tributário. Isso porque, além da obrigação tributária principal e os deveres instrumentais receberem tratamento autônomo pelo legislador tributário, inclusive quando descumpridos, a absorção poderá punir de forma mais gravosa o contribuinte que apenas descumpriu um dever formal (infração-meio) relativamente àquele que incorreu nessa infração e também na infração pelo desatendimento à RMIT (infração-fim); e (iii) não obstante as multas isolada e de ofício sancionarem ilícitos distintos, subsistindo a relação de adequação (compatibilidade entre meio e fim) de forma independente, nada impede que o aplicador conforme a relação sancionatório-formal às particularidades fácticas, fazendo o juízo da *necessidade*. À luz desse subprincípio da proporcionalidade, o julgador, verificando que a infração formal não repercutiu substancialmente na órbita do tributo, pode decidir por uma sanção pecuniária menos onerosa, porém tão eficaz, reduzindo a multa de 50% prevista no art. 44, inciso II, alínea *b*, da Lei nº 9.430/96 e quantificando-a ajustada ao caso concreto.

73. Os *juros de mora*, tais como as sanções pecuniárias e a *correção monetária*, consubstanciam objeto prestacional da relação jurídica que tem como pressuposto a infração tributária. Os juros, no Direito Tributário, não assumem natureza sancionatória, pois sua valoração é a mesma para infrações objetivas e subjetivas, independendo da gravidade do ilícito tributário. O próprio Código Tributário Nacional, nos arts. 161 e 138, distingue os juros de mora das sanções pecuniárias. Os juros também não se confundem com indenização, porquanto desservem para recompor o dano ao Erário, não refletindo seu valor a lesão efetivamente causada.

74. Os *juros de mora* no Direito Tributário visam a *remunerar* as prestações de caráter pecuniário não realizadas no tempo/espaço delimitados, em favor do credor que foi

privado do valor que lhe era devido e não o recebeu, sem qualquer relação dimensível com eventuais danos efetivamente causados ao Erário, tampouco com a gravidade da infração tributária.

75. A correção monetária visa a atualizar o valor real da moeda nacional corroído pelo decurso do tempo inflacionário, garantindo seu poder aquisitivo. Nada acrescenta, apenas preserva o poder aquisitivo da moeda em vista às flutuações do sistema monetário.

76. Enfim, para os deslindes da relação sancionatório-pecuniária no Direito Tributário, é manifesta a distinção conclusiva: quem recompõe o patrimônio lesado é a indenização; quem sanciona (pune), sem preocupar-se com eventual lesão, é a sanção, graduada em função do grau de gravidade da conduta ilícita; quem remunera o credor que ficou privado do capital são os juros; e, por fim, quem atualiza o valor da moeda corroído pela inflação, preservando o seu poder de compra, é a correção monetária.

REFERÊNCIAS BIBLIOGRÁFICAS

ABBAGNANO, Nicola. *História da filosofia*. O neo-empirismo. v. XIV. Lisboa: Editorial Presença, 1969.

ADVOCACIA GERAL DA UNIÃO. Súmula 18. Publicada no DOU, Seção I, de 28/06, 1º/07 E 02/07/2002. Disponível em: < http://www.agu.gov.br/page/atos/detalhe/idato/9585>. Acesso em: 29 mar. 2015.

ALÃO, Antônio Armando de Avellar. Pena de perdimento na área aduaneira: Decisão em instância única. In: SCAFF, Fernando Facury (Coord.). *Direito tributário e financeiro aplicado*. São Paulo: Quartier Latin, 2010.

AREND, Márcia Aguiar; ZUFFO, Max. Regime especial de recolhimento do ICMS: Imposição justa e garantidora da igualdade dos contribuintes. *Revista Dialética de Direito Tributário*, São Paulo, Dialética, n. 82, p. 77-88, jul. 2002.

AMARO, Luciano. *Direito tributário brasileiro*. 13. ed. São Paulo: Saraiva, 2007.

ANDRADE FILHO, Edmar Oliveira. *Infrações e sanções tributárias*. São Paulo: Dialética, 2003.

ATALIBA, Geraldo. Curso de Especialização em Direito Tributário (Aulas e Debates). In: _____; CARVALHO, Paulo de Barros (Coords.). *VI Curso de Especialização em Direito*

Tributário – Notas taquigráficas das aulas e debates. v. II. São Paulo, Pontifícia Universidade Católica de São Paulo. São Paulo: Resenha Tributária, 1978.

_____. Elementos de direito tributário: notas taquigráficas. _____. (Coord.). III *Curso de Especialização em Direito Tributário* – Notas taquigráficas das aulas e debates. São Paulo, Pontifícia Universidade Católica de São Paulo. São Paulo: Revista dos Tribunais, 1978.

ÁVILA, Alexandre Rossato da S. Tributos lançados por homologação e certidão negativa de débito. In: PAULSEN, Leandro (Org.). *Direito tributário*: Certidões negativas de débito. Porto Alegre: Livraria do Advogado (ESMAFE), 1999.

BALEEIRO, Aliomar. *Direito tributário brasileiro*. Rio de Janeiro: Forense, 1990.

BARRETO, Paulo Ayres. *Contribuições. Regime jurídico, destinação e controle*. São Paulo: Noeses, 2006.

_____. *Imposto sobre a renda e preços de transferência*. São Paulo: Dialética, 2001.

BARROS, Flávio Pereira da Costa. Sanções políticas: uma nova vertente na jurisprudência constitucional brasileira? In: SILVA, Paulo Roberto Coimbra (Coord.). *Grandes temas do direito tributário sancionador*. São Paulo: Quartier Latin, 2010.

BARROSO, Luís Alberto. Os princípios da razoabilidade e da proporcionalidade no direito constitucional. *Revista de Direito Administrativo*, n. 214, p. XX–XX, 1998.

_____. *Interpretação e aplicação da constituição*. São Paulo: Saraiva, 1996.

BASTOS, Celso Ribeiro. *Curso de direito constitucional*. 22. ed. São Paulo: Malheiros, 2010.

BECCARIA, Cesare Bonesana. *Dos delitos e das penas*. 3. ed. Tradução de Lucia Guidicini e Alessandro Berti Contessa. São Paulo: Martins Fontes, 2005.

BECKER, Alfredo Augusto. *Teoria geral do direito tributário*. 5. ed. São Paulo: Noeses, 2010.

BOBBIO, Norberto. *Teoria geral do direito*. 3. ed. Tradução de Denise Agostinetti. São Paulo: Martins Fontes, 2010.

BORGES, José Cassiano; REIS, Maria Lúcia Américo dos Reis. Funções do CADIN e seus reflexos sobre a livre iniciativa. *Revista Dialética de Direito Tributário* RDDT, São Paulo, Dialética, n. 42, p. 62-79, mar. 1999.

BRASIL. Constituição da República Federativa do Brasil de 1988. Disponível em: <http://www.planalto.gov.br/ccivil_03/constituicao/Constituicao.htm#art100.>. Acesso em: 29 mar. 2015.

_____. Decreto-Lei nº 1.593, de 21 de dezembro de 1977. Altera a legislação do Imposto sobre Produtos Industrializados, em relação aos casos que especifica, e dá outras providências. Disponível em: <http://www.planalto.gov.br/ccivil_03/decreto-lei/del1593.htm>. Acesso em: 29 mar. 2015.

_____. Decreto-Lei 1.455, de 07 de abril de 1976. Dispõe sobre bagagem de passageiro procedente do exterior, disciplina o regime de entreposto aduaneiro, estabelece normas sobre mercadorias estrangeiras apreendidas e dá outras providências. Disponível em: < http://www.planalto.gov.br/ccivil_03/decreto-lei/del1455.htm>. Acesso em: 29 mar. 2015.

_____. Decreto nº 7.212, de 15 de junho de 2010. Regulamenta a cobrança, fiscalização, arrecadação e administração do Imposto sobre Produtos Industrializados - IPI. Disponível em: <http://www.planalto.gov.br/ccivil_03/_ato2007-2010/2010/decreto/d7212.htm>. Acesso em: 29 mar. 2015.

_____. Decreto nº 6.759, de 05 de fevereiro de 2009. Regulamenta a administração das atividades aduaneiras, e a fiscalização, o controle e a tributação das operações de comércio exterior. Disponível em: < http://www.planalto.gov.br/ccivil_03/_ato2007-2010/2009/decreto/d6759.htm>. Acesso em: 29 mar. 2015.

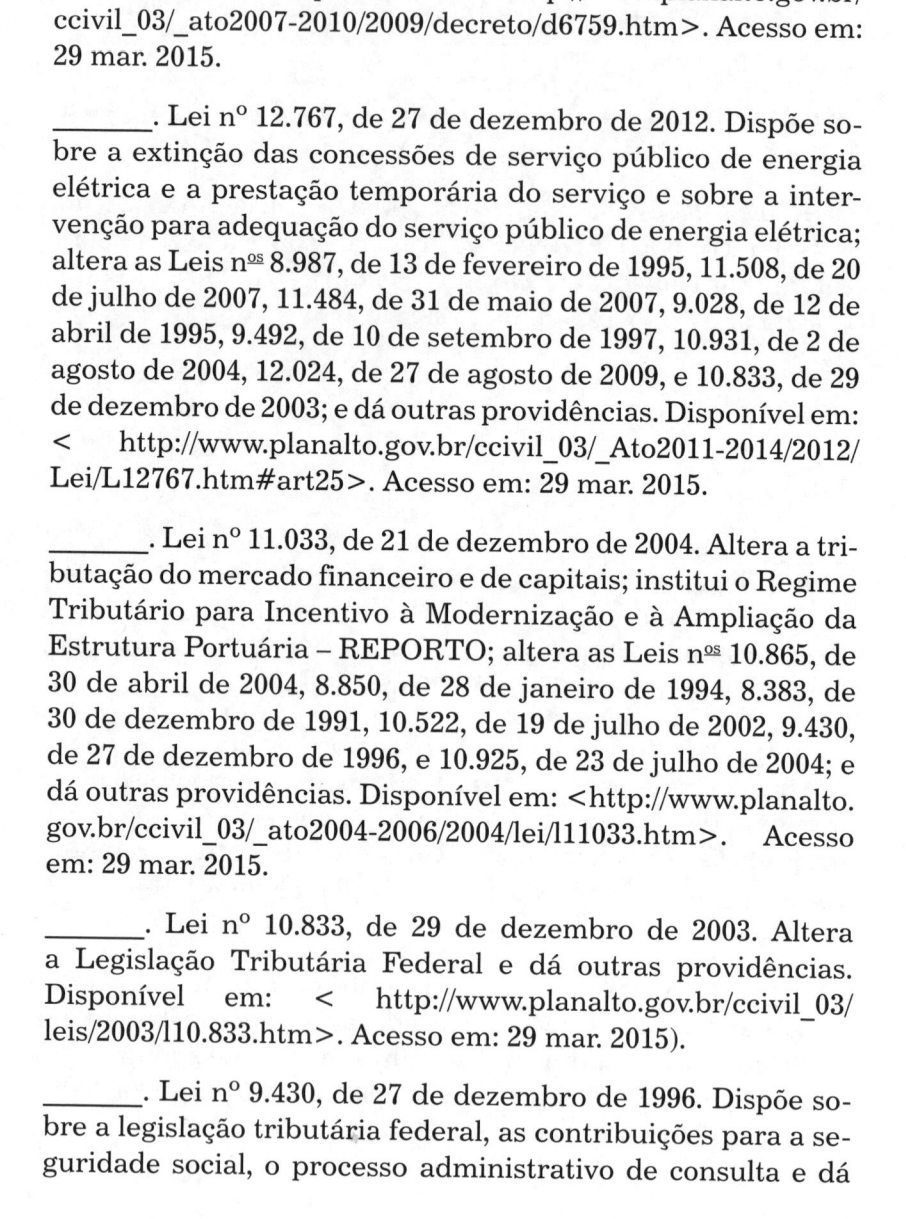

_____. Lei nº 12.767, de 27 de dezembro de 2012. Dispõe sobre a extinção das concessões de serviço público de energia elétrica e a prestação temporária do serviço e sobre a intervenção para adequação do serviço público de energia elétrica; altera as Leis nºs 8.987, de 13 de fevereiro de 1995, 11.508, de 20 de julho de 2007, 11.484, de 31 de maio de 2007, 9.028, de 12 de abril de 1995, 9.492, de 10 de setembro de 1997, 10.931, de 2 de agosto de 2004, 12.024, de 27 de agosto de 2009, e 10.833, de 29 de dezembro de 2003; e dá outras providências. Disponível em: < http://www.planalto.gov.br/ccivil_03/_Ato2011-2014/2012/Lei/L12767.htm#art25>. Acesso em: 29 mar. 2015.

_____. Lei nº 11.033, de 21 de dezembro de 2004. Altera a tributação do mercado financeiro e de capitais; institui o Regime Tributário para Incentivo à Modernização e à Ampliação da Estrutura Portuária – REPORTO; altera as Leis nºs 10.865, de 30 de abril de 2004, 8.850, de 28 de janeiro de 1994, 8.383, de 30 de dezembro de 1991, 10.522, de 19 de julho de 2002, 9.430, de 27 de dezembro de 1996, e 10.925, de 23 de julho de 2004; e dá outras providências. Disponível em: <http://www.planalto.gov.br/ccivil_03/_ato2004-2006/2004/lei/l11033.htm>. Acesso em: 29 mar. 2015.

_____. Lei nº 10.833, de 29 de dezembro de 2003. Altera a Legislação Tributária Federal e dá outras providências. Disponível em: < http://www.planalto.gov.br/ccivil_03/leis/2003/l10.833.htm>. Acesso em: 29 mar. 2015).

_____. Lei nº 9.430, de 27 de dezembro de 1996. Dispõe sobre a legislação tributária federal, as contribuições para a seguridade social, o processo administrativo de consulta e dá outras providências. Disponível em: < www.planalto.gov.br/ccivil_03/leis/l9430.htm>. Acesso em: 29 mar. 2015.

_____. Lei nº 8.884, de 11 de junho de 1994. Transforma o Conselho Administrativo de Defesa Econômica (CADE) em Autarquia, dispõe sobre a prevenção e a repressão às infrações contra a ordem econômica e dá outras providência. Disponível em: < http://www.planalto.gov.br/ccivil_03/leis/l8884.htm>. Acesso em: 29 mar. 2015.

_____. Lei nº 8.429, de 2 de junho de 1992. Dispõe sobre as sanções aplicáveis aos agentes públicos nos casos de enriquecimento ilícito no exercício de mandato, cargo, emprego ou função na administração pública direta, indireta ou fundacional e dá outras providências. Disponível em: < http://www.planalto.gov.br/ccivil_03/leis/l8429.htm>. Acesso em: 29 mar. 2015.

_____. Lei nº 4.502, de 30 de novembro de 1964. Dispõe Sôbre o Impôsto de Consumo e reorganiza a Diretoria de Rendas Internas. Disponível em: < http://www.planalto.gov.br/ccivil_03/leis/l4502.htm>. Acesso em: 29 mar. 2015.

_____. Portaria Conjunta PGFN/SRF nº 3, de 02 de maio de 2007. Dispõe sobre a prova de regularidade fiscal perante a Fazenda Nacional e dá outras providências. Disponível em: < http://sijut.fazenda.gov.br/netacgi/nph-brs?s1=P0000000032007050201$.CHAT.%20E%20PGFN.ORGA.&l=0&p=1&u=/netahtml/Pesquisa.htm&r=0&f=S&d=SIAT&SECT1=SIATW3>. Acesso em: 29 mar. 2015.

_____. Supremo Tribunal Federal. Súmula 70. Disponível em: < http://www.stf.jus.br/portal/cms/verTexto.asp?servico=jurisprudenciaSumula&pagina=sumula_001_100>. Acesso em: 29 mar. 2015.

_____. Supremo Tribunal Federal. Súmula 323. Disponível em: < http://www.stf.jus.br/portal/cms/verTexto.asp?servico=jurisprudenciaSumula&pagina=sumula_301_400>. Acesso em: 29 mar. 2015.

_____. Superior Tribunal de Justiça. Súmula 446. Publicada no DJe em 13/05/2010. Disponível em: <http://www.stj.jus.br/SCON/sumulas/toc.jsp?tipo_visualizacao=RESUMO&livre=%40docn&&b=SUMU&p=true&t=&l=10&i=71>. Acesso em: 29 mar. 2015.

CAIS, Cleide Previtalli. *O processo tributário*. 4. ed. São Paulo: Revista dos Tribunais, 2004.

CANARIS, Claus-Wilhelm. *Pensamento sistemático e o conceito de sistema na ciência do direito*. 4. ed. Tradução e introdução de A. Menezes Cordeiro. Lisboa: Fundação Calouste Gulbenkian, 2008.

CARRAZZA, Roque Antonio. *Curso de direito constitucional tributário*. São Paulo: Malheiros, 2010.

_____. *ICMS*. 12. ed. São Paulo: Malheiros, 2007.

CARRIÓ, Genaro R. *Notas sobre derecho y lenguaje*. 4. ed. Buenos Aires: Abeledo-Perrot, 1994.

CARVALHO, Aurora Tomazini de. *Curso de teoria geral do direito*. O Constructivismo lógico-semântico. São Paulo: Noeses, 2009.

CARVALHO, Paulo de Barros. *Breves considerações sobre a função descritiva da ciência do direito tributário*. Disponível em: <www.conjur.com.br>. Acesso em: 1 out. 2013.

_____.*Curso de direito tributário*. 23. ed. São Paulo: Saraiva, 2011.

_____. Tema IX – Cúmulo de multa isolada e multa de ofício – Estudo sobre as estruturas normativas e impossibilidade de cúmulo das multas isolada e de ofício, previstas na Lei n. 9.430/96. In: _____. *Derivação e positivação no direito tributário*. São Paulo: Noeses, 2011.

_____. *Curso de direito tributário*. 22. ed. São Paulo: Saraiva, 2010.

_____. *Direito tributário*: fundamentos jurídicos da incidência. 8. ed. São Paulo: Saraiva, 2010.

_____. Certidão negativa de débito: Inexigibilidade de CND para fins de registro da compra e venda de bem imóvel. *Revista de Estudos Tributários* RET, Porto Alegre, IOB, n. 66, p. 35-50, mar.-abr. 2009.

_____. *Direito tributário, linguagem e método*. São Paulo: Noeses, 2008.

_____. O papel discursivo dos princípios na retórica jurídico-tributária. *Revista de Direito Tributário* – RDT, São Paulo, Malheiros, n. 101, p. 11-19, 2008.

_____. IPI – Comentários sobre as regras gerais de interpretação da tabela NBM/SH (TIPI/TAB). *Revista Dialética de Direito Tributário* - RDDT, São Paulo, Dialética, n. 12, p. 42-60, 1998.

_____. A prova no procedimento administrativo tributário. *Revista Dialética de Direito Tributário* - RDDT, São Paulo, Dialética, n. 34, p. 104-116, jul. 1998.

_____. O princípio da segurança jurídica em matéria tributária. *Revista de Direito Tributário*, São Paulo, n. 61, p. 61-63, 1994.

_____. Curso de Especialização em Direito Tributário (Aulas e Debates). In: ATALIBA, Geraldo; CARVALHO, Paulo de Barros (Coords.). *VI Curso de Especialização em Direito Tributário* – Notas taquigráficas das aulas e debates. v. II. São Paulo, Pontifícia Universidade Católica de São Paulo. São Paulo: Resenha Tributária, 1978.

CEARÁ. Lei nº 12.670, de 30 de dezembro de 1996. Dispõe acerca do Imposto sobre Operações relativas à Circulação de Mercadorias e sobre Prestações de Serviços de Transporte Interestadual e Intermunicipal e de Comunicação - ICMS -, e dá outras providências. Disponível em: <http://www.al.ce.

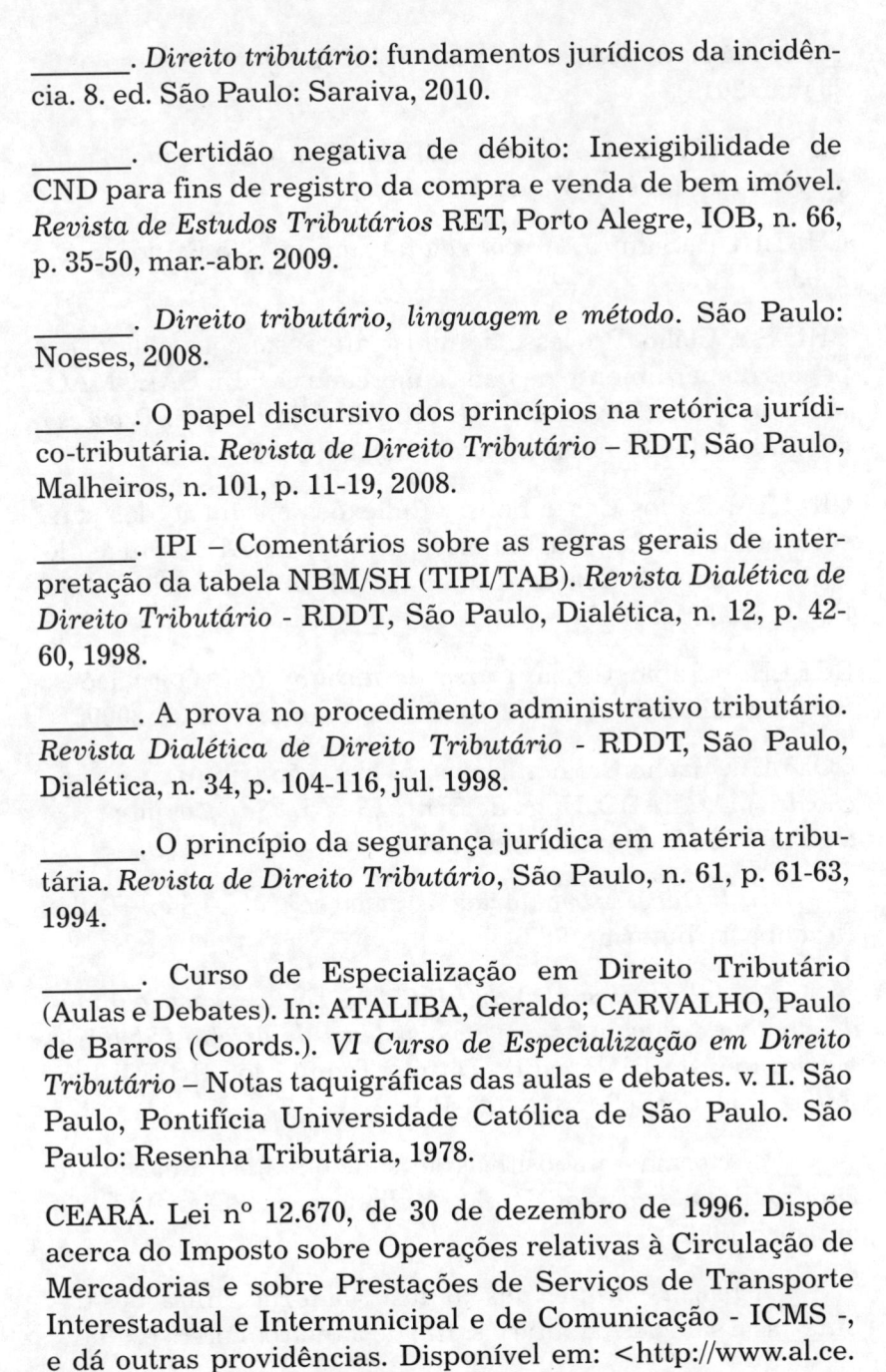

gov.br/legislativo/legislacao5/leis96/12670.htm>. Acesso em: 29 mar. 2015).

CERQUEIRA, Luiz Alberto; OLIVA, Alberto. *Introdução à lógica*. Rio de Janeiro: Zahar, 1979.

CHALHUB, Samira. *Funções da linguagem*. São Paulo: Ática, 2003.

CHIESA, Clélio. Processo administrativo: sanções políticas e penais de perdimento de bens e mercadorias. In: SALOMÃO, Marcelo Viana; PAULA JÚNIOR, Aldo de (Orgs.). *Processo administrativo tributário*. São Paulo: MP, 2005.

CINTRA, Carlos César Sousa. Reflexões em torno das sanções administrativas tributárias. In: MACHADO, Hugo de Brito. (Coord.). *Sanções administrativas tributárias*. São Paulo: Dialética, 2004.

COELHO, Fábio Ulhoa. *Curso de direito civil*. Obrigações. Responsabilidade civil. v. 2. 3. ed. São Paulo: Saraiva, 2009.

COÊLHO, Sacha Calmon Navarro. Infração tributária e sanção. In: MACHADO, Hugo de Brito (Coord.). *Sanções administrativas*. São Paulo: Dialética, 2004.

_____. *Infrações tributárias e suas sanções*. São Paulo: Resenha Tributária, 1982.

_____. *Multas fiscais. O art. 136 do CTN, a responsabilidade objetiva e suas atenuações no sistema de direito tributário pátrio*. Revista Dialética de Direito Tributário – RDDT, São Paulo, Dialética, nº 138, p. 123-131.

_____. Normas impositivas e sancionantes. *Revista de Direito Tributário*, São Paulo, Malheiros, n. 38, p. 178-183, out./dez. 1986.

_____. *Teoria e prática das multas tributárias*. Infrações tributárias e sanções tributárias. Rio de Janeiro: Forense, 1992.

CONRADO, Paulo Cesar. *Introdução à teoria geral do processo civil*. São Paulo: Max Limonad, 2003.

COSSIO, Carlos. *La teoría egológica del derecho y el concepto jurídico de libertad*. 2. ed. Buenos Aires: Abeledo Perrot, 1964.

COSTA JÚNIOR, José Paulo da; DENARI, Zelmo. *Infrações tributárias e delitos fiscais*. 3. ed. São Paulo: Saraiva, 1998.

CUNHA FERRAZ, Anna Candida da; FERREIRA FILHO, Manoel Gonçalves; GRINOVER, Ada Pellegrini. *Liberdades públicas* (Parte geral). São Paulo: Saraiva, 1978.

DALLA, Ricardo Corrêa. *Multas tributárias*: Natureza jurídica, sistematização e princípios aplicáveis. Belo Horizonte: Del Rey, 2002.

DENARI, Zelmo. *Infrações tributárias e delitos fiscais*. São Paulo: Saraiva, 1995.

_____; COSTA JÚNIOR, José Paulo da. *Infrações tributárias e delitos fiscais*. 3. ed. São Paulo: Saraiva, 1998.

DI PIETRO, Maria Silvia Zanella. *Direito administrativo*. 5. ed. São Paulo: Atlas, 1995.

DIAS, Eduardo Rocha; SIQUEIRA, Natercia Sampaio. Sanções administrativas tributárias: uma tentativa de enquadramento constitucional. In: MACHADO, Hugo de Brito (Coord.). *Sanções administrativas tributárias*. São Paulo: Dialética, 2004.

_____. DICIONÁRIO ESPASA. *Filosofia*. Madrid: Espasa, 2003.

_____. DICIONÁRIO JURÍDICO. Academia Brasileira de Letras Jurídicas. Planejado, organizado e redigido por J. M. Othon Sidou – Presidente da ABLJ. 4. ed. Rio de Janeiro: Forense Universitária, 1996.

DINAMARCO, Cândido Rangel. *Instituições de direito*

processual civil. v. I. 2. ed. São Paulo: Malheiros, 2002.

DINIZ, Maria Helena. *Curso de direito civil brasileiro*. Responsabilidade civil. v. 7. 16. ed. São Paulo: 2002.

_____. *Dicionário jurídico*. v. 4 – Q-Z. São Paulo: Saraiva, 1998.

ECHAVE, Delia Tereza; URQUIJO, María Eugenia; GUIBOURG, Ricardo. *Lógica, proposición y norma*. Buenos Aires: Astrea, 1991.

ENGISCH, Karl. *Introdução ao pensamento jurídico*. 10. ed. Lisboa: Fundação Calouste Gulbenkian, 2008.

ESPÍRITO SANTO. Decreto nº 1.090-R, de 25 de outubro de 2002. Aprova o Regulamento do Imposto sobre Operações Relativas à Circulação de Mercadorias e sobre Prestações de Serviços de Transporte Interestadual e Intermunicipal e de Comunicação – RICMS/ES que consolida e atualiza a legislação do imposto e dá outras providências. Disponível em: <http://www.sefa.es.gov.br/arquivos/ricms/ricms_1090R.pdf>. Acesso em: 29 mar. 2015.

FALCÃO, Raimundo Bezerra. *Hermenêutica*. São Paulo: Malheiros, 1997.

FANUCCHI, Fábio. Curso de Especialização em Direito Tributário (Aulas e Debates). In: ATALIBA, Geraldo; CARVALHO, Paulo de Barros. *VI Curso de Especialização em Direito Tributário* – Notas taquigráficas das aulas e debates. v. II. São Paulo, Pontifícia Universidade Católica de São Paulo. São Paulo: Resenha Tributária, 1978.

FARÁG, Cláudio Renato do Canto. *Multas fiscais*. Regime jurídico e limites de gradação. São Paulo: Juarez de Oliveira, 2001.

FARIAS, Rui Barros Leal. *A inconstitucionalidade do protesto de certidões da dívida ativa*. Revista Dialética de Direito Tributário – RDDT, São Paulo, Dialética, n. 126, p. 54-60, mar. 2006.

FAVACHO, Fernando Gomes. *Definição do conceito de tributo*. São Paulo: Quartier Latin, 2011.

FERRAGUT, Maria Rita. Crédito tributário, lançamento e espécies de lançamento. In: SANTI, Eurico Marcos Diniz de. (Coord.). *Curso de especialização em direito tributário*. Homenagem a Paulo de Barros Carvalho. Rio de Janeiro: Forense, 2009.

_____. *Responsabilidade tributária e o código civil de 2002*. 2. ed. São Paulo: Noeses, 2009.

FERRAZ JUNIOR, Tercio Sampaio. Anterioridade e irretroatividade no campo tributário. *Revista Dialética de Direito Tributário*, São Paulo, Oliveira Rocha, v. 65, p. 123-131, fev. 2001.

FERREIRA FILHO, Manoel Gonçalves; GRINOVER, Ada Pellegrini; CUNHA FERRAZ, Anna Candida da. *Liberdades públicas* (Parte geral). São Paulo: Saraiva, 1978.

FERREIRA, Daniel. *Sanções administrativas*. São Paulo: Malheiros, 2001.

FERREIRA, Rony. *Importação e exportação no direito brasileiro, perdimento de bens*. São Paulo: Revista dos Tribunais, 2004.

FIORIN, José Luiz. *Introdução ao pensamento de Bakhtin*. São Paulo: Ática, 2006.

_____. *As astúcias da enunciação*: As categorias de pessoa, espaço e tempo. São Paulo: Ática, 1999.

FLUSSER, Vilém. *Língua e realidade*. 3. ed. São Paulo:

Annablume, 2004.

GAMA, Tácio Lacerda. *Competência tributária:* fundamentos para uma teoria da nulidade. São Paulo: Noeses, 2009.

_____. Certidão de regularidade fiscal: Jurisprudência recente e casos de perecimento do direito contemplado no art. 207 do CTN. *Revista Internacional de Direito Tributário.* Belo Horizonte, Del Rey, p. 335-340, jul./dez. 2008.

GANDARA, Leonardo André. Sanções políticas, morais e indiretas: Uso de mecanismos institucionais da sanção tributária e breves comentários sobre a influência no mercado de cigarros. In: SILVA, Paulo Roberto Coimbra (Coord.). *Grandes temas do direito tributário sancionador.* São Paulo: Quartier Latin, 2010.

GIGLIANI, Alejandro M.; GUIBOURG, Ricardo A.; GUARINONI, Ricardo V. *Introducción al conocimiento científico.* Buenos Aires: Eudeba, 2000.

GONÇALVES, José Arthur Lima. *Isonomia na norma tributária.* São Paulo: Malheiros, 1993.

GORDILLO, Agustín. *Princípios gerais de direito público.* São Paulo: Revista dos Tribunais, 1977.

GRAU, Roberto Eros. *Ensaio e discurso sobre a interpretação/ aplicação do direito.* 4. ed. São Paulo: Malheiros, 2006.

GRINOVER, Ada Pellegrini; CUNHA FERRAZ, Anna Candida da; FERREIRA FILHO, Manoel Gonçalves. *Liberdades públicas* (Parte geral). São Paulo: Saraiva, 1978.

GUARINONI, Ricardo V.; GIGLIANI, Alejandro M.; GUIBOURG, Ricardo A. *Introducción al conocimiento científico.* Buenos Aires: Eudeba, 2000.

GUIBOURG, Ricardo A.; GIGLIANI, Alejandro M.; GUARINONI, Ricardo V. *Introducción al conocimiento científico.* Buenos Aires: Eudeba, 2000.

_____; URQUIJO, María Eugenia; ECHAVE, Delia Tereza. *Lógica, proposición y norma*. Buenos Aires: Astrea, 1991.

HABERMAS, Jürgen. *Teoría de la acción comunicativa*. Madrid: Ediciones Catedra, 1994.

HARET, Florence. *Teoria e prática das presunções no direito tributário*. São Paulo: Noeses, 2010.

HEGENBERG, Leonidas. *Saber de e saber que*: Alicerces da racionalidade. Petrópolis: Vozes, 2002.

HESSEN, Johannes. *Filosofia dos valores*. Coimbra: Almedina, 2001.

_____. *Teoria do conhecimento*. 7. ed. Tradução de António Correia. Coimbra: Sucessor, 1979.

HOLANDA, Flávia L. P. Meios diretos de cobrança: Execução e 'astreintes'. A inscrição no CADIN cumpre o devido processo legal. *Revista Dialética de Direito Tributário* – RDDT, São Paulo, Dialética, n. 98, p. 43-54, maio 2011.

HORVATH, Estevão. *O princípio do não-confisco no direito tributário*. São Paulo: Dialética, 2002.

IVO, Gabriel. *Norma jurídica*: Produção e controle. São Paulo: Noeses, 2006.

_____. A incidência da norma jurídica. *Revista de Direito Tributário*, São Paulo, Malheiros, n. 79, p. 187-197, 2001.

JACKOBSON, Roman. *Lingüística e comunicação*. Tradução de José Paulo Paes e Isidoro Blikstein. São Paulo: Cultrix, 1991.

JARACH, Dino. *Finanzas públicas y derecho tributario*. 2. ed. Buenos Aires: Abeledo-Perrot, 1996.

JARDIM, Eduardo Marcial Ferreira. Perdimento de mercadoria ou bens. *Revista de Direito Tributário*, São Paulo, Revista dos Tribunais, n. 54, p. 79-94, 1990.

_____. Perdimento de mercadorias ou bens. *Revista de Direito Tributário*, São Paulo, Revista dos Tribunais, n. 54, p. 78-94, dez. 1990.

JESUS, Damásio Evangelista de. *Direito penal*. Parte Geral. 26. ed. v. 1. São Paulo: Saraiva, 2003.

JÚNIOR, Aldo de Paula. *Responsabilidade por infrações tributárias*. 2007. Dissertação (Mestrado em Direito) – Faculdade de Direito, Pontifícia Universidade Católica de São Paulo – PUC/SP – São Paulo, 2007.

KELSEN, Hans. *Teoria pura do direito*. 8. ed. Tradução de João Baptista Machado. São Paulo: Martins Fontes, 2009.

_____. *Teoria geral das normas*. Tradução de José Fiorentino Duarte. Porto Alegre: Sergio Antonio Fabris, 1986.

_____. *Teoria pura do direito*. 6. ed. Coimbra: Arménio Amado, 1984.

KREPSKY, Júlio César. *Limites das multas por infrações tributárias*. Leme: J. H. Mizuno, 2006.

LIMA, Alvino. *Culpa e Risco*. 2. ed. Revista e atualizada pelo Professor Ovídio Rocha Barros Sandoval. São Paulo: Revista dos Tribunais, 1998.

LINS, Robson Maia. *A mora no direito tributário*. 2008. Tese (Doutorado em Direito) – Faculdade de Direito, Pontifícia Universidade Católica de São Paulo – PUC/SP, São Paulo, 2008.

_____. A reiteração e as normas jurídicas tributárias sancionatórias. A multa qualificada da Lei n° 9.630/96. In: SOUZA, Priscila de (Coord.); CARVALHO, Paulo de Barros (Pres.). *VII Congresso Nacional de Estudos Tributários*. Direito Tributário e os conceitos de Direito Privado.. São Paulo: Noeses, 2010.

MACHADO, Hugo de Brito (Coord.). O ilícito como pressuposto essencial da penalidade e as multas por requerimento indeferido ou compensação não homologada. *Revista Dialética de Direito Tributário* – RDDT, São Paulo, Dialética, n. 193, p. 69-72, out. 2011.

_____. Tributo com efeito de confisco. *Revista Dialética de Direito Tributário* – RDDT, São Paulo, Dialética, n. 166, p. 114-128, jul. 2009.

_____. A pena de perdimento de bens e a insubsistência do fato gerador da obrigação tributária. *Revista de Estudos Tributário* – RET, Porto Alegre, IOB, n. 57, p. 7-21, set.-out. 2007.

_____. Apreensão de mercadoria como sanção política. Inteligência do acórdão do STF na ADI 395-0. *Revista Dialética de Direito Tributário* – RDDT, São Paulo, Dialética, n. 146, p. 101-108, nov. 2007.

_____. *Sanções penais tributárias*. São Paulo: Dialética, 2005.

_____. Certidão positiva com efeito de negativa e a crescente arbitrariedade do Fisco. *Revista Dialética de Direito Tributário* – RDDT, São Paulo, Dialética, n. 118, p. 62-67, jul. 2005.

_____. *Curso de direito tributário*. 26. ed. São Paulo: Malheiros, 2005.

_____. *Aspectos fundamentais do ICMS*. São Paulo: Dialética, 1997.

_____. Sanções políticas no direito tributário. *Revista Dialética de Direito Tributário* – RDDT, São Paulo, Dialética, n. 30, p. 46-49, mar. 1988.

_____; MACHADO SEGUNDO, Hugo de Brito. Sanções políticas como meio coercitivo na cobrança de tributo. Incompatibilidade com as garantias constitucionais do contribuinte. Efeito suspensivo a recurso extraordinário. Requisitos da medida cautelar. *Revista Dialética de Direito Tributário* – RDDT, São Paulo, Dialética, n. 150, p. 85-101, mar. 2008.

MACHADO, Raquel Cavalcanti Ramos. Algumas considerações sobre o regime especial de fiscalização. *Revista Dialética de Direito Tributário* – RDDT, São Paulo, Dialética, n. 100, p. 95-105, jan. 2004.

MACHADO SEGUNDO, Hugo de Brito; MACHADO, Hugo de Brito. Sanções políticas como meio coercitivo na cobrança de tributo. Incompatibilidade com as garantias constitucionais do contribuinte. Efeito suspensivo a recurso extraordinário. Requisitos da medida cautelar. *Revista Dialética de Direito Tributário* – RDDT, São Paulo, Dialética, n. 150, p. 85-101, mar. 2008.

MARTINS, Ives Gandra da Silva. *Teoria da imposição tributária*. 2. ed. São Paulo: LTr, 1998.

_____. *Da sanção tributária*. 2. ed. São Paulo: Saraiva, 1998.

_____. Crimes contra a ordem tributária. *Caderno de pesquisas tributárias*. São Paulo: Revista dos Tribunais (CEEU), 1995.

MELLO, Antônio Carlos de Martins Mello. *Certidão negativa e os direitos fundamentais*. In:

MACHADO, Hugo de Brito (Coord.). *Certidões negativas e os direitos fundamentais do contribuinte*. São Paulo: Dialética, 2007.

MELLO, Celso Antônio Bandeira de. *Curso de direito administrativo*. São Paulo: Malheiros, 2007.

MELO, José Eduardo Soares de. Sanções penais tributárias. In: MACHADO, Hugo de Brito (Coord.). *Sanções penais tributárias*. São Paulo: Dialética, 2005.

MENDES, Gilmar Ferreira. O princípio da proporcionalidade na jurisprudência do Supremo Tribunal Federal: novas leituras. *Repertório IOB de jurisprudência*: tributário, constitucional e administrativo, IOB, v. 14, p. 23-44, 2000.

MORAES, Bernardo Ribeiro de. *Compêndio de direito tributário*. v. 2. 3. ed. Rio de Janeiro: Forense, 1999.

MORAES, Luiz Fernando Oliveira. Processo administrativo – Competência dos conselhos de contribuintes para decidir sobre matéria constitucional. *Revista Dialética de Direito Tributário* – RDDT, São Paulo, Dialética, n. 13, out. 1996, p. 97-103.

MORTARI, Cezar. *Introdução à lógica*. São Paulo: UNESP, 2001.

MOUSSALLÉM, Tárek Moysés. Classificação dos tributos (uma visão analítica). In: *IV Congresso Nacional de Estudos Tributários* - IBET. "Tributação e Processo", realizado em 12-14 de dezembro de 2007. São Paulo: Noeses, 2007.

NOGUEIRA, Rui Barbosa. *Curso de direito tributário*. 14. ed. São Paulo: Saraiva, 1995.

_____. *Direito financeiro*. Curso de direito tributário. 3. ed. São Paulo: José Bushatsky, 1971.

NUCCI, Guilherme de Souza. *Individualização da pena*. São Paulo: Revista dos Tribunais, 2004.

OLESKOVICZ, José. *Decisões administrativas que afastam as multas isoladas por falta de recolhimento de antecipação de tributo e contribuição*. Disponível em: <www.fiscosoft.com.br>. Acesso em: 20 jan. 2012.

OLIVA, Alberto; CERQUEIRA, Luiz Alberto. *Introdução à lógica*. Rio de Janeiro: Zahar, 1979.

OLIVEIRA, Manfredo Araújo. *Reviravolta lingüístico-pragmática na filosofia contemporânea*. São Paulo: Loyola, 1996.

OSÓRIO, Fábio Medina. *Direito administrativo sancionador*. 2. ed. São Paulo: Revista dos Tribunais, 2005.

PACHECO, Angela Maria da Motta. *Sanções tributárias e sanções penais tributárias*. São Paulo: Max Limonad, 1997.

PEREIRA, Maria Tereza Albuquerque. *A instituição jurídica do silêncio, à luz da teoria comunicacional do direito*. 2003. Tese (Doutorado em Direito) – Faculdade de Direito, Pontifícia Universidade Católica de São Paulo – PUC/SP, São Paulo, 2003.

PONTES DE MIRANDA, Francisco Cavalcante. *Tratado de direito privado*. Parte Geral. Tomo I. Introdução. Pessoas físicas e jurídicas. 3. ed. Rio de Janeiro: Borsoi, 1970.

_____. *Incidência e aplicação da lei*. Conferência pronunciada em solenidade da Ordem dos Advogados – Seção de Pernambuco, Recife, 30 set. 1955.

PONTES, Helenilson Cunha. *O princípio da proporcionalidade e o direito tributário*. São Paulo: Dialética, 2000.

REALE, Miguel. *Cinco temas do culturalismo*. São Paulo: Saraiva, 2000.

_____. *Lições preliminares de direito*. 3. ed. São Paulo: Saraiva, 1976.

RECEITA FEDERAL DO BRASIL. Parecer Normativo nº 1/2002. Disponível em: < http://sijut.fazenda.gov.br/netacgi/nph-brs?s1=@DOCN=%22000068357%22&l=20&p=1&u=/netahtml/sijut/Pesquisa.htm&r=1&f=L3;1;+%28P-N00000001200209240100030ITEM020020925%29+[CHAT];;-

SIAT&d=SIAT&SECT1=SIATW4>. Acesso em: 29 mar. 2015).

RIO DE JANEIRO. Decreto nº 27.427, de 17 de novembro de 2000. Aprova o Regulamento do Imposto sobre Operações Relativas à Circulação de Mercadorias e sobre Prestações de Serviços de Transporte Interestadual e Intermunicipal e de Comunicação. Disponível em: < http://www.legiscenter.com.br/minha_conta/bj_plus/direito_tributario/atos_legais_estaduais/rio_de_janeiro/decretos/2000/22d27427_doerj112000.htm>. Acesso em: 29 mar. 2015.

RIO DE JANEIRO. Lei Estadual nº 2.657, de 26 de dezembro de 1996. Dispõe sobre o imposto sobre circulação de mercadorias e serviços e dá outras providências. Disponível em: < alerjln1.alerj.rj.gov.br/CONTLEI.NSF/f25571cac4a-61011032564fe0052c89c/01cc04eee53b3b30032564fb005c2ddf?OpenDocument>. Acesso em: 29 mar. 2015.

ROBLES MORCHÓN, Gregório. *Teoria del derecho* (fundamentos de teoria comunicacional del derecho). Madrid: Civitas, 1998.

SALOMÃO, Marcelo. Sanções tributárias – Pena de perdimento de mercadorias. *Revista de Direito Tributário*, São Paulo, Malheiros, n. 113, p. 99-104, 2011. (Originalmente apresentado no XXIV Congresso Brasileiro de Direito Tributário – IDEPE "Tributação e (In) Segurança Jurídica", 20-22 out. 2010, São Paulo).

SANTA CATARINA. Lei nº 10.297, de 26 de dezembro de 1996. Dispõe sobre o Imposto sobre Operações Relativas à Circulação de Mercadorias e sobre Prestações de Serviços de Transporte Interestadual e Intermunicipal e de Comunicação – ICMS e adota outras providências. Disponível em: <http://legislacao.sef.sc.gov.br/html/leis/1996/lei_96_10297.htm>. Acesso em: 29 mar. 2015.

SANTI, Eurico Marcos Diniz de. Análise crítica das definições e classificações jurídicas como instrumento para compreensão do direito. In: SUNDFELD, Carlos Ari; VIEIRA, Oscar Vilhena (Coords.). *Direito global*. São Paulo: Max Limonad, 1999.

_____. As classificações no Sistema Tributário Brasileiro. In: I Congresso Internacional de Direito Tributário – IBET – "Justiça Tributária", 12-15 ago. 1998. São Paulo: Max Limonad, 1999.

_____. *Lançamento Tributário*. 2. ed. São Paulo: Max Limonad, 1999.

SÃO PAULO. Lei nº 13.476, de 30 de dezembro de 2002. Altera a legislação do Imposto Sobre Serviços de Qualquer Natureza - ISS e dá outras providências. Disponível em: < http://ww2.prefeitura.sp.gov.br//arquivos/secretarias/financas/legislacao/Lei-13476-2002.pdf>. Acesso em: 29 mar. 2015).

SÃO PAULO (ESTADO). Decreto nº 45.490, 30 de novembro de 2000. Aprova o Regulamento do Imposto sobre Operações Relativas à Circulação de Mercadorias e sobre Prestações de Serviços de Transporte Interestadual e Intermunicipal e Comunicação – RICMS. Disponível em: < http://www.al.sp.gov.br/repositorio/legislacao/decreto/2000/decreto-45490-30.11.2000.html>. Acesso em: 29 mar. 2015).

SÃO PAULO (ESTADO). Constituição Estadual. Disponível em: <http://www.legislacao.sp.gov.br/legislacao/dg280202.nsf/a2dc3f553380ee0f83256cfb00501463/46e2576658b1c-52903256d63004f305a?OpenDocument>. Acesso em: 29 mar. 2015.

SCARVINO, Dardo. *La filosofía actual*: pensar sin certezas. Buenos Aires: Paidós, 1999.

SILVA, José Afonso da. *Curso de direito constitucional positivo*. 23. ed. São Paulo: Malheiros, 2004.

SILVA, Luís Virgílio Afonso da. O proporcional e o razoável. *Revista dos Tribunais*, n. 798, São Paulo, Revista dos Tribunais, ano 91, p. 23-50, abr. 2002.

SILVA, Paulo Roberto Coimbra (Coord.). *Grandes temas do direito tributário sancionador*. São Paulo: Quartier Latin, 2010.

_____. *Direito tributário sancionador*. São Paulo: Quartier Latin, 2007.

SIQUEIRA Natercia Sampaio; DIAS, Eduardo Rocha. Sanções administrativas tributárias: uma tentativa de enquadramento constitucional. In: MACHADO, Hugo de Brito (Coord.). *Sanções administrativas tributárias*. São Paulo: Dialética, 2004.

SOUTO, Carlos Fernando. Exigência de certidões negativas de débitos para participar em licitações e contratar com a Administração Pública. In: PAULSEN, Leandro (Org.). *Direito tributário*: Certidões negativas de débito. Porto Alegre: Livraria do Advogado (ESMAFE), 1999.

TOMÉ, Fabiana Del Padre. *A prova no direito tributário*. São Paulo: Noeses, 2008.

TÔRRES, Heleno Taveira. Pena de perdimento de bens e sanções interventivas em matéria tributária. *Revista de Estudos Tributários* RET, São Paulo, Malheiros, n. 49, p. 55-76, maio-jun. 2006.

TORRES, Ricardo Lobo. A equidade no direito tributário. In: PEIXOTO, Marcelo Magalhães; FERNANDES, Edison Carlos (Coords.). *Tributação, justiça e liberdade*. Curitiba: Juruá Editora, 2005.

_____. *Curso de direito financeiro e tributário*. 5. ed. Rio de Janeiro: Renovar, 1998.

URQUIJO, María Eugenia; ECHAVE, Delia Tereza; GUIBOURG, Ricardo. *Lógica, proposición y norma*. Buenos Aires: Astrea, 1991.

VIEIRA, Oscar Vilhena. *Direitos fundamentais*. Uma leitura da jurisprudência do STF. São Paulo: Malheiros, 2006.

VILANOVA, Lourival. *Estruturas Lógicas e o sistema do direito positivo*. 3. ed. São Paulo: Noeses, 2005.

_____. A teoria do direito em Pontes de Miranda e o poder de julgar e a norma. In: _____. Escritos jurídicos e filosóficos. São Paulo: Axis Mundi/IBET, 2003.

_____. *Causalidade e relação no direito*. 4. ed. São Paulo: Revista dos Tribunais, 2000.

_____. Lógica Jurídica. São Paulo: Bushatsky, 1976.

VILLEGAS, Hector. Curso de Especialização em Direito Tributário (Aulas e Debates). In: ATALIBA, Geraldo; CARVALHO, Paulo de Barros. *VI Curso de Especialização em Direito Tributário* – Notas taquigráficas das aulas e debates. v. II. São Paulo, Pontifícia Universidade Católica de São Paulo. São Paulo: Resenha Tributária, 1978.

WITTGENSTEIN, Ludwig. *Tractatus logico-philosophicus*. São Paulo: Edusp, 2001.

XAVIER, Alberto Pinheiro. Curso de Especialização em Direito Tributário (Aulas e Debates). In: ATALIBA, Geraldo; CARVALHO, Paulo de Barros (Coords.). *VI Curso de Especialização em Direito Tributário* – Notas taquigráficas das aulas e debates. v. II. São Paulo, Pontifícia Universidade Católica de São Paulo. São Paulo: Resenha Tributária, 1978.

ZUFFO, Max; AREND, Márcia Aguiar. Regime especial de recolhimento do ICMS: Imposição justa e garantidora da igualdade dos contribuintes. *Revista Dialética de Direito Tributário*, São Paulo, Dialética, n. 82, p. 77-88, jul. 2002.

markpress
BRASIL

Tel.: (11) 2225-8383
www.markpress.com.br